Biographieforschung und Kulturanalyse

Ralf Bohnsack
Winfried Marotzki (Hrsg.)

Biographieforschung und Kulturanalyse

Transdisziplinäre Zugänge qualitativer Forschung

Leske + Budrich, Opladen 1998

Gedruckt auf säurefreiem und altersbeständigem Papier.

ISBN 3-8100-1821-X

Druck: Druck Partner Rübelmann, Hemsbach
Printed in Germany

Inhalt

Ralf Bohnsack und Winfried Marotzki

Einleitung

1. Der transdisziplinäre Charakter qualitativer Methoden

Der transdisziplinäre Charakter gehört zu den Grundeigenschaften qualitativer Methoden, ist also kein zusätzlich hinzutretendes Merkmal. Dies hat erkenntnistheoretische Gründe: Qualitative Methoden operieren gleichsam noch unterhalb der je disziplinspezifischen Zugänge und Theoriemodelle. Als Methoden der Interpretation und Analyse überbrücken sie die Diskrepanz zwischen diesen unterschiedlichen Theoriemodellen einerseits und dem, was *Gegenstand* theoretischer Aussagen ist, nämlich dem Alltagshandeln, den alltäglichen Praktiken der Konstruktion und Typenbildung, andererseits. Qualitative Methoden leisten zuallererst die Re-Konstruktion *alltäglicher* Konstruktionen. Es geht also darum, der *natürlichen*, d. h. der alltäglichen, routinisierten Ordnung und der Wissensbestände derjenigen, die Gegenstand der Forschung sind, Rechnung zu tragen, und die Geordnetheit ihrer kommunikativen Regelsysteme zur *Explikation* zu bringen. Bereits im Alltag und nicht erst von Seiten der Forscher werden Interpretationen erbracht, Typen gebildet und Theorien konstruiert. Darüberhinaus verfügen wir alle - wie dies zuerst die Ethnomethodologen gesehen haben - bereits im Alltag über Methoden. Auch sie gilt es zu rekonstruieren oder zu explizieren.

Die Aufgabe qualitativer Forschung ist somit grundlegend weder als ein *Verstehen* noch als ein *Erklären* in angemessener Weise zu charakterisieren (beide Konzepte sind zu eng und erkenntnistheoretisch zu befrachtet). Vielmehr geht es elementarerweise um die *Explikation* alltäglicher Orientierungsmuster und kommunikativer Regelsysteme. Erst wenn diese Explikation der *Konstruktionen erster Ordnung* geleistet ist, wird es in der empirischen Forschung möglich, in gegenstandsadäquater oder gültiger Weise mit den je disziplinspezifischen Wissensbeständen und Theoriemodellen als den *Konstruktionen zweiter Ordnung* zu operieren[1]. Die Aufgabe qualitativer Methoden besteht also vor allem in dieser ganz elementar ansetzenden Explikation oder Re-Konstruktion des Forschungsgegenstandes, an welche die je disziplinspezifischen Theoriekonstruktionen dann erst anschließen. Hieraus ergibt sich auch die Bedeutung, die den qualitativen Methoden für die Belebung und Innovation verkrusteter Theoriegebäude zukommt. Die qualitative Analyse in dem hier verstandenen Sinne einer rekonstruktiven Analyse vermag auch zur Überwindung jenes Problems beizutragen, welches derzeit vor allem in der

1 Bekanntlich hat dies Alfred Schütz (1962) zuerst in dieser Weise auf den Begriff gebracht. Bei Karl Mannheim ist dies bereits 1921 umfassend begründet worden.

Soziologie zu beobachten ist: die zunehmende Entkoppelung der beiden Diskurse der *Theoretiker* und *Empiriker*, die in manchen Bereichen zu einer theorielosen Empirie einerseits und zur Sterilität einer archivarischen Rezeption großer Theorien andererseits geführt hat.

Qualitative Methoden weiterzuentwickeln und zu entfalten, bedeutet, da diese unterhalb der je disziplinspezifischen Theoriekonstruktionen angesiedelt sind, sich auch auf den Weg zu machen in Richtung auf eine *interdisziplinäre Grundlagen- und Anwendungswissenschaft*[2]. Sowohl die Generierung als auch die Anwendung von (disziplinspezifischen) Theoriemodellen ist auf ihre Vermittlung mit dem Alltagshandeln und dem Alltagswissen und somit auf eine grundlegende Methodologie angewiesen. Diese Methodologie ist adäquater als *trans*- denn als *inter*disziplinär zu bezeichnen, da letzterer Begriff implizieren würde, daß die in den einzelnen Disziplinen intern bereits entfalteten Methoden und Methodologien erst *sekundär* in einen Austausch treten.

2. Biographieforschung und Kulturanalyse

Der Titel *Biographieforschung und Kulturanalyse* ist von daher zu verstehen, daß - zum Zeitpunkt der Planung des Bandes - der Begriff *Biographieforschung* in der Erziehungswissenschaft beinahe synonym zu demjenigen der qualitativen Forschung verwendet wurde. Dem sollte mit diesem Titel Rechnung getragen, zugleich sollte aber mit dem Hinweis auf *Kulturanalyse* auch auf andere Zugangsweisen qualitativer Forschung als die biographische verwiesen werden.

Inzwischen sind auch in der Erziehungswissenschaft wie in der Soziologie schon seit einigen Jahren zu den biographieanalytischen Verfahren - bzw. genauer: zu solchen Verfahren, die bei der Entwicklung von *Individuen* ansetzen oder diese als Zugang oder Ausgangspunkt der Analyse wählen - solche Verfahren hinzugetreten, die sich direkt dem *interaktiven* und *kollektiven* Charakter von *sozialen Sinnwelten* zuwenden. Damit wird auch dem Rechnung getragen, daß Biographien je nach kulturellen Erfahrungsräumen respezifiziert werden müssen. Hierauf zielt der Begriff der Kulturanalyse, der sich noch durch denjenigen der Milieuanalyse ergänzen ließe. Innerhalb der Kulturanalyse lassen sich dann wiederum mindestens zwei derzeit bedeutsame methodische Zugangsweisen unterscheiden: *einerseits* die Ethnographie, von der vor allem dort die Rede ist, wo Verfahren der direkten (teilneh-

2 So z. B. Fritz Schütze (1993). Eine derartige Grundlagen- und Anwendungswissenchaft hat nicht nur Methoden bereit zu stellen, sondern auch formale oder metatheoretische Begriffssysteme. - Vgl. dazu auch Bohnsack 1997.

menden) Beobachtung im Zentrum stehen, ohne allerdings mono-methodisch auf ein Verfahren reduziert zu sein. Der Begriff Ethnographie steht vielmehr geradezu für eine methodenplurale Vorgehensweise (vgl. dazu Marotzki 1998). Die *andere* derzeit bedeutsame Variante der Kulturanalyse stellen jene textinterpretativen Verfahren dar, die sich auf die Analyse von Diskursen oder Gruppendiskussionen stützen.

3. Die Etablierung qualitativer Methoden

Bereits ein erster Blick auf die in diesem Band versammelten Beiträge macht eines deutlich: Der Umgang mit Methoden qualitativer Forschung und mit dem in diesem Bereich erarbeiteten begrifflich-analytischen Instrumentarium ist in vielen Hinsichten ein selbstverständlicher geworden. Dies zeigt sich zunächst darin, daß die hier versammelten Autorinnen und Autoren sich nicht mehr genötigt sehen, die Wissenschaftlichkeit der eigenen Vorgehensweise grundsätzlich unter Beweis stellen zu müssen. Die Beiträge sind nicht mehr auf die Legitimation der Vorgehensweise fokussiert, sondern primär sach- und ergebnisorientiert.

Zum anderen rührt der selbstverständliche Umgang mit qualitativen Verfahren sicherlich auch daher, daß diese inzwischen so weit erprobt sind, daß sich zunehmend das herausgebildet hat, was Glaser/Strauss als deren „Glaubwürdigkeit" und „Vertrauenswürdigkeit" bezeichnet haben (vgl. Glaser/Strauss 1967, 223 ff.). Vor diesem Hintergrund wächst dann auch derzeit eine Generation von Sozialforscher(innen) heran, die diese Selbstverständlichkeit bereits von Anfang an verinnerlicht hat. In dem dargelegten Sinne ist die Etablierung qualitativer Methoden als *normal science* offensichtlich bereits in vollem Gange, ohne daß sich dies allerdings in Curricula und Stellendefinitionen in nennenswerter Weise bereits niedergeschlagen hätte.

Angesichts der zunehmenden Etablierung qualitativer Methoden wäre zu wünschen, daß das rituelle Festhalten an spezifischen methodischen Verfahrensweisen, welches unter den Bedingungen eines permanenten Legitimationsdrucks noch verständlich war, nunmehr abgelöst wird durch eine zunehmende Offenheit gegenüber anderen Methoden und durch Kombinationen unterschiedlicher Verfahren im Sinne der oben erwähnten methodenpluralen Vorgehensweise. Mit der zunehmenden Etablierung gewinnt allerdings auch die interne Konkurrenz unterschiedlicher Schulen an Bedeutung – und dies nicht nur in positiver Weise. Es zeigen sich auch Tendenzen bzw. Versuche, das eigene methodische Profil in der Weise zu stärken, daß anderen Ansätzen und Strömungen per se die Legitimität abgesprochen wird. Es bleibt zu hoffen, daß dies Ausnahmen bleiben.

Sofern hier eine Differenzierung der qualitativen Forschung in den beiden Disziplinen Erziehungswissenschaft und Soziologie, die ja zunächst lediglich die formale Organisiertheit der Forscher(innen) erfaßt, überhaupt sinnvoll ist, läßt sich feststellen, daß unterschiedliche Strömungen, Ansätze oder Schulen gegenwärtig im Bereich der Soziologie stärker ausdifferenziert sind und entsprechend auch in Konkurrenz zueinander stehen als in der Erziehungswissenschaft.

3. Unterschiedliche Mentalitäten qualitativer Forschung und ihre Gemeinsamkeiten

Unsere Warnung vor dogmatischen Abgrenzungen ist aber nicht etwa in prinzipieller Weise gegen *Schulenbildung* gerichtet. Aneignung qualitativer Methoden bedeutet primär eine Aneignung von *Forschungs-Praxis*. Die Vermittlung von Forschungs-Praxis bedeutet, wie jedes Lehren professioneller Fähigkeiten, die Aneignung eines *modus operandi*, eines *Habitus* und ist damit an Schulenbildung gebunden. Denn die Aneignung eines Habitus unterscheidet sich nachhaltig vom Erlernen von Prinzipien oder formalen Regelsystemen. Bourdieu hat dies folgendermaßen formuliert: „Da das, was es zu vermitteln gilt, im wesentlichen ein modus operandi ist, eine Weise der wissenschaftlichen Produktion, die eine Wahrnehmungsweise voraussetzt, ein Ensemble von Wahrnehmungs- und Gliederungsprinzipien, gibt es keine andere Art und Weise sie zu erwerben, als sie praktisch in Aktion zu sehen oder zu beobachten, wie dieser wissenschaftliche Habitus (...) *reagiert*, ohne dabei unbedingt in Gestalt formaler Regeln expliziert zu werden" (Bourdieu 1996, 256). Damit sind wir auch bei einer der wesentlichen Intentionen dieses Bandes angelangt: Es geht darum, einen Eindruck zu vermitteln von unterschiedlichen *modi operandi* des Forschens und Analysierens oder – wie es in der Tradition der Chicagoer Schule genannt wird – von *Forschungsstilen*, von *analytischen Mentalitäten*, wie wir sie derzeit in der Erziehungswissenschaft und der Soziologie finden und die z.T. bereits in umfassenden Methodologien begründet sind. Jenseits dieser *unterschiedlichen* Verfahrensweisen finden sich jedoch auch *Gemeinsamkeiten* der Forschungsstile der hier versammelten Arbeiten aus dem Bereich der qualitativen oder rekonstruktiven Sozialforschung. Einige *gemeinsame Merkmale* der für qualitative Methoden typischen Analyseeinstellung sollen im folgenden kurz skizziert werden:

– *Die Analyse impliziter oder latenter Bedeutungsgehalte*: Qualitative Methoden leisten eine Differenzierung zwischen einer Oberflächenstruktur des Sinngehalts von Äußerungen (das, was wörtlich, explizit oder intentional mitgeteilt wird) und einem impliziten, latenten oder dokumentarischen Sinngehalt.

- *Die praxeologische Zugangsweise oder pragmatische Brechung*: Der implizite Sinngehalt ist in die Struktur der gesellschaftlichen *Praxis* eingelassen. Somit läßt sich die Analyse (mit einem Begriff von Bourdieu) als eine *praxeologisch* fundierte oder - in Begriffen der ethnographischen Tradition formuliert - als *pragmatische Brechung* von reflexivem und theoretischem Wissen und von Intentionen vor dem Hintergrund lediglich der gesellschaftlichen Praxis verstehen.
- *Die Prozeß- oder Sequenzanalyse*: Die Struktur dieser Handlungspraxis ist eine Prozeß-Struktur. Sie ist lediglich einer prozeßanalytischen Betrachtungsweise zugänglich, wie sie auf das WIE des Herstellungsprozesses von Interaktionen und Darstellungen gerichtet ist. Dem wird in der qualitativen Methodologie durch das - in unterschiedlicher Weise verstandene - Prinzip der Sequenzanalyse Rechnung getragen.
- *Die methodische Fremdheit oder analytische Distanz*: Die Konzentration auf das WIE des Herstellungsprozesses alltäglicher Interaktionen und Darstellungen ist einer der Wege der *Distanznahme*, der Herstellung von *Fremdheit* gegenüber der alltäglichen, der alltagspraktischen Perspektive.
- *Die Rekonstruktion oder Explikation der Forschungs-Praxis*: Methodische Reflexion bedeutet Rekonstruktion der Prozeßstruktur und der Herstellungsprozesse der eigenen *Forschungs-Praxis* sowie der dieser eigenen Praxis zugrundeliegenden intuitiven oder *natürlichen* Standards der Analyse und Interpretation.

Die hier kurz skizzierten Merkmale qualitativer Forschung sind, wie dargelegt, im wesentlichen als jene Eigenschaften zu verstehen, die den Forschungsstilen der in diesem Band versammelten Arbeiten gemeinsam sind - jenseits der Unterschiede zwischen diesen Forschungsstilen oder Methoden. Forschungsstile oder - in diesem Sinne verstandene - Methoden zu vermitteln, bedeutet, den Spannungsbogen (mit-)darzustellen zwischen dem theoretischen Erkenntnisinteresse, der explizierten Methodik, der Forschungs-Praxis und schließlich der spezifischen Art der in dieser Praxis generierbaren materialen Ergebnisse.

Der überwiegende Teil der Beiträge ist daran orientiert, den eigenen Forschungsstil in dieser Weise zu vermitteln. Ein anderer Teil versteht sich eher als Bestandsaufnahme bisheriger qualitativer Forschung in spezifischen Forschungsfeldern und Gegenstandsbereichen. Nicht die Methodik der Forschung steht hier im Zentrum, sondern die Theorie- und Paradigmenabhängigkeit und der zeitgeschichtliche Wandel der Problemstellungen und der analytischen Konzepte qualitativer Forschung, wie er sich aus vorliegenden Studien rekonstruieren läßt. Die Beiträge von Behnken/Zinnecker, Kade/Seitter sowie Ecarius haben den Charakter einer derartigen retrospektiven Standortbestimmung und Bestandsaufnahme.

4. Die einzelnen Beiträge des Bandes im Überblick

Aufgrund des dargelegten transdisziplinären Charakters biographie- und kulturanalytischer Methoden erschien eine disziplinbezogene Zuordnung der Beiträge dieses Bandes wenig sinnvoll. Bei der Anordnung der Beiträge wurde zunächst die Aufteilung in Biographieforschung und Kulturanalyse beibehalten, in der Rubrik *Kulturanalyse* erscheint es allerdings sinnvoll, noch einmal zu differenzieren zwischen den auf die Analyse der Medien und der öffentlichen Inszenierung bezogenen Beiträgen einerseits und denjenigen, die kulturelle oder milieuspezifische *Differenzierungen* in den Mittelpunkt stellen, andererseits.

Medien und öffentliche Inszenierungen

Burkhard Schäffer entwirft das Programm einer rekonstruktiven empirischen Analyse der kultur- oder milieuspezifischen Nutzung von Medien. Derartige an *Mediennutzungskulturen* interessierte Analysen waren bislang eher auf schicht- bzw. geschlechtsspezifische Spielarten begrenzt. Demgegenüber geht es hier um die Rolle *generationsspezifischer* Mediennutzungskulturen im Bereich der sog. Neuen Medien. Verschiedene Ansätze der Generationen- und Milieuforschung werden im Hinblick auf ihre Brauchbarkeit für die empirische Analyse rekonstruiert. Vor diesem Hintergrund wird ein an Karl Mannheim orientiertes begriffliches und methodologisches Instrumentarium erarbeitet. Es ermöglicht eine systematische Analyse metaphorisch gebundener Wissensbestände, wie sie über die Medien in vielfacher Weise verbreitet werden und auf diese Weise – so die Hypothese – als medial vermittelte *soziale Information* generationsspezifische Mediennutzungskulturen fundieren. Das Interesse ist dabei insbesondere auf die *Membranfunktion* derartiger Wissensbestände gerichtet, deren empirische Rekonstruktion vorrangig mit Hilfe des Gruppendiskussionsverfahrens geleistet wird. Somit geht es auch ganz zentral um Thematisierungen des Generationenverhältnisses als kollektiv-biograpisch verankertes im spannungsreichen Kontext zwischen Eigenerlebtem und medial Vermitteltem.

Jo Reichertz untersucht die *Surprise-Show* des Privatsenders RTL. In dieser Sendung werden unter den Augen von Millionen von Fernsehzuschauern den Studiogästen ihre großen und kleinen Wunschträume erfüllt. Dies geschieht in einer Art und Weise, die an ein Wunder glauben macht. Die Analyse bewegt sich im Rahmen der *Hermeneutischen Wissenssoziologie*, auf die sich auch Ronald Hitzler und Michaela Pfadenhauer in ihrem Beitrag beziehen. Nach Jo Reichertz ist diese Methodologie „diesseits von Konstruktivismus und Realismus“ angesiedelt. Verstehen bedeutet in dieser Perspektive nicht Nachvollzug von Intentionen (des Handelns), sondern Rekonstruktion der strukturellen Handlungsprobleme bzw. -möglichkeiten, die allerdings (dies in Absetzung zur Objektiven Hermeneutik) ihrerseits als Wissen abgelagert seien. Das strukturelle Handlungsproblem, welches für die *Surprise-Show* zentral ist, besteht darin, die Inszenierung von Wunscherfüllungen nicht als Resultat des Planungs- und Verhandlungsgeschicks der Produktionsfirma, sondern eben als *Wunder* bzw. *Zauber* erscheinen zu lassen. Exemplarisch rekonstruiert wird die derart hergestellte Sinnstruktur am Beispiel des Wunschtraumes der Bogumilla Reiche aus Polen von einer Audienz beim Papst. Papst Johannes II war als Priester Karel Wojtyla ihr früherer Religionslehrer. Die Surprise-Show - so die These von Jo Reichertz - ist als moderne Variante der Wundererzählung zu begreifen, wie sie von der Macht jener höheren Instanz kündet, mit der nunmehr nicht mehr allein die Kirche, sondern auch das Fernsehen im Bunde ist, wenn es nicht gar an deren Stelle tritt.

Ronald Hitzler und Michaela Pfadenhauer wenden sich in ihrer ethnographischen Analyse der Techno-Szene als einer *posttraditionalen* Gemeinschaft zu. Gegenüber traditionalen oder *eingelebten* Gemeinschaften zeichnet sie sich durch eine jederzeit kündbare Mitgliedschaft aus. Die sozialen Beziehungen der Techno-Szene sind möglicherweise unbeständig und kurzlebig, vermögen als *kleine*, d. h. auf ganz spezifische Relevanzen zugeschnittene Lebenswelten aber gleichwohl eine ausgeprägte Intensität zu erreichen. Beim Techno ereignet sich dies vor allem auf dem Wege, daß - unter dem Einfluß der Musik und gelegentlich auch von Drogen - die einzelnen ihrem Körper die Kontrolle übertragen, welcher seinerseits sich dem *kollektiven Tanzkörper* integriert. Die direkte Vermittlung zwischen innerer Befindlichkeit und kollektiven Orientierungsmustern bzw. kollektiver Identität vollzieht sich über deren Apräsentation am Körper als *symbolischer Membrane*. Gleichwohl bedarf es, da diese Kollektivität nur als Idee existiert, der expressiven Inszenierung der Zusammengehörigkeit nach außen wie nach innen: auf der Basis spektakulärer Ereignisse, der *Events*, wie auch spektakulärer Kombinationen (*Samplings*) von Modestilen. Ethnographie in der eigenen Gesellschaft bedeutet, im Sinne von Ronald Hitzler und Michaela Pfadenhauer, die Fremdheit des Bekannten und Vertrauten in einer spezifischen Einstellungsänderung - nämlich derjenigen der *künstlichen Dummheit* - erst wieder zu entdecken. Den methodologischen Rahmen einer derart verstandenen Ethnographie bildet - wie im Beitrag von Jo Reichertz - die *Wissenssoziologische Hermeneutik*.

Ulf Brüdigam und Winfried Marotzki analysieren anhand der science fiction Serie *Star Trek* und der Mystery Serie *Akte X* ein bildungstheoretisches *Strukturformat*, das sich durch die Kombination der Strukturprinzipien Bestimmtheit und Unbestimmtheit auszeichnet. Einem ethnographischen Ansatz verpflichtet, beschäftigen sie sich mit der *kleinen Lebenswelt* der Star Trek-Fans und konzentrieren sich auf das Phänomen, daß auffällig häufig

Fans der science fiction Serie Star Trek auch Fans der Mysterie Serie Akte X sind, obwohl beide Serien zutiefst unterschiedlich zu sein scheinen. Während die science fiction Option die Möglichkeit offeriert, daß Probleme und Geheimnisse menschlicher Existenz technologisch gelöst werden können (Modus der Bestimmtheit), verweist die Mystery-Option auf das grundlegend Transzendente und Rätselhafte menschlicher Existenz, dem mit Rationalität und Wissenschaft nur bedingt beizukommen ist (Modus der Unbestimmtheit). Anhand des Falles eines weiblichen Star Trek-Fans werden Facetten dieses bildungstheoretischen Strukturformats herausgearbeitet. Im Ergebnis wird es aus bildungstheoretischer Perspektive – trotz einiger problematischer Ausprägungen – als positiv interpretiert, weil es gegenüber technisch-wissenschaftlicher Problemlösungskompetenz eine skeptische Einstellung aufweist, ihr aber andererseits eine wichtige lokale Gültigkeit zuerkennt. Das bedeutet, daß eine Sensibilisierungsqualität gegenüber grundlegenden Möglichkeitshorizonten, auch jenseits wissenschaftlich-technischer Rationalität, transportiert wird.

Biographien: Prozesse der Bildung und Wandlung

Jutta Ecarius beschäftigt sich in ihrem Beitrag mit der Frage, inwieweit es der gegenwärtige Stand der Biographieforschung erlaubt, eine pädagogische Lerntheorie auf biographieanalytischer Grundlage zu konzeptionieren. Sie versteht Biographie als Lerngeschichte, die aus Biographisierungsprozessen erschlossen werden könne. In Abgrenzung zu Bildungsprozessen würden sich biographische Lernprozesse als Erfahrung strukturierende und restrukturierende Operationen mittlerer Reichweite verstehen lassen. Zusammenhangsbildung als Elementarmuster sei für biographische Lernprozesse in der Moderne charakteristisch; ein Muster, das immer stärker von Menschen benötigt werde, wenn gesellschaftliche Strukturen im Zuge von Individualisierungs- und Reintegrationsprozessen starken Wandlungen unterliegen.

Imbke Behnken und Jürgen Zinnecker gehen der Frage nach, welchen Beitrag sozialwissenschaftliche Forschung zum Verständnis von Kindheitsbiographien zu leisten vermag. Sie kommen zu dem Resultat, daß die Rolle der Kindheitsbiographie in der Kindheitsforschung sich verändert hat: Kindern wird zunehmend die Rolle von biographischen Akteuren zugebilligt. Das bedeutet also, daß auch Kindern zunehmend gesellschaftlich angesonnen wird, biographische Optionen zu gestalten und mit Begründungszwängen umzugehen. Kindheit erhält eine andere zeitliche Dynamik und eine individuelle Ausdifferenzierung, so daß sich damit auch das Verhältnis zu den nachfolgenden Lebensphasen ändert. Insgesamt ist ein Aufwertung des Kindheitsstatus zu konstatieren, die mit einer höheren Wertschätzung von Individualität im frühesten Alter einhergeht. Dadurch, daß Behnken und

Zinnecker die Verzahnung von individueller und gesellschaftlich-kultureller Ebene fokussieren, führen sie Biographieforschung und Kulturanalyse enger zusammen.

Jochen Kade und Wolfgang Seiter zeichnen die Entwicklungsgeschichte von Erwachsenenbildung und Biographieforschung nach. Sie arbeiten eine Linie aus, die ihren Ausgangspunkt bei der Erwachsenensozialisationsforschung der 70er Jahre nimmt, die sich im wesentlichen mit der Notwendigkeit des lebenslangen Lernens beschäftigte. Anfang der achtziger Jahre werden die Individuen als lebensweltlich eingebundene biographische Subjekte thematisiert, deren personale Identität im Hinblick auf die mit Umbruchssituationen verbundenen Identitäts- und Lebenskrisen als Lern- und Bildungschancen ausgelegt werden. Schließlich wird auch die Biographieabhängigkeit von Institutionen der Erwachsenenbildung im Kontext einer Debatte über Professionalisierung Anfang der neunziger Jahre thematisch. Gegenwärtig sehen die Autoren einen Trend, daß sich das Verhältnis von Erwachsenenbildung und Biographieforschung in Richtung auf Generationenforschung wandelt.

Monika Wohlrab-Sahr zielt mit der hier vorgelegten Fallanalyse des zum Islam konvertierten Afroamerikaners David auf eine *strukturelle Betrachtung* der Konversionsbiographie. Es geht ihr darum, die übergreifende Prozeßstruktur dieser Biographie, den ihr zugrundeliegenden Habitus herauszuarbeiten. Sie kommt dabei zu dem Resultat, daß das diese Konversionsbiographie bewegende Prinzip primär nicht dasjenige der *Wandlung*, sondern das der *Kontinuität* ist: David bleibt - so das erstaunliche Ergebnis - mit der Konversion zum Islam der protestantischen Ethik des methodistischen Vaters und insgesamt der Herkunftsfamilie mit ihrer auf religiöses Heilsstreben gerichteten Disziplin und Askese treu. Die Konversion, die in der biographischen Phase der Adoleszenz stattfindet und die David subjektiv-intentional als die Suche nach Wahrheit begreift, ermöglicht es ihm aber auch zugleich, sich vom Vater und der Herkunftfamilie mit deren übermächtigem Einfluß zu distinguieren. Monika Wohlrab-Sahr grenzt ihre Fallrekonstruktion von bisher vorliegenden Analysen ab, die entweder auf die subjektiv-intentionale oder selbsttheoretisierende Ebene beschränkt bleiben oder lediglich einzelne (isolierte) biographische Etappen beschreiben. Im Verständnis der *Objektiven Hermeneutik*, welche den methodologischen Rahmen der Untersuchung bildet, kann die Funktion der Konversion für die Biographie erst in der Analyse des Zusammenspiels der beiden Sinnebenen sichtbar werden: der subjektiv-intentionalen einerseits und derjenigen der Prozeßstruktur andererseits.

Kulturelle Differenzierungen: Milieus und Geschlechterkulturen

Bruno Hildenbrand bringt mit seiner Analyse einen ganz spezifischen Aspekt in diesen Band mit ein und stellt diesen auch ins Zentrum des Beitrages: Wie können empirische Fallrekonstruktionen für die therapeutische Praxis fruchtbar gemacht werden? Im Sinne einer derart verstandenen *Klinischen Soziologie* wird die Fallrekonstruktion in den Kontext einer professionellen Handlungspraxis gestellt – hier in denjenigen der Supervision in der systemischen Familientherapie am Fall einer Bauernfamilie. Im bäuerlichen Milieu führt die Modernisierung in ganz besonderer Weise zu biographischen Diskontinuitäten und Ungleichzeitigkeiten: Der Landwirt soll zugleich die Hof*tradition* wahren und in moderner, individualistischer Weise auf Markterfordernisse reagieren. Bei dem hier rekonstruierten Fall handelt es sich um eine fränkische Bauernfamilie, deren Geschichte nun an ihrem Ende angekommen ist: Von den vier Söhnen hat der Unverheiratete und Kinderlose den Hof geerbt, während seine drei Brüder in die Arbeiterschicht abgestiegen sind. Einer von ihnen wird auffällig im Sinne *psychotischer Episoden*. Bruno Hildenbrand vermag nun zu zeigen, wie Pauls Krankheit dazu diente, auf eine spezifische Weise ein tabuisiertes Familienthema und damit latent gebliebene Wissens- und Glaubenssysteme der Familie offenzulegen. Das von der Forschungsgruppe um Hildenbrand ausgearbeitete „gemeinsame familiengeschichtliche Erzählen“ steht im Zentrum der empirischen Analyse – neben Daten zur lokalen Sozialstruktur und Skizzen von Wohnungseinrichtungen. Was die Auswertung anbetrifft, so werden in Anlehnung an die *Objektive Hermeneutik* die für die Familiengeschichte zentralen Entscheidungen vor der Kontrastfolie gedankenexperimentell entworfener Alternativen interpretiert. Auf diesem Wege wird die fallspezifische Besonderheit herausgearbeitet.

Cornelia Behnke, Peter Loos und Michael Meuser haben in einem gemeinsamen Forschungsprojekt die modernisierungstheoretische These von der zunehmenden Auflösung traditioneller Geschlechterrollen, die vor allem in den Mittelschichten zu beobachten sei, einer empirischen Überprüfung unterzogen. Genauer betrachtet geht es darum, (in einer mehrdimensionalen komparativen Analyse) männliche Handlungs- und Darstellungspraktiken als kollektive und habitualisierte Praktiken in ihren je milieuspezifischen (Mittelschicht- versus Arbeitermilieu) und generationsspezifischen (mittleres Alter versus junge Männer) Ausprägungen bzw. Brechungen gegeneinander zu halten. Die empirische Analyse stützt sich auf Gruppendiskussionen von Männern in ihren angestammten Geselligkeitsgruppen (z. B. Stammtischen). Der methodologische Rahmen und die empirische Verfahrensweise sind in der *Dokumentarischen Methode* fundiert, d. h. in einer praxeologischen Wissenssoziologie Mannheimscher Prägung. Cornelia Behnke, Peter Loos und Michael Meuser gelangen zu überraschenden - weil den Ethnozentrismus der eigenen milieuspezifischen Selbstverständlichkeiten überwindenden - Ergebnissen: In den Gruppen junger Facharbeiter ist eine Orientierung an egalitären Beziehungskonstellationen eher zu finden als unter den gleichaltrigen Studenten. Und auch bei den Facharbeitern mittleren Alters findet sich zwar eine Sphärentrennung und Arbeitsteilung zwischen den Geschlechtern. Aber diese ist - im Kontrast zu denjenigen aus der höheren Mittelschicht - nicht so rigoros und weniger in naturgesetzlich fundierten moralischen Überzeugungen begründet. Sie ist vielmehr pragmatisch motiviert. Dieser pragmatische Hintergrund gilt auch für die egalitäre Einstellung der jungen Facharbeiter, von denen Männer und Frauen auch primär gar nicht geschlechtskategorisiert wahrgenommen werden.

Jürgen Straub vermag mit seiner Metaphernanalyse den transdisziplinären Charakter dieses Bandes noch um Perspektiven aus der Psychologie zu erweitern. Die hier vorgestellte *kulturpsychologische Biographieforschung* wird von der individualpsychologisch angelegten unterschieden, richtet sich auf *transindividuelle* oder kollektive Phänomene. Das von Straub hier ins Auge gefaßte kulturelle Phänomen ist die metaphorische Konzeptualisierung von Staatenzusammenschlüssen. Im Kontext eines größeren Forschungsprojekts auf der Basis von Narrativen Interviews und Gruppendiskussionen werden hier an einem Fall (bezogen auf den *Zusammenschluß* des *Dritten Reiches* mit Österreich) die Möglichkeiten der Metaphernanalyse demonstriert. Dazu wird zunächst eine - im wesentlichen philosophisch fundierte und an aktuelle psychologische Arbeiten anschließende Klärung - des Metaphernbegriffs entworfen. Die darauf aufbauende empirische Analyse im zweiten Teil des Beitrages bezieht sich auf die Metapher der *Einverleibung* und auf diejenige des „auf einen fahrenden D-Zug Aufspringens" als Konzeptualisierungen von Staatenzusammenschlüssen. Diese Analyse ist als *exemplarische* zu verstehen. Dabei steht zwar eine ergebnisorientierte Fallrekonstruktion oder Typenbildung nicht im Zentrum, gleichwohl werden einige Ausblicke auf eine „Typik metaphorischen Sprechens über Zusammenschlüsse von Staaten" gegeben. Die exemplarische Analyse von Straub legt sich nicht auf eine spezifische methodische Verfahrensweise fest. Da alle Ansätze qualitativer Forschung mit der Interpretation von Metaphern befaßt sind, lassen sich die Vorschläge von Straub als Diskussionsangebot an unterschiedliche methodische Ausrichtungen verstehen.

Ralf Bohnsack und Arnd-Michael Nohl gehen auf der Basis erster Ergebnisse eines größeren Forschungsprojekts der Frage nach, wie Jugendliche türkischer Herkunft - vor allem solche aus dem Arbeitermilieu - die Adoleszenzphase bewältigen. Diese Lebensphase wird hier auf der Basis früherer Studien vor allem unter dem Gesichtspunkt der Suche nach *Milieuzugehörigkeit* und *habitueller Übereinstimmung* betrachtet, wie sie in Gemeinsamkeiten des handlungspraktischen Wissens fundiert sind. Dazu entwerfen die Autoren einen methodologischen Zugang zu Adoleszenz und Migration, der auf einer praxeologisch fundierten Wissenssoziologie Mannheimscher Prägung basiert. Das handlungspraktische Wissen in der peer-group türkischer Jugendlicher wird hier auf der Basis von Gruppendiskussionen, Teilnehmender Beobachtung und Biographischen Interviews untersucht. Dies alles im methodologischen Rahmen der *Dokumentarischen Methode.* Es zeichnen sich dabei folgende erste Ergebnisse ab: Typisch für die *Migrationslagerung* dieser Jugendlichen ist eine Diskrepanz zwischen jener moralischen Haltung, wie sie in der Familie und innerhalb der älteren Generation der türkischen Community dominant ist, einerseits und derjenigen der außerfamilialen Institutionen und der öffentlichen Begegnung andererseits. Diese Diskrepanz führt (unter der Bedingung eines spezifischen Respekts der jüngeren gegenüber der älteren Generation) zu einer strikten Trennung von *innerer* und *äußerer Sphäre.* In der Art der Bewältigung dieser Sphärentrennung zeichnen sich drei unterschiedliche Milieus ab: (a) eine moralische Distanz gegenüber beiden Sphären und ein strategischer Umgang mit ihnen; (b) eine *partikularistische* Bindung an die Moral der inneren Sphäre als einer exklusiven und (c) die Tendenz, eine *dritte Sphäre* im Sinne z. B. einer transkulturellen Haltung zu konstituieren.

Literatur

Bohnsack, R. (1997): Dokumentarische Methode. In: Hitzler, R./Honer, A. (Hrsg.): Sozialwissenschaftliche Hermeneutik, Opladen; 191-212

Bourdieu, P. (1996): Die Praxis der reflexiven Anthropologie. In: Bourdieu, P./ Wacquant, L.J.D., Reflexive Anthropologie. Frankfurt a.M., 251-294

Glaser, B. G. Strauss, A. L. (1967): The Discovery of Grounded Theory. Chicago

Mannheim, K. (1921): Beiträge zur Theorie der Weltanschauungsinterpretation. In: Jahrbuch für Kunstgeschichte I (XV),4 (wieder abgedruckt 1964 in: Ders.: Wissenssoziologie. Neuwied; 91-154

Marotzki,W. (1998): Ethnographische Verfahren in der Erziehungswissenschaftlichen Biographieforschung. In: Jüttemann, G./Thomae, H. (Hrsg.): Biographische Methoden in den Humanwissenschaften. Weinheim; 44-59.

Schütz, A. (1962): The Problem of Social Reality. In: Ders.: Collected Papers, Vol. 1, Den Haag (deutsch 1971: Das Problem der sozialen Wirklichkeit. In: Ders.: Gesammelte Aufsätze, Den Haag)

Schütze, F. (1993): Die Fallanalyse. Zur wissenschaftlichen Fundierung einer klassischen Methode der Sozialen Arbeit. In: Rauschenbach, R./Ortmann, F./Karsten, M.E. (Hrsg.): Der sozialpädagogische Blick – Lebensweltorientierte Methoden in der Sozialen Arbeit. Weinheim u. München; 191-221

Teil I:

Medien und öffentliche Inszenierungen

Burkhard Schäffer

Generation, Mediennutzungskultur und (Weiter)Bildung. Zur empirischen Rekonstruktion medial vermittelter Generationenverhältnisse

1. Einleitung

Auf die Frage nach ihrem Musikstil antworteten zwei 20jährige Amateurmusiker mit einem Verweis auf die 68er Generation. Die von ihnen bevorzugte *Seattle Szene* orientiere sich am *Sound* der *68er Zeit*: *„Der Sound an sich wie's klingt und dis geht alles sehr in die Richtung so: Die ganze Jugend und Studentenbewegung der 68er und das ist jetzt wieder populär"*[1]. Unter Zuhilfenahme des offenbar notwendig diffusen Begriffs *Sound* setzt sich die Gruppe also in ein Verhältnis zu der Generation, aus der ihre Eltern stammen. Die Informationen über diese Zeit haben sie nicht aus eigener Erfahrung, sondern aus *zweiter Hand*: von ihren Eltern und vor allem aus *den Medien.*

In diesem Beitrag geht es um Fragen, die sich aus solchen Thematisierungen des Generationenverhältnisses im spannungsreichen Kontext zwischen Eigenerlebtem und medial Vermitteltem bewegen. Ziel ist die Ausformulierung einer Methodologie und eines empirischen Programms für die Analyse der Bedeutung medial vermittelter *sozialer Informationen* im Prozeß der Ausbildung generationsspezifischer Orientierungsmuster. Vor diesem allgemeinen Hintergrund soll insbesondere der Frage nachgegangen werden, ob und wenn ja, wie sich solche Prozesse in der Ausbildung *generationsspezifischer Mediennutzungskulturen* niederschlagen, die – so eine Hypothese – wesentlich die Bedingungen für Lern- und Aneignungsprozesse im Umgang mit sogenannten *neuen Medien* mitgestalten. Die medienbezogene Fragestellung entfaltet sich also auf doppelte Weise: Zum einen geht es allgemein um den *Einfluß* medial vermittelter Information auf kulturell *gebundene*, *überformte* bzw. *hergestellte* Handlungspraxen. Zum anderen wird die Fragestellung jedoch am Beispiel der Ausbildung generationsspezifischer Mediennutzungskulturen konkretisiert, insbesondere hinsichtlich der Frage nach den *Einflüssen* solcher Kulturen auf die Nutzung *neuer Medien.*

Um die Konstitutionsbedingungen derartiger Mediennutzungskulturen zu erschließen, bedarf es einer relationalen Perspektive, die milieu- und geschlechtsspezifische sowie individual- und kollektivbiographische Differen-

1 Das gekürzte Zitat ist aus einer kürzlich erschienenen Untersuchung über Stil-Findungsprozesse in Gruppen Jugendlicher entnommen (vgl. Schäffer 1996, 117ff.)

zierungen von Rezipienten ebenso einschließt, wie die komplizierten Verhältnisse der *Gleichzeitigkeit des Ungleichzeitigen* im Generationenverhältnis. Zugleich ist es nötig, jugend- und techniksoziologische sowie medienhistorische und medientheoretische Ansätze zu einer Matrix zu verknüpfen, mittels derer verschiedene Altersgruppen als mögliche Träger derartiger Kulturen identifiziert werden können. Innerhalb dieser Altersgruppen gilt es dann *Statthalter* (Zinnecker) ausfindig zu machen, die das Generationstypische in ihren Orientierungen und Handlungspraktiken in besonderer Weise repräsentieren. Einige Hinweise über die geplante empirische Umsetzung des Vorhabens werden abschließend gegeben. Am Anfang steht eine Einbettung der Fragestellung in aktuelle erwachsenen- und medienpädagogische Diskussionen, wie sie insbesondere unter dem Stichwort der *Medienkompetenz* geführt werden.

2. Medien- und erwachsenenpädagogischer Bezugsrahmen

Die Beschäftigung mit dem Zusammenhang zwischen Medienerfahrung und Generationszugehörigkeit ist als ein periodisch auftauchendes Thema anzusehen. Insbesondere dem *heißen Medium* Fernsehen (McLuhan 1995) wurden und werden hier seit den 50er Jahren entsprechend formierende Wirkungen zugeschrieben. Nicht erst seitdem die *Informationsgesellschaft* in den Mittelpunkt der öffentlichen Aufmerksamkeit gerückt ist, beginnt auch die einschlägige medien- und erwachsenenpädagogische Debatte, sich verstärkt mit diesem Problemkreis zu beschäftigen.

In diesem Zusammenhang erfährt der Begriff der *Medienkompetenz* z.Z. eine ungeahnte Renaissance. Von Dieter Baacke geprägt[2], wird er als *Schlüsselbegriff* (von Rein 1996) apostrophiert und gewissermaßen als *pädagogische Antwort* auf die rasante Entwicklung der sog. IuK Techniken konzipiert. In den vier Teilbereichen „Medienkritik“, „Medienkunde“, „Mediennutzung“ und „Mediengestaltung“ (Baacke 1996, 120) sollen Prozesse der *Medienbildung* initiiert werden, die ein Umgehen mit den „Veränderung(en) der Kommunikationsstrukturen durch technisch-industrielle Vorkehrungen und Erweiterungen“ ermöglichen (a.a.O., 119). Als medienpädagogische Zieldimensionen werden u.a. angegeben die „Fähigkeit zu kritischer Distanz“, die „Fähigkeit zu selbstbestimmtem Umgang mit Medien und Medieninhalten“ sowie die „Fähigkeit zu aktiver Kommunikation mit Medien“ (Theunert 1996, 62). Es soll ein „umfassender und integrierter Umgang“ mit der „Mul-

2 Und zwar in Auseinandersetzung mit Habermas’ Begriff der kommunikativen Kompetenz Anfang der 70er Jahre, d.h. in einem Bezugsrahmen der kritischen Theorie (vgl. hierzu Baacke 1973; 1996)

timediawelt“ vermittelt werden, und zwar „beginnend in der Kindheit und *fortwährend begleitend durch alle Altersstufen, auch (und vielleicht vor allem) im Erwachsenenalter*“ (a.a.O., 63; Hervorhebung B.S.). Im zuletzt angesprochenen Bereich der Erwachsenenbildung wird, anschließend an die Schlüsselqualifikationsdebatte, „Medienkompetenz als Sach-, Selbst- und Sozialkompetenz“ gefaßt (Dewe/Sander 1996, 137) und so eingebettet in einen Diskurs über den Erwerb von Kompetenz allgemein: Mediennutzungskompetenz „hat dann deutliche Anschlüsse an andere Kompetenzen im Umgang mit Alltagsphänomenen und kann nicht länger isoliert betrachtet werden“ (a.a.O., 137). Entsprechende Hilfe zum Aufbau von „Mediennutzungskompetenz“ solle „Problemgruppen unter den Mediennutzern“ zuteil werden. Dewe und Sander verweisen hier ganz allgemein auf „ältere Menschen“, denen in offenen Angeboten der Erwachsenenbildung eine „medienkulturelle Anreicherung des konkret erfahrbaren Alltags“ (a.a.O., 140) vermittelt werden soll.

Die bisher eher auf den Kinder- und Jugendbereich ausgerichtete Medienpädagogik öffnet sich also auch dem Erwachsenenbereich; und dort den „Problemgruppen“, und das sind Menschen, so Sander und Dewe, die „unvertraut“ mit den neuen Medien sind. Dieses „Unvertraut-Sein“ wird also als „Problem“ definiert und so einer pädagogischen Intervention zugänglich gemacht. Damit folgt die Argumentation einem bekannten Schema, wonach medienpädagogisch Handelnde auf die Einführung jeweils neuer Medientechnologien mit je zeitgebundenen Forderungen nach Kontrolle auf der einen Seite bzw. nach Erweiterung von entsprechender Handlungskompetenz auf der anderen Seite reagieren[3]. Nur, daß jetzt zunehmend „die Älteren“ im Fokus der Bemühungen stehen, und dort ist es nicht so sehr, wie noch bei Kindern und Jugendlichen, der „Schutz“ der Jüngeren vor den Inhalten, sondern die Anschlußfähigkeit der Älteren an die Anforderungen der allseits propagierten „Informationsgesellschaft“.

Betrachtet man diesen erwachsenenbildnerischen Medienkompetenzdiskurs also unter einer generationstheoretischen Perspektive, so handelt es sich gewissermaßen um eine *Schubumkehr*, oder anders formuliert: Wir sind zur Zeit Zeugen eines *Schwenks der Aufmerksamkeitsrichtung von Teilen des Diskurses über Multimedia*. „Die Älteren“ finden sich hier plötzlich in der Rolle derjenigen, denen die besorgte Aufmerksamkeit zufällt; Schleiermachers Frage, „was denn die ältere Generation mit der Jüngeren wolle“ (Schleiermacher 1983), wird unter der Hand umgedreht[4]. Insofern ist es nicht verwunderlich, daß sich auch in der erziehungswissenschaftlichen Diskussion Stimmen mehren, die auf ein medientechnisch induziertes Unterlaufen der im traditionellen Erziehungsbegriff implizierten Asymmetrievorstellung im Er-

3 Zur Geschichte der Medienpädagogik vgl. Schorb 1995, 14-56
4 Explizit z.B. in Müller 1996.

ziehungsverhältnis verweisen[5]. Oder, wie es Kurt Lüscher, einer der Herausgeber eines interdisziplinären Readers über Generationsbeziehungen und Postmoderne aus einer soziologischen Perspektive formuliert: „Der beschleunigte Wandel des Wissens und seiner technologischen Anwendungen führen dazu, daß nicht nur die Jüngeren von den Älteren lernen, sondern ebenso die Älteren von den Jüngeren" (Lüscher 1993, 17). Ob sich aber - zumindest in Teilbereichen multimedialer Anwendungen - eine „Umkehrung des Expertentums" (Wittpoth/Schäffer 1997) abzeichnet, ist eine nur empirisch zu beantwortende Frage.

Die einschlägigen erwachsenen- und medienpädagogischen Diskussionen zugrundeliegende Annahme über medienvermittelte Änderungen des Generationenverhältnisses ist unschwer zu erkennen: Es geht um den „adäquaten" *Umgang mit Phänomen des sozialen Wandels*, der als teilweise medial induziert angesehen wird. Ob das „Verschwinden der Kindheit" (Postman 1983) oder „das allmähliche Verschwinden der Wirklichkeit" (v. Hentig 1984) konstatiert wird oder eine „Pädagogik im technischen Zeitalter" (ironisch) als eine Bewegung „vom Internat zum Internet" (Liessmann 1995) konzipiert wird: Immer sind es Prozesse des Wandels bzw. Prozesse der „Beschleunigung" (Virilio 1992), die mit teils hilflos-besorgtem, aber auch mit euphorisch-affirmativem Gestus apostrophiert werden[6]. Festzuhalten bleibt, daß sowohl der neuere erziehungswissenschaftliche als auch der in sonstigen öffentlichen Arenen geführte Diskurs über Multimedia als einer über *Generationenverhältnisse und Generationenbeziehungen im Wandel* gelesen werden kann[7].

Im folgenden soll nun ein theoretischer Rahmen abgesteckt werden, der die Folgen medial induzierten Wandels für die Konstitution generationsspezifischer Erfahrungsräume thematisiert. Er muß auch eine *empirische Rekonstruktion generationsspezifischer Mediennutzungskulturen* ermöglichen, die - so ein Vorgriff - m.E. mit entscheidend sind für Akzeptanz und begeisterte Aufnahme bzw. für Ablehnung oder Ignoranz jeweils neuer Medien und

---

5 Von einer Überführung in „symmetrische Relationen" oder sogar in „partielle neuartige Asymmetrierelationen" ist die Rede, die auf eine „modernisierungsinduzierte Veränderung im Generationenverhältnis generell" hinausliefen (vgl. Marotzki 1997, 177ff.)

6 Vgl. auch (im Sinne eines maximalen Kontrasts) Guggenberger 1997 versus Rheingold 1994.

7 In Teilen hat dieser Diskurs Züge eines *Nostrifizierungsdiskurses*, also eines Diskurses innerhalb dessen Versuche unternommen werden, die jeweils andere Generation der eigenen (generationsbezogenen) Wir-Gemeinschaft vertraut zu machen bzw. sie zur Wahrung der eigenen (generationsspezifischen) Identität als fremd, nicht-verstehbar oder sinnentleert auszugrenzen. Der in der Wochenzeitung „Die Zeit" von Ulrich Greiner 1994 angestoßene Diskurs über das Verhältnis der „68er" zu der „89er Generation" (vgl. zusammenfassend Steiner 1997) ist z.B. als ein solcher Versuch der gegenseitigen Nostrifizierung auf der Ebene des Feuilletons anzusehen. Vgl. zum Begriff der Nostrifizierung: Matthes 1992 und zum Nostrifizierungs-Handlungsschema bei der Berichterstattung über studentische Anliegen: Schütze/Lützen/Schulmeyer-Herbold 1993.

damit sozusagen als Bedingung der Möglichkeit der Entwicklung von „Medienkompetenz“ anzusehen ist[8]. Erst auf der Grundlage eines erklärenden Verstehens der Konstitutionsbedingungen derartiger Kulturen lassen sich gesicherte Aussagen über die w.o. beschriebenen „Problemfelder“ ableiten und Handlungsempfehlungen - etwa auf dem Gebiet der außerschulischen Jugend- und Erwachsenenbildung - aussprechen.

3. Generation und Medien

3.1 Das Diskursuniversum Generation

Von einem kohärenten Generationsbegriff kann weder im Alltagssprachgebrauch[9] noch in sozialwissenschaftlichen Diskursen ausgegangen werden. In letztgenannten konkurrieren bzw. koexistieren verschiedenste Ansätze, die je nach Interessenlage unterschiedliche Dimensionen des Begriffs in den Vordergrund stellen und dementsprechende Einteilungen vornehmen. So wird etwa von Sackmann eine Dreiteilung des Begriffs akzentuiert: „Generation“ im Sinne von „Familiengeneration“, von „Jugendgeneration“ und (mit Bezug auf Matthes 1992), als „zeitliche Strukturierung von Gesellschaft“ (Sackmann 1992, 211). Stiksrud verweist ebenfalls auf die „Multidisziplinarität“ des Generationenthemas und wählt eine Perspektive, die historische von jugendsoziologischen und pädagogischen Generationenkonzepten abgrenzt[10]. Eine Kombination der Einteilungen von Stiksrud und Sackmann erschließt m.E. das Feld in sinnvoller Weise:

---

8 Es wird sich zeigen, ob es angesichts der hier entfalteten Perspektive nicht sogar zweckmäßig ist, auf den Kompetenzbegriff, wie er in der skizzierten Debatte zumeist entkleidet seiner kompetenztheoretischen Verankerung benutzt wird (für eine solche Verankerung siehe Baacke 1973) gänzlich zu verzichten und sich statt dessen zunächst einmal der Erforschung von „Stilen der Mediennutzung“ zu widmen.

9 So wird nach Sackmann das „Deutungsmuster Generation“ „überwiegend in der ersten Lebenshälfte zur Verarbeitung von eigenen Erfahrungen benutzt“, wobei die „Verarbeitung von der Lösung von der Familie“ als „Leiterfahrung“ anzusehen ist, die auf andere Bereiche übertragen werden kann (Sackmann 1992, 205).

10 Vgl. Stiksrud 1994, 14-41. Auf die historische Herleitung wird hier nicht näher eingegangen. Nur soviel: Stiksrud verweist darauf, daß bei den historischen Ansätzen die sog. „Pulsschlagtheoretiker“, also solche, die von einem durch bestimmte Rhythmen der Geburtenfolge vorgegebenen Generationszyklus ausgehen, von den sog. *Prägungstheoretikern* abgelöst worden seien. Diese hätten den Jugendbegriff mit dem Generationsbegriff verbunden. Letzteres muß Stiksrud zufolge Dilthey zugerechnet werden: „Erst mit Dilthey kommt es zu einer expliziten Verbindung zwischen einem Generationsbegriff und einem ihm korrespondierenden Jugendbegriff. Die Pulsschlagtheoretiker werden von den Prägungstheoretikern abgelöst“ (a.a.O. S. 22). Vgl. auch die ausgezeichnete Darstellung des historischen Wandels des Deutungsmusters Generation bei Sackmann (1992, 205ff.).

Bei *familialen Generationenkonzepten* wird explizit auf innerfamiliäre Generationen*beziehungen* eingegangen (vgl. etwa Clausen 1993; Rosenthal 1997). In manchen Konzeptualisierungen werden familienbezogene Ansätze als *die eigentlichen* Generationenkonzepte angesehen, denen auf einer makrostrukturellen Ebene kohortenbezogene entgegenzusetzen seien[11]. Auf *pädagogische Generationenkonzepte* wurde w.o. schon implizit im Rahmen der Darstellung medienpädagogischer Ansätze in der Erwachsenenbildung kurz eingegangen. Zu verweisen ist in diesem Zusammenhang auf Schleiermacher und Dilthey sowie ihre „geisteswissenschaftlichen Nachfahren" Spranger, Litt, Nohl, und Flitner, in deren Konzeptionen, so Liebau und Wulf, Pädagogik grundsätzlich als eine „Wissenschaft vom Generationenverhältnis" angesehen wurde (Liebau/Wulf 1996, 8). Für die hier zu verfolgenden Belange ist insbesondere Diltheys Konzept einer generationsspezifischen qualitativen Erlebniszeit im Gegensatz zur chronologischen Zeit zu nennen, das durch Mannheim eine Weiterentwicklung und Systematisierung erfahren hat. Schließlich sind es die *jugendbezogenen Generationenkonzepte,* die in der Sozialwissenschaft, aber auch im öffentlichen Diskurs am meisten Beachtung finden. Aus zumeist soziologischer, aber auch psychologischer Perspektive wird eine jeweilige Generation hinsichtlich ihrer wichtigsten Eigenschaften charakterisiert[12]. Derartige Typisierungen werden dahingehend kritisiert, daß sie oft in einem Stadium verblieben, der über sich „immer wiederholende(n) und immer wieder fragwürdig bleibende(n) Versuche(n), Namensgebungen für vermeintliche Generationen zu produzieren" nicht hinauskomme (Matthes 1985, 369)[13].

---

11 Als Beispiel für kohortenbezogene Ansätze vgl. etwa Buchhofer/Friedrichs/Lüdtke 1970. In solchen eher demographisch orientierten Ansätzen wird dann auch diskutiert, inwiefern der Begriff der Generation, der ja immer an ein mehr oder weniger explizites *Bewußtsein über* die eigene Zugehörigkeit zu einer Generation voraussetzt, überhaupt ein Analysepotential beinhaltet und insofern nicht besser fallengelassen werden sollte (so z.B. Ryder 1965. Vgl. zur Diskussion dieser These Sackmann/Weymann 1990, 250ff.).

12 So z.B. die „skeptische Generation" der um 1930 Geborenen (Schelsky 1957), die in ihrer Jugend vom Nationalsozialismus und dessen Folgen desillusioniert wurden und die als „Flakhelfer-Generation" (Bude 1987) den Aufbau der alten Bundesrepublik wesentlich trugen. Oder die um 1940 Geborenen, die die sog. „68er Generation" prägten (Bude 1995). An weiteren Etikettierungen hat es keinen Mangel: die „jugendbewegte" der um 1910 Geborenen, die *politische* der 1920er Jahrgänge, die „Generation der Unbefangenen" (Blücher 1966), die „verunsicherte Generation" der um 1960 Geborenen (Sinus 1982), die *authentische* der um 1970 Geborenen (Bohnsack 1989), die auch als „Generation X" literarisch Furore machte (Coupland 1995) bzw. unter dem Etikett der *89er* als Antipode zu den „68ern" gedacht wird (Leggewie 1995). Schließlich kommen Goebel und Clermont (1997) in einer – von ihrem Anspruch und der optischen Gestaltung her – äußerst *zeitgeistnahen* Studie zu der Diagnose, daß die größte *Tugend* der heute 25-30jährigen in ihrer „Orientierungslosigkeit" läge.

13 Eine wahrscheinliche Funktion haben sie allerdings: Die vielen heutzutage verfügbaren Generationstypisierungen dienen offensichtlich zur gesellschaftlichen Selbstbeschreibung und damit letztendlich der Selbstverortung bestimmter, zumeist akademischer Milieus auf

So weit eine keineswegs Vollständigkeit beanspruchende Beschreibung des *Diskursuniversums Generation.* Für das hier verfolgte, begrenzte Anliegen der empirischen Herausarbeitung generationsspezifischer Mediennutzungskulturen sind Konzepte von Bedeutung, die in irgendeiner Weise den durch Medienentwicklungen mitbedingten sozialen Wandel reflektieren. Das sind insbesondere solche, denen es nicht um den Aufweis einer einzigen Generationsgestalt geht, sondern die über den Vergleich verschiedener Generationseinheiten (Mannheim) zu Aussagen über Generationen*verhältnisse* (Matthes) gelangen[14], die - so eine weiter zu belegende These - generationsspezifische Mediennutzungskulturen fundieren. Sackmann/Weymann (1994) sowie Göschel (1995) haben für dieses Erkenntnisinteresse relevante Arbeiten bereits vorgelegt, die weiter unten noch ausführlicher diskutiert werden. Bevor dies jedoch angegangen werden kann, soll im folgenden zunächst der im Begriff der Generationseinheit schon präsente Ansatz des Wissenssoziologen Karl Mannheim in seinen Grundzügen dargestellt und insbesondere hinsichtlich seiner jugendsoziologischen Konsequenzen diskutiert werden. Dies auch deshalb, weil sich der überwiegende Teil der genannten Generationenkonzepte mehr oder weniger explizit auf Mannheims grundlegenden Aufsatz aus dem Jahre 1928 („Das Problem der Generationen") bezieht.

3.2 Generationslagerung, Generationszusammenhang und Generationseinheit

Mit Mannheim lassen sich Generationslagerungen von Generationszusammenhängen und Generationseinheiten unterscheiden (Mannheim 1964, 541ff.). Die Lagerung bezieht sich auf die Zufälligkeit der Geburt in einer bestimmten Zeit an einem bestimmten Ort. Aus der Lagerung allein erwachsen jedoch keine gemeinsamen Orientierungen. Dies wird erst möglich, wenn eine Generationslagerung, z.B. die Kohorte derjenigen, die um 1900 geboren wurden, mit einschneidenden Erlebnissen wie dem Ersten Weltkrieg konfrontiert werden. Dann bilden sich nach Mannheim auf Grund der nur dieser Altersgruppe in der Jugendphase gegebenen Erfahrungen perspektivisch gebundene *Erlebniszusammenhänge* heraus, aus denen *Generationszusammenhänge* entstehen *können,* in unserem Beispiel die Kohorte, deren Mitglieder ihre Jugend im Ersten Weltkrieg, der Nachkriegszeit und der Weimarer Republik erlebt haben. Diese Erfahrungen in der Jugendzeit bilden, so Mannheim, das *Erlebniszentrum*, von dem aus diese Generation denkt, handelt und fühlt; es bilden sich somit generationsspezifische Habitusformationen heraus. Innerhalb dieser Generationszusammenhänge lassen sich dann jedoch - und

---

dem Wege der Distinktion von der Vorgänger- oder gegenüber der Nachfolgegeneration.

14 Vgl. exemplarisch die in dem Band von Preuss-Lausitz u.a. (1983) versammelten Arbeiten zur Sozialisationsgeschichte seit dem Ersten Weltkrieg.

das wird bei vielen Generationsstudien vernachlässigt - z.T. antagonistisch aufeinander bezogene Generationseinheiten aufzeigen, die aus je unterschiedlichen milieu- und geschlechtsspezifischen Perspektiven denselben Gegenstand, dasselbe Thema in unterschiedlicher Weise behandeln. Anzuführen sind hier, um ein zeitnäheres Beispiel zu geben, die CDU-Mitglieder der 68er Generation, die offensichtlich eine völlig andere Sicht der Dinge entfalteten als ihre Altersgenossen im Sozialistischen Deutschen Studentenbund.

Dies und die Tatsache, daß verschiedene Generationen zugleich existieren, macht nun die Komplexität und Vielschichtigkeit der Materie aus, die unter der vom Kunsthistoriker Pinder eingeführten und von Mannheim als „genial" bezeichneten Charakterisierung des Generationsverhältnisses als „Gleichzeitigkeit des Ungleichzeitigen" (Pinder 1926) firmiert. Dabei ist zumindest auf dreierlei zu achten:

1. Diejenigen, die in derselben chronologischen Zeit geboren werden, bilden, gerade (aber nicht nur) in der für die Identitätskonstitution bedeutsamen Entwicklungsphase der Adoleszenz und des frühen Erwachsenenalters in Auseinandersetzung mit einschneidenden zeitgeschichtlichen Ereignissen potentiell eine gemeinsame Erlebnisschichtung aus. Entscheidend ist die dabei stattfindende „Synchronisation von zeitgeschichtlichem Ablauf und lebensgeschichtlicher Entwicklungsphase" (Bohnsack, o.J.), die zur Folge hat, daß sich Generationszusammenhänge mit spezifischen Orientierungsmustern herausbilden, innerhalb deren Rahmen nachfolgende Ereignisse gewissermaßen aufgeordnet werden. Die damit einhergehende Verfestigung konjunktiv gebundener Orientierungen kann mit Berger/Luckmann (1990, 72ff.) als Institutionalisierung auf dem Wege der Sedimentierung der gemachten Erfahrungen bezeichnet werden.
2. So entstehende Generationszusammenhänge sind grundlegend relational konstituiert. Relational sowohl in der synchronen Perspektive, d.h. in der unhintergehbaren Aufeinanderbezogenheit der einzelnen Generationseinheiten innerhalb eines Zusammenhanges, als auch in der diachronen Perspektive: Generationszusammenhänge sind nur im *Verhältnis* zu anderen Generationszusammenhängen zu bestimmen. Hierin liegt die entscheidende Umakzentuierung von Matthes, der die Frage nach Generationen als eine nach *Generationenverhältnissen* interpretiert und vor diesem Hintergrund die Frage nach der Organisation unterschiedlicher Zeitlichkeit bzw. unterschiedlichen Zeiterlebens einzelner Generationseinheiten als die wesentliche bezeichnet[15]. Oder, auf eine Kurzformel gebracht: Wie organisiert eine Gesellschaft die durch die Generationenfolge hervorgerufene „Gleichzeitigkeit von Ungleichzeitigkeit" (vgl. hierzu Matthes 1985)?
3. Die Rede von Generationen*verhältnissen* ist jedoch nicht als Freibrief zu

15 Dies wurde w.o. schon unter Bezug auf Sackmanns Klassifizierung angesprochen.

verstehen, die verschiedenen Generationseinheiten nur unter dem Gesichtspunkt der Distinktion zu thematisieren. Wir werden noch ausführlicher auf diese *Doppeltheit* eingehen, die in jeder Generationseinheit angelegt ist: einerseits die Ebene der kommunikativ hergestellten Distinktion gegenüber anderen Generationseinheiten und Zusammenhängen und andererseits diejenige der *Konjunktion*, d.h. der unhinterfragten und unhinterfragbaren Gemeinschaftsbildungen, die auf das nicht zu Explizierende, Selbstverständliche, mithin auf lebensweltliche Wissensbestände verweisen.

3.3 Jugendsoziologische Konsequenzen des Mannheimschen Ansatzes

Aus Mannheimscher Perspektive entstehen Generationszusammenhänge durch Erlebnisse und Erfahrungen in der Jugendzeit[16], mithin in jener Phase, die in den letzten Jahrzehnten, so die übereinstimmende Ansicht der Jugendforschung, an eindeutigen Konturen verloren hat. Sie ist *unscharf* in mehrerer Hinsicht geworden: sowohl bezüglich der zeitlichen (*postadoleszenten*) Ausdehnung der Phase[17] als auch, was die Möglichkeiten der Ausgestaltung dieser Phase betrifft[18]. Das Schlagwort lautet: „Jugend im Plural" (Pöggeler), worunter auch die Beobachtung einer zunehmenden Diversifizierung und Differenzierung biographischer Ablaufmuster in der Jugendphase fällt[19].

Vergewissert man sich nun empirisch dieser Phase, die Zinnecker zu Beginn der 90er Jahre für westeuropäische Gesellschaften sehr zutreffend als „erweitertes Bildungsmoratorium" (Zinnecker 1991; Zinnecker/Stecher 1996) beschrieben hat, so liegt auf der Hand, daß sie milieu- und geschlechtsspezifisch unterschiedlich ausgestaltet ist. Denn es ist eben keinesfalls irrelevant, ob im Alter von 16 Jahren eine Berufsausbildung begonnen wird oder gerade der Übergang in das gymnasiale Kurssystem *gemeistert*

16 Die von verschiedener Seite vorgebrachte, m.E. mißverständliche Vorstellung, daß Ansätze wie der von Mannheim von einer sog. „Prägung" im Jugendalter ausgehen (vgl. Stiksrud 1994, 23ff.), verkürzt bzw. begrenzt die in dem Ansatz verborgenen Möglichkeiten. Der Begriff der „Prägung" ist m.E., ähnlich wie der der „Wirkung" in der Medienwirkungsforschung (vgl. hierzu etwa Merten 1994), zu sehr von einfachen Kausalitätsunterstellungen durchsetzt.

17 Vgl. zur Postadoleszenzdiskussion Junge 1995.

18 Vgl. zur Entstrukturierungshypothese: Olk 1985; Hornstein 1985; Ferchhoff 1993.

19 „Feststellbar ist eine Pluralität von Bewegungsformen durch die Jugendphase, ein nebeneinander von Biographieverläufen, in denen eine Jugendphase im modernen Sinne gar nicht vorkommt, von modernen Lösungen, bei denen die Schulzeit mit den Ablösungsschritten aus der Familie, der Vorbereitung eines eigenen Privatlebens oder mit einer Cliquenzeit verbunden ist, und von eher entstrukturierten Bewegungsformen, bei denen die Jugendlichen in jugendkulturellen Szenen (...) ihren Weg durch die Biographie relativ unabhängig von Altersstatusgrenzen zu leben und sich zu bahnen suchen." (Fuchs-Heinritz/Krüger 1991, 236).

wird, um nur ein Beispiel zu nennen. Dies bezieht sich nun nicht nur auf die mit dem Schulabschluß verbundenen *objektiven* beruflichen Karrieremöglichkeiten[20], sondern auch auf die Ausbildung von Orientierungen etwa in bezug auf das andere Geschlecht oder auf die Emergenz ästhetisch-stilistischer Vorlieben (vgl. Schäffer 1996).

Bohnsack hat eine solche bildungsmilieuspezifische Differenzierung von Generationstypischem exemplarisch am *Vergleich biographischer Orientierungsmuster* von Lehrlings- und Gymnasiastenmilieus von um 1970 Geborenen herausgearbeitet (Bohnsack 1989, 290ff.). Demnach ist als übergreifender Rahmen und damit als Generationszusammenhang bei Angehörigen beider Bildungsmilieus eine sie von ihren Vorgängergenerationszusammenhängen differenzierende *Suche nach Authentizität* auszumachen. Der Generations*zusammenhang* wird dabei fundiert durch die zeitgeschichtlich bedingte kollektive Verarbeitung von Individualisierungszumutungen, die mit „De-Standardisierungsprozessen des Lebenslaufs" (Kohli 1985) zusammenhängen[21]. Unterschiede auf der Ebene bildungsmilieuspezifischer Generations*einheiten* dokumentieren sich dann anhand der unterschiedlichen Ausprägung der Forderung nach Authentizität: Für die Gymnasiasten zeigt sich das Problem auf der Ebene der Antizipation berufsbiographischer Ablaufmuster. Hier bilden *biographische Entwicklungsverläufe der älteren Generation* den negativen Gegenhorizont; sie wollen nicht in biographische Ablaufmuster eingespurt werden, die ihnen keine Möglichkeiten der spontanen und damit der authentischen Selbstentfaltung lassen. Ganz anders die Lehrlinge: Deren biographische Selbstverortung ist nicht „an die Berufssphäre gebunden, sondern hat ihren Fokus in den *lebensgemeinschaftlichen Zusammenhängen* von Nachbarschaft, Ortsgesellschaft und Verwandtschaft" (Bohnsack 1989, 313). Die Suche nach Authentizität wird von ihnen dementsprechend *nicht* im Rahmen der Auseinandersetzung mit berufsbiographischen Ablaufmustern in Szene gesetzt, sondern artikuliert sich in Beschreibungen einer „Lebensweise, bei der man sich auf die ursprünglichen Bedürfnisse besinnt" (a.a.O., 314), so z.B. in der Metapher des Lebens auf einer „einsamen Insel" oder in

---

20 Obwohl die Bildungsexpansion zu der paradoxen Situation geführt hat, „daß höhere Bildungsabschlüsse immer mehr Voraussetzung, aber immer weniger Garantie für einen höheren Sozialstatus geworden sind" (Geißler 1996, 259), bleibt festzuhalten, daß berufliche Allokation immer noch wesentlich über die mit dem schulischen Bildungsabschluß einhergehenden Möglichkeiten gesteuert wird (a.a.O., 257f.).

21 „Indem die Generation der um 1970 Geborenen bereits sehr früh - schon in der Kindheit - die Unsicherheit und Ungewißheit standardisierter Lebenslaufmuster erfährt, ist ihr eines gewiß: nämlich die Ungewißheit dieses Standards. (...) Im Unterschied zur vorhergehenden 'verunsicherten' Generation der um 1960 Geborenen, ist für die nun heranwachsende aufgrund ihrer spezifischen Sozialisationsgeschichte wenig oder gar kein Anlaß gegeben, einen Glauben, eine Bindung an die Sicherheiten normalbiografischer, standardisierter Ablaufmuster überhaupt erst zu entwickeln. Die hier zu beobachtende Suche nach individueller Authentizität stellt eine konsequente Abkehr von diesen Standards dar im Sinne einer 'De-Standardisierung des Lebenslaufes' [Kohli 1985]" (Bohnsack 1989, 14f.).

der *Steinzeit*. Generationstypische Orientierungen, so läßt sich zusammenfassen, dokumentieren sich nie ungebrochen, sondern sind eingebunden in milieu- und geschlechtsspezifische Kontexte. Darüber hinaus sind sie abhängig von der phasenhaft verlaufenden *Adoleszenzentwicklung*, in der sich auch die sukzessive Veränderung der Erfahrungsbasis von Jugendlichen und Heranwachsenden dokumentiert[22].

3.4 Generation als konjunktiver Erfahrungsraum

An Gegenüberstellungen biographischer Orientierungen von Lehrlingen und Gymnasiasten, wie sie mit Bezug auf Bohnsacks Studie entfaltet wurden, dokumentieren sich exemplarisch milieuspezifische Unterschiede der durch gemeinsames Erleben und durch gemeinsame Praxis konstituierten Weltbezüge der Jugendlichen. Diese Weltbezüge sind ihrerseits auf unterschiedliche, u.a. bildungsmilieuspezifisch bedingte *Erlebnisaufschichtungen* zurückzuführen, die in dieser Form nur ihre je spezifischen Generations*einheiten* aufweisen. Derartige Aufschichtungen bilden nach Mannheim die Grundlage für die Ausbildung gemeinsamer *konjunktiver Erfahrungsräume* (Mannheim 1980, 201ff.). Durch die strukturidentischen Erfahrungen der Mitglieder eines derartigen Erfahrungsraumes wird gegenseitiges „Erkennen" möglich. „Erkennen" jedoch „im weiteren Sinne", um mit Mannheim zu sprechen, der hierunter ein Erfassen des nicht oder noch nicht auf den Begriff gebrachten umfassenderen „Fonds" bezeichnet, der „unser Weltbild ausmacht" (a.a.O., 207), welcher sich auch auf vorsprachlichen Ebenen bewegt: in Gesten, Körperhaltungen und vor allem in allen ästhetisch-kulturellen Ausdrucksformen[23]. Diese in Praxis eingebundenen und in Praxis erworbenen Orientierungen werden z.T. auch explizit innerhalb der Erfahrungsräume kommuniziert. Die Orientierungen kommen jedoch meist eher indirekt in Andeutungen und oft implizit in metaphorischen Wendungen zum Ausdruck, die eine hohe Indexikalität, also eine Vieldeutigkeit für außerhalb des Erfahrungsraumes Stehende besitzen[24]. Es handelt sich hierbei um sog. *konjunktiv ge-*

---

22 Hierunter sind vor allem die strukturellen Brüche und Krisen zu verstehen, die durch den Übergang vom schulischen in das berufsbildende System ausgelöst werden können, aber auch Lösungskrisen von der Familie bzw. die mit dem Aufbau einer eigenen Partnerschaft einhergehenden Krisen.

23 Mannheim spricht hier auch von einer „Kontagion", also einer Ansteckung, Berührung (a.a.O., 207ff.).

24 Vgl. die Metapher der einsamen Insel w.o. Die Diskrepanz zwischen kommunikativ-generalisierten Wissensbeständen und solchen, die nur einer Gruppe bzw. einem von dieser Gruppe repräsentierten Milieu zugänglich sind, ließ sich ganz besonders deutlich an Diskursen über einen eigenen musikalischen Stil aufzeigen: Jugendliche, die in Bands zusammen musizieren, verweigern sich durchweg einer generalisierenden Einordnung ihrer Praxis in gängigen Kategorien des Musikmarktes (etwa: Heavy Metal, HipHop, Punk), da hiermit eine Ebene angesprochen wird, die mit ihrer gemeinsamen konjunktiven Erfah-

bundenes Wissen, das nur von Mitgliedern eines konjunktiven Erfahrungsraumes *verstanden*, von Außenstehende jedoch (mehr oder weniger) mühsam *interpretiert* werden muß[25] (vgl. hierzu auch den Artikel von Bohnsack/Nohl in diesem Band). Es steht im Gegensatz zu *kommunikativ-generalisierten Wissensbeständen*, die überkonjunktiv, d.h. mehr oder weniger universell, verfügbar sind. So bedeutet z.B. der Name der Stadt Stalingrad als konjunktiv gebundene Metapher für Kriegsteilnehmer etwas anderes, als für die Generation derjenigen, die die damit im Zusammenhang stehenden Ereignisse nur aus dem Geschichtsunterricht oder aus den Medien kennen, sie mithin in einer kommunikativ-generalisierten Form vermittelt bekommen haben[26].

Bohnsack verweist nun darauf, daß in der alltäglichen Typenbildung „immer zugleich beide Bedeutungsdimensionen impliziert" (1997, 7) sind. Die Wissensbestände überlagern sich bzw. bilden ein Kontinuum, das nur auf interpretativem Wege zu trennen ist, in der alltäglichen Erfahrung aber ineinander übergeht. Die Zusammensetzung bzw. *Gewichtung* dieser Wissensbestände differiert nun von Milieu zu Milieu z.T. erheblich, was auch auf die alltagspraktische Verwendung von Generationsthematisierungen als Medium der Distinktion und Konjunktion einen großen Einfluß hat. Man kann hier m.E. durchaus insofern verallgemeinern, daß eine interaktive und/oder kommunikative Identifikation der eigenen oder einer anderen Generation sehr viele Formen annehmen kann: z.B. die einer feuilletonistischen Auseinandersetzung über die 89er im akademischen Milieu oder die eher handlungspraktisch situative auf dem Wege der Teilnahme an der Love Parade in schwer zu bestimmenden jugendkulturellen Milieus (vgl. den Beitrag von Hitzler und Pfadenhauer in diesem Band). Aktualisierungen des Generationenthemas bewegen sich also auf einer Skala von reflexiv bis situativ-handlungspraktisch; von a-theoretisch-implizit bis explizit; bzw., um die Mannheimsche Terminologie aufzugreifen, von kommunikativ bis konjunktiv.

---

rung beim Musikmachen wenig zu tun hat (vgl. Schäffer 1996).

25 Vgl. zum Unterschied zwischen „Verstehen" und „Interpretieren" Bohnsack 1991, 127ff

26 Gerade am Beispiel der Weltkriegsteilnehmer wird darüber hinaus noch etwas anderes deutlich: Generationszusammenhänge *können* an konkrete Gruppen gebunden sein, müssen dies aber nicht. Es geht um strukturidentische Erfahrungen, hier diejenige der Teilnahme am Zweiten Weltkrieg (vgl. Schützes Aufsatz über die unterschiedlichen kollektivbiographischen Erfahrungsaufschichtungen deutscher und amerikanischer Soldaten im Zweiten Weltkrieg [Schütze 1989]). Annähernd altershomogene Realgruppen, die gemeinsame generationsspezifische Orientierungen teilen, sind also als besonders klare Ausprägung des Generationsphänomens anzusehen, aber nicht die Voraussetzung für die Bildung von Generationszusammenhängen. In diesem Sinne sind Gruppen als Epiphänomene von Generationsbildungen anzusehen.

3.5 *Medial vermittelte soziale Informationen als Konstituens konjunktiver Erfahrungsräume*

Die dargelegte a-theoretische Verfaßtheit konjunktiver Erfahrungsräume zieht eine bewußtseinsmäßig nicht eindeutige Ausdifferenzierung dieser Sphären nach sich (im Sinne klarer Repräsentanzen). Die Erfahrungsräume konstituieren sich vielmehr auf verschiedenen Ebenen „übereinander gelagerter Bedeutungsschichten" (Bohnsack 1989, 16). Generationsbezogene konjunktive Erfahrungsräume stellen also nur eine von mehreren anderen Ebenen der Ausbildung konjunktiver Erfahrungsräume dar. Die Ebenen korrespondieren mit entsprechenden Wissensbeständen, die nach Bohnsack grundsätzlich in drei Modi konjunktiv gebundenen Wissens unterschieden werden können. Sie sind gebunden an *milieuspezifische konjunktive Erfahrung* (familiales, Bildungs- und sozialräumlich nachbarschaftliches Milieu), an *geschlechtsspezifische konjunktive Erfahrung* und schließlich an *generationsspezifische konjunktive Erfahrung* (ebd.).

Für die Konstitution generationsspezifischer konjunktiver Erfahrungsräume ist zum einen, wie schon ausgeführt, das strukturidentische Erleben der einzelnen in Auseinandersetzung mit historischen Tatbeständen ausschlaggebend. Zur Konstitution eines derartigen Erfahrungsraumes gehört jedoch - im Sinne von Matthes' Generations*verhältnissen* - auch noch ein Zweites: Implizit müssen immer auch *Wissensbestände über andere Generationszusammenhänge* eingelagert sein, und zwar kommunikativ und konjunktiv gebundene Wissensbestände. Im Zusammenhang mit der Frage nach der Ausbildung und nach dem Wandel generationsspezifischer Mediennutzungskulturen interessieren vor allem letztgenannte Wissensformen, wie z.B. Wissen über typisches Verhalten der *anderen Generation* im öffentlichen Raum, Wissen über ihre Geschmacksvorlieben und Stilpräferenzen, Wissen über ihre jeweiligen jugendkulturellen Bezugssysteme und nicht zuletzt auch Wissen über ihre bevorzugte (habitualisierte) Mediennutzung. Zum einen sind ohne Wissensformen dieser Art gegenseitige Wahrnehmungen als *zu einer anderen Generation zugehörig* nicht möglich. Zum anderen ist - so die Ausgangsthese - die Ausbildung generationsspezifischer handlungsleitender Orientierungsmuster im Hinblick auf den Gebrauch jeweils neuer Medien genau innerhalb dieses Prozesses der Auseinandersetzung mit Wissensformen der anderen Generation zu verorten.

Diese Auseinandersetzung - so die Anschlußthese - wird nun jedoch durch medial vermittelte *soziale Informationen* tangiert. Dieser, von Goffman eingeführte[27], Terminus wird von Joshua Meyrowitz verwendet, einem amerikanischen Kommunikations- und Medienforscher, der die Veränderung sozialer, kultureller und geschlechtsspezifischer *Grenzen* durch elektronische

27 Vgl. etwa Goffman 1990, 58ff.

Medien thematisiert[28]. Vor allem durch das Aufkommen des Fernsehens - so seine zentrale These - werden handlungsleitende traditionelle „Definitionen von Situationen“ aufgelöst bzw. verändert. Soziale Gruppen in der Gesellschaft erlangen die für Situationsdefinitionen nötigen Informationen nicht mehr nur aus unmittelbaren Nahbereichen (Familie, Nachbarschaft etc.). Vielmehr werden, so Meyrowitz, in elektronischen Medien, speziell dem Fernsehen, für die verschiedensten Anlässe neue „soziale Informationen“ verbreitet, die „früher“ nur bestimmten, in verschiedener Hinsicht privilegierten Gruppen zugänglich waren (z.B. privilegierter Zugang zu Literatur u.ä.). Der Terminus der „sozialen Information“ wird von ihm als Gegensatz zu „Information“ im Sinne von Faktenwissen gefaßt. „Soziale Information“ bezeichnet alle die Informationen, die eher „nebenbei“ beim Rezeptionsvorgang mit aufgenommen werden. Ihr attestiert er eine Funktion als „heimlicher Lehrplan frühkindlicher Erziehung“, der in vielerlei Gestalten auftrete: etwa in „Worte(n), Gesten, Ausdrucksweisen, Haltungen, Kleidung und Action“ (Meyrowitz 1990a, 88)[29]. Mit den vorherigen Ausführungen über

---

28 Vgl. Meyrowitz 1990a und b. Meyrowitz bezieht sich einerseits auf die (von ihm so bezeichnete) „Mediumtheorie“ von Marschall Mc Luhan (McLuhan 1995) und verknüpft diese mit dem „Situationismus“ von Goffman. Beide Autoren ergänzten sich nach Meyrowitz folgendermaßen: „Goffman bietet einen Faktor an, der zwischenmenschliches Verhalten formen könnte: die 'Definition der Situation', wie sie in spezifischen Umwelten und Gruppen gebildet wird. Doch Goffman ignoriert ausdrücklich die *Veränderung* von Rollen und der sozialen Ordnung insgesamt. McLuhan andererseits weist auf breite Änderungen sozialer Rollen hin, wie sie durch den Einsatz elektronischer Medien hervorgerufen werden, aber er bietet keine einleuchtende Erklärung dafür an, *wie* und *warum* elektronische Medien eine solche Veränderung hervorbringen könnten“ (Meyrowitz 1990a, 26, Hervorhebung im Original, B.S.).

29 Durch die gesellschaftliche Diffusion derartiger sozialer Information kommt es, so Meyrowitz weiter, zu einer durch „elektronische Medien“ verursachten Vermischung von „Erfahrungs- und Informationswelten“ und einer daraus abgeleiteten, veränderten „Situationsgeographie“, weshalb sich traditionelle Rollenkonzepte nicht mehr aufrechterhalten ließen. Im Zuge dieser Veränderungen machten auch „Gruppenidentitäten“, „Sozialisations-Stadien“ und „Autoritätsebenen“ in der Gesellschaft einen sowohl qualitativen als auch quantitativen Wandel durch. Dieser hänge ab von der „Anzahl unterschiedlicher öffentlicher Bereiche, der unterschiedlich scharfen Trennung zwischen nichtöffentlichem und öffentlichem Verhalten und der Stärke der Beziehungen zwischen physischem Ort und sozialer Erfahrung“ (Meyrowitz 1990a, 35). Empirisch veranschaulicht Meyrowitz seine Thesen anhand einer Untersuchung des Wandels grundlegender Rollenkategorien. Exemplarisch stehen dabei die Kategorien „Weiblichkeit und Männlichkeit“ als Beispiel für den Wandel von Gruppenidentiät, „Kindheit und Erwachsensein“ als Beispiel für den Wandel von Sozialisation und „politische Führer und Gefolgschaft“ als Beispiel für den Wandel von Autorität. Er resümiert, daß durch den Übergang von einer durch Printmedien und das Radio beherrschten Öffentlichkeit zu einer fernsehdominierten Öffentlichkeit „vorher strikt getrennte Rollen ineinander übergehen“ (a.a.O., 37). Den Wandel der nordamerikanischen Gesellschaft in den 60er Jahren führt er dann auch konsequent darauf zurück, daß dies die erste „Generation von Amerikanern“ gewesen sei, die „dem Fernsehen ausgesetzt war, lange bevor sie lesen konnte“ (Meyrowitz 1990b, 218). Dabei relativiert er seine Position jedoch insofern, als daß er zugesteht, daß, auch wenn „die elektronischen

konjunktiv und kommunikativ gebundene Wissensbestände läßt sich „soziale Information“ zunächst dem Bereich konjunktiven Wissens und „Information“ demjenigen kommunikativen Wissens zuordnen. Der Unterschied von „Information“ und „sozialer Information“ liegt damit in ihrer habituellen Qualität. Gleichwohl bleibt es ein Unterschied, ob die Erfahrungen selbst gemacht werden oder ob „soziale Informationen“ über derartige Erfahrungen medial vermittelt werden. Für eine genauere Bestimmung der habituellen Qualität derartiger, *medial vermittelter* sozialer Informationen schlage ich deshalb den Begriff der *transkonjunktiven Information* vor. *Transkonjunktiv* sind demnach medial vermittelte soziale Informationen *über* ehedem konjunktiv gebundenes Wissen, z.B. Informationen über Stile und Handlungspraxen von *Jugendbanden*, wie sie Thema vielfältigster Fernsehsendungen sind, oder auch biographisches Wissen, wie es etwa in solchen „Surprise-Shows“ vermittelt wird, denen sich Jo Reichertz in diesem Band widmet.

Im Kontext der Ausgangsfragestellung nach Zusammenhängen zwischen medial vermittelter Erfahrung, unmittelbarer Erfahrung und Generationszugehörigkeit drängt sich die Frage dann jedoch geradezu auf, ob die drei Arten des konjunktiv gebundenen Wissens - also milieu-, geschlechts- und generationsspezifisch gebundenes Wissen - nicht durch *mediale Vermittlung transkonjunktiver Wissensbestände* tangiert werden. Dies ist nicht zuletzt auch methodologisch und medientheoretisch hoch interessant: Welche Rolle spielt derartiges transkonjunktives Wissen über Milieus, Biographien, Stile, Geschmacksrichtungen etc. im Verhältnis zu erfahrungsgebundenem Wissen bei der Emergenz von Generationszusammenhängen? Kann es sein, daß nicht nur die *Definition der Situation*, sondern auch die *Definition der Generation* durch medial vermittelte *soziale Informationen* verändert wird? Um dieser Frage weiter nachzugehen, bedarf es zunächst einer, heuristischen Zwecken dienenden, Differenzierung und Systematisierung der angesprochenen unterschiedlichen Wissensebenen. Aus dem bisher Dargelegten lassen sich folgende drei Ebenen aufzeigen:

- Die kommunikative Ebene medial vermittelten Wissens im Sinne universalisierter stereotypisierter Wissensbestände: (etwa: „der Zweite Weltkrieg“, „der Satz des Pythagoras“, „die Hauptstadt Ecuadors“).
- Die konjunktive Ebene erfahrungsgebundenen „praktischen“ Wissens im Sinne des Mannheimschen Erlebniszusammenhanges, d.h. die Ebene des „Eigenerlebten“(etwa: gemeinsame Erlebnisse während des Zweiten Weltkrieges)
- Die „transkonjunktive“ Ebene *medial vermittelten Wissens im Sinne*

Medien viele soziale Situationen vermischt haben (...) unmittelbare physische Anwesenheit und die gegenseitige Beobachtung immer noch die wichtigsten Mittel (sind), soziale Erfahrungen zu machen“ (a.a.O., 223).

ehedem konjunktiv gebundenen Wissens, d.h. metaphorische Wissensbestände über Milieus, Biographien und vor allem über Stil und Habitus anderer Generationseinheiten.

3.6 Kommunikative, konjunktive und transkonjunktive Formen generationsspezifischer Wissensbestände

Vergewissert man sich empirischer Untersuchungen zum Generationenthema, in denen medial vermittelte Wissensbestände thematisiert werden, so fällt auf, daß sich Einbindung und Verteilung von Wissen genau entlang der zuletzt benannten drei Ebenen differenzieren. Dies läßt sich gut zeigen anhand einer Studie von Göschel (1995) zu generationsspezifischen Unterschieden bei der Ausbildung von Kulturbegriffen und deren Relevanz für Ansprüche an die Gestaltung von kulturellen Veranstaltungen. Göschel befragte Angehörige der 30er, 40er, 50er und 60er Jahrgänge dieses Jahrhunderts zu ihren Vorlieben im Bereich kultureller Veranstaltungen (Kino, Theater, Konzert, Kunst, Literatur etc.)[30]. Die Ergebnisse verweisen auf einschneidende Veränderungen des Anspruchniveaus an derartige Veranstaltungen in der Generationenabfolge[31]. Interessant ist nun, daß, auch wenn die gleichen Medien genutzt wurden - etwa in Form von Kino- oder Konzertbesuchen - die generationsspezifischen Anlässe und Formen der Be- und Verarbeitung der bei der Rezeption gemachten Erfahrungen höchst unterschiedlich ausfallen. Insbesondere zur Begründung ihrer Präferenzen greifen die Interviewten höchst unterschiedlich auf die oben genannten Wissensformen zurück.

So zeigt sich etwa bei den 1940er Jahrgängen, der *theoretischen Generation*, ein Primat von Sprache und Schrift auch beim Bewerten von Kulturereignissen: Das Erlebte muß im nachhinein in allen Einzelheiten diskutiert,

---

30 Er nahm dabei eine bildungsmilieuspezifische Eingrenzung des Samples vor: Es handelt sich überwiegend um ein „akademisches Bildungsbürgertum" bzw. um eine „obere Mittelschicht" (Göschel 1995, 9).

31 Für die Generation der 30er Jahrgänge wird in der Studie eine „Zuflucht zum geistigen Wert" diagnostiziert, die sich in entsprechenden Erhabenheitserlebnissen bzw. dem Erlebnis der Teilhabe an höheren Werten im Konzert oder Theater aktualisiert. Für die 40er Jahrgänge steht eine Grundhaltung der analytischen Distanz und Aufklärung, die sich in wort- und schriftbetonten kulturellen Präferenzen äußert. Beide Generationen stellten hohe Ansprüche an Professionalität und Qualität des Dargebotenen. Dagegen setzten die 50er Jahrgänge auf den gefühlsbetonten Ausdruck ganzheitlicher Lebenswelten: Die Authentizität des Dargebotenen wird wichtiger als die Professionalität der Darbieter. Die 60er Jahrgänge schließlich brechen, so der Autor, sowohl mit der Innerlichkeit der 50er, der analytischen Einstellung der 40er und der Orientierung am zeitlosen Wert der 30er. Sie betonten die Konsumentensouveränität und ästhetisierten ihre kulturellen Vorlieben gleichsam spielerisch. Es setzte sich in den 80er Jahren eine Betonung der Oberfläche, des Designs und der eklektizistischen Montage durch, die ganz wesentlich von dieser Generation getragen wurde und sich auch in entsprechenden Forderungen an kulturelle Produkte niederschlug.

analysiert und auf diese Weise diskursiv *kleingearbeitet* werden. Es stehen mithin universalisierte bzw. universalisierbare und damit kommunikative Wissensbestände eindeutig im Vordergrund. Die Ebene erfahrungsgebundenen praktischen Wissens wird zugunsten der kommunikativen hinten angestellt. Dies ist in diesem Ausmaß, so Göschel, bei der darauf folgenden Generation der 50er Jahrgänge nicht der Fall. Sie wenden sich von der *Diskurskultur der 40er Jahrgänge* ab und nähern sich kulturellen Veranstaltungen eher aus einer *betroffenen* Perspektive, einer des *Fühlens*. Das erfahrungsgebundene, praktische oder auch lebensweltliche Wissen wird also im Vergleich zur Vorgängergeneration dominanter und damit handlungsleitender. Es spricht darüber hinaus einiges dafür, daß für sie auch *transkonjunktive* Wissensbestände von Relevanz sind, wie sie in den 60er Jahren repräsentiert wurden durch das „Eindringen angelsächsischer und besonders nordamerikanischer Kulturformen mit ihren Selbstverwirklichungsmotiven" (a.a.O. 94). Insgesamt läßt sich Göschels Arbeit dahingehend interpretieren, daß offenbar zu jeder Generation ein je spezifisches *Mischungsverhältnis* der genannten Wissensebenen gehört. Mit der Differenzierung in kommunikative, konjunktive und medial vermittelte transkonjunktive Wissensformen steht ein heuristisches Instrument zur Verfügung, dessen Brauchbarkeit sich in empirischer Analyse zu erweisen hat.

3.7 Zur Membranfunktion transkonjunktiver Wissensbestände

Über eine genauere Kenntnis des Modus eines *medienvermittelten Transfers* dieser Wissensbestände lassen sich Rückschlüsse auf milieu- und generationsspezifische Lern- und Aneignungsprozesse ziehen, die sich alltäglich, und zwar jenseits institutionalisierter Formen abspielen[32]. Die hier angesprochenen Lernprozesse sind jedoch nicht primär auf das Erlernen rollenförmigen Verhaltens ausgerichtet, wie das der Meyrowitsche Ansatz zu erfassen sucht[33]. Vielmehr besteht der interessanteste Aspekt für den hier verfolgten Ansatz eben darin, daß durch Medien neben kommunikativ-generalisierten Wissensbeständen gleichzeitig auch solche *transkonjunktiver* und damit *habi-*

32 Jochen Kade hat verschiedene Formen der Aneignung und des Lernens jenseits pädagogischer Institutionen im Medienbereich rekonstruiert, etwa die „Pädagogik der Talkshow" (Kade 1996;. vgl. auch Seitter 1997).

33 Obwohl theoretisch der Begriff der 'sozialen Information' der Ebene konjunktiv gebundenem Wissens sehr nahe kommt, verbleibt die konkrete empirische Analyseebene von Meyrowitz auf der Ebene von Rollenhandeln. Habituelles Handeln, wie es für konjunktive Erfahrungsräume kennzeichnend ist, steht also nicht im Mittelpunkt des Meyrowitzschen Ansatzes. Folgerichtig beziehen sich seine Beispiele auch oft auf berufliches Rollenhandeln: z.B. die Veränderung der Definition der Situation *Beratung beim Rechtsanwalt* durch medial vermitteltes Hinterbühnenwissen über berufliches Rollenhandeln von Rechtsanwälten, wie es in vielen Spielfilmen gezeigt wird u.ä. mehr.

tueller Qualität Verbreitung finden und damit Einfluß auf die Bildung von Generationseinheiten gewinnen. Das bedeutet, daß durch Medien neben den stereotypisierten, von eigenem Erleben losgelösten Wissensbeständen auch das im gemeinsamen Erleben fundierte Wissen transportiert bzw. genauer: aktualisiert wird. Eine Untersuchungsperspektive ist dann auf die Rekonstruktion von Spuren dieses so flüchtigen Prozesses auszurichten, der mit Bourdieu auch als Lernen durch *strukturale Übungen* bezeichnet werden kann. Darunter ist ein Lernen zu verstehen, das zwischen den Polen eines Lernens durch „einfaches Vertrautwerden" im Sinne eines „unbewußten Erwerbs von Handlungsprinzipien" und eines „Lernens durch ausdrückliche Übertragung durch Anordnung und Vorschrift" (Wittpoth 1994, 99)[34] angesiedelt ist.

Es spricht vieles dafür, daß auf diesem eher spielerischen, mimetischen Wege medial vermittelte transkonjunktive Wissensbestände auch zum Prozeß der kommunikativ-generalisierenden *Vergegenwärtigung* von generationsspezifischen konjunktiven Wissensbeständen der jeweils eigenen Generation beitragen. Das eingangs angeführte Zitat der jungen Musiker („Der Sound der 68er...") ist vor diesem Hintergrund als ein Dokument dafür anzusehen, wie sich die Jugendlichen auf einer kommunikativen Ebene den medial vermittelten, für sie mithin nicht erfahrungsgebundenen, generationsspezifischen Wissensbeständen der *68er* nähern und diese für sich adaptieren. Dabei repräsentiert die Kultur der 68er in ihren Orientierungen ganz offensichtlich einen „positiven Gegenhorizont" (Bohnsack 1989). Daß sie hierbei auf den *Sound* rekurrieren und damit auf eine Ebene konjunktiver Erfahrung, die nur äußerst schwer zu versprachlichen ist, verweist auf eine Art *Membranfunktion von Medien* für diese Art von Information: Das Atmosphärische, Habituelle bzw. der generationsspezifische konjunktive Erfahrungsraum dieser Generation läßt sich aus der Perspektive der Jugendlichen anscheinend am besten in der Metapher des *Sounds* erfassen und beschreiben. Über den *Sound* werden für sie mithin transkonjunktive Wissensbestände der 68er Generation vermittelt und dienen dann der generationsbezogenen Vergemeinschaftung der um 1975 Geborenen.

Kanalisiert und *gefiltert* durch das Nadelöhr familialer, milieuspezifischer und geschlechtsspezifischer Kommunikation sind derartige transkonjunktiven Wissensbestände insofern als Katalysatoren[35] zu betrachten, die, wenn sie (zumeist metaphorisch gebundenes) Wissen über Milieus, Biographien und kollektive Stile vermitteln bzw. aktualisieren, Membranfunktionen[36] zwischen konjunktivem und kommunikativem Wissensbeständen er-

---

34 Hierauf verweist Wittpoth unter Bezug auf Bourdieus frühe Arbeiten über die kabylische Gesellschaft und dort auf dessen Analyse des qochra-Spiels (vgl. Bourdieu 1993, 138ff.)

35 Vgl. zur „Katalysatorfunktion" von Medien in familiären Interaktionskontexten: Keppler 1994, 220.

36 Vgl. zum Begriff der (Interaktions)Membran auch Goffman 1973, 73ff.

füllen. Über diesen Modus werden dann auch Generationenverhältnisse beeinflußt, im Sinne einer wechselseitigen, kommunikativ-generalisierenden *Definition der Generation* (vgl. Abbildung 1).

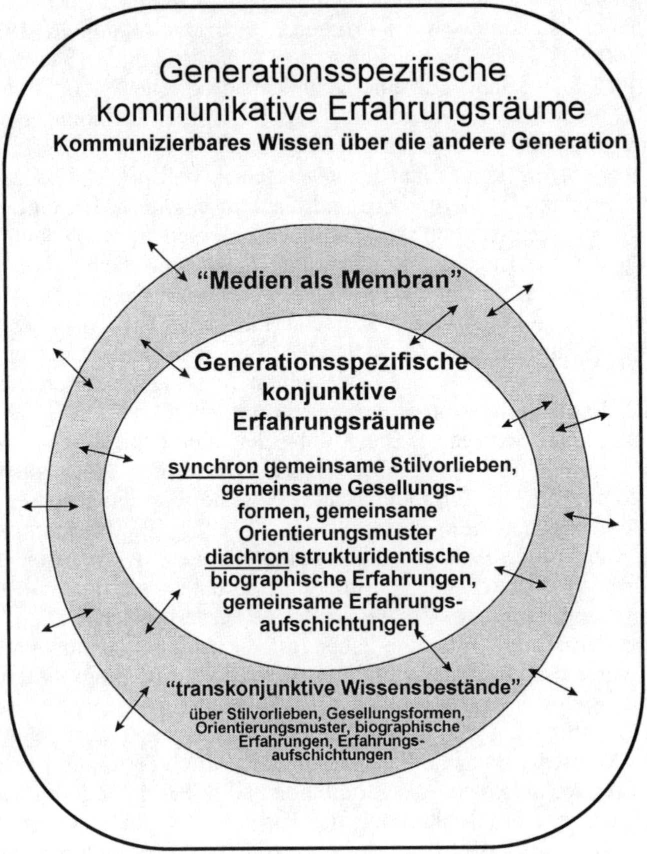

Abbildung 1

Dem Wandel durch technische, speziell medientechnische Innovationen wurde in den bisher genannten Ansätzen eher wenig Aufmerksamkeit geschenkt. Um die generationskonstituierende Bedeutung sozialer Wandlungsprozesse, die durch medientechnische Innovationen ausgelöst wurden, jedoch adäquat rekonstruieren zu können und um eine erste Eingrenzung eines zu untersuchenden Samples vorzunehmen, erscheint der Einbezug einer techniksoziologischen Perspektive als sinnvoll.

3.8 Die Markteinführung des Fernsehens und des Computers als generationsstiftende Innovationen

Entwicklungen auf dem Gebiet Medientechnik werden in der alltagsorientierten techniksoziologischen Forschung (vgl. etwa Rammert 1988) unter dem Oberbegriff der „Entwicklung der Alltagstechnik" (Sackmann/Weymann 1994, 24) gefaßt. Für eine techniksoziologische Perspektive ist dabei nach Sackmann und Weymann nicht das Datum der Erfindung der Technik von Interesse, sondern dessen „erfolgreiche Markteinführung": „Erst bei einem Markterfolg kann man davon ausgehen, daß die Vorstellungen über das neue Produkt bei Vertreibern und Käufern eine feste Gestalt annehmen, und damit das Entwicklungsstadium abgeschlossen ist. Erst dann wird das Gerät für die Mehrheit der Bevölkerung, die technischen *Laien*, zu einem relevanten Teil des Alltags." (a.a.O., 25). Ein Produkt halten die Autoren für „erfolgreich eingeführt", wenn 20% der Haushalte ein solches besitzen. Anhand dieser Einteilung lassen sich vier „Epochen" unterscheiden[37]: Einer *frühtechnischen Phase* ab den 20er Jahren dieses Jahrhunderts (Strom im Haushalt, Radio) folgte die *Haushaltsrevolution* Ende der 50er Jahre (Auto, Waschmaschine, Fernseher). Bis Anfang der 80er Jahre diagnostizieren die Autoren eine „Ausbreitungsphase" der Geräte der Haushaltsrevolution (hinzu kommt die Geschirrspülmaschine bzw. der Farbfernseher), bis mit der „Digitalisierung der Alltagstechnik" ab ca. 1982 (Personalcomputer, CD-Spieler, Camcorder, Videogeräte, Mikrowellenherde) ein neuer Epochenbruch erfolgt. Dessen letzte Erweiterung besteht in multimedialen Anwendungen (Lernprogramme, Computerspiele, Internet), die z.T. allerdings noch nicht die Verbreitung gefunden haben, die die Autoren als notwendig erachten, um von einer „Alltagstechnik" zu sprechen[38]. Allerdings sind bestimmte Segmente dieser neuen Techniken auf dem besten Wege, diese Schwelle in nicht allzu ferner Zeit zu überspringen bzw. haben dies bereits getan[39].

Die Autoren fassen nun den Mannheimschen Terminus der Generationslagerung techniksoziologisch durch den Hinweis, daß durch das Geburtsjahr ein „besonderer Abschnitt aus der Technikentwicklung vorgegeben" ist. Hierdurch ist die Ausbildung eines „technischen Generationsbewußtseins" möglich: „Sowohl der durch die Generationslagerung festgelegte Ausschnitt der selbsterlebten allgemeinen Technikgeschichte, als auch der durch das ei-

---

37 Als Datenbasis dient den Autoren die seit 1962/63 durchgeführte amtliche Statistik der Einkommens- und Verbrauchsstichprobe, sowie, als Ergänzung, die Daten von Marktforschungsunternehmen.

38 So ist z.B. die tatsächliche Nutzung von Online-Diensten laut Schenk u.a. z.Zt. „noch gering". Die Autoren verweisen auf eine bevölkerungsrepräsentative Erhebung von Infratest (1996), derzufolge Onlinenutzer in Deutschland, gemessen an der „deutschen Wohnbevölkerung ab 14 Jahren", nur ein Anteil von 5,4 % ausmachen (Schenk et.al. 1997, 35)

39 Vgl. die Aufstellung über die „Verbreitung der Neuen Medien" in Hillebrand/Lange 1996, 29ff.

gene Handeln darin mitbestimmte Teil dieser Geschichte fließen in die Wahrnehmung des persönlichen historischen Platzes, in ein technisches Generationsbewußtsein, ein.“ (Sackmann/Weymann 1994, 41) Dieses „technische Generationsbewußtsein“ machen sie fest an der „Selbstzuordnung“ von Personen unterschiedlicher Geburtsjahrgänge zu einer jeweiligen „Technikgeneration“. Bei einer von den Autoren durchgeführten Repräsentativumfrage ordneten sich demnach

- die vor 1939 Geborenen einer „vortechnischen Generation“ zu, „die noch viel mit den Händen arbeiten mußten“,
- die 1939 bis 1948 Geborenen einer „Generation der Haushaltsrevolution“, für die „noch das erste Auto oder die erste Waschmaschine (und der erste Fernseher, B.S.) ein entscheidendes Erlebnis waren“,
- die 1949 bis 1963 Geborenen einer „Generation der zunehmenden Haushaltstechnisierung“, für die „bereits immer mehr Technik im Haushalt zu Verfügung stand“,
- und schließlich die zwischen 1964 und 1978 Geborenen einer „Computergeneration“, für die „Computer zum Alltag gehören“ (a.a.O., 42).

Die von Sackmann und Weymann vorgenommene Einteilung in eine „Fernseh- und eine „Computergeneration“ leistet, obwohl auf den ersten Blick etwas schematisch erscheinend, heuristische Dienste für eine Auswahl medientechnisch induzierter Generationslagerungen. Derartige technische Generationslagerungen können m.E. sinnvoll als erster Ausgangs- bzw. Anhaltspunkt für die Konzeptualisierung eines Untersuchungsdesigns herangezogen werden

3.9 Sample

Eine erste Eingrenzung eines möglichen samples kann also mit Sackmann/ Weymann durch Zeitpunkte der Medieneinführung vorgenommen werden[40]. Im Sinne einer vorläufigen Suchstrategie sind vier Lagerungen einer näheren Betrachtung zu unterziehen:

- eine „Vor-Fernsehkohorte“ der vor 1940 Geborenen,
- eine „Nach-Fernsehkohorte“ der um 1960 Geborenen,
- eine „Vor-Computerkohorte“ der vor 1975 Geborenen (also 1940 und 1960),
- und schließlich eine „Nach-Computerkohorte“ der nach 1975 Geborenen.

Um die verschiedenen Ebenen konjunktiver Erfahrung (vor allem die Differenzierung in milieu- und generationsspezifische konjunktive Erfahrungs-

40 Eine derartige Eingrenzung steht auch im Einklang mit kommunikationswissenschaftlichen Vorstellungen über die Entwicklung der Medientechnik (vgl. etwa Weischenberg/ Hienzsch 1994; siehe auch Winter/Eckert 1990).

räume) zu erfassen, muß neben dieser Kohortendifferenzierung eine Differenzierung nach Milieugesichtspunkten gewährleistet sein. Hier bietet sich die Bourdieusche Differenzierung in „eher hohes“ und „eher niedriges“ institutionalisiertes kulturelles Kapital an (Bourdieu 1991), was am zweckmäßigsten über den Bildungsstand der Teilkohorten und deren Eltern zu ermitteln ist (vgl. Abbildung 2).

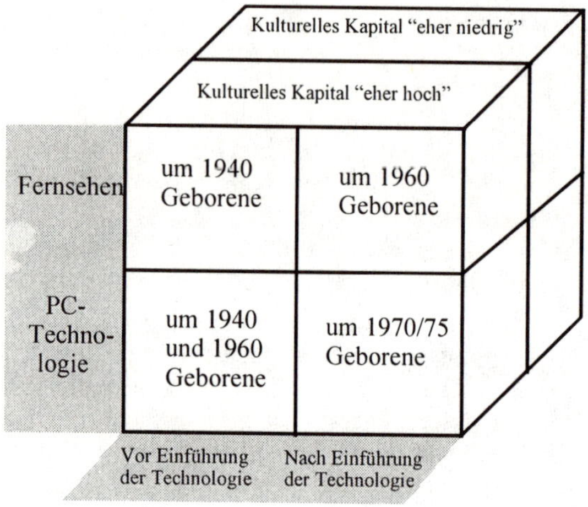

Abbildung 2

Es sind Mitglieder der genannten Kohorten auszuwählen, die in irgendeiner Weise eine *Statthalterfunktion*[41] in bezug auf den Umgang mit medialen Innovationen für ihre Generation einnehmen. So etwa Besucher von sog. *Cyberspacecafes* für die *Computergeneration* oder ältere Lehrende in der außerschulischen Jugend- und Erwachsenenbildung für die *Fernsehgeneration.* Deren handlungsleitende Orientierungsmuster gilt es empirisch zu rekonstruieren, um einen verstehenden Zugang zu entsprechenden generationsspezifischen konjunktiven Erfahrungsräumen zu erhalten.

41 Dieser Begriff stammt von Zinnecker, der hierunter die Bedeutung besonders auffälliger Jugendkulturen beschreibt, die, obwohl in der jeweiligen Jugendkohorte unterrepräsentiert, das Bild ihrer Generation in der öffentlichen Wahrnehmung prägen (z.B. die Punks als Vertreter der *Null-Bock-Generation* Anfang der 80er Jahre). Jugendliche gelangten so über ihre kulturellen Ausdrucksformen innerhalb der Gesellschaft in die Rolle von „Statthaltern des Öffentlichen“ Zinnecker (1987, 309).

4. Zur rekonstruktiven Analyse medial vermittelter generationsspezifischer Mediennutzungskulturen

Zur Rekapitulation: Der Vergleich verschiedener Generationslagerungen hinsichtlich der formierenden Kraft der in ihrer Jugendzeit bild- und tonangebenden Medien ist, vergewissert man sich jugendsoziologischer, generations- und medientheoretischer sowie techniksoziologischer Ansätze, als hochkomplex einzustufen. Gerade wenn die Matthessche Rede von den Generationen*verhältnissen* ernst genommen wird, kann man nicht nur einzelne Generationsformationen nachzeichnen und ihre *Einstellungen* zu medientechnischen Innovationen *messen*, wie dies etwa in manchen Bereichen der Medienwirkungsforschung üblich ist. Hinsichtlich einer zu etablierenden rekonstruktiven Forschungsperspektive erscheint es insofern wenig zweckmäßig, auf derartige Konzepte zurückzugreifen, da sie, um eine Formulierung von Merten aufzugreifen, in vielerlei Hinsicht *problematisch* sind[42]. Diese Einsicht setzt sich mehr und mehr auch in solchen kommunikationstheoretischen Diskursen durch, die nicht aus einer konstruktivistischen Perspektive argumentieren[43] (wie dies Merten tut), und findet Niederschlag in resümierenden, z.T. leicht belustigten Artikeln über „das unendliche Ende der Wirkungsforschung“ (Kübler 1995).

Für die Erforschung generationsspezifischer Mediennutzungskulturen gilt es vielmehr, empirische Verfahren in Anwendung zu bringen, die es zunächst generell ermöglichen, die prozeßhafte wechselseitige Bezogenheit einzufangen, die bei der Konstitution von Generationszusammenhängen am Werke ist. *Gleichzeitig* muß in diesem Prozeß die Bedeutung medial vermittelter sozialer Informationen im Sinne transkonjunktiver Wissensbestände erfaßt werden. Für eine empirische Rekonstruktion einer derartigen *Membranfunktion medialer Kommunikation bei der Konstitution generationsspezifischer Mediennutzungskulturen* bietet sich als Kernstück das Gruppendiskussionsverfahren an[44]. Mit diesem Instrument sind in Gruppen von Mitgliedern der w.o. angeführten Altersgruppen und sozialen Lagerungen offene, d.h.

---

42 So sei bei konventionellen Ansätzen u.a. ein „stillschweigendes Festhalten am Stimulus-Response Modell“ zu konstatieren (Merten 1994, 296); auch sei die Vorstellung, *Wirkungen* von Kommunikation exakt „messen“ zu können zumindest problematisch und nur über komplexe „Mehrmethodendesigns“ annäherungsweise zu lösen (a.a.O., 306). Und schließlich beklagt Merten eine mangelnde „theoretische Einbindung“, die er etwa an den als *ungelöst* zu erachtenden „Fragen nach der Isomorphie von Kommunikation und Wirkung“ und der „Relation von Wirkung und Selektivität“ festmacht (a.a.O., 307).

43 Vgl. etwa Burkart 1994; Holzer 1994; Kübler 1994.

44 Dieses wurde vor allem von Bohnsack weiterentwickelt und in diversen Arbeiten erfolgreich angewendet. Für eine detaillierte methodische u. methodologische Diskussion des Gruppendiskussionsverfahrens ist hier nicht der Raum. Vgl. hierzu etwa Bohnsack 1989; 1991; 1997a; ders. u.a. 1995; Nohl 1996; Schäffer 1996.

selbstläufige Diskurse zu initiieren, in denen grundsätzlich Raum gegeben wird für die dem jeweiligen Relevanzsystem der Gruppen entsprechenden Diskussionsthemen. Als *themeninitiierende Eingangsfrage* fungiert eine Frage, die an gängige öffentliche Diskurse über die Generationenproblematik bei der Nutzung neuer Medientechnologien anschließt. Um die Möglichkeit eines erfahrungsfernen Diskurses zunächst einzuschränken, muß die Frage so formuliert werden, daß sie nicht nur Argumentationsschemata in Gang setzt, sondern Erzählungen von und Beschreibungen über Mediengebrauch und Medienerfahrungen der Teilnehmer selbst befördert.

Der so entstehende Datenkorpus ist dann hinsichtlich folgender Aspekte auszuwerten: Zum einen gilt es, die kollektiven *handlungsleitenden Orientierungsmuster* in bezug auf die Nutzung neuer Medien zu rekonstruieren. Die Frage lautet hier: Welche Medien werden wie genutzt, und welche werden (mit welchen Begründungen) abgelehnt? Das Augenmerk muß hierbei insbesondere auf die *Enaktierungspotentiale* hinsichtlich der konkreten Mediennutzung ausgerichtet sein[45]. Hierauf folgt eine Kontextualisierung dieser Ergebnisse in übergreifende, für die jeweilige Gruppe typische Orientierungsmuster, die sich auch auf andere, nicht genuin an die Nutzung von Medien gebundene Themenbereiche und Zusammenhänge beziehen. Es geht bei diesem Schritt einer dokumentarischen Interpretation des Materials um die Herausarbeitung allgemeiner milieu- und vor allem generationsspezifischer Gemeinsamkeiten und Unterschiede der verschiedenen Altersgruppen des Samples über den Modus des kontrastiven Vergleichs.

Um nun die Rolle medial vermittelter sozialer Information bzw. um diejenige transkonjunktiver Wissensbestände bei der Ausbildung handlungsleitender Orientierungsmuster näher zu beleuchten, müssen in einem dritten Schritt Passagen daraufhin analysiert werden, wie - d.h. hier: in welchem sprachlichen Modus - Wissen, das an unmittelbare Erfahrung gebunden ist einerseits und medial vermitteltes Wissen andererseits herangezogen wird, um zu begründen, zu erzählen oder zu beschreiben. Auf dieses Weise - so die Hoffnung - lassen sich Rückschlüsse ziehen über das Verhältnis medial vermittelten Wissens zu erfahrungsgebundenem Wissen im Prozeß der Emergenz handlungsleitender Orientierungen - exemplarisch herausgearbeitet am Beispiel der Ausbildung handlungsleitender Orientierungen im Hinblick auf die Nutzung neuer Medien.

Dabei ist auf Erfahrungen zurückzugreifen, die bei der Analyse und Dif-

---

45 Um ein solches Enaktierungspotential (die Einschätzung einer Handlungsrelevanz der geäußerten Orientierungen) empirisch valide herausarbeiten zu können, müssen geäußerte Orientierungen zu Erzählungen von und Beschreibungen über konkrete Handlungen in Beziehung gesetzt werden. Die zieht von Fall zu Fall eine analytische Trennung von beschreibenden und erzählenden Passagen einerseits und argumentierenden Passagen andererseits nach sich, wie es etwa von Schütze bei biographisch-narrativen Interviews durchgeführt wird (vgl. etwa Schütze 1983).

ferenzierung bisheriger Gruppendiskussionen gesammelt wurden, insbesondere hinsichtlich der Differenzierung kommunikativen von konjunktivem Wissen. Diese Dimension ist systematisch zu erweitern um einen Analysemodus, der medial vermitteltes transkonjunktives Wissen erkennbar macht. Hierfür sind auf empirisch-rekonstruktivem Wege formale[46] und inhaltliche Kriterien zu entwickeln, die zu einer weiteren Fundierung des Gruppendiskussionsverfahrens als Verfahren der Rekonstruktion kollektiver Wissensbestände und Orientierungen einen Beitrag leisten.

5. Medienpädagogischer Epilog

Mediennutzungskulturen steuern m.E. - so eine zentrale These - auch die Bereitschaft zur Aneignung von Kompetenzen im Bereich neuer Medientechnologien. Damit schließt sich der Kreis zu den anfangs rudimentär vorgestellten medien- und erwachsenenpädagogischen Konzepten, die bei der *Vermittlung von Medienkompetenz* ansetzen. Wenn man sich mit heute 50jährigen Lehrenden unterhält, die überwiegend eine Menge an Vorbehalten gegenüber diesen neuen Technologien zum Ausdruck bringen, ist dies ein Dokument für die Zugehörigkeit dieser Altersgruppe zu generationsspezifischen Mediennutzungskulturen[47].

In der hier aufgezeigten Perspektive sind die entscheidenden *Gründe* für diese Vorbehalte in den je spezifischen konjunktiven Wissensbeständen zu suchen, die auch mit (medial vermittelten) Vorstellungen über die mit dem Gebrauch neuer Medien einhergehenden kulturell andersartigen Praxen gefüllt sind. Derartige kulturell verschiedene Praxen lassen sich - so die grundlegende methodologische Annahme - empirisch als anders gelagerte generationsspezifische konjunktive Erfahrungsräume beschreiben. Eine genauere Abklärung von Wissensbeständen dieser Generation in Kontrast gesetzt zu solchen der um 1975 geborenen *Computerfreaks* könnte ein Umgehen mit den Problemen der *Informationsgesellschaft* in Feldern außerschulischer Bildung eventuell erleichtern. Dieses Umgehen wäre dann jedoch sowohl diesseits normativer Konzepte als auch diesseits der Aufstellung medienpädagogischer Kompetenzkataloge angesiedelt.

---

46 Hier ist insbesondere auch an eine Beschäftigung mit Konzepten einer soziolinguistisch fundierten Gesprächsanalyse gedacht.

47 Eine Tendenz, die Aufenanger in bezug auf die Situation an Schulen dahingehend einschätzt, daß „ein Großteil der Lehrerschaft sehr skeptisch den elektronischen Medien insgesamt gegenüber steht und die für eine sinnvolle Nutzung der aufgezeigten Medientechnologien notwendigen Veränderungen nicht besonders unterstützen wird“ (Aufenanger 1996, S. 458). Eine Übertragbarkeit dieser Einschätzung auf außerschulische Bereiche von Bildung ist m.E. eher wahrscheinlich.

Literatur

Aufenanger, S. (1996): Die neuen Medien und die Pädagogik. Tendenzen in der Medienpädagogik. In: Bildung und Erziehung, 49. Jg., Heft 4, Dezember 1996; 449-460

Baacke, D. (1973): Kommunikation und Kompetenz. Grundlegung einer Didaktik der Kommunikation und ihrer Medien. München

Baacke, D. (1996): Medienkompetenz - Begrifflichkeit und sozialer Wandel. In: Rein, A.v. (1996) (Hrsg.); 112-124

Baacke, D./Sander, U./Vollbrecht, R. (1990): Lebensgeschichten sind Mediengeschichten. Lebenswelten Jugendlicher 2. Opladen

Beck, U. (1986): Risikogesellschaft. Auf dem Weg in eine andere Moderne. Frankfurt

Berger, P. L./Luckmann, T. (1990): Die gesellschaftliche Konstruktion der Wirklichkeit. Eine Theorie der Wissenssoziologie. Frankfurt

Blücher, V. G. (1966): Die Generation der Unbefangenen. Düsseldorf, Köln

Bohnsack, R. (1989): Generation, Milieu und Geschlecht. Ergebnisse aus Gruppendiskussionen mit Jugendlichen. Opladen

Ders. (1991): Rekonstruktive Sozialforschung. Einführung in Methodologie und Praxis qualitativer Forschung. Opladen

Ders. (1997): Adoleszenz, Aktionismus und die Emergenz von Milieus. Eine Ethnographie von Hooligan-Gruppen und Rockbands. In: Zeitschrift für Sozialisationsforschung und Erziehungssoziologie, 17. Jg. 1997, H.1; 3-18

Ders. (1997a): Gruppendiskussionsverfahren und Milieuforschung. In: Friebertshäuser, B./Prengel, A. (Hrsg.) Handbuch qualitativer Forschungsmethoden in der Erziehungswissenschaft. Weinheim München

Ders. (o.J.): Kollektivität als konjunktiver Erfahrungsraum (unveröffentlichtes Manuskript)

Ders./Loos, P./Schäffer, B./Städtler, K./Wild, B. (1995): Die Suche nach Gemeinsamkeit und die Gewalt der Gruppe. Hooligans, Musikgruppen und andere Jugendcliquen im Vergleich. Opladen

Bourdieu, P. (1991): Die feinen Unterschiede. Kritik der gesellschaftlichen Urteilskraft. Frankfurt

Ders. (1993): Sozialer Sinn. Kritik der theoretischen Vernunft. Frankfurt

Buchhofer, B./Friedrichs, J./Lüdtke, H. (1970): Alter, Generationsdynamik und soziale Differenzierung. Zur Revision des Generationsbegriffs als analytisches Konzept. In: Kölner Zeitschrift für Soziologie und Sozialpsychologie, 22 Jg. 1970; 300-334

Bude, H. (1987): Deutsche Karrieren. Lebenskonstruktionen sozialer Aufsteiger aus der Flakhelfer-Generation. Frankfurt

Ders. (1995): Das Altern einer Generation. Die Jahrgänge 1938-1948. Frankfurt

Burkart, R. (1994): Kommunikationswissenschaft. Grundlagen und Problemfelder. Wien, Weimar

Clausen, J. (1993): Kontinuität und Wandel in familialen Generationsbeziehungen. In: Lüscher/Schultheis, F. (1993) (Hrsg.): Generationsbeziehungen in *postmodernen* Gesellschaften. Analysen zum Verhältnis von Individuum, Familie, Staat und Gesellschaft. Konstanz; 111-124

Coupland, D. (1995): Generation X. Geschichten für eine immer schneller werdende Kultur. Berlin, Weimar
Dewe, B./Sander, U. (1996): Medienkompetenz und Erwachsenenbildung. In: Rein, A.v. (1996) (Hrsg.); 125-142
Ferchhoff, W. (1993): Jugend an der Wende des 20ten Jahrhunderts. Lebensformen und Lebensstile. Opladen
Fuchs-Heinritz, W./Krüger, H.-H. (1991): Feste Fahrpläne durch die Jugendphase? Opladen
Geißler, R. (1996): Die Sozialstruktur Deutschlands. Zur gesellschaftlichen Entwicklung mit einer Zwischenbilanz zur Vereinigung. Opladen
Goebel, J/Clermont, C. (1997): Die Tugend der Orientierungslosigkeit. Berlin
Göschel, A. (1995): Die Ungleichzeitigkeit in der Kultur. Wandel des Kulturbegriffs in vier Generationen. Essen
Goffman, E. (1973): Interaktion: Spaß am Spiel; Rollendistanz. München
Ders. (1990): Stigma. Über Techniken der Bewältigung beschädigter Identität. Frankfurt
Guggenberger, B. (1997): Das digitale Nirvana. Hamburg
Hentig, H. v. (1984): Das allmähliche Verschwinden der Wirklichkeit. Ein Pädagoge ermutigt zum Nachdenken über die Neuen Medien. München
Hillebrand, A./Lange, B.-P. (1996): Medienkompetenz als gesellschaftliche Aufgabe der Zukunft. In: Rein, A.v. (1996) (Hrsg.); 24-41
Holzer, H. (1994): Medienkommunikation. Eine Einführung. Opladen
Hornstein, W. (1985): Jugend. Strukturwandel im gesellschaftlichen Wandlungsprozeß. In: Hradil, S. (1985) (Hrsg.): Sozialstruktur im Umbruch. Opladen; 323-342
Junge, M. (1995): Forever Young? Junge Erwachsene in Ost- und Westdeutschland. Opladen
Kade, J. (1996): Boulevard Bio. Die Pädagogik einer Talkshow. In: Kraimer, K. (Hrsg.): Fallrekonstruktionen sozialen Lebens. Frankfurt
Keppler, A. (1994): Tischgespräche. Über Formen kommunikativer Vergemeinschaftung am Beispiel der Konversation in Familien. Frankfurt
Kohli, M. (1985): Die Institutionalisierung des Lebenslaufs. Historische Befunde und theoretische Argumente. In: Kölner Zeitschrift für Soziologie und Sozialpsychologie, Jg. 37; 1985; 1-29
Ders. (1995): Das unendliche Ende der Wirkungsforschung. Das Wirkungspotential der Medien: behauptet, befürchtet, aber immer noch weitgehend unerschlossen. In: Medien Praktisch. Zeitschrift für Medienpädagogik, 3/95; 4-12
Leggewie, C. (1995): Die 89er. Portrait einer Generation. Hamburg
Liebau, E./Wulf, C. (1996) (Hrsg.): Generation. Versuche über eine pädagogisch-anthropologische Grundbedingung. Weinheim
Liessmann, K. P. (1995): Vom Internat zum Internet. Pädagogik im technischen Zeitalter. In: Vierteljahresschrift für wissenschaftliche Pädagogik, Heft 4 1995; 374-386
Lüscher, K. (1993): Generationsbeziehungen – Neue Zugänge zu einem alten Thema. In: Ders./Schultheis, F. (Hrsg.) (1993): Generationsbeziehungen in *postmodernen* Gesellschaften. Analysen zum Verhältnis von Individuum, Familie, Staat und Gesellschaft. Konstanz; 17-47

Mannheim, K. (1964): Das Problem der Generationen. In: Kölner Vierteljahreshefte für Soziologie, 7. Jg., Heft 2, 1928; wieder abgedruckt in: Karl Mannheim, Wissenssoziologie, Soziologische Texte 28, Berlin und Neuwied; 509-565

Ders. (1980): Strukturen des Denkens. Frankfurt. Zuerst: 1922 - 1925 (unveröffentlichtes Manuskript)

Marotzki, W. (1997): Digitalisierte Biographien? Sozialisations- und bildungstheoretische Perspektiven virtueller Welten. In: Lenzen, D./Luhmann, N. (1997) (Hrsg.): Bildung und Weiterbildung im Erziehungssystem. Frankfurt, 175-198

Matthes, J. (1985): Karl Mannheims „Problem der Generationen", neu gelesen. Generationen - „Gruppen" oder „gesellschaftliche Regelung von Zeitlichkeit"? In: Zeitschrift für Soziologie, Jg. 14, Heft 5, 1985; 363-372

Ders. (1992): The Operation Called „Vergleichen". In: Matthes, J. (Hrsg.) (1992): Zwischen den Kulturen? Die Sozialwissenschaften vor dem Problem des Kulturvergleichs. Göttingen, Soziale Welt. Sonderband 8; 75-99

McLuhan, M. (1995): Die magischen Kanäle. Understanding Media. Basel

Merten, K. (1994): Wirkungen von Kommunikation. In: Merten, K./Schmidt, J.S./ Weischenberg, S. (Hrsg.): Die Wirklichkeit der Medien. Eine Einführung in die Kommunikationswissenschaft. Opladen; 291-328

Meyrowitz, J. (1990a): Die Fernsehgesellschaft. Band 1: Überall und nirgends dabei. Weinheim Basel

Ders. (1990b): Die Fernsehgesellschaft. Band 2: Wie Medien unsere Welt verändern. Weinheim Basel

Müller, B.K. (1996): Was will denn die jüngere Generation mit der älteren? Versuch über die Umkehrbarkeit eines Satzes von Schleiermacher. In: Liebau, E./Wulf, C. (Hrsg.) (1996); 304-331

Nohl, A.-M. (1996): Jugend in der Migration. Türkische Banden und Cliquen in empirischer Analyse. Baltmannsweiler

Olk, T. (1985): Jugend und gesellschaftliche Differenzierung - Zur Entstrukturierung der Jugendphase. In: Zeitschrift für Pädagogik, 19. Beiheft ,1985; 290-301

Pinder, W. (1926): Das Problem der Generation. Berlin

Postman, N. (1983): Das Verschwinden der Kindheit, Frankfurt

Preuss-Lausitz, U. u.a. (Hrsg.) (1983): Kriegskinder, Konsumkinder, Krisenkinder. Zur Sozialisationsgeschichte seit dem zweiten Weltkrieg. Weinheim und Basel

Rammert, W. (1988): Technisierung im Alltag. In: Joeges, B. (Hrsg.): Technik im Alltag. Frankfurt, 165-197

Rein, A. v. (1996) (Hrsg.): Medienkompetenz als Schlüsselbegriff. Bad Heilbrunn

Rheingold, H. (1994): Virtuelle Gemeinschaft. Soziale Beziehungen im Zeitalter des Computers. Bonn u.a.

Rosenthal, G. (1997): Zur interaktionellen Konstitution von Generationen. In: Mansel, J./Rosenthal, G./Tölke, A. (1997) (Hrsg.): Generationenbeziehungen, Austausch und Tradierung. Opladen, 57-73

Ryder, N. B. (1965): The Cohort as a Concept in the Study of Social Change. In: American Sociological Review, 30; 843-861

Sackmann, R. (1992): Das Deutungsmuster *Generation*. In: Meuser, M./Sackmann, R. (1992) (Hrsg.): Analyse sozialer Deutungsmuster. Pfaffenweiler; 199-215

Sackmann, R/Weymann, A. (1990): Generations, Social Time an *Conjunctive* Experience. In: Becker, H.A. (Hrsg.) Life Histories and Generations; Utrecht, 247-274

Dies. (1994): Die Technisierung des Alltags. Generationen und technische Innovationen. Frankfurt, New York
Schäffer, B. (1996): Die Band. Stil und ästhetische Praxis im Jugendalter. Opladen
Schelsky, H. (1957): Die skeptische Generation, Düsseldorf, Köln
Schenk, M./Dahm, H./Sonje, D. (1997): Die Bedeutung sozialer Netzwerke bei der Diffusion neuer Kommunikationstechniken. In: Kölner Zeitschrift für Soziologie und Sozialpsychologie, Jg. 49, Heft 1, 1997; 35-52
Schleiermacher, F. (1983): Die Vorlesungen aus dem Jahr 1826. In: Ders.: Pädagogische Schriften I, unter Mitwirkung von Th. Schulze, hrsg. von E. Weniger. Frankfurt
Schorb, B. (1995): Medienalltag und Handeln. Medienpädagogik in Geschichte, Forschung und Praxis. Opladen
Schütze, F. (1983): Biographieforschung und Narratives Interview.In: Neue Praxis, Heft 3, 283-293
Schütze, F. (1989): Kollektive Verlaufskurve oder kollektiver Wandlungsprozeß – Dimensionen eines Vergleichs von Kriegserfahrungen amerikanischer und deutscher Soldaten im zweiten Weltkrieg. In: BIOS. Zeitschrift für Biographieforschung und Oral History, 2. Jg., Heft 1, 1989
Schütze, F./Lützen, C./Schulmeyer-Herbold, U. (1993): Unterschiede in der Berichterstattung der FR und der FAZ zu studentischen Anliegen 1967/1968 und 1989/1990. Eine qualitative Auswertung. In: Lenzinger-Bohleber, M./Mahler, E. (1993) (Hrsg.): Phantasie und Realität in der Spätadoleszenz. Opladen; 300-341
Seitter, W. (1997): *Willemsens Woche*. Die Talkshow als Ort pädagogisch strukturierter Wissensvermittlung und biographischer (Selbst-) Präsentation. In: Behnken, I./Schulze, T (Hrsg.): Tatort: Biographie. Spuren, Zugänge, Orte, Ereignisse. Opladen, 117-135
Steiner, U.C. (1997): „68-89“. Literarische und mediale Wendungen der Wende. In: Hörisch, J. (Hrsg.): Mediengenerationen. Frankfurt; 16-59
Stiksrud, A. (1994): Jugend im Generationen-Kontext. Sozial- und entwicklungspsychologische Perspektiven. Opladen
Theunert, H. (1996): Perspektiven der Medienpädagogik in der Multimediawelt. In: Rein, A.v. (1996); 60-69
Virilio, P. (1992): Rasender Stillstand. München.
Weischenberg, S./Hienzsch, U. (1994): Die Entwicklung der Medientechnik. In: Merten, K./Schmidt, J.S./Weischenberg, S. (1994) (Hrsg.): Die Wirklichkeit der Medien. Eine Einführung in die Kommunikationswissenschaft Opladen; 455-480
Winter, R./Eckert, E. (1990): Mediengeschichte und kulturelle Differenzierung. Opladen
Wittpoth, J. (1994): Rahmungen und Spielräume des Selbst. Frankfurt
Wittpoth, J./Schäffer, B.: Umkehrung des Expertentums? – Medien, Kompetenz, Generation. In: Faulstich, P. u.a. (1997) (Hrsg.): Enttraditionalisierung der Erwachsenenbildung. Frankfurt
Zinnecker, J. (1987): Jugendkultur 1940-1985. Opladen
Ders. (1991): Jugend als Bildungsmoratorium. Zur Theorie des Wandels der Jugendphase in west- und osteuropäischen Gesellschaften. In: Melzer, W./Heitmeyer, W./Liegle, L./Zinnecker, J., (1991) (Hrsg.): Osteuropäische Jugend im Wandel. Ergebnisse vergleichender Jugendforschung in der Sowjetunion, Polen, Ungarn, und der ehemaligen DDR. München

Zinnecker, J./Stecher, L. (1996): Zwischen Lernarbeit und Erwerbsarbeit. Wandel und soziale Differenzierung im Bildungsmoratorium. In: Silbereisen, R. K./Vascovics, L. A./Zinnecker, J. (1996) (Hrsg.): Jungsein in Deutschland. Jugendliche und junge Erwachsene 1991 und 1996. Opladen; 165-183

Jo Reichertz

Wunder werden Wirklichkeit. Überlegungen zur Funktion der „Surprise-Show“[1]

1. Die Surprise-Show

„Ihr Wunsch ist mir Befehl”, sagt Linda de Mol in ihrer neuen Show: Sie präsentiert ihren ahnungslosen Zuschauern im Studio und zu Hause die verblüffendsten und schönsten Überraschungen.

„Dabei wird es spektakuläre Aktionen und auch kleine, aber rührende Gesten geben – immer geht es darum, einen seit langem gehegten Wunsch zu erfüllen. (...) Ganz wichtig ist, daß die Person, die überrascht werden soll, nichts davon ahnt. (...) Auch die Wünsche, von denen man glaubt, daß sie nie in Erfüllung gehen könnten, werden plötzlich wahr.”

So kündigte im Herbst 1994 der Kölner Privatsender RTL in einer Pressemitteilung seine neue große Wochenendshow an. Neuartig war die Show zu diesem Zeitpunkt jedoch keineswegs (was auch nicht verschwiegen wurde). Bereits Jahre zuvor hatte Rudi Carrell mit seiner *Rudi-Carrell-Show* einfachen Menschen langersehnte Herzenswünsche vor laufender Kamera erfüllt.

Die Produktion der neuen *Surprise, Surprise-Show* lag bei der holländischen Firma Endemol. Moderiert wurde die 60-minütige (in Aalsmaeer, Holland, aufgezeichnete) Surprise-Show von der damals 30- bzw. 31jährigen Holländerin Linda de Mol (in der zweiten Staffel wurde sie von dem beliebten Fernsehmoderator Kai Pflaume als *Außendienstmitarbeiter* unterstützt). Die blonde Entertainerin, die zuvor maßgeblich an dem großen Erfolg der *Traumhochzeit* beteiligt war, galt zu diesem Zeitpunkt als konkurrenzlose *Quotenqueen* bei RTL. Zum ersten Mal wurde die Surprise-Show am 30. Oktober 1994 gesendet. Ihr folgten bis zum 19. November 1994 drei weitere Shows, sonntag- bzw. samstagabends zur besten Sendezeit. Die zweite Staffel der Show (mit jeweils vier Sendungen) wurde von Februar 1995 bis März 1995 zur gleichen Zeit ausgestrahlt. Durchschnittlich hatten bei der ersten Staffel bundesweit 5,33 Millionen Zuschauern bei RTL eingeschaltet, der zweiten Staffel folgten jedoch nur noch 4,52 Millionen.

1 Danken möchte ich an dieser Stelle Christiane Althoff. Sie hat nicht nur bei der Datenfixierung tatkräftig mitgeholfen, sondern die Diskussionen mit ihr brachten viele wichtige Anregungen zu den Themen Wunder und Engel.

2. Kurze Skizze des Formats der Surprise-Show

Die Grundidee des Formats der Surprise-Show ist relativ einfach: Vor einem Studiopublikum (500 Menschen) und den Augen von Millionen von Fernsehzuschauern erfüllt das Fernsehen, vertreten durch eine Moderatorin, fünf bis sieben *einfachen* Menschen ihre (fast geheimen, meist aber oft geäußerten) großen und kleine Wunschträume.

Der Aufbau der Sendung ist dabei einfach und klar strukturiert. Die einzelnen Teile laufen in stets gleicher Weise ab: Nach der Anmoderation ruft Linda de Mol einen Gast (meist ein Erwachsener, gelegentlich auch ein Kind) namentlich auf, der sich bis zu diesem Zeitpunkt nichtsahnend als Teil des Saalpublikums verstand. Er ist von Freunden oder Verwandten unter Vorspiegelung falscher Umstände in die Show gelockt worden. Diese *Lockvögel* haben meist auch gegenüber RTL den heimlichen Wunsch des zu Beglückenden offenbart und befinden sich in seiner Begleitung. Der bzw. die überraschte Auserwählte wird mit einem Licht-Spot angestrahlt (die Begleitung lächelt freudig), er bzw. sie muß nach vorne zu der Moderatorin kommen. Sie fragt dann kurz zu den Lebensumständen und dem heimlichen Wunschtraum. In diesem Gespräch wird auch meist die Schwierigkeit der Erfüllung dieses Wunsches besonders deutlich herausgearbeitet. Dann kommt es nach einer gewissen Zeit der Ungewißheit, die manchmal bewußt verlängert wird, zur Erfüllung des Wunsches im Fernsehstudio. Das Saalpublikum applaudiert, die Kamera zeigt meist sehr nah und nachdrücklich die Reaktion der Beglückten: Oft verlieren sie für kurze Zeit ihre (soziale) Fassung, sie können das Erlebte kaum fassen, sie fangen an zu weinen, ringen um Worte und Haltung. Nach der Wunscherfüllung richtet die Kamera wieder ihr Augenmerk auf die Moderatorin, die jetzt den nächsten *Kandidaten* aufruft. Manchmal, wenn die Erfüllung des Wunsches sich nicht im Studio realisieren läßt, wird der zu Beglückende auch zu Hause oder am Ort der Wunscherfüllung aufgesucht. In einer Filmeinspielung wird das unglaubliche Ereignis dann gezeigt, die Überraschten geben sich nach der Einspielung als Studiogast durch Aufstehen und Winken zu erkennen, ein Spot strahlt sie an, die Moderatorin grüßt und kündigt dann den nächsten Fall an. Dieses Ritual wiederholt sich im Laufe einer Sendung etwa fünf bis sieben Mal.

Bei allen Wunscherfüllungen gilt allerdings zweierlei: Materielle Bedürfnisse werden auf keinen Fall befriedigt (Presseverlautbarung von RTL) und: alle Wünsche müssen uneigennützig sein![2] Wer anderen also schnell zu viel

2 Auch deshalb darf man sich nicht selbst bei RTL bewerben, sondern nur Mitmenschen, die einem ernsthaft zugeneigt sind, dürfen diese Fürbitte äußern. In der Hauptsache wird das Gebot, daß man nicht selbst um die Wunscherfüllung bitten kann, wohl darin begründet sein, daß es den Produzenten der Sendung darum geht, bei dem Beglückten einen freudigen Schock auszulösen. Zur Bedeutung des Schocks in solchen „Four-Kleenex-Shows“

Geld, einem Auto, einer höheren Rente, einem Lottogewinn, Garderobe von Gucci oder einem Haus im Grünen verhelfen will, dessen Wunsch bleibt unberücksichtigt. Auch das Verlangen nach Rache und Vergeltung bleibt in der Surprise-Show unerfüllt, ebenso der Wunsch nach Heilung von einer schweren Krankheit oder nach einer neuen Niere. Statt dessen werden (untersucht man die zurückliegenden acht Surprise-Shows) vor allem solche Wünsche erfüllt, die zum einen im Sinne einer christlichen Ethik moralisch korrekt sind und zum anderen versprechen, bei den Zuschauern Rührung und bei den Überraschten Tränen der Freude hervorzurufen.

Zwar erfüllte Linda de Mol auch solche verrückt-phantasievollen Wünsche wie den, einmal den Orginal-Tiger aus der ESSO-Werbung streicheln zu können, doch meist geht es um anderes – nämlich um privates Glück, Menschen- und Tierliebe, Freundschaft, Solidarität und sehr oft und immer wieder um Familienzusammenführung.

So durfte die Generaloberin der Caritasschwestern mit Linda de Mol auf der Zugspitze Skilaufen. Der neunjährige krebskranke Marco traf in der Show sein großes Idol David Hasselhoff und konnte mit ihm sprechen. Ein etwa 14jähriges Mädchen durfte nicht nur *ihrer* Boygroup ansichtig werden, sondern zugleich auch bei *World Apart* mitsingen und mittanzen. Für die Enten, Gänse, Schwäne der engagierten Tierschützerin Hedi Rupp wurde im Tierheim Kürten ein 12.000 Mark teurer Teich angelegt. Eine 53jährige Bäuerin aus Potsdam, der noch nie ein Urlaub vergönnt war, konnte für einen Tag ihre Verwandten in Oberhausen besuchen, weil derweil Linda für sie die Kälber und die Schweine hütete. Neben der 12jährigen Angelika, deren beste Freundinnen aus Sri Lanka wegen ausländerfeindlicher Pogromen vor sieben Jahren von Deutschland ins ferne Australien ausgewandert waren, tauchten eben diese unvermittelt im Fernsehstudio auf. Cilly bekam von ihrem Klaus nicht nur rote Rosen, sondern auch einen Heiratsantrag (was dazu führte, daß die beiden in der ebenfalls von Linda de Mol moderierten *Traumhochzeit* mitspielen konnten). Und die zierliche Brasilianerin Shirley geriet außer sich, als sie unverhofft ihre gesamte Familie, die sie seit Jahren nicht mehr gesehen hatte, in die Arme schließen konnte. Da die Surprise-Show in der Tat Wunschträume wahr werden ließ, wundert es nicht, daß bei der Redaktion der Surprise-Show nach der Ausstrahlung der ersten Sendung 6000 Bitten von Zuschauern eingingen.

Reichertz 1995a, 126ff.

3. Bogumilla Reiche trifft ihren früheren Religionslehrer

Gegen Ende der Surprise-Show vom 18. März 1995, *also nach* der zweiten Werbepause und der Erfüllung mehrerer Kandidatenwünsche, moderierte Linda de Mol den Wunschtraum der nächsten Kandidatin. Erfahren hatte Linda diesen Traum von dem Ehemann der 43jährigen Frau, die in Polen aufgewachsen ist und nun in Dresden als Landschaftspflegerin arbeitet. Die Moderatorin trägt einen maisgelben Blazer mit Goldknöpfen, eine braune Hose, ein passendes Shirt und ebenfalls passende, auffällige Ohrringe in Form von Gardinentroddeln. Sie ist dezent, aber gründlich geschminkt und trägt ihr fönfrisiertes langes blondes Haar mit Pony und am Hinterkopf von einer Spange gehaltenen Seitensträhnen. In die Kamera spricht sie folgenden Text:

de Mol: Bogumilla Reiche aus der polnischen Stadt Krakau hatte keine leichte Kindheit. Ihre Mutter starb, als sie noch ganz klein war, wodurch sie fast immer auf sich allein gestellt war. Die einzig wirklich schöne Erinnerung ist die an ihren Religionslehrer, der ihr das an Zuwendung und Geborgenheit gab, wonach sie sich so gesehnt hat. Im Pfarrhaus durfte sie spielen und in Ruhe ihre Hausaufgaben machen. Heute, 35 Jahre später, würde sie so schrecklich gerne wissen, wie es ihm geht, ihm danken für die Fürsorge und ganz kurz mit ihm sprechen. Das kann doch nicht so schwer sein. Doch: wenn dieser Religionslehrer innerhalb der römisch-katholischen Kirche ganz schön Karriere gemacht hat. Er ist nämlich der heutige Papst. Aber gut – wer nicht wagt, der nicht gewinnt. Wir haben Bogumilla nach Rom gelockt, und ich bin einen Tag später hinterher geflogen.

Schnitt, Filmeinspielung: L. de Mol geht durch die Straßen von Rom. Offensichtlich ist es noch sehr früh am Morgen. Sie ist leger frisiert und geschminkt. Die Kleidung: Hosenanzug, graues Shirt, grau-weiß-schwarz kleingemusterte Weste, große goldene Ohrringe. Vor dem berühmten Trevi-Brunnen[3] hält sie an, ein älteres Paar kommt vorbei, Linda spricht die Frau an, fragt, ob sie Bogumilla Reiche sei, was diese bejaht. Die 43jährige Frau aus Dresden ist einfach gekleidet (rosa Dreiviertelmantel mit Kunstpelzkragen, braune Hosen) und sichtbar von einem arbeitsreichen Leben gezeichnet – sie wirkt deutlich älter als 43 Jahre. Um die Augen und den Mund befinden sich deutliche Falten, in der oberen Zahnreihe eine gut sichtbare Lücke. Das Haar

3 Die Entscheidung der Produzenten der Surprise-Show, die weiteren Ereignisse sich am Fontana di Trevi abspielen zu lassen, ist m.E. zweifach motiviert. Der Trevi-Brunnen, 1732 von Papst Clemens XII in Auftrag gegeben, ist einer der beliebtesten Brunnen der Welt. Täglich pilgern Tausende von Touristen zu diesem Brunnen, drehen sich um und werfen Geldstücke über die Schulter ins Brunnenbecken. Dieser etwa hundertjährige Brauch soll bewirken, daß die Münzwerfer wieder nach Rom zurückkehren. Weltweit bekannt wurde der Fontana di Trevi allerdings erst, als 1959 Anita Ekberg in Felinis Film „La Dolce Vita" in den Brunnen stieg. Einerseits werden also dem Brunnen gewisse magische Kräfte zugesprochen, zum anderen ist der Brunnen durch einen Medienauftritt bekannt geworden.

ist braun (gefärbt) und dauergewellt, der Körper stämmig, ohne allerdings dick zu sein. Zwischen der vor Überraschung fast sprachlosen Bogumilla und der holländischen Entertainerin entspinnt sich *nach der Vorstellungsrunde* folgender Dialog:

de Mol: (lacht) Wir haben Sie mit Ihrem Mann hierhin gelockt zum Trevi-Brunnen, weil das ein Wunsch-Brunnen ist. Wußten, wissen Sie das?
Reiche: Ja, hat man mir gesagt.
de Mol: Wenn man hier eine Münze darein wirft, dann darf man sich etwas wünschen. Also, ich möchte gerne von Ihnen wissen, hätten Sie zufällig einen Wunsch?
Reiche: Hm – ich habe einen Wunsch. (lacht verlegen)
de Mol: Erzählen Sie mir mal bitte.
Reiche: Ähm ja – das ist mein Wunsch (stammelt, findet die Worte nicht). Oh Mann.
de Mol: Erzählen Sie doch ruhig. Hab' ich Sie so erschreckt?
Reiche: Ja schon. Ich möchte gern nach Vatikan. (Fällt zunehmend in dialektgefärbtes Sprechen, reibt sich verlegen die Nase)
de Mol: Sie möchten zum Vatikan. Und warum?
Reiche: Ah warum? Hm naja. Ich möchte gern zum Papst.
de Mol: Da hab' ich 'ne sehr gute Nachricht für Sie, denn wir haben für Sie eine Audienz beim Papst heute geregelt. Aber ich muß dazu sagen, es gibt Tausende von Leute da heute um 11.00 Uhr, die natürlich alle den Papst persönlich sprechen möchten. Also ich kann Ihnen nicht versprechen, daß er sich ausgerechnet mit Ihnen auch wirklich unterhält. Aber wir können es versuchen. Sie können auf jeden Fall zur Audienz gehen, um 11.00 Uhr.
Reiche: Wunderbar, wunderbar.
de Mol: Ich hab' mir gedacht, wenn wir jetzt beide zusammen ganz uns fest wünschen, daß er sich mit Ihnen unterhält, vielleicht hilft es dann. Wollen wir das mal versuchen?

Schnitt: L. de Mol und B. Reiche sitzen im Fond eines Autos. Es ist ruhige, instrumentale Hintergrundmusik zu hören. Die Kamera schwenkt abwechselnd auf die während der Fahrt vorbeiziehenden Sehenswürdigkeiten Roms und die beiden Frauen.

Reiche: (spricht aus dem Off über die Musik) Ungefähr war ich 8 Jahre und Religion haben wir gehabt in der Schule. Und er war damals unseren Lehrer. Und jetzt weiß ich das, daß ich damals hab' ich en bißchen mehr gebraucht wie alle andere Kinder. War das Jahr, wo ich hab erfahren, daß meine Eltern sind nicht meine Eltern, daß meine Mutter gibt's nich. Und der hat uns schöne Geschichten erzählt von Religion. Der hat mit uns gespielt. No immerhin haben we 2 Stunden Religion damals gehabt.

Schnitt: Die Frauen gehen eingehakt über den Petersplatz. B. Reiche ist jetzt ohne ihre Jacke in einen karamelfarbenen Hosenanzug und eine passend gemusterte Bluse gekleidet. Schnitt: Das Innere einer großen Halle und Menschenmassen, die in geordneten Stuhlreihen sitzen, bzw. ihre Plätze suchen sind zu sehen. Schnitt: Die Kamera zeigt aus der Perspektive hinter einem Vorhang den Saal und schwenkt dann auf L. de Mol und B. Reiche, die ebenfalls hinter dem Vorhang stehen. L. de Mol hält B. Reiche im Arm und macht beruhigende und aufmunternde Gesten.

de Mol: (zu B. Reiche sprechend) Sie haben uns versprochen, daß wir da ganz vorne sitzen dürfen. Vielleicht muß ich dahinten sitzen. Das kann ja sein. Aber Sie sitzen auf jeden Fall ganz vorne. Und versuchen Sie dann bitte ein bißchen die Aufmerksamkeit des Papstes auf Sie zu erregen, ne.

Reiche: Okay. Das hoff' ich doch.

de Mol: Vielleicht wenn Sie ihn auf polnisch ansprechen, oder irgendwas, hilft das. Ich kann Ihnen nur die Daumen drücken und viel Glück wünschen, ne – und ich schicke dann ein Stoßgebet in den Himmel dahinten. Das bin ich ja (beide lachen). Also viel Glück. (...)

L. de Mol umarmt B. Reiche. Schnitt: Die Dresdenerin geht durch die Stuhlreihen und wird von einem Mann an ihren Platz gewiesen. Kamera schwenkt auf L. de Mol, die sich mit dem Wort *spannend* auf den Lippen aus dem Saal entfernt. Die Kamera richtet sich wieder auf B. Reiches Gesicht, dann auf einen Teil des Saals, in dem ein Podest zu sehen ist. Dort steht auf einem Teppich ein einzelner Stuhl. Hinter diesem stehen zwei mit Lanzen ausgestattete *Schweizer* der päpstlichen Garde und über dem Stuhl in der Decke ist eine (Tages-)Lichtquelle, die dem Schauplatz eine göttliche Aura verleiht. Im Hintergrund öffnet sich eine Tür und langsam werden der Papst und einige Begleitpersonen sichtbar. Orgelmusik, Beifall und Jubelrufe brausen auf. Die Menschen im Saal erheben sich. Die Kamera schwenkt nun abwechselnd von B. Reiche, die immer wieder die gefalteten Hände zum Gesicht führt und sich die Augen wischt, auf den Papst, der sich mit huldvollem Winken und Bekreuzigungen auf seinen Platz begibt und eine kurze Ansprache hält. Die Kamera schwenkt dann zu L. de Mol, die intensiv *Daumen drückt*. Danach sind wieder abwechselnd B. Reiche und der Papst im Bild. Schnitt: B. Reiche steht in einer Menschenschlange auf dem Weg zum Papst. Im Hintergrund ist Instrumentalmusik zu hören und darüber ihre Stimme aus dem Off:

„For mich das ist eine schöne Zeit gewesen und jetzt ist er ein Papst. Ich den gerne auch als Papst ganz sehen, wie der heute sieht aus."

Schließlich steht B. Reiche vor dem Papst und wird diesem von einem Kleriker in großem Ornat vorgestellt. Der Papst und die 43jährige Frau geben sich die Hand, stehen einander gegenüber und beginnen ein Gespräch, das für den Zuschauer nicht zu hören ist. Die Kamera richtet sich abwechselnd auf beide Gesichter. B. Reiche zeigt deutlich Rührung und Aufregung, ihre Augen sind tränenfeucht. Zum Schluß segnet der Papst B. Reiche, indem er ihr mit seiner Hand über den Kopf streicht. Sichtlich bewegt verläßt B. Reiche das Podest, geht direkt auf die wartende L. de Mol zu und wird von ihr in die Arme geschlossen. Die Kamera konzentriert sich auf die Gesichter der Frauen.
Schnitt: Wieder im Studio und L. de Mol groß im Bild.

de Mol: Da sitzt sie – Bogumilla Reiche. Das hat mich so gefreut, daß das geklappt hat, das war echt schön.

Die Kamera richtet sich auf den Zuschauerraum und auf die dort anwesende Bogumilla Reiche. Applaus und eine Art Tusch erklingen, ein Licht-Spot strahlt Frau Reiche an: Die Dresdenerin erhebt sich (glücklich lächelnd), verbeugt sich leicht, setzt sich und klatscht dann selbst.

4. Welche Frage ist hier von Interesse?

Wenn man soziale Phänomene (also auch Fernsehsendungen) verstehen und damit in einem begrenzten Umfang auch erklären will, dann muß vor der Analyse bestimmt werden, was jeweils *der Fall sein soll*, also auf welche Frage eine Interpretation eine Antwort versuchen will. Ohne eine solche Eingrenzung verlieren Deutungen ihren Fluchtpunkt, und die vielfältigen, nebeneinander gestellten Ergebnisse scheinen beliebig zu sein. Der Einfachheit halber beginne ich in Erfüllung der Offenlegungspflicht erst einmal mit den Großfragestellungen, denen hier *nicht* (oder nur nebenbei) nachgegangen wird.

So geht es nicht um die Ermittlung der (bewußten und äußerbaren) Motive, welche den Ehemann von Bogumilla veranlaßt haben, RTL den Herzenswunsch seiner Frau zu übermitteln. Auch geht es nicht um die Erörterung der Frage, welche Intentionen Bogumilla (und auch den Papst) dazu bewogen haben, der Aufzeichnung und Ausstrahlung der Audienz zuzustimmen. Es interessiert hier also nicht, was die Menschen mit dem Medium machen oder genauer: in welcher Weise Akteure die Medien für ihre Zwecke nutzen, indem sie in den Medien auftreten (eine solche Fragestellung findet sich z. B. in Keppler 1994 und Reichertz 1993, 1995 a und b).

Außerdem soll nicht diskutiert werden, welche Motive den Sender RTL oder die Produktionsgesellschaft mit der Surprise-Show verbinden (z.B. gutes emotionales Umfeld für Werbung) oder was die Moderatorin mit den Mitspielern macht. Ebenso bleibt hier die Diskussion der Frage ausgespart, ob die Surprise-Show die persönliche Ehre der Kandidaten oder gar die Menschenwürde beeinträchtigt.

Statt dessen werde ich im weiteren nach der Frage fragen, auf welche die Surprise-Show eine Antwort versucht. Die Frage lautet also: W*as leistet die Surprise-Show objektiv für die Mitspieler und Zuschauer innerhalb einer bestimmten Gesellschaft, welches Angebot liefert dieses Produkt, auf welche (vermeintliche) Nachfrage reagiert es?*

5. Prämissen und Methodik einer hermeneutischen Wissenssoziologie

Methodologischer und methodischer Bezugsrahmen meiner Interpretation, das ergibt sich schon aus der Bestimmung der Fragestellung, bilden die Prämissen einer hermeneutischen Wissenssoziologie (siehe dazu: Soeffner/Hitzler 1993; Reichertz/Schröer 1993). Die hermeneutische Wissenssoziologie ist vom theoretischen Selbstverständnis her Teil einer Soziologie des Wissens und methodisch/methodologisch Teil einer *hermeneutisch* die Daten analysierenden, *strukturanalytisch* modellbildenden, qualitativen Sozialforschung. *Wissenssoziologisch* ist diese Perspektive, weil sie diesseits von Konstruktivismus und Realismus die Großfragestellung untersucht, wie Handlungssubjekte, hineingestellt und sozialisiert in historisch und sozial entwickelte Routinen und Deutungen des jeweiligen Handlungsfeldes, diese einerseits *vor*finden und sich aneignen (müssen), andererseits diese immer wieder neu ausdeuten und damit auch *er*finden (müssen). Diese Deutungen und Routinen werden ihrerseits den Mitgliedern eines Handlungsfeldes als *Wissen* zur Verfügung gestellt, und neue Deutungen und Routinen werden ebenfalls als Wissen in das Handlungsfeld wieder eingespeist. Unter *Wissen* wird dabei *keinesfalls* die korrekte Widerspiegelung einer objektiv gegebenen und unabhängig existierenden äußeren Wirklichkeit verstanden, sondern alles Wissen ist demnach Ergebnis eines spezifischen gesellschaftlichen Konstruktionsprozesses. Das jeweils nur historisch gültige Wissen dient den Mitgliedern einer Interaktionsgemeinschaft als das wichtigste Handwerkszeug (Medium), sich ihre problematische Umwelt *passend* und handhabbar zu machen. Was für *wahr* gehalten wird und was als *wirklich* gilt, ist demnach Resultat eines gesellschaftlichen Austauschprozesses (grundlegend für diese Perspektive Berger/Luckmann 1977 und Soeffner 1989 u. 1992, ausführlich hierzu Reichertz 1997).

Hermeneutisch ist diese Perspektive, weil sie bei der methodisch angeleiteten Auswertung der erhobenen Daten den Prämissen der „sozialwissenschaftlichen Hermeneutik" (Soeffner 1989; Reichertz 1991; Schröer 1994) folgt, welche sich in dieser Form durch die Kritik an der „Metaphysik der Strukturen" der objektiven Hermeneutik herausgebildet hat.

Strukturanalytisch ist diese Perspektive, weil das Verhalten der Individuen erst dann als verstanden gilt, wenn der Interpret in der Lage ist, beobachtetes Verhalten in bezug zu dem vorgegebenen und für den jeweiligen Handlungstypus relevanten Bezugsrahmen zu setzen und es in dieser Weise als sinnvoll nachzuzeichnen. Folglich geht es bei der Rekonstruktion des Handelns um die Sichtbarmachung der (als Wissen abgelagerten) strukturellen, vorgegebenen Handlungsprobleme und -möglichkeiten, die bei der Herausbildung der *egologischen Perspektive* dem Protagonisten *mit guten Grün-*

den zugeschrieben werden können. Es handelt sich also gerade nicht um eine verkappte intentionalistische Handlungstheorie.

Für die spätere Analyse des erhobenen audio-visuellen Materials (Mitschnitt einer Fernsehshow) soll das (eingesetzte und zu erprobende) Auswertungsverfahren kurz skizziert werden. Die wissenssoziologische Hermeneutik interpretiert vornehmlich Handlungen, also auch *Darstellungshandlungen*. Bei der Analyse von audio-visuellen Daten ergibt sich deshalb die Frage, welches Handeln überhaupt Gegenstand der Untersuchung sein soll. Denn es gilt im Anschluß an Peters 1980, aber auch Opl 1990 zu unterscheiden zwischen der *Handlung vor der Kamera* und der *Kamerahandlung*. Mit ersterem wird das Geschehen bezeichnet, das die Kamera aufzeichnet, mit letzterem der Akt der Aufzeichnung durch die Kamera (plus die Gestaltung des von der Kamera Aufgezeichneten).

Zur Kamerahandlung gehört also vor allem (a) die Wahl des Ortes der Inszenierung der Handlung vor der Kamera, (b) die Wahl der Kulissen und des sozialen Settings, (c) die Auswahl und Gestaltung des Bildausschnitts, (d) die Art und das Tempo der Schnittfolge, (e) die Kommentierung des Abgebildeten durch Filter, eingeblendete Graphiken, Texte, Töne oder Musik, (f) die Auswahl und Ausrüstung des Aufzeichnungsgeräts (Kamera) und (g) die Gestaltung der Filmkopie (Format, Qualität). Da die (impliziten oder expliziten) Entscheidungen über die wesentlichen Elemente der Kamerahandlung zeitlich der Handlung vor der Kamera vorangehen bzw. diese dominieren, bildet die Kamerahandlung den für die (alltägliche und wissenschaftliche) Interpretation dominanten Handlungsrahmen, in den die Handlung vor der Kamera unauflöslich eingebunden ist.

Allerdings findet sich für die Kamerahandlung bei näherer Betrachtung kein personaler Akteur, da der Regisseur in der Regel nicht für alle Kamerahandlungen zuständig ist. Meist sind an der Kamerahandlung auch Kameraleute, Maskenbildner, Tontechniker, Kulissenschieber, Ausleuchter, Kabelträger, Kreative, Text- und Songschreiber, betriebseigene Medienforscher u.v.a.m. beteiligt. Das (durch Professionsstandards angeleitete) *Zusammenspiel* all dieser Funktionen bringt schlußendlich das zustande, was als *Fernsehshow* gesendet wird. Da der Regisseur aber (im Falle von Aufzeichnungen, und bei den untersuchten Shows handelt es sich um Aufzeichnungen) das fertige Produkt abnehmen und gegenüber seinem Vorgesetzten vertreten muß, soll der *korporierte Regisseur* (= Summe aller Handlungslogiken, die an der Aufnahme einer Fernsehshow mitwirken) als Akteur der Kamerahandlung gelten.

Stets kommentiert der *korporierte Regisseur* durch die Kamerahandlung die Handlung vor der Kamera. Jede Auswahlhandlung von ihm kommentiert und interpretiert das Abgebildete. Auch der Versuch, mit der audio-visuellen Darstellung nur das wiederzugeben, was den abgebildeten Dingen (scheinbar von Natur aus) anhaftet, ist ein Kommentar, allerdings ein anderer als der, wenn die Kamera z. B. durch Schärfentiefe, Verzerrungen etc. auf sich selbst weist. Im ersten Fall versucht der *korporierte Regisseur* sein Tun und die Bedeutung seiner Handlungslogik zu leugnen bzw. zu vertuschen, im zweiten Fall schiebt er sich zwischen Abgebildetes und Betrachter und bringt sich damit selbst ins Gespräch.

Aus diesem Grund geht es bei der Analyse audio-visuellen Materials um die Auffindung der objektiven Bedeutung der Kamerahandlung *plus* der durch sie eingefangenen Handlung vor der Kamera und nicht allein um die Rekonstruktion der Bedeutung des gefilmten Geschehens. Fernsehanalyse kann und darf sich nie auf die Bildinhaltsanalyse bzw. auf die Analyse der vor der Kamera gesprochenen Worte beschränken, da die Kamerahandlung stets konstitutiver Bestandteil des Films ist. Sie hat sich durch eine Fülle nonverbaler Zeichen in den Film bzw. in dessen Kopie eingeschrieben, sie hat im Film einen bedeutsamen Abdruck hinterlassen. In jeder audio-visuellen Darstellung von Handlungen finden sich also immer zwei Komplexe von Zeichen: zum einen die Zeichen, welche auf die *Regeln der abgebildeten Handlungen*, zum anderen die, welche auf die *Regeln der Handlung der Abbildung* verweisen.

Methodisch verfolgt eine wissenssoziologische Hermeneutik folgenden Weg. In der Anfangsphase wird das audio-visuelle Datenmaterial in dreifacher Weise *fixiert*: a) der gesprochene (oder gesungene) Teil der Handlung vor der Kamera wird transkribiert, b) parallel zu der Transkription werden auf einer Partitur die nonverbalen Komponenten der Handlung vor der Kamera codiert und c) der Partitur wird die codierte Beschreibung der Kamerahandlung beigefügt (zu Begriffen und Kategorien siehe Hickethier 1993). Die Gesamtpartitur enthält also eine fixierte und nach wissenschaftlichen Standards codierte Version der beobachteten Fernsehsendung, sie ist ein formalisiertes *Protokoll dieser Beobachtung*[4]. Enthält und dokumentiert die gesendete Fernsehshow das Handeln des *korporierten Regisseurs*, so dokumentiert dagegen die vom Wissenschaftler erstellte Partitur, also das Beobachtungsprotokoll, auch das Handeln des wissenschaftlichen Betrachters. Die vom Betrachter erstellte Partitur enthält nur zum Teil das Protokoll der

4 Im Rahmen dieses Artikel verzichte ich darauf, eine solche Partitur von der Wunscherfüllung der Bogumilla Reiche abzudrucken. Statt dessen habe ich wegen einer besseren Lesbarkeit die Partitur in einen Fließtext zurückverwandelt. Die Partiturschreibweise bringt allerdings nicht nur bei der Präsentation von Untersuchungsergebnissen Probleme mit sich, sondern auch bei der Analyse der Daten selbst. M.E wird in den nächsten Jahren ernsthaft zu diskutieren sein, wie weit man die Verschriftlichung von audio-visuellem Material treiben kann oder zugespitzt: treiben darf. Gegen die Forderung zur vollständigen Verschriftlichung spricht nicht nur, daß die möglichst exakte schriftliche Fixierung bzw. Codierung audio-visueller Daten zu hoch interpretativen und zugleich fast sinnleeren Darstellungsformen führt, sondern auch, daß die Besonderheit des Audio-visuellen unwiederbringlich verloren geht. Angesichts der neuen Möglichkeiten der digitalen Bildaufzeichnung könnte man m.E. bei der Auswertung und auch bei der Ergebnispräsentation sehr gut mit detaillierten Bildsequenzen arbeiten.

betrachteten Sendung, sie dokumentiert auch den Akt des wissenschaftlichen Sehens, also die Handlung des Deutens und Sequenzierens. Der Deutungsakt gerinnt zu geregelten Wörtern und Sätzen, die in dieser Form bereit werden für die Analyse und den Diskurs und in dieser Form auch immer wieder für andere bereit stehen. Insofern muß die Deutung von audio-visuellen Daten - ganz im Sinne einer wissenssoziologischen Hermeneutik - immer auch die Deutung der Akte des Deutens beinhalten (Soeffner 1989).

Eine wissenssoziologische Hermeneutik schlägt vor, den vom Betrachter erstellten Bildtext als Feldprotokoll zu betrachten und in der von Strauss 1991 beschriebenen Weise zu behandeln (Reichertz 1994). Demnach werden Beobachtungsprotokolle in einem gerichteten hermeneutischen (und auch selbstreflexiven) Deutungsprozeß in mehreren Phasen weiterkodiert bis am Ende eine Deutungsfigur ermittelt wird, die alle Elemente der Beobachtung und der Beobachtungstexte zu einem bedeutungsvollen Ganzen integriert. Der Prozeß der Datenauslegung folgt dabei folgender Logik: Die erstellte Partitur der zu untersuchenden Fernsehshow, also das Beobachtungsprotokoll wird im ersten Schritt der Dateninterpretation *offen kodiert*, will sagen: Das Dokument wird extensiv und genau analysiert „und zwar Zeile um Zeile oder sogar Wort für Wort“ (Strauss 1991, 58). Entscheidend in dieser Phase ist, daß man noch keine (bereits bekannte) Bedeutungsfigur an den Bildtext heranführt, sondern mit Hilfe des Textes möglichst viele, mit dem Text kompatible Lesarten des Bildes konstruiert. Diese Art der Interpretation nötigt den Interpreten, sowohl die Daten als auch seine (theoretischen Vor-)Urteile immer wieder aufzubrechen, was ein gutes Klima für das Finden neuer Lesarten schafft. In der Phase des offenen Kodierens sucht man nach größeren Sinneinheiten, die natürlich immer schon theoretische Konzepte beinhalten bzw. mit diesen spielen und auf sie verweisen, im Bildtext. Hat man solche gefunden, sucht man in der nächsten Phase der Interpretation nach höheraggregierten Sinneinheiten und Begrifflichkeiten, welche die einzelnen Teileinheiten verbinden. Außerdem lassen sich jetzt im Sinne eines „Theoretical Sampling“ (Strauss 1991, 70) gute Gründe angeben, weshalb man welche Bilddaten neu bzw. genauer nacherheben sollte. Man erstellt also neue Beobachtungsprotokolle, wenn auch gezielter. So kontrolliert die Interpretation die Datenerhebung, aber zugleich, und das ist sehr viel bedeutsamer, wird die Interpretation durch die nacherhobenen Daten falsifiziert, modifiziert, erweitert oder bestätigt. Am Ende ist man angekommen, wenn ein hochaggregiertes Konzept, eine Sinnfigur gefunden bzw. mit Hilfe des Bildtextes konstruiert wurde, das alle Elemente zu einem sinnvollen Ganzen integriert und im Rahmen einer bestimmten Interaktionsgemeinschaft verständlich macht. Die Validität der auf diese Weise gewonnenen Ergebnisse resultiert zum einen aus der Nachvollziehbarkeit der Dateninterpretation und zum anderen aus der methodisch kontrollierten Verbindung von Fragestellung, Fall, Datenerhebung und Datenauswertung.

6. Zur Sinnstruktur der Surprise-Show

Vor Beginn der Darstellung der zurückliegenden hermeneutischen Analyse der oben beschriebenen Daten (Bogumilla Reiches Audienz beim Papst) müssen drei Einschränkungen genannt werden. Erstens kann gewiß die Sinnstruktur einer Fernsehsendung nicht allein aufgrund der Analyse einer einzigen Sequenz ermittelt werden. Wenn im folgenden dennoch fast ausschließlich die oben beschriebene Erfüllung des Wunsches der Bogumilla Reiche untersucht wird, dann, weil ich glaube, daß die hier untersuchte Sequenz als idealer Modellfall des Wirkens der Surprise-Show angesehen werden kann. Zum zweiten muß einschränkend gesagt werden, daß es hier zunächst nicht um die (Re)Konstruktion der Struktur der gesamten Surprise-Show geht, sondern allein um die Herausarbeitung der Besonderheit der Reiche-Papst-Episode. Die Bedeutung des Seriellen dieser Show (staffelweise Ausstrahlung; innerhalb einer Show werden die Überraschungen in Form einer Nummernrevue am laufenden Band präsentiert) interessiert hier erst einmal weniger.

Natürlich kann an dieser Stelle auch nicht, und das ist die dritte Einschränkung, die komplette Datenanalyse dokumentiert werden, sondern ich werde mich auf die (stark verkürzte) Darstellung einiger weniger, wenn auch wichtiger Analyseschritte beschränken.

6.1 Was die Kamera zeigt: Magische Formeln und Praktiken

Die Erfüllung von Wünschen kann man erzählen bzw. erzählen lassen (von Zeugen, dem Beglückten), oder man kann sie dramatisieren, inszenieren. Daß das Bildmedium *Fernsehen* durchweg zur Inszenierung greift, dürfte kaum verwundern. Interessant ist allerdings, wie das Fernsehen den *Wirk-Mechanismus* der Wunscherfüllung inszeniert. Den Begriff der *Inszenierung* verwende ich in diesem Zusammenhang durchaus im Sinne Goffmans (1983). Demnach sind Inszenierungen weder plumpe noch feinsinnige Lügen zwecks Vortäuschung falscher Tatsachen und Umstände, sondern Inszenierungen sind unhintergehbare und unverzichtbare Mittel des menschlichen Ausdrucks. Identitäten, aber auch Handlungen, Einstellungen und Absichten müssen, sollen sie von den Gesellschaftsmitgliedern als solche erkannt werden, vor dem Hintergrund und mit den Mitteln gesellschaftlicher Darstellungsformen in Szene gesetzt werden. Bedient man sich bei der *Darstellung* von Handlungen nicht aus dem Fundus gesellschaftlich bereitgestellter Darstellungsformen, dann können sie nicht erkannt werden, können also auch nicht wirken. Auch die Darstellung einer scheinbar ungeplant aufbrechenden Spontaneität bedarf der Inszenierung. Allerdings können Schockerlebnisse (Angst, Schrecken, Glück) kurzfristig dazu führen, daß die Inszenierung der eigenen Kontrolle entgleitet. Volltrunkenheit und schwere geistige Verwirrtheit haben dagegen zum Ergebnis, daß mittel- bis langfristig Handlungsdarstellungen *ohne Regisseur* aufgeführt werden. Menschen neig(t)en allerdings dazu, solche Situationen zu (ver)meiden bzw. sie finden/fanden es peinlich, wenn sie von anderen in einem solchen Zustand wahrgenommen wurden.

Vor jeder Inszenierung liegt die Planung - entweder aufwendig und bewußt oder nebenbei und routinisiert. Bei Fernseh-Shows kann man mit guten Gründen davon ausgehen, daß fast jedes gezeigte Detail unter dem Gesichtspunkt der geplanten Inszenierung durchleuchtet wurde - vieles sehr bewußt und vieles auch mit Hilfe von Berufsroutinen, die Ausdruck der erlernten Professionsstandards sind. Dies bedeutet auch, daß zum Zeitpunkt der Aufzeichnung der Surprise-Show die jeweils anstehende Wunscherfüllung absolut gesichert ist. Dafür haben in der Regel Angestellte der Produktionsfirma im Vorfeld der Sendung durch Arbeitseinsatz und Verhandlungsgeschick gesorgt. Mit den jeweils Beteiligten und Verantwortlichen wurden Vereinbarungen getroffen, Verträge unterschrieben, Honorare ausgehandelt oder *Gegengaben* vereinbart. In der Regel kann also die Erfüllung des Wunsches vor der Aufzeichnung einer Sendung als sicher gelten.

Auch bei der vom Fernsehen organisierten (oben beschriebenen) Papstaudienz war dies so (Linda: „... *wir haben für Sie eine Audienz beim Papst heute geregelt*"). Bei der späteren, in der Show eingespielten Inszenierung der Wunscherfüllung werden jedoch nicht die Angestellten der Produktionsfirma bei ihrer Arbeit gezeigt[5]. Der meist langwierige soziale und durchaus menschliche Aushandlungsprozeß wird weder gezeigt noch erwähnt. Im Gegenteil: Systematisch verbirgt man den *Wirk-Mechanismus* und rückt die Wunscherfüllung ins Ungewisse. Statt dessen bringt man durchaus gezielt eine andere *Wirk-Mechanik* ins Spiel: den Zauber. Eine weitere Betrachtung der oben geschilderten Wunscherfüllung soll dies belegen.

Bogumilla Reiche wünscht sich seit vielen Jahren, ihren früheren Religionslehrer wiederzusehen, da dieser ihr in einer schweren Phase ihrer Kindheit Halt gegeben und sie ihm deshalb viel zu verdanken hat. Da aber 1978 aus dem polnischen Priester Karel Wojtyla der Papst Johannes II, mit Sitz in Rom, wurde, sieht Frau Reiche keinerlei Chance, daß sich ihr Wunsch verwirklichen läßt - zumindest nicht mit den Mitteln, die ihr zur Verfügung

---

5 Bei dieser Art von Inszenierung gibt es verschiedenen Varianten: (a) Die Wunscherfüllung wird dadurch erreicht, daß kompetente und engagierte Mitarbeiter von Endemol ihr Gegenüber mit guten Argumenten und moralischen Apellen überzeugen - Wunscherfüllung kann also mittels rationaler bzw. moralischer Kommunikation erreicht werden. (b) Man zahlt dem Gegenüber sehr viel Geld - Wunscherfüllung kann mit viel Gald erkauft werden. (c) Man droht dem Gegenüber, seine Verweigerung der Wunscherfüllung im Fernsehen auszustrahlen - Wunscherfüllung kann durch Androhung einer öffentlichen Anprangerung erzwungen werden. Zu dieser Strategie greifen neuerdings verstärkt die Verbrauchermagazine der privaten Sender.

stehen. Selbst wenn sie die finanziellen Mittel besessen hätte, Rom und den Vatikan zu besuchen, so wäre es ihr doch nicht möglich gewesen, den *Stellvertreter Gottes auf Erden* persönlich zu sprechen. Deshalb weiß sie, daß sich ihr Wunsch nie erfüllen wird.

Von ihrem Mann wird sie eines Tages nach Rom *gelockt* und dann frühmorgens an den Trevi-Brunnen. Dort begegnet ihr eine blonde, gutaussehende Frau, die sie auffordert, ihren größten Wunsch zu äußern. Die blonde Frau gibt sich daraufhin als Moderatorin einer Wunscherfüllungssendung zu erkennen und stellt Bogumilla in Aussicht, daß sich heute ihr Wunschtraum erfüllen kann. Um die Erreichung dieses Ziels zu befördern, sei es nützlich, in den Trevi-Brunnen, der im übrigen ein Wunsch-Brunnen sei, Geld zu werfen. „Wenn man hier eine Münze darein wirft, dann darf man sich etwas wünschen." Sie gibt Bogumilla eine Münze, beide Frauen drehen sich mit dem Rücken zum Brunnen, dann werfen sie gemeinsam, während die Moderatorin Handlungsanweisungen gibt (über die linke Schulter, Augen geschlossen, ganz fest wünschen), die Geldstücke in den Brunnen.

Danach begeben sich die zwei Frauen in den Vatikan und hoffen, daß sich der Wunsch der Bogumilla Reiche erfüllen möge. Zwar gibt es zwischen der Produktionsgesellschaft der Show und den Offiziellen des Vatikans gewisse Absprachen (Frau Reiche sitzt in der ersten Reihe), doch die Moderatorin vermittelt den Zuschauern und auch Frau Reiche den Eindruck, das persönliche Gespräch mit dem Papst sei noch ungewiß. Deshalb wünscht die Moderatorin der Dresdenerin immer wieder Glück, drückt beide Daumen und *schickt ein Stoßgebet in den Himmel*. Dies alles scheint zu wirken: Der Papst tritt auf, hält eine Ansprache. Dann darf Bogumilla, wie eine Reihe anderer Ausgewählter, mit dem Papst kurz sprechen. Dieser segnet sie zum Abschied. Der Traum ist erfüllt.

Diese kurze Skizze zeigt deutlich, daß weder die Zuschauer noch Frau Reiche über die wahren Umstände aufgeklärt werden, sondern sie werden im wahrsten Sinne des Wortes verzaubert: Vor der Wunscherfüllung muß Bogumilla Reiche eine rituell geregelte magische Praktik ausüben (Geld über linke Schulter in Brunnen werfen, geschlossene Augen, fest wünschen), und die Moderatorin unterstützt die Herbeirufung der Wunscherfüllung durch Daumendrücken und Stoßgebete. Die Erfüllung des Wunsches wird auf diese Weise nicht mehr als Ergebnis menschlicher (durchaus wiederholbarer) Handlungen erklärt, sondern als kaum zu begreifendes *Wunder* verklärt.

6.2 Überraschung oder säkulares Wunder

Damit stellt sich die Frage, welche soziale Situation in der Surprise-Show eigentlich inszeniert wird. Gewiß sollen Menschen durch die Ereignisse überrascht werden, aber geht es nur und allein um eine *Überraschung*? Im normalen Sprachgebrauch wird das Wort *Überraschung* immer dann gebraucht, wenn sich etwas ereignet, das so normalerweise nicht erwartbar war. Handlungen, Nachrichten und auch Geschenke sind also immer dann überraschend, wenn sie vor dem Hintergrund der in einer bestimmten Lebenswelt geltenden Normalität sehr *unwahrscheinlich* sind. Das Überraschende bricht in das Erwartbare ein. Deshalb ist man überrascht - muß sich neu auf die Tatsache einstellen, daß das Überraschende sich ereignet hat, kann dann aber in der gleichen Normalität weiterhandeln. Das Überraschende überrascht nicht, weil man glaubte, es sei unter keinen Umständen möglich, sondern nur, weil man glaubte, es ereigne sich normalerweise nicht. *Das Überraschende ist also das Nicht-Wahrscheinliche, das aber doch in der jeweiligen Lebenswelt durchaus Mögliche.* Deshalb geschieht das Überraschende auch in der eigenen Lebenswelt, und es stellt diese auch nicht in Frage.

Betrachtet man nun die *Überraschungen* in der Surprise-Show etwas genauer, dann zeigt sich, daß die Kandidaten zwar überrascht sind, der Gegenstand ihres Überraschtseins jedoch über die *normale* Überraschung hinausreicht. Eine Betrachtung des zentralen Elements der Shows, nämlich der Erfüllung eines Wunsches, soll dies zeigen. Über die soziale Komponente und die ethische Korrektheit des in der Surprise-Show erfüllten Wunsches ist weiter oben bereits einiges gesagt worden. Zudem muß der Wunsch schwer erfüllbar sein. Denn nur wenn die Wunscherfüllungen nicht mit einfachen Mitteln herbeigeführt werden können, lösen sie Erstaunen aus, überraschen sie.

Prüft man nun, ob die von der Surprise-Show erwirkten Wunscherfüllungen in der Lebenswelt der Überraschten erfüllbar gewesen wären, so zeigt sich, daß die meisten der Surprise-Show-Wunscherfüllungen, und das gilt natürlich auch für die hier betrachtete Papst-Audienz, von Angehörigen der jeweiligen Lebenswelt nicht hätten herbeigeführt werden können. Normale Menschen treffen eben nicht auf den von ihnen angehimmelten Hollywoodstar und können mit ihm längere Zeit plaudern, auch wenn sie es sich noch so wünschen. Und auch das Wiedersehen mit geliebten, aber sehr entfernt wohnenden Menschen, das bislang wegen restriktiver Ausreisebedingungen oder gravierendem Geldmangel nicht zustande kam, stellt sich ein, weil man davon träumt. Gerade weil die Wunscherfüllung die Ressourcen und Möglichkeiten der Angehörigen der jeweiligen Lebenswelt prinzipiell überschreiten, wendet man sich ja an das Fernsehen.

Die Surprise-Show erfüllt demgegenüber jedoch Wunschträume, deren Verwirklichung innerhalb der jeweiligen Lebenswelt nicht nur als recht unwahrscheinlich, sondern als *unmöglich* angesehen wird. Die Erfüllung des Wunsches widerspricht damit grundsätzlich der Erfahrung, zwar nicht der Erfahrung mit den Naturgesetzen, doch der Erfahrung mit den grundlegenden Regeln der Konstitution der jeweiligen sozialen Praxis. Wunder sind, wenn man so will, Problemlösungen, deren Eintreten außerhalb normaler (bezogen auf die jeweilige Lebenswelt) Erwartbarkeit liegt. Deshalb hängt die Einschätzung, ob es sich bei den überraschenden Ereignissen um ein großes oder eher kleines Wunder handelt, von der jeweiligen bekannten Lebenswelt ab.

Da innerhalb der eigenen Lebenswelt der Wunsch nicht erfüllbar erscheint, wendet man sich an eine andere, mächtigere, *höhere* Institution, hier also das Fernsehen, die von sich behauptet bzw. von der man vermutet oder hofft, daß es ihr möglich sein wird, das Unmögliche möglich zu machen. Erfüllt sich der Wunsch, ist man nicht nur überrascht, sondern außerordentlich überrascht, man staunt, fragt sich auch, wie dieses nur möglich war. Ein Wunder ist geschehen, da *Wunder* Ereignisse sind, deren Eintreten der Erfahrung und/oder den Naturgesetzen widersprechen.

In einer solchen Situation bieten sich dem Wunscherfüller nun zumindest zwei Möglichkeiten an: Einmal kann er aufklären, zum anderen kann er mystifizieren. Im ersten Fall wird er erläutern, wie die Wunscherfüllung gelungen ist, z.B. durch den Einsatz neuester wissenschaftlicher Erkenntnis, forcierter Technik oder der Weitergabe einer größeren Menge Geldes. In diesem Fall entzaubert der Wunscherfüller sein Tun, er stellt es als profanes, restlos erklärbares und prinzipiell von jedem zu wiederholendes Handeln dar. Er inszeniert sich also als Experte, der aufgrund seines erlernbaren, wenn auch spezialisierten Expertenwissens etwas scheinbar Unmögliches möglich machte.

Aber der Wunscherfüller kann dem Überraschten auch den Blick hinter die Kulissen der Wunscherfüllung verwehren und ihn statt dessen mit einer Reihe von Praktiken verzaubern. Die innere Mechanik der Wunscherfüllung wird dann gerade nicht sichtbar gemacht, sondern an die Durchführung bestimmter ritueller Handlungen und Worte geknüpft[6]. Es wird dann zumindest der Eindruck nahegelegt, die für unmöglich angesehene Wunscherfüllung ließe sich nicht aufgrund der Kenntnis der den Dingen innewohnenden (Natur)Gesetze gezielt herbeiführen, sondern sei Ergebnis der Beeinflussung und des Eingreifens unbegreifbarer Mächte. In diesem Falle wird die Wunscherfüllung inszeniert als *Wunder* – etwas, was in der Tat unmöglich war, ereignet sich vor den Augen aller Anwesenden.

Wendet man sich nun wieder der oben beschriebenen Inszenierung der Wunscherfüllung in der Surprise-Show zu, dann erkennt man zumindest zwei Elemente recht deutlich. Zum einen wird die Realisierung der Wunschträume durch die Surprise-Show gerade nicht als einfache Selbstverständlichkeit dargestellt, sondern im Gegenteil: Die Wunscherfüllung wird als etwas

6 Ein besonders schönes Beispiel hierfür in einer anderen Surprise-Show: Zu der 12jährigen Angelika, die sich sehnlichst wünscht, ihre Freundinnen aus dem fernen Australien endlich wiederzusehen, spricht Linda de Mol folgende Worte: „Also stell dich bitte mal hier hin, und dann mach die Augen zu, ganz fest zu, nicht blinzeln, Hände vor die Augen, damit wir sicher sind, du siehst nichts, und dann darfst du dir, Angelika, jetzt laut etwas wünschen, aber bitte kein neues Fahrrad.“ Und nachdem Angelika zweimal ihren Wunsch ausgesprochen und sich herumgedreht hat, sind tatsächlich die beiden Freundinnen im Fernsehstudio.

Großartiges und Außergewöhnliches illuminiert. Zum anderen wird sie nicht rational aufgeklärt, sondern man greift systematisch zu Mitteln der Mystifizierung - zu Beschwörungsformeln, magischen Praktiken und alten Riten. Dies alles rechtfertigt den Schluß, *daß die Surprise-Show den Kandidaten keine Überraschungen liefert, sondern sie mit Wundern konfrontiert*, angesichts derer sie dann oft vor Freude oder Glück ihre soziale Fassung verlieren.

Mit der Aussage, daß die Wunscherfüllungen in der Surprise-Show als Wunder inszeniert werden, kommt eine hermeneutisch verfahrende wissenssoziologische (und historisch informierte) Analyse jedoch noch nicht an ihr Ende. Diese Aussage ist lediglich ein Zwischenbefund. Im nächsten Analyseschritt gilt es nun, die mit einem „Wunder" implizierten Bedeutungskonnotationen zu ermitteln und darzustellen (vgl. hierzu Habermas 1988, Keller 1968 und Winkelmann 1977).

Konstitutiv für *Wunder* sind im wesentlichen drei Elemente: Zum ersten muß sich etwas ereignen, das der Erfahrung mit der Welt unmißverständlich widerspricht, zum zweiten wird der Eingriff in das Räderwerk der Welt auf eine höhere (transzendente) Instanz zurückgeführt und zum dritten muß das Wunder einer Öffentlichkeit zugänglich gemacht werden. Wunder ziehen notwendigerweise Wundererzählungen nach sich, also die Fixierung und Weitergabe des Wundergeschehens mittels eines Mediums. Kein Wunder ohne Erzählung[7].

Wunder- oder Mirakelberichte gehören nun einer Erzählgattung an, die auf eine lange Tradition und spezifische Muster und Topoi zurückblicken kann. Dabei sind die Inhalte der erzählten Wunder recht gleich geblieben: Bedürftigen Menschen, die reinen Herzens sind und an eine transzendente Macht glauben, widerfährt die Erfüllung ihres (natürlich nicht auf persönlichen Profit zielenden) Wunschtraumes gerade dann, wenn sie es nicht erwarten, oft erst im allerletzten Moment. Nicht nur die Tatsache, daß Unmögliches sich realisiert, überrascht, sondern auch der Zeitpunkt. Selbst wenn alle menschlichen Mittel versagt haben und weitere Mühen vergeblich scheinen, dann kann dennoch sich in letzter Sekunde das Schicksal zum Besseren wenden.

Die trotz des historischen Wandels sehr große Strukturähnlichkeit der Wundererzählungen verweist drauf, daß es nicht die jeweils konkreten Inhalte sind, welche die Bedeutung der Wundererzählung ausmachen - also daß Frau X zum Zeitpunkt Z das Wunder Y erlebte. Die Botschaft der Wundererzählung ist dagegen vor allem die Kunde von der Wirklichkeit von Wundern. Jeder Mirakelbericht sagt vor allem eins: Wunder gibt es, und da-

7 „Nachdem die Gebete erhört worden waren, nachdem man tatsächlich Hilfe erlangt hatte, war man verpflichtet, das Wunder anzuzeigen", d.h. dem Prister von dem Wunder zu berichten. Der Priester wiederum trug den Bericht des Votanten anschließend in ein Mirakelbuch ein, das meist in der Sakristei auslag." (Habermas 1988, 45)

mit auch die Möglichkeit, daß es auch mir einmal passiert - gerade wenn ich es nicht erwarte! Die Funktion der Wundererzählung besteht also nicht darin, über die Formen und Auswirkungen bestimmter Wunder zu berichten, sondern zu bezeugen und zu verbürgen, daß Wunder sich ereignen können.

In der christlichen Tradition waren Wunder- und Mirakelberichte nicht Gegenstand der Verkündigung, sondern deren Mittel. Die Größe des von Gott bewirkten Wunders demonstrierte einerseits eindrucksvoll dessen Machtfülle (man denke hier auch an die nicht unübliche Praxis, die Stärke einer Gottheit an ihrer Wunderkraft abzulesen). Andererseits diente die Wundererzählung auch als Gottesbeweis, da das Wunder die Existenz einer transzendenten Macht, welche in der Lage war, Naturgesetze außer Kraft zu setzen, anschaulich vor Augen führt. Und des weiteren belegt die Kontinuität der Wundererzählungen, daß Gott immer wieder und gerade die Bedürftigen aus der größten Not retten kann. Deshalb spend(et)en Wundererzählungen angesichts einer als nicht intakt erlebten Welt, den in dieser Welt lebenden Menschen Hoffnung und Trost - und damit beachtlichen Halt[8]. Gerade in Zeiten schwerwiegender Krisen, wo alle zur Verfügung stehenden Mittel ausgeschöpft sind, gab und gibt das *Wissen* von der Möglichkeit von Wundern nicht nur Trost, sondern vor allem die Hoffnung, daß sich im letzten Moment doch noch eine glückliche Wendung einstellt.

Oder anders formuliert: „Wundergeschichten waren in biblischen Zeiten Mittel, über Gottes Gegenwart in dieser Welt, über seine Zuständigkeit für den Menschen zu reden. Wenn sie damals so verstanden wurden, haben sie ihren Zweck erfüllt" (Winkelmann 1977, 170). Und Winkelmann fährt fort: „Heute kann man nicht mehr in der gleichen Weise reden, wenn man die Wirklichkeit Gottes ausdrücken will. Heute bedarf es anderer Bilder, Beispiele, Gleichnisse und Symbole“ (ebd.).

Auch wenn die institutionelle Kirche sich sehr stark von der Nutzung der sakralen Wundererzählungen zum Zwecke der Verkündigung zurückgezogen hat, lebt der Glaube an Wunder in der Volkskultur weiter. Millionen von Menschen fahren teils unter sehr schwierigen Bedingungen nach Lourdes, Fatima, Trier und zu den kaum zu zählenden übrigen Wallfahrtsorten in dieser Welt, um dort eines Wunders ansichtig zu werden. Nicht nur in dörflichen Gemeinden, sondern auch in Großstädten kursieren immer wieder alte und neue Geschichten von wundersamen Ereignissen, Kuriosem und Merkwürdigem (Heilungen, Monstern, unerklärliche Schicksalswendungen etc.). Solche Wundererzählungen erfüllen, auch wenn sie zunehmend säkularisiert sind (also ohne einen personalen Gott auskommen), die Funktion ihrer Vorläufer:

8 Habermas (1988, 48) kommt in ihrer Untersuchung der Mirakelbücher des 17. Jahrhunderts zu dem Ergebnis, daß Wunder durchaus als „Zeichen eines erwartbaren göttlichen Eingreifens" angesehen wurden, „Zeichen, die all jenen, die auch krank oder in Not sind, zum Troste gereichen sollen. (...) In einer Welt, die Krankheit nicht durch menschliches Eingreifen zu heilen weiß, erwartet man andere Heilmittel."

Nicht die Kunde von der objektiven Verbesserung eines individuellen Lebens ist das Ziel, sondern die Demonstration einer *höheren* und mächtigen Instanz, die Gabe von Trost in Zeiten des Leids und die Bestärkung der Hoffnung, daß Änderungen des Lebensweges im Sinne des Gewünschten möglich und erwartbar sind.

Vor dem Hintergrund dieser Überlegungen ist die Surprise-Show m.E. als moderne Variante der säkularisierten Wundererzählung zu begreifen, die (wenn auch in neuer medialer Form[9]) zudem deutliche Äquivalenzen zu den Funktionen der sakralen Mirakelerzählung aufweist. Menschen, die sich voller Vertrauen und guten Herzens an das Fernsehen wenden, können damit rechnen, daß Lebensträume in Erfüllung gehen. Und die vom Fernsehen herbeigeführten öffentlichen Wunscherfüllungen zeugen nicht nur von der All-Gegenwart des Fernsehens, sondern auch von dessen beachtlicher Machtfülle[10]. Und natürlich füttert die Surprise-Show die Hoffnung, daß (entgegen aller Erwartung) doch einmal ein Wunder geschieht.

Ganz in diesem Sinne wirkt die Surprise-Show (wie auch andere Wunscherfüllungs-Sendungen) als „Anti-Depressivum" (Bliersbach 1990, 232) in Zeiten individuellen und kollektiven Unglücks. Sie schaffen „einen Ausgleich zu einer als frustrierend erlebten Realität" (Mikos 1991, 7) - einen Ausgleich, der sich bei den Kandidaten auch nicht dadurch verbraucht, daß ein Herzenswunsch erfüllt wurde. So befürchtet Mikos m.E. zu Unrecht, daß die Wunscherfüllung für die Identitätsstabilität der Kandidaten negative Folgen haben könnte, da die Erfüllung eines Lebenstraumes dem weiteren Leben des Beglückten sein Ziel rauben könnte (ebd.).

Unrecht hat Mikos zudem, wenn er in bezug auf die Rudi-Carell-Show zu dem Ergebnis kommt, diese (und ähnliche Shows) seien „Wunscherfül-

9 Die wunderbaren Wunscherfüllungen in der Surprise-Show zirkulieren im übrigen nicht allein als flüchtige Fernsehbilder innerhalb einer Kultur, vielmehr werden sie von den Zuschauern oft in Geschichten gegossen, die in alltäglichen Gesprächen aller Art als kommunikative Ressource genutzt werden. Das Besondere an diesen Erzählungen ist, daß sie sich sehr viel länger halten als die Fernsehbilder und auch jene erreichen, welche die Sendung nicht gesehen haben, nicht sehen konnten oder wollten.

10 Die besondere Macht des Fernsehens wird z.B. daran erkennbar, daß der Stellvertreter Gottes auf Erden, also der Papst, im Falle der Audienz für Bogumilla Reiche dazu gebracht werden konnte, in den Dienst der vornehmlich unterhaltenden Surprise-Show zu treten. Der Papst ließ sich damit vom Fernsehen als Instrument der Wunscherfüllung gebrauchen. Auch willigte er (oder seine Berater) in die deutschlandweite Ausstrahlung dieses Benutztwerdens ein. Das Fernsehen präsentierte und führte also den Papst vor. Keinesfalls nutzte der Papst das Fernsehen für seine Zwecke der Verkündigung. Das Fernsehen zeigte also seine überlegene Macht, nicht der oberste Dienstherr der katholischen Kirche. Der reihte sich statt dessen in das Fernseh-Format ein, in dem vor und nach ihm schon viele andere aufgetreten sind. Vielleicht ist es ja etwas überzogen, wenn mir bei der Betrachtung dieser Papst-Audienz-Episode der Investitur-Streit des 11. Jahrhunderts in den Sinn kommt. Damals siegte Gregor VII über Heinrich IV. Heute ist mit dem Fernsehen ein neuer Konkurrent im Spiel, und es fragt sich, ob nicht das Fernsehen mittlerweile die Sonne ist, die allen Dingen Licht gibt.

lungsmaschinen" (ebd. 4). Gewiß inszenierte Rudi Carell seine Wunscherfüllungen sehr viel weniger rituell (und damit weniger *wunderähnlich*) als Linda de Mol, aber in der Rudi-Carell-Show wurde nie der Eindruck nahegelegt, die Erfüllung von Lebensträumen ließe sich automatisch herbeiführen. Die Metapher von der *Maschine* macht zwar zurecht auf das Serielle der vom Fernsehen herbeigeführten Wunscherfüllung aufmerksam, aber sie blendet das Substantielle solcher Shows aus: nämlich daß gerade nicht etwas Profanes für die Schicksalwendung verantwortlich ist, sondern eine *transzendente* Instanz.

6.3 Die Moderatorin der Surprise-Show als moderne Engelerscheinung

Doch welche Rolle spielt die Moderatorin bei der Wunscherfüllung? Ist sie es, die das Wunder bewirkt? Hat sie die Macht, das Unmögliche möglich zu machen? Ist sie gar die *Höhere Macht*, welche fähig ist, in den Lauf der Welt einzugreifen?

Neigen Moderatoren/innen von Fernsehshows oft dazu, sich als höchste Autorität oder als ultimative Kontrollinstanz gegenüber den Gästen und Kandidaten der Show zu inszenieren (auch wenn meist erkennbar ist, daß im Hintergrund noch die allmächtige Regie existiert), so bietet sich Linda de Mol vor allem als Vertrauensperson an. Zwar ist sie es, die den Anfang und das Ende der Veranstaltung qua Sprechakt vollzieht, Themen aufruft und beendet, Gespräche eröffnet und abschließt, aber nie gibt sie sich als *Herrin der Veranstaltung*. Sie beruhigt die Aufgeregten (oft auch durch mitfühlende Körperberührungen), sie leistet Hilfestellung bei Formulierungsproblemen der Kandidaten, sie zeigt Verständnis für die Probleme der Überraschten und: Sie freut sich sichtbar darüber, daß anderen Glück zuteil wurde. Kurz: Linda de Mol zeigt Gefühle.

Entzaubert Linda de Mol auf diese Weise erfolgreich die autoritäre Position klassischer Fernsehmoderatoren/innen, so gelingt durch ihre Art der Weichzeichnung eine andere, durchaus nicht zufällige Wiederverzauberung. Bewußt verzichtet Linda de Mol darauf, sich als sexuell attraktive Frau zu inszenieren. Die Kleidung ist durchweg nicht-sexy: Meist trägt sie dezente, nicht eng anliegende Hosenanzüge und die Blusen sind züchtig geschlossen. Fast scheint es so, als solle die Kleidung die Weiblichkeit des Körpers dementieren. Auffallend ist das schulterlange und hellblond gefärbte Haupthaar, dessen Volumen und Länge mit Hilfe eines Haarteils aufgepolstert ist. Liebe und Glück thematisiert Linda de Mol sehr oft, Sexualität nie.

Den Medien präsentierte sie sich zum Zeitpunkt der Surprise-Show als glücklich verheiratete, kinderlose und beruflich sehr engagierte Frau. Sie vermittelte Patenschaften für Kinder aus der Dritten Welt und ließ es sich auch nicht nehmen, immer wieder das Leid von Kindern vor Ort in Augenschein zu nehmen, um besser helfen zu können. Typisch für diese Art der Inszenierung ist ein Bericht in der Hörzu vom 21.10. 94.: Unter dem Titel „Linda de Mol hilft Straßenkindern und stellt harte Forderungen" findet sich auch ein Bild, das die Moderatorin (offensichtlich vor Ort) zeigt, wie sie schützend ihre Arme um zwei kleine farbige Kinder gelegt hat, die auf ihren Knien sitzen. Bildkommentar hierzu: „Fernsehengel als Botschafter der Hoffnung: RTL-Moderatorin Linda de Mol flog für ihre Sendung „Kinder für Kinder" eine Woche nach Rio, besuchte Straßenkinder, war in den Slums" (6).

Betrachtet man nun das Moderationshandeln von Linda de Mol vor der Kamera, ihre Körperinszenierung mittels Kleidung und Haardesign und ihr präsentiertes Medienimage und versucht dann, eine gemeinsame Sinnfigur zu finden, dann weist die Gesamtinszenierung auf eine recht alte (und in fast allen Kulturen bekannte) Figur hin - den *Engel*. Linda de Mol wird also nicht als Glücks*fee* illuminiert, auch nicht als *Zauberin*. Nicht sie führt das Wunder aus eigener Kraft herbei, sondern sie vermittelt zwischen Wunscherfüller und Beglücktem und begleitet sie ein Stück auf ihrem Wege.

Damit wird sie fast in idealer Weise der Position und Funktion von „Engeln" gerecht (vgl. hierzu Mann 1979, Rupprecht-Stroell 1996, Vorgrimmler 1991). Diese sind nämlich Boten Gottes an die Menschen (angeloi), welche die Macht Gottes und auch seine helfende Nähe veranschaulichen sollen. Darstellungen weiblicher Engel betonen immer das lang wallende, blonde *Engelshaar*, während die Geschlechtlichkeit durch Gewänder weitgehend verdeckt wird. Sie tauchen in idealisierten Menschengestalten auf, vermitteln zwischen Gott und den Menschen, gewähren aber auch Geborgenheit und Schutz: Engel sind die moralisch korrekten Kommunikatoren einer höheren Macht - sie dienen der immanenten Darstellung des Transzendenten oder anders: Sie sind der sichtbare (und auch hörbare) Ausdruck einer ansonsten unsichtbar verbleibenden Welt. „Im Alten und im Neuen Testament erscheinen sie immer wieder als Boten Gottes und zeugen von Seiner Über- und Außer-Wirklichkeit, aber auch von Seiner immerwährenden Gegenwart unter den Menschen. Seine Sorge um diese Welt - als Richter und als Erlöser - ist es, auf die sie vor allem hinweisen, eine Sorge, die alles umfängt und nichts ausläßt" (Berger 1969, 132).

Und glaubt man den Medien, dann ist die von der Surprise-Show inszenierte Einladung, die Moderatorin als modernes Äquivalent zu den alten Himmelsboten zu interpretieren, durchaus zeitgemäß. Engel erleben nämlich eine beachtliche Wiederentdeckung. Als Zeichentrickfiguren und Werbeträger bevölkern sie die Bildschirme, und in zahlreichen Bildbänden finden sich moderne Adaptionen dieser archaischen Figur. Laut einer Forsa-Umfrage von 1995 zeigte sich jeder dritte sicher, daß es Engel wirklich gibt. Jeder Zehnte behauptete, schon einmal einen Engel gesehen oder gefühlt zu haben.

7. Die Surprise-Show als Fortführung des Wunderglaubens mit anderen Mitteln

Es war gesagt worden, Engel vermittelten zwischen dem Transzendenten und dem Immanenten. Die transzendente Instanz (früher also Gott) bewirkte die Wunder, und der Engel überbrachte die Botschaft. Da früher Wunder immer *Gotteswunder* waren, fragt sich, wie eine solche Sinnfigur in einer Welt Bestand haben kann, in welcher der einstige Gottesglaube nachhaltig erschüttert ist, in der also im klassischen religionsgeschichtlichen Verständnis das Wunder nicht mehr auf die Fähigkeit Gottes zurückgeführt werden kann, die Naturgesetze außer Vollzug zu setzen. In einer säkularisierten Welt, in der „Gottes Thron leer steht" (A. Koestler) und deshalb von ihm keine Wunder mehr erwartbar sind, bietet sich das Fernsehen als neuer Platzhalter an. Der Fernseh-Engel vermittelt zwischen den Glückerhoffenden und der mächtigen und auch höheren Instanz *Fernsehen* im Hintergrund.

Die Institution *Fernsehen* wird dabei nie selbst sichtbar. Allerdings glaubt der Zuschauer zu wissen, daß das Fernsehen die Macht im Hintergrund ist. Und wenn, was nur sehr selten geschieht, eine Stimme eines unsichtbaren Regisseurs in das Geschehen vor der Kamera eingreift, dann hört es auch. Denn diese Stimme aus dem Off demonstriert, daß sich hinter dem Moderator bzw. der Moderatorin die eigentliche Macht befindet. Die jeweils moderierenden Gestalten sind lediglich die sichtbaren Vertreter des Fernsehens vor der Kamera.

Fazit: Wenn man berücksichtigt, welche Institution in früheren Jahren für *Wunder* zuständig war, dann kann man feststellen, daß seit einigen Jahren das Fernsehen in seinen Räumen (Studios) zunehmend auch Sinnentwürfe, Inhalte, Symbole, Formen, Formate und Rituale für konkrete Einzelne und für das Kollektiv anbietet, die zuvor (fast) exklusiv im Zuständigkeitsbereich der Kirchen und der Religion lagen. Sehr viele Menschen suchen heute nicht mehr die Kirchen auf, um diese Dienstleistungen in Anspruch zu nehmen, sondern statt dessen das Fernsehen. Und in vielen Fällen arbeitet das Fernsehen heute effektiver als die Kirche. Wer will, kann auch Wunder erbitten und auch erleben. Sendungen wie *Surprise, Surprise* oder *Laß Dich überraschen* zeigen immer wieder, daß auch heute noch Mirakel und Wunder möglich und machbar sind: daß somit das Leben (egal, wie ausweg- und trostlos es manchmal erscheinen mag) niemals ohne Hoffnung auf Heilung und Glück ist. Somit liefern solche Shows auch Trost, Verheißung und Zuversicht, ohne die das Leben etwas schwerer zu ertragen ist.

Auch die Überraschungsshows sind (wie auch *Traumhochzeit*, *Nur die Liebe zählt* etc.) durchtränkt mit der Neuen Guten Botschaft des Fernsehens: *„Alles ist machbar (und an den wenigen offenen Problemen wird hart und erfolgreich gearbeitet)! Alles wird gut! Das Fernsehen ist für alle da, und* *egal, was Du getan hast, es gibt jemanden (im Fernsehen), der dir zuhört, dich versteht und dir auch hilft!*" Und das spezifische Glücksversprechen der Surprise-Show könnte man etwa in folgende Worte fassen: „*Fürchte dich nicht, denn es gibt jemanden, der vermittelt Deine Sehnsüchte und Wünsche an eine Macht, die in der Lage und auch bereit ist, sie dir zu erfüllen*". Und anscheinend trifft dieses Angebot auch auf ein dazu passendes Bedürfnis, das keineswegs nur einem kleinen Teil dieser Gesellschaft zu eigen ist. Denn laut einer Umfrage von Focus glauben 49% der Deutschen an Wunder, also daran, daß Dinge geschehen, die der menschlichen Erfahrung widersprechen. Und 21% ist nach eigenen Angaben schon selbst etwas passiert, was sie als Wunder bezeichnen würden. Zudem räumten 64% ein, daß sie „in der Not gegen alle Vernunft auf ein Wunder gehofft haben" (Thiede 1995: 162).

Fernsehen bietet mithin vieles (also nicht alles[11)]) von dem, was bislang die Religion geboten hat, und Fernsehen hilft dort, wo bislang vor allem die Kirche geholfen hat. Verheißung, Vergebung, Verkündigung, Trost, Caritas und Magie haben (wenn auch in neuen Kleidern) ein neues Heim gefunden: Nicht mehr (allein) in der Kirche sind sie ansässig, sondern (auch) im Fernsehstudio.

Literatur

Berger, P. (1969): Auf den Spuren der Engel. Die moderne Gesellschaft und die Wiederentdeckung der Transzendenz. Frankfurt am Main

Berger,P./Luckmann,Th. (1977): Die gesellschaftliche Konstruktion der Wirklichkeit. Frankfurt am Main

Bliersbach, G. (1990): „Schön, daß Sie hier sind." Die heimlichen Botschaften der TV-Unterhaltung. Weinheim

Bron, B. (1975): Das Wunder. Das theologische Wunderverständnis im Horizont des neuzeitlichen Natur- und Geschichtsbegriffs. Göttingen

Goffman, E. (1983): Wir alle spielen Theater. München

Guthke, K. (1971): Die Mythologie der entgötterten Welt. Göttingen

Habermas, R. (1988): Wunder, Wunderliches, Wunderbares. In: Dülmen v., R. (Hrsg.) Armut, Liebe, Ehre. Frankfurt am Main; 38-66

Hickethier, K. (1993): Film- und Fernsehanalyse. Stuttgart.

13 Fernsehen liefert z.B. nicht ein Äquivalent zur communio und dem Abendmahl im Kirchenhaus, aber auch keines zur christlichen Auferlegung von Normen, deren Überwachung und der Ahndung von Normverletzungen. Und mit Bezug auf die Wunder in der Surprise-Show muß man natürlich feststellen, daß die sakralen Wunder meist zur Beseitigung von Leid (Krankheit, Not, Verkrüppelung, Schmerz) herbeigesehnt wurden. Die Wunder in der Surprise-Show zielen dagegen vor allem auf die Ausschöpfung und Vermehrung immateriellen, wenn auch irdischen Glücks.

Keller, E./Keller, M.-L. (1968): Der Streit um die Wunder. Kritik und Auslegung des Übernatürlichen in der Neuzeit. Gütersloh
Keppler, A. (1994): Wirklicher als die Wirklichkeit? Das neue Realitätsprinzip der Fernsehunterhaltung. Frankfurt am Main
Mann, U. (1979): Das Wunderbare. Wunder – Segen und Engel. Gütersloh.
Mikos, L. (1991): Die Wunscherfüllungsmaschine. Struktur und Funktion der Rudi-Carell-Show. In: medien praktisch. Heft 4; 4-8
Opl, E. (1990): Zur Frage der Audiovisuellen Codeebenen. In: Kodicas/Code, Vol. 13, Nr. 3/4; 277-306
Peters, J.-M. (1980): Bild und Bedeutung. Zur Semiologie des Films. In: Brauneck, M. (Hrsg.): Film und Fernsehen. Bamberg; 178-188
Reichertz, J. (1991): Aufklärungsarbeit – Kriminalpolizisten und Feldforscher bei der Arbeit. Stuttgart
Reichertz, J. (1993): „Ist schon ein tolles Erlebnis!" Motive für die Teilnahme an der Sendung „Traumhochzeit". In: Rundfunk und Fernsehen. Heft 3; 359-377
Reichertz, J. (1994): Selbstgefälliges zum Anziehen. Benetton äußert sich zu Zeichen der Zeit. In: Schröer, N. (Hrsg): Interpretative Sozialforschung. Opladen; 253-280
Reichertz, J.(1995a): „Nur die Liebe zählt". Zum Verhältnis von Fernsehen und Kandidaten. In: Müller-Doohm, S./Neumann-Braun, K. (Hrsg.): Kulturinszenierugen. Frankfurt am Main; 114-140.
Reichertz, J. (1995b): „... da war ich verheiratet." Magische Elemente in der Sendung „Traumhochzeit". In: Schweizerische Zeitschrift für Soziologie. Heft 3; 705-740.
Reichertz, J. (1997): Plädoyer für das Ende der Methodologiedebatte bis zur letzten Konsequenz. In: T. Sutter (Hrsg.): Beobachtung verstehen - Verstehen beobachten. Opladen. S. 98-133.
Reichertz, J./Schröer, N. (1994). Erheben, Auswerten, Darstellen. Konturen einer hermeneutischen Wissenssoziologie. In: Schröer, N. (Hrsg.) Interpretative Sozialforschung. Auf dem Weg zu einer hermeneutischen Wissenssoziologie. Opladen. S. 56-84.
Rupprecht-Stroell, B. (1996): Schutzengel. Wie Sie in Kontakt mit Ihrem Engel treten können. Landsberg am Lech
Schröer, N. (Hrsg.) (1994): Interpretative Sozialforschung. Auf dem Wege zu einer hermeneutischen Wissenssoziologie. Opladen
Soeffner, H.-G. (1989): Auslegung des Alltags – Der Alltag der Auslegung. Frankfurt am Main
Soeffner, H.-G. (1992): Die Ordnung der Rituale. Frankfurt am Main
Soeffner, H.-G. (1993): Die unsichtbare Religion. Ein Essay über Thomas Luckmann. In: Soziologische Revue. 16. Jg; 1-5
Soeffner, H.-G./Hitzler, R. (1993): Prämissen einer sozialwissenschaftlichen Hermeneutik. In: Schröer, N. (Hrsg.): Interpretative Sozialforschung. Opladen; 28-55.
Strauss, Anselm (1991): Grundlagen qualitativer Sozialforschung. München
Thiede, R. (1995): Warum wir noch an Wunder glauben. In: Focus 1995. Heft 23; 161-168.
Vorgrimmler, H. (1991): Wiederkehr der Engel. Kevelaer
Winkelmann, M. (1977): Biblische Wunder. Kritik, Chance, Deutung. München

Ronald Hitzler und Michaela Pfadenhauer

„Let your body take control!“ Zur ethnographischen Kulturanalyse der Techno-Szene

1. Ethnographie in der modernen Gesellschaft

Die *kleine Lebens-Welt des Ravers* - neugierige Soziologen finden sie, wenn sie wieder einmal sozusagen *um die Ecke* gegangen sind und den „stupor sociologicus“ (vgl. Knoblauch 1991) erfahren haben. Und es ist, wie wir zeigen wollen, tatsächlich eine *fremde und seltsame* Welt, dieses zum (Teilzeit-) Orientierungsschema verfestigte subjektive Korrelat des sozial geteilten Relevanz- und Deutungssystems der Techno-Szene. Phänomenologisch gesehen haben wir es beim Phänomen Techno mit einem distinkten Erfahrungskomplex, mit einer besonderen Sub-Sinnwelt (im Verstande von Schütz 1971) zu tun. *Organisiert* aber ist dieser distinkte Erfahrungskomplex in einem speziellen Milieu, dessen Praktiken zu explorieren, dessen Semiotik zu beschreiben und dessen Eigen-Sinn zu ergründen, kurz: das in seiner kulturellen Besonderheit[1] *ethnographisch* zu rekonstruieren ist.[2]

Dieses Interesse impliziert ganz generell eine quasi-ethnologische Gesinnung des Soziologen gegenüber *fremden* Kulturfeldern in seiner nächsten Nähe, d.h. die Bereitschaft, soziale Praktiken in den mannigfaltigen Sinnwelten moderner Gesellschaften so *unverwandt* anzuschauen, als ginge es dabei um *exotische* Sitten, Gebräuche und Weltanschauungen. Zu beachten ist dabei jedoch, daß sich der *soziologische* Ethnograph in der *eigenen* Gesellschaft typischerweise der Fremdheit des Bekannten und Vertrauten durch eine bestimmte Einstellungsänderung, die wir als „künstliche Dummheit“ bezeichnen (vgl. Hitzler 1986), erst wieder bewußt werden muß. Er muß jene

1 Kultur begreifen wir als ein System von aktuellem Wissen, von Symbolisierungen und von Objektivationen. Kulturelle Objektivationen sind Sedimente von Bewußtseinsleistungen jenseits der aktuellen Erfahrung. Kultur ist ein menschliches Konstrukt, in das der einzelne sich projiziert und in dem er sich widerspiegelt. So verstandene Kultur ermöglicht erst den individuellen Lebensvollzug und schränkt ihn zugleich ein. Denn Kultur beinhaltet vor allem auch die Verfahrensregeln und Rezepte, vermittels derer die Mannigfaltigkeit der Welt reduziert und typisch bewältigt werden kann (vgl. dazu auch Hitzler 1988).

2 Vgl. hierzu methodologisch Grathoff 1989, methodisch-empirisch Bohnsack 1989, Bohnsack u.a. 1995, ebenso Hildenbrand, z.B. in diesem Band, sowie Meuser u.a. in diesem Band.

Fremde überhaupt *entdecken*, die der *ethnologische* Ethnograph gemeinhin fast zwangsläufig *existentiell* erfährt, weil und indem seine alltäglichen Routinen *im Feld* oft ziemlich brachial erschüttert werden. Er muß sozusagen lernen, daß er nicht voraussetzen darf, „daß seine Auslegung der neuen Kultur- und Zivilisationsmuster mit derjenigen zusammenfällt, die unter den Mitgliedern der in-group gebräuchlich ist. Im Gegenteil, er muß mit fundamentalen Brüchen rechnen, wie man Dinge sieht und Situationen behandelt" (Schütz 1972, 63).

Forschungstechnisch bedeutet das, daß wir zunächst einmal die meisten der üblicherweise in der (Mainstream-)Soziologie als bedeutsam erachteten Fragen ausklammern und statt dessen fragen, was denn *dem Untersuchten* – als einem Typus – wichtig ist, was *er* als *seine Welt* erfährt. Und erst von *seinen* Wichtigkeiten aus fragen wir nach möglichst genauen Informationen *über* das, was ihm wichtig ist – und wir fragen, wie es kommt, daß ihm anderes unwichtig ist, denn: „Bevor man Phänomene aus Faktoren erklärt oder nach Zwecken deutet, ist in jedem Fall der Versuch angezeigt, sie in ihrem ursprünglichen Erfahrungsbereich zu verstehen" (Plessner 1982, 229).

Perspektivenübernahme heißt folglich die ideale Haltung *im Feld*. Und das heißt: Teilnehmen – auch im Sinne von *Mitmachen* gemäß den hier geltenden *Stammesgewohnheiten*. Dementsprechend bewegen wir uns jetzt seit Mitte 1995 – zum Teil zusammen mit Studierenden – in der Techno-Szene. Wir machen hier vor allem das, was man forschungstechnisch *beobachtende Teilnahme* nennt. D.h., wir gehen zu möglichst vielen und vielfältigen Veranstaltungen und versuchen dort das zu tun, was man hier eben so tut: tanzen, herumhängen, chillen, trinken, essen, usw. Wir beobachten die anderen, und wir beobachten uns beim Beobachten (vgl. dazu auch Luhmann 1986). Wir reden mit den Leuten, die sich auf solchen Veranstaltungen herumtreiben – wenn und sofern es die Rahmenbedingungen zulassen. Wir interviewen DJ's, Hersteller von Flyern und Magazinen, Veranstaltungs-Organisatoren und deren Mitarbeiter, sowie Betreiber von Techno-Läden. Wir analysieren Dokumente aller Art aus der Szene und über die Szene (Printmedien, Fernsehsendungen, Tonträger). Und wir halten an der Universität Seminare zum Thema *Techno* ab (vgl. zu einer ähnlichen Vorgehensweise, allerdings mit teilweise ganz anderen Resultaten, Lau 1995, 1996 und 1997).

Bei der Datengewinnung verwenden wir also Methoden, deren Qualitätskriterium v.a. darin besteht, ob bzw. in welchem Maße sie geeignet sind, die Relevanzen des *anderen* aufzuspüren und zu rekonstruieren. *Theoretische Distanz* und *rein kognitives Interesse* hingegen versuchen wir dem Gegenstand gegenüber zu gewinnen, wenn es darum geht, die wie auch immer erhobenen Daten zu analysieren. Deshalb bemühen wir uns um eine sorgsame, bislang vorwiegend wissenssoziologisch - hermeneutische Interpretationsarbeit am fixierten Material, um jenseits der Idiosynchrasien der Untersuchten ebenso wie der Forscher (ideale) *Typen* von Welterfahrungen zu verstehen.[3]

Diesem ethnographischen Ansatz, den wir somit adäquat als *explorativ-interpretativ* bezeichnen können und der auf dem insbesondere von Anne Honer und Hubert Knoblauch entwickelten Konzept einer *Lebensweltanalyse*[4] basiert, liegt die Annahme zugrunde, daß ethnographische Erkundungen in modernen Gesellschaften derzeit zu den reizvollsten (weil spannendsten und relativ ertragreichsten) Formen der soziologischen Empirie zählen. Denn wir leben in einer komplexen Gesellschaft, in der zumindest für die *Masse* der sie belebenden Menschen mannigfaltige Optionen der Orientierung und Teilnahme bereitstehen, deren Realisierung mehr oder weniger *Kosten* der unterschiedlichsten Art verursacht (vgl. dazu Gross 1994, sowie Hitzler 1996a).

2. Kennzeichen postraditionaler Gemeinschaften

Menschen orientieren sich in diesem gesellschaftlichen Rahmen an sehr heterogenen und zum Teil antagonistischen, sozial mehr oder weniger stimmig vororganisierten Sinnkonglomeraten, und basteln diese individuell - was keineswegs bedeuten muß: besonders originell - zu ihren je eigenen Lebenswelten und kollektiv zu kleinen sozialen Lebens-Welten zusammen.[5]

---

3 Vgl. dazu auch Reichertz 1991 und in diesem Band, Honer 1993, 89-116, Schröer 1994 und 1997. - Mit diesen wenigen methodologischen Hinweisen sollte, wenn nichts sonst, doch zumindest hinlänglich klargeworden sein, daß es, mit Hubert Knoblauch (1995) gesprochen, bei der Lebensweltanalyse um Soziologie als strenge Wissenschaft geht und um Sozialforschung als methodologisch-methodisch reflektierte Unternehmung - jedenfalls nicht um eine subjektiv-moralisierende Meinungs-Wissenschaft und auch nicht um eine selbstgefällig-ignorante Hau-Ruck-Empirie (welcher Provenienz auch immer). Es geht vielmehr um adäquate, subjektiv interpretierte (und gegebenenfalls sozialstrukturelle Bedingungsvariablen mitberücksichtigende) Rekonstruktionen objektivierter (d.h. geronnener) Ergebnisse von Handlungs- und Interaktionsabläufen.

4 „Lebensweltanalyse meint (...) den methodischen Versuch, die Welt gleichsam durch die Augen eines idealen Typs (irgend-)einer Normalität hindurchsehend zu rekonstruieren. (...) Und die ideale Basis für die damit verbundene Form der Ethnographie ist eben (...) der Erwerb der praktischen Mitgliedschaft an dem Geschehen, das erforscht werden soll, und damit der Gewinn einer existentiellen Innensicht“ (Honer 1996, sowie Knoblauch, z.B. 1991 und 1995).

5 Eine kleine soziale Lebens-Welt oder Sonderwelt ist ein in sich strukturiertes Fragment der Lebenswelt, innerhalb dessen Erfahrungen in Relation zu einem speziellen, verbindlich bereitgestellten intersubjektiven Wissensvorrat statthaben. Eine kleine soziale Lebens-Welt ist das Korrelat des subjektiven Erlebens der Wirklichkeit einer Teil- bzw. Teilzeit-Kultur. Klein ist eine solche Welt also nicht etwa deshalb, weil sie grundsätzlich nur kleine Räume beträfe oder nur aus wenigen Mitgliedern bestünde. Klein nennen wir eine kleine soziale Lebens-Welt deshalb, weil in ihr die Komplexität möglicher Relevanzen reduziert ist auf ein bestimmtes Relevanzsystem. 'Sozial' nennen wir eine kleine soziale Lebens-Welt deshalb, weil dieses Relevanzsystem intersubjektiv verbindlich ist für

Aufgrund dieses typisch modernen Lebensvollzugs gehen wir davon aus, daß wir es heute weder mit einer *ordentlich* in Stände, Klassen und Schichten gegliederten noch mit einer zu einem hypostasierten Mittelstand hin nivellierten Gesellschaft mit eingeschmolzenen sozialen Antagonismen zu tun haben, sondern mit einer Gesellschaft, in der die - zum Teil bizarren - Konsequenzen des sozialstrukturell beförderten Individualisierungsprozesses (vgl. dazu Beck/Beck-Gernsheim 1994) erst allmählich überhaupt zum Tragen kommen und - endlich auch für Soziologen - sichtbar werden.

Wir beobachten, daß der Mensch heute mental typischerweise *im Freien* steht und berieselt, beregnet, überschüttet wird mit allen nur denkbaren Angeboten und Ideen. Wir beobachten, daß dieser sozusagen neoexistentialistische Typus kaum noch irgendwo *eingeboren*, kaum noch irgendwo *natürliches* Mitglied *ist*. Er ist, in der Terminologie von Anthony Giddens (1991), aus Selbstverständlichkeiten *ausgebettet*. Um sich wieder *einzubetten*, muß er sich für irgendwelche (typischerweise biographisch mehr oder minder rasch wechselnden) Mitgliedschaften *entscheiden*. D.h., er sucht Anschluß, nimmt Kontakt auf, geht Beziehungen ein, tritt bei, schließt sich mit anderen, mit *Gesinnungsfreunden*, wieder zu (Teilzeit-) Gemeinschaften aller möglichen Art zusammen und *wird* eben wieder (irgendwo) Mitglied. Dabei bildet sich eine, insbesondere unter *postmodernen* Bedingungen virulente, Form der Kollektivierung heraus, die wir - im Anschluß insbesondere an Zygmunt Bauman (1995a, 19ff) - als „posttraditionale Gemeinschaft“ zu bezeichnen vorschlagen (vgl. hierzu ausführlicher Hitzler/Pfadenhauer 1997a und 1997b).

Das *strukturelle* Unterscheidungsmerkmal posttraditionaler Gemeinschaften gegenüber überkommenen bzw. *eingelebten* Gemeinschaften ist u.E. die jederzeit kündbare *Mitgliedschaft auf der Basis eines freien Entschlusses* der sich vergemeinschaftenden Akteure.[6] Es ist also wesentlich die Erfahrung der Entwurzelung, des Ausgebettetseins, die den individualisierten Menschen bewegt, sich auf die Suche nach Gemeinschaft zu machen. Denn auch die gegenüber *naturwüchsigen* Gesellungsformen strukturell labile *posttraditionale* Gemeinschaft verspricht eine wenigstens relative Sicherheit, Fraglosigkeit und damit Entlastung von jener neuerdings von Peter Gross (1994) wieder aufgeworfenen und forcierten Sinnfrage „Wohin soll ich mich wenden?“

Allerdings ist die posttraditionale Gemeinschaft, so Bauman, nicht *mehr* als eine *Idee*, eine Imagination. Sie ist lediglich eine *vorgestellte* bzw. *ästhetische* Gemeinschaft, die kurzfristig die Illusion bietet, daß sich ein Urteil über das Richtige und Relevante auf eine allgemeine, eine verallgemeine-

---

gelingende Partizipationen (vgl. dazu z.B. Hitzler/Honer 1991 und 1994 sowie Hitzler 1994).

6 Diese temporären Mitgliedschaften in Gemeinschaften bieten Schutz vor Kontingenz, d.h. Schutz vor der Möglichkeit, daß alles auch anders sein könnte, als es eben gerade erscheint (Bauman 1995b, insb. Kap 7).

rungsfähige Grundlage stellen läßt. Die posttraditionale Gemeinschaft ist kohärent - aber nur durch den *Glauben* an ihre Existenz; sie besitzt nur Autorität, weil ihr und solange ihr Autorität *zugestanden* wird. Denn sie verfügt typischerweise eben *nicht* über genügend institutionelle Sanktionspotentiale zur Durchsetzung ihrer Weltsicht. Ihre Macht gründet nicht auf Zwang und Verpflichtung, sondern auf *Verführung*, auf der per Definition freiwilligen emotionalen Bindung der sich selbst als Mitglieder erwählenden Akteure an die Gemeinschaft. Diese affektuelle Zugehörigkeit mag zwar unbeständig und kurzlebig sein, „in den Augenblicken ihrer Verdichtung kann sie jedoch eine buchstäblich atemberaubende Intensität erreichen“ (Bauman 1995a, 20).

3. Techno als Prototyp posttraditionaler Gemeinschaft

Techno *als soziale Aggregation* scheint uns nun nachgerade prototypisch zu sein für eine so verstandene posttraditionale Gemeinschaft. Die kaum um ein Jahrzehnt zurückreichende Geschichte von Techno ist eine Geschichte der Superlative. Techno mobilisiert (hierzulande und weltweit) eine Generation derart massenhaft wie keine andere Musikbewegung zuvor (vgl. dazu Blask/ Fuchs-Gamböck 1995). Wesentlich schwerer als das quantitative Argument für ein soziologisches Interesse am Phänomen *Techno* wiegt jedoch seine *Symptomatik* für die soeben skizzierte postmoderne Lebensweise. Denn was immer eben diese postmoderne Lebensweise und die damit korrelierende posttraditionale Vergemeinschaftung[7] sonst noch kennzeichnet, ein auffälliges Element dabei ist u. E. auch ein neues Körperverständnis bzw. ein verändertes Verhältnis zum *Körper*, das sich wiederum besonders exemplarisch an *Techno* zeigen läßt.

3.1 Organisationsprobleme und Risiken

Techno ist eine mehrdimensionale semantische Domäne (im Sinne des Ansatzes der „ethnographischen Semantik“ - vgl. dazu Brosziewski/Maeder 1997), ein Sammelbegriff nicht nur für verschiedene Phänomene, sondern für verschiedene *Arten* von Phänomenen. Unter dem Etikett *Techno* werden (zumindest) a) mehrere musikalische Stilrichtungen, b) eine Reihe von Tanzformen, c) ein Bündel von Lebensgefühlen, d) etliche habituelle Spezifikationen, e) divergente ideologische Milieus, f) eine ganze Palette von Ver-

---

7 Unserem Verständnis nach ist deshalb die (Selbst-)Beschreibung der Szene als Raving Society irreführend. Adäquater wäre es sicherlich, von Raving Community zu sprechen. Zur Unterscheidung von Gemeinschaft und Gesellschaft vgl. im Überblick Gebhardt 1997.

anstaltungen subsumiert (vgl. zu all dem auch die Beiträge in Artmaier u.a. 1997). Der Ausdruck *Techno-Szene* umfaßt eine Vielzahl und Vielfalt von Akteuren (z.B. DJs, Organisatoren, bezahltes und unbezahltes Personal, Publizisten, Sponsoren, Dealer, Raver, Clubber), sowie von deren Aktivitäten und Objektivationen, die auf alle möglichen Arten und Weisen mit Techno zu tun haben.[8]

Sozusagen im *Innenverhältnis* vereint werden die Mitglieder der Techno-Szene wesentlich über einen diffusen Mythos emphatischer *Zusammengehörigkeit* (vgl. dazu Cousto 1995 und Kalweit 1995). Dieser *unity*-Gedanke läßt sich besonders prägnant am sogenannten *Rave*, als *dem* fokussierenden Schwerkraft-Ereignis im Techno-Universum[9], verdeutlichen: Als *Rave* wird im Jargon der Techno-Szene eine besondere Art von *event*, von für einschlägig Interessierte relevantem Ereignis bezeichnet.[10]

Raves sind Tanzveranstaltungen, die in, an oder auf *locations* stattfinden, welche groß genug sind, daß etliche Tausend bis Zigtausend Liebhaber von Techno-Musik zusammenkommen und *Spaß haben* können. Die Locations für Raves sind also typischerweise Großhallen bzw. Hallenkomplexe oder auch Open Air Gelände, wie stillgelegte Militärflughäfen usw. Raves zeichnen sich üblicherweise dadurch aus, daß den Teilnehmern, im weiteren *Raver* oder *party people* genannt, mehrere *areas*, also mehrere Tanzbereiche zur Verfügung stehen, auf denen normalerweise auch unterschiedliche Stilrichtungen von Techno-Musik *aufgelegt* und in *live acts* performed werden.

Die Grundidee des Raves besteht darin, möglichst viele Raver gegen Entrichtung eines Eintrittspreises (in Höhe von bis zu DM 100.-) auf eine große *Party* zu locken. Eine solche Party dauert oft zehn, zwölf Stunden und länger. Entsprechend umfangreich ist folglich in der Regel das *line up*, das Aufgebot an DJs und D-Janes mit in der Szene mehr oder weniger gut bekannten Namen. Deren, in der Regel jeweils ein bis zwei Stunden dauernde, Auftritte am *turn table* werden durchweg von Light-Shows begleitet: von der Videoanimation bis zur Laseroptik, vom Kunstnebel bis zum Stroboskop-Strahler.

---

8 Infolgedessen ist man, wie bei jedem komplexen Phänomen, so eben auch bei der Beschreibung von Techno umumgänglich zu einer typisierend vereinfachenden und somit interessante Binnendifferenzen oft verwischenden bzw. einebnenden Darstellung gezwungen, die zwar ob ihrer Holzschnittigkeit den Insider schmerzt, die aber gleichwohl die einzige Möglichkeit bietet, auch dem Außenstehenden wenigstens einen ersten Eindruck der Lage zu vermitteln, ohne ihn sogleich wieder übermäßig zu verwirren.

9 Der Rave ist exemplarisch für das, was Anselm Strauss (1993, 52-70) „trajectory" nennt (vgl. dazu auch Soeffner 1991).

10 Andere Arten von Events sind zum Beispiel Partys in Techno-Clubs oder Diskotheken, Partys auf Kreuzfahrten oder in Wintersportorten, die Dauer-Partys sind, und die sogenannten Paraden, d.h. Straßenumzüge mit Techno-Musik, und mancherlei anderes mehr.

Neben dem technischen Equipment zur Produktion der audio-visuellen Basis des ganzen Tanzvergnügens muß natürlich auch die Logistik der Ver- und Entsorgung all der zahlenden Party-Gäste - sowie der nicht-zahlenden *VIPs*[11] - gewährleistet sein. Hinzu kommen noch Sicherheitsvorkehrungen aller möglichen Art, Parkgeländeüberwachung, Reinigungsmaßnahmen und vieles andere mehr. Ein Rave erfordert somit eine extrem aufwendige Vorbereitung und Organisation und stellt deshalb *für die Veranstalter* stets eine hohes *finanzielles* Risiko dar.[12]

Gesundheitliche Risiken - und zwar *spezifische*, zumindest in ihrer Gesamtheit spezifisch *gebündelte* - gesundheitliche Risiken, geht hingegen *jeder* ein, der einen Rave mitmacht (vgl. dazu auch Hitzler 1996b): Damit meinen wir nun *nicht* vor allem anderen das Risiko, das mit dem Konsum jener berüchtigten Designerdrogen verbunden ist, die irgendwo von irgendwem (hoffentlich *nur*) aus irgendwelchen Amphetaminderivaten zusammengemixt worden sind (vgl. dazu Cousto 1995, Saunders/Walder 1994 und Neumeyer/Schmidt-Semisch 1997). Ecstasy zum Beispiel kann man sich zwar auf fast jedem Rave besorgen (und gelegentlich auch Speed) - in aller Regel aber (zumindest inzwischen) durchaus nicht (mehr) ganz mühelos. Außerdem wird - unseren Beobachtung zufolge - niemand *gezwungen*, ja normalerweise nicht einmal in einem vernünftigen Sinne dazu „verführt", irgendwelche illegalen Pillen und Pulver „einzuwerfen" bzw. „einzuziehen" (vgl. dazu auch Hitzler/Pfadenhauer 1997c).

Kaum irgendwo entrinnen kann man auf einem Rave hingegen den - gelegentlich die Schmerzgrenze tatsächlich überschreitenden - phonstarken Emanationen der Wände und Türme aus Lautsprecher-Boxen. Hinzu kommen Stroboskoplicht, Lasershows und Kunstnebel die, jedenfalls über die Stunden hinweg, die Augen überreizen. Zumindest bei Indoor-Events (also bei Raves in Gebäuden bzw. Gebäudekomplexen) wird die Sauerstoffzufuhr auf den Tanzflächen zum Dauerproblem, das durch den allgegenwärtigen, üppigen Konsum von Zigaretten (keineswegs nur der die Raves üblicherweise sponsernden Marken) nicht eben entspannt wird. Atem und Schweiß Tausender von Tanzenden bewirken eine oft gewächshausartig hohe Luftfeuchtigkeit. Beim Wechsel ins Freigelände vor den Hallentüren drohen den aufgeheizten und schweißnassen Körpern, zumindest in den kühleren Jahreszei-

11 Bei großen Raves werden oftmals sog. Gästelisten mit bis zu 400 Namen geführt. Der Status VIP (der insbesondere Freunden, Geschäftspartnern und Presseleuten verliehen wird) verschafft neben dem freien Eintritt eine Reihe von kleinen Privilegien, wie z.B. dem Zutritt zu Räumen der Hinterbühne, die ansonsten den DJs und Organisatoren der Veranstaltung vorbehalten sind.

12 Routinisierte Organisatoren, wie z.B. die Münchner Partysanen, bieten deshalb weniger riskante Indoor-Veranstaltungen mit line ups bekannter DJs und risikoreiche Events, deren Gelingen z.B. vom Wetter abhängig ist, im Wechsel an. Die bundesweite Vernetzung der großen Veranstalter wird zudem für Terminabsprachen genutzt, um Überschneidungen beliebter Raves (wie z.B. Rave City und Mayday bzw. Sommerparaden) zu vermeiden.

ten, Unterkühlung und Erkältung. Hinzu kommen kleinere Gefahren wie Muskelverspannungen, allgemeine Erschöpfungszustände, Schlafmangel usw. (vgl. dazu Spor 1995 und Schuschke u.a. 1994).

Die dergestalt dauerbelasteten Körper müssen mithin mit Mineralstoffen und Vitaminen versorgt und insbesondere durch reichlich Flüssigkeitszufuhr sozusagen vor dem *Austrocknen* bewahrt werden. (Allerdings vermögen nur ausgesprochen robuste Mägen auf Dauer die auf Raves so populären sogenannten Energy-Drinks ohne nachhaltige Verstimmung zu absorbieren.) Abfallbehälter und Sitzgelegenheiten sind, jedenfalls im Verhältnis zum tatsächlichen Bedarf, ausgesprochen rare Gegenstände. Folglich dient der Fußboden zugleich als Müllkippe, Aschenbecher und Liege- bzw. Schlafstätte. Die sanitären Anlagen befinden sich stets schon nach kurzer Zeit im Zustand extremer Verschmutzung. Toilettenpapier findet sich eher rollenweise eingeweicht neben oder auch in der Closchüssel, denn als zweckdienlich nutzbarer Gebrauchsgegenstand an den dafür vorgesehenen Halterungen. Insbesondere auf den Frauentoiletten ist die Situation überdies geprägt durch Dauerstau und Warteschlangen.

Von *außen* betrachtet werden bei einem solchen Event wie einem Rave nachgerade alle existentiellen Grundbedürfnisse nach physischem Wohlbefinden gegenüber in modernen Gesellschaften tradierten kulturellen Normalerwartungen massiv irritiert bzw. unterminiert. Dies wird jedoch von der Masse der Raver offenbar ignoriert. Denn wer nach acht bis zehn Stunden Party noch einigermaßen klaren Auges die Szenerie *jenseits* der Tanzflächen überblickt, dem wird das - aus gewissen Endzeit-Filmen vertraute - Bild einer nachgerade apokalyptischen Kollektiverschöpfung und Weltmüdigkeit schier unabweisbar: Dicht gedrängt sitzen, kauern, liegen, hängen unzählbar viele fahle, jeglicher Fasson ledige junge Menschen in schmutzigen Kleidern neben-, durch- und übereinander: Ein Meer von ausgelaugten Leibern erstreckt sich auf und in ödem, verdrecktem Gelände. Und trotzdem wirken und verhalten sich die *party people* weder mürrisch noch niedergeschlagen noch verzweifelt. Im Gegenteil: Was die müden Gesichter typischerweise ausstrahlen und womit sie die schlaffen Körper sozusagen überstrahlen, das deutet eher auf fast kreatürliche Entspannung, Zufriedenheit, ja Glückseligkeit hin.

Warum aber appräsentiert sich hier, im massenhaften Rückzug auf ein quasikreatürliches Sein, *zugleich* ein entspanntes, zufriedenes, in gewisser Wiese eben sogar glückliches Miteinander-Sein? Was geht bei einem solchen Event vor sich, das *trotz alledem* so viel Vergnügen bereitet, daß sich die zivilisatorisch *normalen* Relevanzen im Hinblick auf physisches Wohlbefinden von so vielen Menschen dermaßen entschieden verschieben, daß sie genau dann *gut drauf* sind, wenn die gegebenen Umstände dem völlig entgegenzustehen scheinen?

3.2 Spaß und kollektive Stilisierung

Den Auskünften vieler Raver zufolge ist es *gerade und vor allem* die - logistisch und damit eben *normalerweise* auch im Hinblick auf individuelles physisches Wohlbefinden problematische - *Massenhaftigkeit* der Teilnehmer selber, die „eigentlich“ die Qualität eines Raves ausmacht (vgl. auch Anz/ Walder 1995, 171-175). Die - relative - Massenhaftigkeit der Teilnehmer wird anscheinend als eine nicht zu vernachlässigende Voraussetzung dafür wahrgenommen, daß es mehr oder weniger *allen* Ravern gelingt, die Kontrolle über das, was geschieht - dem je subjektiven Empfinden nach - an den kollektiven *Tanzkörper*, der den je eigenen Körper (wie der Organismus eine einzelne Zelle) schützend in sich birgt, zu übertragen (vgl. Klein 1996 und 1997).[13]

Gleichwohl können wir jenes - auch unter schlecht informierten Sozialwissenschaftlern perpetuierte - Gerücht, Raver verlören unter der Einwirkung der von ihnen präferierten Musik typischerweise die Kontrolle über ihre Körper, *nicht* bzw. allenfalls für vereinzelte Fälle *übermäßigen* Drogenkonsums (insbesondere des Konsums von Alkohol) bestätigen. Vom sozusagen kollektiv *gemeinten* Sinn her geht es beim Raven vielmehr um die Bejahung und praktische Umsetzung des ideologischen Imperativs: „Let your body take control!“ Eben dadurch nämlich, daß er sich darauf verläßt, daß sein Körper besser weiß als *er selber*, was *in der Musik* zu tun ist, erlebt der Tanzende den Rave typischerweise als gleichsam kollektiv-orgiastische Phantasie-Reise, die offenkundig bei vielen das Bedürfnis weckt nach unendlicher Fortsetzung[14] und nach ständiger Wiederholung (wenigstens jedes Wochenende).

Fun ist - nicht nur, aber insbesondere bei dieser Art von Event - die oberste Maxime. D.h., jeder und jedem soll die Party so wenig Stress und so viel Spaß bringen, wie irgend möglich. Deshalb wird hier *Friedfertigkeit* im Umgang miteinander, also zwischen den Geschlechtern, zwischen den Lebensformen, zwischen den (nicht sehr breit streuenden) Altersgruppen, zwischen Personal und Gästen usw. nicht nur relativ selbstverständlich voraus-

---

13 Anders ausgedrückt: In dem Maße, in dem der individuelle Körper als integrierter Teil eines kollektiven Quasi-Organismus erlebt wird, befindet sich das Gehirn dieses Super-Organismus sozusagen am turn table - in Gestalt des DJs bzw. der D-Jane. Deshalb ist ein phantasievoller, einfühlsamer und verläßlicher DJ, der den Tanzkörper in Bewegung hält, ohne ihn zu überhitzen oder abstürzen zu lassen, für das Gelingen einer Party tatsächlich so bedeutsam, daß Ulf Poschardt (1995) unter bestimmten Aspekten über die ganze Techno-Szene zu recht als einer DJ Culture philosophiert.

14 Gemeint sind hier After-hours, After-after-hours usw. Die Afterhour ist eine Party, die meist frühmorgens nach einem Rave an einem anderen Ort beginnt und bis zum Nachmittag oder Abend dauert, an die sich mitunter noch eine After-after-hour, wiederum an einer neuen locatio', anschließt, um das Tanzvergnügen möglichst viele Stunden, u.U. bis in die nächste Nacht hinein, also bis zum nächsten Event, zu verlängern.

gesetzt, sondern auch auf mannigfaltige, oft sehr subtile Arten und Weisen sozial „kontrolliert“ und stabilisiert (vgl. dazu auch Hitzler/Pfadenhauer 1996).

Der liebevolle - und im Vergleich zu manchen anderen jugendlichen Musikkulturen geradezu irritierend aggressionsarme - Umgang miteinander ist *allen* unseren bisherigen Beobachtungen nach tatsächlich *symptomatisch* für die Techno-Szene. Vereinfacht gesagt: der Wunsch, Teil sozusagen einer riesigen Quasi-Familie zu sein, also dazuzugehören und dabeizusein, wenn es darum geht, einfach Spaß zu haben, das scheinen die typischen Motivationen der Raver zu sein dafür, sich angesichts mannigfaltiger kultureller Sinn-Angebote in der Gegenwartsgesellschaft gerade für die temporäre Mitgliedschaft in der Techno-Gemeinschaft zu entscheiden (vgl. Anz/Walder 1995, 208-213).

Nach *außen* hin wird Mitgliedschaft in der Techno-Szene vor allem über expressive, explizit hedonistische *Andersartigkeit* inszeniert. *Irgendwie different* zu sein, das ist u.E. der kleinste gemeinsame Nenner, dem *alle* Mitglieder der „Raving Society“ beipflichten können (vgl. Pfadenhauer 1996). Weil aber diese Gemeinschaft eben *nur* als *Idee* existiert, müssen die Mitglieder offenkundig immer wieder dazu *verführt* werden, sich ihrer kollektiven Existenz zu versichern. Dies gelingt in möglichst spektakulären Ereignissen, in denen das Zusammengehörigkeitsgefühl expressiv inszeniert und die öffentliche Aufmerksamkeit gefesselt wird (vgl. auch Luhmann 1996, 92f). Denn *different* zu sein, macht eben nur dann wirklich Spaß, wenn man seine Andersartigkeit vor und in den Augen *der anderen* markieren kann.

Exemplarisch für solche rituellen Events sind nun die sogenannten *Paraden*, an denen Zigtausende bis Hunderttausende von Techno-Fans teilnehmen. (Bei der Berliner *Love Parade* 1997 war die Rede von wenigstens einer Million Menschen.) Bei diesen Paraden setzen sich die Mitglieder der Raving Society in Szene, stellen den eigenen Körper zur Schau, zeigen Kreativität und Phantasie in der ungezwungenen Kombination unterschiedlichster Modestile zur Gestaltung des eigenen Outfits - auch wenn keineswegs alle, nicht einmal die meisten, in der je saisonal *angesagten* Clubwear erscheinen (d.h. also angetan mit dem, was man *eigentlich* anhaben sollte), oder gar mit wirklich *exzentrisch* gemeinten, in aller Augen stechenden Eigen-Kreationen.[15] Kein Mode-Stil wird jedoch „ernsthaft“ bzw. „als Ganzer“ adaptiert, sondern allenfalls „geplündert“, zitiert, oder, im Techno-Jargon ausgedrückt: gesampled (vgl. zur Technik des „Samplings“ Liebl 1995). Die dabei vereinnahmten, kleinen oder größeren *Exotika* werden dann mit diversen freizeitli-

15 Wenn doch, dann scheinen die party people vorzugsweise bei allen möglichen bizarren Sex-Szenen Anleihen zu machen: Die Vorliebe für Strapse und Pailletten z.B. erinnert an Transvestiten-Styling, Latex und Leder an das Sadomaso-Milieu, der sogenannte Girlie-Look mit Miniröckchen und Plateauschuhen an den Lolita-Appeal der 50er Jahre (und das sind nur drei von vielen möglichen Beispielen).

chen Gruppen-Zugehörigkeits-Markierungs-Looks und mit Teilen der je aktuellen Jugend-Trend-Mode mehr oder minder *bunt* und originell durchmischt (vgl. Herhoffer 1994).

Ergänzt wird das - in und ob seiner Vielfalt dann doch wieder seltsam stilhomogen anmutende - Outfit durch eine reichhaltige Palette von Frisurkreationen. Und vervollständigt und gleichsam formvollendet wird es durch Accessoires, Körperschmuck und Körperbemalung: Kleine Blinklichter, echte und falsche Tattoos, Piercing und - zunehmend - Narben von künstlich kunstvollen Schnittverletzungen sind nicht nur beliebt, sondern fast schon ein *Muß*, *krönen* sie, dadurch, daß sie den Blick des Betrachters lenken, doch eben das, was als mehr oder weniger *einziges durchgängiges* Kleidungs-Prinzip erkennbar wird: das Prinzip, soviel Haut wie möglich zu zeigen bzw. sehen zu lassen.[16]

Dergestalt ist ein gewisser Selbst-Stilisierungswille bei fast allen Parade-Gängern erkennbar, zumindest was die - erkennbare - Fitness des Körpers angeht: Kraft, Ausdauer, Beweglichkeit, Schlankheit, kurz: jugendliche Wohlproportioniertheit ist in der Techno-Szene so selbstverständlich die *Normalform*, daß Abweichungen davon kaum auf-, geschweige denn ästhetisch ins Gewicht fallen: Ein schöner Körper in teils lässigen, teils verwegenen Klamotten, die mehr oder weniger viel Hautfläche *nicht* bedecken, welche wiederum mehr oder weniger intensiv zur Präsentation von Emblemen, Symbolen, Zeichen und Signalen aller möglichen Art genutzt wird (vgl. dazu Soeffner 1989b), das ist die individuelle materiale Basis für die je eigene Performance im Rahmen der je eigenen Performance aller anderen: Jede und jeder ist Darsteller und Zuschauer, Spieler und Publikum zugleich. Showtime ist angesagt, nicht nur aber gerade auf den Paraden, die dergestalt als aufsehenerregende Massenspektakel inszeniert werden, nicht nur um die Existenz der Techno-Gemeinschaft „nach außen" *vorzuführen*, sondern um sie, auch Szene-intern, tatsächlich - im Sinne von Berger/Luckmann (1969) - als *Realität* zu *konstruieren*.

Abgrenzungsbedürfnisse lassen sich aber *auch innerhalb* der Techno-Szene ausmachen: Besonders distinktionsbedürftig und auf Authentizitätsmarkierung bedacht scheinen dabei solche Fans zu sein, die sich als „Raver der ersten Stunde" begreifen (vgl. dazu auch Corsten 1996 sowie Pesch 1995), und solche, die sich dem - in der Regel völlig harmlosen - Nervenkitzel sogenannter *illegaler* Raves verschrieben haben (vgl. Hubschmid 1995). Dabei stilisieren sie sich gerne als „echte Liebhaber", die eben *nicht* in der *Masse* der *party people* aufzugehen gewillt sind. Das *echte* Szene-Mitglied

16 Bei den Mädchen und Frauen werden dementsprechend die Oberteile immer kürzer: 1995 noch ging es um die öffentliche Nabelschau, 1996 waren nur noch BH oder Bustier angesagt und 1997 blitzen zusehends blanke Brüste durch dünne Gaze-Stoffe. Die jungen Männer präsentieren sich, nach einem kollektiven Zwischen-Spiel in muscle-shirts, inzwischen ohnehin bevorzugt mit freiem Oberkörper.

arbeitet und lebt demnach für die Bewegung, während sich die gemeinen „User" eben „einen Abend in der Woche Drogen reinpfeifen, abtanzen und das alles wahnsinnig chic finden" (ELLE, 9/1995, 94). „Authentische" Zugehörigkeit zur „Raving Society" definiert sich in diesem elitären Geiste also nicht mehr nur darüber, daß man auf Techno „steht", sondern darüber, daß man schon *vor* dem großen Boom „dabei" war, daß man also möglichst früh auf die Technowelle aufgesprungen ist oder, daß man eben den - aus ordnungsrechtlichen Gründen - verbotenen „Tanz im Verborgenen" tanzt.

Auch im Hinblick auf ihre Vorlieben für bestimmte, mehr oder weniger *besondere* Musikstile werden in der Raving Society interne Differenzen markiert: Unterscheiden lassen sich inzwischen mindestens sieben *große* Techno-Stilrichtungen, die sich jeweils wiederum in etliche Kleinformen aufspalten. Die verschiedenen aktuellen Hauptrichtungen - Hardcore, Gabber, Drum'n Bass, House, Trance, Goa und Ambient - differieren vor allem aufgrund der unterschiedlichen Frequenz der Bässe (beats per minute) und aufgrund der Harmonie-, Melodie- und Textelemente.[17] Die Abgrenzung der zum Teil wieder aus Elementen der Hauptrichtungen kompilierten Unterströmungen gegeneinander ist entsprechend komplizierter. Gleichwohl oder auch deshalb werden unentwegt neue Genres, Sub-Genres und Sub-Sub-Genres kreiiert und anhand höchst diffiziler, oft nur noch von ausgesprochenen Spezialisten überhaupt erkennbarer Kriterien voneinander abgegrenzt, um die sich dann irgendwelche Anhängergruppen, -grüppchen und -scharen, die eben genau auf diese Richtung *abfahren.*

Ungeachtet dieser *internen* Vielfalt löst Techno-Musik *insgesamt* typischerweise starke körperliche Empfindungen aus und ruft (zumindest bei ihren Liebhabern) physisch-psychisches Wohlbefinden hervor. Ganz wesentlich hierfür scheint die *Dauer* und die *Lautstärke* der akkustischen Emanationen zu sein (vgl. Anfang 1995, Jerrentrup 1993): Man tanzt nicht *zur*, man tanzt vielmehr sozusagen *in* der Techno-Musik, die den Körper zu überfluten und zu durchströmen und die Welt ringsumher vergessen zu machen scheint. Sie betäubt und putscht auf zugleich und versetzt die Tanzenden - nicht nur, aber insbesondere in Kombination mit den entsprechenden Drogen - in einen enthusiastischen Zustand, dessen Beschreibungen relativ symptomatisch an die von mystischen Erlebnissen erinnern (vgl. dazu u.a. Feist 1995, Rushkoff 1995, Kalweit 1995). Der jeweilige Rhythmus (beats per minute) gibt zwar so etwas wie einen Rahmen an Bewegungsmöglichkeiten vor, ansonsten aber geht beim Techno-Tanz praktisch *alles* - vom Quasi-Stillstand bis zum exzessiven, ja ekstatischen Körpereinsatz. Der Tanz entrückt jedoch nicht nur den Tänzer, er führt auch dessen Körper vor, stellt ihn zur Schau, präsentiert

---

17 Selbst der Szene-Literatur läßt sich aber keine einheitliche Einteilung entnehmen. Bei Anz/Walder (1995, S.78-117) findet sich eine ausführliche Beschreibung der Hauptrichtungen, wobei die Autoren zwischen Detroit, Acid, Gabber/Hardcore, Trance, Ambient und Jungle/British Hardcore unterscheiden.

ihn, sei es absichtsvoll oder beiläufig, allen, die geneigt sind, hinzuschauen. Und mehr oder weniger *alle* scheinen eben geneigt, *sowohl* in sich versunken, *sich selber* zu genießen, *als auch* Ausschau zu halten nach allen anderen, die zu sehen ihnen offenbar Vergnügen - erotisches Vergnügen allzumal - bereitet. Was da vor sich geht, das ist also vor allem ein Wechselspiel zwischen Sehen und Gesehenwerden, zwischen die-anderen-Genießen und sich-zum-Genuß-der-anderen-machen. Dieses Spiel intensiviert alles Erleben, sozusagen „auf allen Kanälen“ bzw. „mit allen Fasern des Körpers“ (vgl. dazu nochmals Hitzler/Pfadenhauer 1996).[18]

4. The body takes control

Der *Körper* des „Spielers“ (vgl. dazu auch Hitzler 1997) wird hier also offenbar zum zentralen Bezugspunkt individueller *und* - im Gefolge davon - kollektiver Identität: Während in der (bisherigen) Moderne, und dabei folgen wir Michel Foucault (vgl. z.B. 1976), der Körper sowohl kollektiv als auch typischerweise individuell insbesondere als *Produktionsmittel* betrachtet und behandelt wurde (vgl. dazu auch Treiber/Steinert 1980), scheinen viele neuentstehende bzw. wiederentdeckte Körpertechniken gegenwärtig wesentlich dazu zu dienen, die Beschäftigung mit dem Körper weit weniger um seiner Funktionalität für den Produktionssektor als um des Körpers selbst willen zu befördern.[19] Evoziert wird unter postmodernen Bedingungen also eher eine ästhetische bzw. quasi-religiöse Zuwendung zum eigenen Körper als eine im klassisch arbeitsbezogenen Sinne *instrumentelle* Körperformung.[20]

---

18 Sich unterscheiden, auffallen, seine je eigene Party in der Party abfeiern, seine persönliche Show durchziehen, damit aber - wissentlich - gerade das tun, was - mehr oder weniger - alle anderen auch tun, also: sein wie niemand, um so zu sein, wie alle, oder sein wie alle, um gerade dadurch etwas Besonderes zu sein: in dieser Dialektik scheint uns der Schlüssel zu liegen für das massenhafte Individualverhalten in der Techno-Szene als einem exemplarischen Typus von distinktiver posttraditionaler Vergemeinschaftung.

19 Das beginnt mit Programmen zur hypertrophen Muskelbildung, das meint Aerobic und Tanzgymnastik, das reicht vom Yoga-Wochenende bis zum Tai-Chi-Kursus, und das endet weder beim traditionellen Jogging noch bei der nächsten Urschreitherapie - und eben auch nicht bei den Tanzmarathons der Raving Societey (vgl. dazu nochmals Klein 1996 und 1997). In den Medien, in Shows, in Filmen, in der Werbung wird der schlanke, muskulöse, bewegliche Körper als ästhetisch und erotisch unter Einsatz und Verwendung avanciertester technischer Möglichkeiten regelrecht zelebriert (vgl. z.B. Schwichtenberg 1993, vgl. aber auch bereits Kamper/Wulf 1982).

20 An diesem aktuellen Körperkult schlechthin und u.E. eben besonders exemplarisch gerade an dem, den wir in der Techno-Szene beobachten, läßt sich somit jene These von Zygmunt Bauman (1995a, S. 78ff) konkretisieren, daß spezifisch post-moderne Integrations- und Distinktionsmechanismen nicht mehr im Verweis auf ihre Funktionalität für die Produktion erklärbar sind. Die in der konventionellen Soziologie mehr oder weniger unhinterfragt als zentral unterstellte Bedeutung von industrie-kapitalistisch organisierter, typi-

Auch und gerade in der Techno-Szene, und insbesondere auf Raves, werden dementsprechend überkommene Körpergewohnheiten - geschlechtsspezifische Gewohnheiten, herkunftsspezifische Gewohnheiten, altersspezifische Gewohnheiten, klassen- und schichtspezifische Gewohnheiten, lokale und milieuspezifische Gewohnheiten, klima- und jahreszeitenspezifische Gewohnheiten, Gewohnheiten des Gehens, Stehens, Sitzens und Liegens, Gewohnheiten des Essens und Trinkens, des Schlafens und des Sich-Reinigens, Gewohnheiten des Sich-Kleidens und Sich-Schmückens, Gewohnheiten des Arbeitens und Entspannens, des Werbens und des Liebens, Gewohnheiten des verbalen, paraverbalen und nonverbalen Kommunizierens, usw. - irritiert, modifiziert, transformiert. Der Körper des Ravers, exemplarisch für den Körper in der Postmoderne, wandelt sich vom Schicksal zur Aufgabe, vom Gefäß der Gewohnheiten zum Gegenstand der Gestaltung (vgl. dazu auch Giddens 1991). Dabei geht es also vor allem um die Dialektik von Körper-Gefühl hie und körperlicher Appräsentation und Demonstration da, denn seine leibhaftige Körperlichkeit ist, ob der Akteur es will oder nicht, ein - von ihm nur beschränkt kontrollierbares - Anzeichenfeld für jeden, der ihn erblickt. D.h., auch all *die* Aktivitäten, die *nicht* kommunikativ intendiert sind, geben Auskunft über ihn (vgl. dazu Polhemus 1978, Argyle 1979). Infolgedessen erscheint der Körper auf den Bühnen des sozialen Lebens als eine Art symbolischer *Membrane* zwischen subjektiven *inneren Zuständen* und kollektiven Orientierungsmustern: Das Subjekt beherrscht seine körperlichen Kundgaben nur bedingt: *Stimmungen*, z.B. Zustände sexueller Erregung, überwältigen es *ursprünglich* einfach und appräsentieren sich - mehr oder weniger offenkundig - am Körper. Aber die *Formen* des Umgangs, der wie auch immer gearteten Bearbeitung und Bewältigung solcher (und natürlich auch anderer) „Stimmungen" rekurrieren auf die „hier" kulturspezifisch bereitgestellten und approbierten Körpertechniken (im Sinne von Marcel Mauss 1979). Das Erleben des Körpers changiert somit unablässig zwischen „Leib sein" und „Körper haben" (vgl. Plessner 1981; dazu auch Soeffner 1990). Dergestalt können wir den Rave schlechthin tatsächlich als eine Art kollektives Körper-Spiel - im Sinne eben des Imperativs „Let your body take control!" - begreifen: als körper-kontrolliertes Spiel der Körper mit sich selbst und miteinander.

---

scherweise unselbständiger Erwerbs- bzw. Lohnarbeit für die Markierung von Solidarität und Zusammengehörigkeit einerseits und für die Stabilisierung von Interessengegensätzen und Distinktionen andererseits schwindet. An ihre Stelle tritt, wenig verwunderlich, aber bislang noch eher beiläufig registriert, die Orientierung am und auf Konsum. D.h. die individualisierten und damit besonders gemeinschaftsbedürftigen Akteure schließen sich entlang gleichartiger (als richtig empfundener) Konsumorientierungen (z.b. mit den Ravern auf der ganzen Welt) zusammen und grenzen sich von denen ab, die anderen (falschen, langweiligen, spießigen, moralisch verwerflichen usw.) Konsumgewohnheiten frönen.

Literatur

Anfang, G. (1995): Ist denn das noch Musik? In: medien + erziehung, 39. Jg. Heft 4; 209-211

Argyle, M. (1979): Körpersprache und Kommunikation. Paderborn

Artmaier, H./Hitzler, R./Huber, F./Pfadenhauer, M. (1997) (Hrsg.): Techno zwischen Lokalkolorit und Universalstruktur. (Dokumentation zum Workshop im Haus der Jugendarbeit in München). München

Anz, Ph./Walder, P. (Hrsg.) (1995): Techno. Zürich

Bauman, Z. (1995a): Ansichten der Postmoderne. Hamburg/Berlin

Bauman, Z. (1995b): Moderne und Ambivalenz. Das Ende der Eindeutigkeit. Frankfurt am Main

Beck, U./Beck-Gernsheim, E. (1994) (Hrsg.): Riskante Freiheiten. Frankfurt am Main

Berger, Ch. (1994): Techno. Wien

Berger, P. L./Luckmann, Th. (1969): Die gesellschaftliche Konstruktion der Wirklichkeit. Frankfurt am Main

Blask, F./Fuchs-Gamböck, M. (1995): Techno. Eine Generation in Exstase. Bergisch-Gladbach

Bohnsack, R. (1989): Generation, Milieu und Geschlecht. Ergebnisse aus Gruppendiskussionen mit Jugendlichen. Opladen

Bohnsack, R./Loos, P./Schäffer, B./Städtler, K./Wild, B. (1995): Die Suche nach Gemeinsamkeit und die Gewalt der Gruppe. Hooligans, Musikgruppen und andere Jugendcliquen. Opladen

Brosziewski, A./Maeder, Ch. (1997): Ethnographische Semantik. In: Hitzler, R./Honer, A. (Hrsg.): Sozialwissenschaftliche Hermeneutik. Opladen (im Erscheinen)

Corsten, M. (1996): The party is over. Veränderungen in der Mikrophysik des Raves. In: Brosziewski, A. (Hrsg.): Mikropolitik. St. Gallen (Dokumentation Nr. 8 der Sektion „Politische Soziologie" der DGS); 124-133

Cousto, H. (1995): Vom Urkult zur Kultur. Drogen und Techno. Solothurn (Nachtschatten)

Die Gestalten/Chromapark e.V./Klanten, R. (Hrsg.) (1995): Localizer 1.0. the technohouse book. Berlin

Diefenbach, K. (1993): Wegwerfhymnen für die Ewigkeit. In: Medien und Erziehung, 37. Jg. Nr. 4; 210-214

Feist, U. (1995): Technodharma. Religiöse Paradigmen im Zeitalter ihrer reproduzierten Ununterscheidbarkeit. In: medien + erziehung, 39. Jg., Heft 4; 205-208

Foucault, M. (1976): Überwachen und Strafen. Frankfurt am Main

Gebhardt, W. (1997): „Warme Gemeinschaft" und „kalte Gesellschaft". Zur Kontinuität einer deutschen Denkfigur. Erscheint in: Meuter, G./Otten, H./Villinger, I. (Hrsg.): Direkte Aktion statt ewiges Gespräch? Motive antibürgerlichen Denkens im 20. Jahrhundert. Berlin

Giddens, A. (1991): Modernity and Self-Identity. Cambridge

Grathoff, R. (1989): Milieu und Lebenswelt. Frankfurt am Main

Gross, P. (1994): Die Multioptionsgesellschaft. Frankfurt am Main

Herhoffer, P.-A. (1994): Der schrille Markt der coolen Kids. In: Werben & Verkaufen (W&V), Nr. 30; 50-57

Hitzler, R. (1986): Die Attitüde der künstlichen Dummheit. In: Sozialwissenschaftliche Informationen (SOWI) 15. Heft 2; 230-254
Hitzler, R. (1988): Sinnwelten. Opladen
Hitzler, R. (1994): Sinnbasteln. In: Mörth, I./Fröhlich, G. (Hrsg.): Das symbolische Kapital der Lebensstile. Frankfurt am Main, New York; 75-92
Hitzler, R. (1996a): Orientierungsprobleme. In: Leviathan, 24. Jg. Heft 2; 272-286
Hitzler, R. (1996b): Der Rave als Risiko. Soziologisch-ethnographische Bemerkungen zur Techno-Kultur. München, Berlin (Vortragsmanuskript)
Hitzler, R. (1997): Die Rolle des Körpers des Spielers. In: Universitas, Heft 1; 34-41
Hitzler, R./Honer, A. (1991): Qualitative Verfahren zur Lebensweltanalyse. In: Flick, Uwe u.a. (Hrsg.): Handbuch Qualitative Sozialforschung. München; 382-385
Hitzler, R./Honer, A. (1994): Bastelexistenz. In: Beck, U./Beck-Gernsheim, E. (Hrsg.): Riskante Freiheiten. Frankfurt am Main; 307-315
Hitzler, R./Pfadenhauer, M. (1996): Raver Sex. Erotische Impressionen aus der Techno-Szene. München, Dresden (Vortragsmanuskript)
Hitzler, R./Pfadenhauer, M. (1997a): Die Techno-Szene: Prototyp posttraditionaler Vergemeinschaftung? Ein theoretisch-empirischer Verortungsversuch. In: Artmaier, H. u.a. (Hrsg.): Techno zwischen Lokalkolorit und Universalstruktur. München; 7-16
Hitzler, R./Pfadenhauer, M. (1997b): Eine posttraditionale Gemeinschaft. In: Hillebrandt, F. u.a. (Hrsg.): Verlust der Sicherheit? Opladen (im Erscheinen)
Hitzler, R./Pfadenhauer, M. (1997c): Jugendkultur oder Drogenkultur? In: Neumeyer, J./Schmidt-Semisch, H. (Hrsg.): Ecstasy – Design für die Seele? Freiburg; 47-60
Honer, A. (1993): Lebensweltliche Ethnographie. Wiesbaden
Honer, A. (1996): Lebensweltanalyse in der Ethnographie. Ein Vorschlag zur Ergänzung „Dichter Beschreibungen“. Konstanz (Manuskript)
Hubschmid, Ch. (1995): Techno im Untergrund. In: Werk, Bauen + Wohnen, Nr. 6; 8-13
Jerrentrup, A. (1993): Techno – vom Reiz einer reizlosen Musik. In: Rösing, H. (Hrsg.): Stationen populärer Musik. Vom Rock'n Roll zum Techno, Teil 2. Baden-Baden; 46-84
Kalweit, H. (1995): Trance. In: Die Gestalten/Chromapark e.V./Klanten, R. (Hrsg.): Localizer 1.0. the technohouse book. Berlin
Kamper, D./Wulf, Ch. (Hrsg.) (1982): Die Wiederkehr des Körpers. Frankfurt am Main
Klein, G. (1996): Tanz als Space-Shuttle. Techno – die Pop-Kultur der 90er Jahre. In: Ballett International, Heft 8-9; 54-59
Klein, G. (1997): Body Talk. In: Artmaier, H. u.a. (Hrsg.): Techno zwischen Lokalkolorit und Universalstruktur. München; 67-70
Knoblauch, H. (1991): Die Welt der Wünschelrutengänger und Pendler. Frankfurt am Main, New York
Knoblauch, H. (1995): Kommunikationskultur. Berlin, New York
Lau, Th. (1995): Raving Society. Anmerkungen zur Technoszene. In: Forschungsjournal NSB, Jg. 8. Heft 2; 67-75
Lau Th. (1996): Rave New World. In: Knoblauch, H. (Hrsg.): Kommunikative Lebenswelten. Konstanz; 245-259
Lau Th. (1997): Mayday. In: Artmaier, H. u.a. (Hrsg.): Techno zwischen Lokalkolorit und Universalstruktur. München; 29-32

Liebl, F. (1995): Unbekannte Theorie-Objekte der Trendforschung (XVI): Der Fetisch im Kontext der Techno-Kultur. Witten-Herdecke (Manuskript)

Luhmann, N. (1986): Ökologische Kommunikation. Opladen; 51-62

Luhmann, N. (1996): Die Realität der Massenmedien. Zweite erweiterte Auflage. Opladen

Mauss, M. (1979): Die Techniken des Körpers. In ders: Soziologie und Anthropologie. Band 2. Berlin; 197-220

Neumeyer, J./Schmidt-Semisch, H. (1997) (Hrsg.): Ecstasy – Design für die Seele? Freiburg

Pesch, M. (1995): Techno. Kulturelles Phänomen zwischen Millionenerfolg und Authentizität. In: medien + erziehung, 39. Jg. Heft 4; 199-204

Pfadenhauer, M. (1996): Raving Society – Techno als globales politisches Phänomen. In: Schwengel, H. (Hrsg.): Kontinuitäten und Diskontinuitäten der Politischen Soziologie. Freiburg. Tagungsband; 349-364

Plessner, H. (1981): Die Stufen des Organischen und der Mensch. In ders.: Gesammelte Schriften IV. Frankfurt am Main

Plessner, H. (1982): Lachen und Weinen. In ders.: Gesammelte Schriften VII. Frankfurt am Main; 201-387

Polhemus, T. (1978) (ed.): Social Aspects of the Human Body. Harmondsworth

Poschardt, U. (1995): DJ-Culture. Frankfurt am Main

Reichertz, J. (1991): Aufklärungsarbeit. Stuttgart

Rushkoff, D. (1995): Technoschamanismus. In ders.: Cyberia. München; 165-227

Saunders, N./Walder, P. (Hrsg.) (1994): Ecstasy. Zürich

Schröer, N. (1994) (Hrsg.): Interpretative Sozialforschung. Opladen

Schröer, N. (1997): Wissenssoziologische Hermeneutik. In: Hitzler, R./Honer, A. (Hrsg.): Sozialwissenschaftliche Hermeneutik. Opladen

Schütz, A. (1971): Über die mannigfaltigen Wirklichkeiten. In ders.: Gesammelte Aufsätze. Band 1. Den Haag; 237-298

Schütz, A. (1972): Der Fremde. In ders.: Gesammelte Aufsätze. Band 2. Den Haag; 53-69

Schütz, A./Luckmann, Th. (1979): Strukturen der Lebenswelt. Band 1. Frankfurt am Main

Schuschke, G./Rudloff, F./Grasse, S./Tanis, E. (1994): Untersuchungen zu Ausmaß und möglichen Folgen jugendlichen Musikkonsums. In: Zeitschrift für Lärmbekämpfung, 41; 121-128

Schwichtenberg, C. (1993) (ed.): The Madonna Connection. Boulder et al.

Soeffner, H.-G. (1989a): Anmerkungen zu gemeinsamen Standards standardisierter und nichtstandardisierter Verfahren in der Sozialforschung. In ders.: Auslegung des Alltags - Der Alltag der Auslegung. Frankfurt am Main; 51-65

Soeffner, H.-G. (1989b): Emblematische und symbolische Formen der Orientierung. In ders.: Auslegung des Alltags – Der Alltag der Auslegung. Frankfurt am Main; 158-184

Soeffner, H.-G. (1990): Appräsentation und Repräsentation. In: Hedda R./Wenzel, H. (Hrsg.): Höfische Repräsentation. Tübingen; 43-63

Soeffner, H.-G. (1991): „Trajectory“ – das geplante Fragment. In: BIOS, 4. Jg. Heft 1; 1-12

Spor, B. (1995): Techno, Party, Drogen. Psychologische Aspekte und therapeutische Erfahrungen mit einer neuen Jugendkultur. In: Partner, Heft 3; 7-13

Strauss, A. (1993): Continual Permutations of Action. New York
Treiber, H./Steinert, H. (1980): Die Fabrikation des zuverlässigen Menschen. München

Ulf Brüdigam und Winfried Marotzki

Die ausgefransten Ränder der Rationalität. Ein bildungstheoretisches Strukturformat am Beispiel von *Star Trek*- und *Akte X*-Fans

„Ich glaube, es geht um etwas, das wir nicht beeinflussen können: Es geht um das Schicksal."
(Mulder. In: Akte X: Die Verschwörung des Schweigens [30.10.1996])

1 Einleitung

Gängigerweise kann Kultur verstanden werden als Bedeutungsgewebe, in das Wissen, Glauben, Kunst, Moral, Gesetz, Sitte und Gewohnheiten eingehen, und die ein Mensch als Mitglied einer Gemeinschaft erwirbt. Mit anderen Worten: In einer Kultur aufwachsen bedeutet, in diesem Bedeutungsgewebe einheimisch zu werden und es als Signifikationsmedium zu nutzen. Kulturelle Signifikationsgewebe sind selten homogen, sondern weisen eine innere Differenzierung auf. Wenn der Grad der inneren Differenzierung steigt, lassen sich subkulturelle Signifikationsgewebe aufweisen, die sich voneinander durch Grenzen abheben. Sie verhalten sich zueinander oftmals ausschließend und widersprechend. Das gilt auch und gerade für solche Kulturen westlicher Prägung, die subkulturelle Bereiche verschiedenster Art aufweisen. Neben der klassischen Unterscheidung schichtdifferenzierter Sinnbezirke können - unter milieutheoretischer Perspektive - andere Arten der Sortierung verwendet werden, die eine Varietät je spezifischer Signifikationsgewebe offerieren, die von jugendsubkulturellen Bereichen bis hin zu jenen (sub)kulturellen Sinnhorizonten reichen, die Menschen anderer Kulturen mitbringen, wenn sie sich zeitweise oder dauerhaft bei uns aufhalten. Es ist eine Zentralsignatur unserer Gesellschaft, daß die Einheitlichkeit und Geschlossenheit eines übergreifenden kulturellen Sinnhorizontes brüchig wird und sich in subkulturelle Sinnuniversa diversifiziert. An die Stelle einer kleinen Varietät von Lebensstilen und -welten tritt die große Varietät.

In dem Maße, in dem es nicht gelingt, einen Metadiskurs zu organisieren, grenzen sich die (sub)kulturellen Signifikationsgewebe mit ihren heteromorphen Sprachspielen und Lebenswelten immer mehr ab. Sie erzeugen ihre eigenen Organisationsprinzipien aus ihrer eigenen Dynamik heraus. Das wiederum bedeutet, daß uns andere Lebenswelten in unserer Kultur genauso fremd werden können wie Lebenswelten anderer Kulturen. Das Sinnverstehen der kleinen Lebenswelten sieht sich somit methodologisch dem Problem des Fremdverstehens ausgesetzt, das strukturell dem Fremdverstehen anderer Kulturen ähnelt. Das ist der systematische Ansatz von Ethnographie, denn Ethnographie ist allgemein die Interpretation von Kulturen und Subkulturen (Clifford 1993, 132) und speziell nach Stephen Tyler (1986) der Diskurs der postmodernen Welt.

Was Kulturanalyse via Ethnographie und Biographieforschung aufeinander bezieht, ist, daß es in beiden Fällen um die Erschließung fremder Lebens- und Weltentwürfe geht. Gegenstand der Ethnographie ist die Explorierung alltäglich gelebter, routinehafter Beziehungen und Aktivitäten in fremden Lebenswelten. Es geht um die Rekonstruktion der Strukturen und grundlegenden kulturellen Orientierungsmuster zwischenmenschlicher Beziehungen in überschaubaren Gemeinschaften. Indem Ethnographie diese Muster kontextspezifisch im Rahmen kleiner Lebenswelten herausarbeitet, entdeckt sie gleichsam die Vielheiten von kulturellen Wahrheiten; oder anders formuliert: Sie entdeckt verschiedene Versionen kultureller Wahrheiten. Bewußt spielen wir mit dieser gewählten Formulierung auf Nelson Goodman (1990) an. Goodman bezeichnet seinen Ansatz selbst als radikalen Relativismus. „Die Bewegung verläuft von der einen und einzigen Wahrheit und einer eng vorgefundenen Welt zum Erzeugungsprozeß einer Vielfalt von richtigen und sogar konfligierenden Versionen oder Welten.“ (Goodman 1990, Vorwort). Er interessiert sich nicht für mögliche Alternativen zu bestehenden Welten, sondern für die Vielheit wirklicher Welten. In der Auseinandersetzung mit Welt seien wir auf Beschreibungsweisen beschränkt. Jede Weltversion sei in einem gegebenen Bezugssystem richtig. Weltversionen könne man nicht auf *eine* Weltversion reduzieren.

Daraus folgt, daß es mit dem Brüchigwerden gesellschaftlich verbindlicher Deutungs- und Handlungsmuster zunehmend dem einzelnen selbst in die Hand gelegt ist, sich zu orientieren, seine individuellen Welt- und Selbstversionen zu entwickeln. Parallel dazu zeigt die Gegenwartsdiagnose zumindest zwei Tendenzen, die für die weiteren Überlegungen relevant sind: Zum einen diversifizieren sich die kulturellen Sinnangebote beispielsweise durch die Massenmedien, zum anderen entstehen im Zusammenhang mit deren Nutzung neue kleine soziale Lebenswelten.

Aus bildungstheoretischer Sicht gewinnen die individuellen Arrangements der in der Alltagswelt und in den kleinen Lebenswelten vorfindbaren Sinnhorizonte sowie deren Zusammenführung zu einem sinnvollen Ganzen besondere Bedeutung. Um derartige Bildungsprozesse zu untersuchen, haben wir uns der kleinen Lebenswelt der *Star Trek*-Fans ethnographisch zugewandt und werden in der Fallanalyse einer Trekkerin[1] die Spezifik der Selbst- und Weltorientierung unter den oben skizzierten Bedingungen nachzeichnen.

2 Bildungstheoretische Fragestellung

Wenn sich die Prinzipien der Pluralität und Relativität auf jeder Ebene hochkomplexer Gesellschaften und deren Gemeinschaften durchsetzen, dann werden sie - so darf man vermuten - auch zur Grunderfahrung des Menschen und bestimmen ihn bis tief ins Innere hinein. Die Pluralitätsoption greift durch auf Lebensweisen, Handlungsformen, Denkmuster und Wissenschaftsrichtungen. Wie das Leben zu leben ist, wie man seinen Lebenslauf und seine Biographie zu gestalten hat, wird immer mehr den Standards sozialer Kodifizierung entzogen und immer mehr zu einer Entscheidunganforderung, die von den einzelnen zu bewältigen ist. Er kann sein Tun immer weniger mit Verweis auf jene Sozialisationsmuster, denen er gefolgt ist, rechtfertigen. Die Inanspruchnahme sozial vorgegebener Antworten verliert dann an Selbstverständlichkeit, wenn der Prozeß der Individualisierung weiter voranschreitet. Es scheint so, daß sich die Annahme der Existenzphilosophie, der Einzelne sei in die Welt geworfen, also die Annahme der Geworfenheit des Einzelnen, erst unter gegenwärtigen gesellschaftlichen Veränderungslagen richtig ausprägt und an Wahrheitswert gewinnt. Denn auch Sinn wird etwas, das immer weniger durch gängige Muster übernommen werden kann, das vielmehr immer mehr vom Einzelnen erzeugt werden muß. Welches sind solche Prozesse des Aufbaus von Orientierung? Wie werden die elementaren Muster der Selbst- und Weltverhältnisse[2] gewonnen?

Daß solche Selbst- und Weltverhältnisse heute in der Auseinandersetzung mit Medien aufgebaut werden, ist selbstevident. In diesem Zusammenhang ist gelegentlich auch die Rede von neuen Sinnstiftungsagenturen und posttraditionalen Sozialisationsformen. Dabei sind beispielsweise Fangruppen, wie sie etwa von Vogelgesang (1991) oder Luchting (1995) untersucht wurden, als signifikante Zeiterscheinung apostrophiert worden. Fangruppen stellen (sub)kulturelle Signifikationsgewebe dar oder - nach Honer (1993) - kleine soziale Lebens-Welten. Unter einer kleinen sozialen Lebens-Welt versteht Honer (1993) einen Ausschnitt aus der alltäglichen Lebenswelt,

---

1 Als Trekker oder Trekkies werden die Star Trek Fans bezeichnet (vgl. auch den Exkurs zur Fan-Kultur im Abschnitt 5.3).

2 Für bildungstheoretische Fragestellungen ist die Fokussierung auf Selbst- und Weltverhältnisse von Menschen charakteristisch (Marotzki 1990).

„der subjektiv als Zeit-Raum der Teilhabe an einem besonderen Handlungs-, Wissen- und Sinnsystem erfahren und im Tages- und Lebenslauf aufgesucht, durchschritten oder auch nur gestreift wird. Kleine soziale Lebens-Welten lassen sich auch verstehen als durch Interpretation eigener Lebensplanung motivierte, thematisch begrenzte Relevanzsysteme sozialen Handelns“ (Honer 1993, 30).

Die Zugehörigkeit zu einer bestimmten kleinen Lebens-Welt, z.B. einer Fanwelt, bedeutet also immer eine spezifische Form der Sinnstiftung und der Ausrichtung an dem der jeweiligen Teilkultur eigenen Orientierungssystem. Aus ethnographischer Sicht ist die Welt der Menschen immer schon eine Welt von Bedeutungen, eine immer schon interpretierte Welt. Der Mensch ist in dieser Perspektive ein Wesen, das in selbstgesponnenen Bedeutungsgeweben verstrickt ist, wobei - wie ausgeführt - kleine Lebens-Welten als solche Gewebe verstanden werden. Sozial erzeugte und aufrechterhaltene Bedeutungsstrukturen sind Sinnzusammenhänge, auf die die Menschen in ihrem Handeln zurückgreifen; sie vermitteln Orientierung, Einstellungen ebenso wie Kenntnisse, es handelt sich um kulturell verfügbare Handlungsorientierungen. In der Regel sind dann aus dieser Zugehörigkeit zu der jeweiligen Fangruppe die spezifischen Versionen des Selbst- und Weltbildes, die erzeugt werden und für die Fankultur typisch sind, erschließbar.

In der vorliegenden Arbeit beziehen wir uns auf ein Forschungsprojekt, das Ulf Brüdigam bearbeitet. Darin geht es um die Frage, wie am Beispiel der Science-fiction-Fernsehserie *Star Trek* solche Prozesse aussehen. Dabei ist er auf ein Phänomen gestoßen, das wir zum Gegenstand der vorliegenden Arbeit gemacht haben, nämlich daß viele *Star Trek*-Fans gleichzeitig auch Fans der Kriminal-Serie *Akte X* sind.[3] Diese Beobachtung ist auf den ersten Blick überraschend, weil beide Sendungen vollständig verschieden zu sein scheinen, und dies schon vom Genre her. Während *Star Trek* dem Science-fiction-Bereich zugeordnet werden kann, wird *Akte X* eher dem *Mystery-* und *Esoterik-Bereich* zugeordnet. Wie kann diese Kombination verstanden werden und was bedeutet sie für menschliche Lern- und Bildungsprozesse?

3 Die Science-fiction-Option: *Star Trek* – Die technologisch kontrollierte und hergestellte Bestimmtheit

In der Domäne von Science-fiction werden traditionell die Erfolge und Einsichten der Naturwissenschaften verlängert, indem ausgemalt wird, wie unter dem technologischen Aspekt Menschen in der Zukunft wohl leben würden,

---

3 Auf diesen Umstand ist er sowohl bei seiner Teilnahme an Fantreffen und -gesprächen, in Interviews sowie bei der Analyse einschlägiger Fanzeitschriften aufmerksam geworden.

könnten oder sollten. Der Begriff Science-fiction steht für alle Formen von Literatur mit phantastischem oder utopischem Inhalt, die sich auf der Basis naturwissenschaftlich-technischer Erkenntnisse mit zukünftigen Entwicklungen oder Ereignissen und ihren Auswirkungen auf das Leben und Verhalten von einzelnen Menschen oder der ganzen Menschheit befassen. Es ist eben faszinierend, uralte Träume des Menschen, z.B. die Überwindung von Raum und Zeit, immer wieder mit neuen Mitteln auszumalen. Die Fragen „Sind wir im Weltall die einzigen Lebewesen?" „Kann man Menschen aus der Retorte herstellen?" etc. gehören zum Grundinventar dieses Genres, das im Prinzip so alt ist wie die Menschheit: Vom Gilgamesch-Epos (2000 v. Chr.) über den griechischen Mythos von Dädalus und Ikarus, die dem Traum der Menschen zu fliegen huldigten und durch das maßlose Streben nach dem technisch Machbaren zu Fall kamen, über Jules Verne[4] und H. G. Wells *Zeitmaschine* (1895) bis zur Star Trek-Euporie in der heutigen Zeit. Die Möglichkeiten und Folgen des wissenschaftlich-technischen Fortschritts reizen die Phantasien der Menschen unendlich an. Es ist mehr als plausibel, daß moderne Technologie und der damit verknüpfte Wunsch, man könne alles machen und alles erreichen und alle Grenzen überwinden, zum Motor dieses Genres geworden ist. Gängigerweise wird damit die Botschaft transportiert, daß die Menschheit ihre Probleme schon wird lösen können, wenn sie nur rückhaltlos auf Technik setzen würde.

3.1 Die Geschichte der Serie

Wohl kaum ein anderes Unterhaltungsangebot des Fernsehens erfreut sich einer solch großen und stabilen Fangemeinde, wie die amerikanische Fernsehserie *Star Trek*, die in der deutschen Übersetzung als *Raumschiff Enterprise* seit 1972 in mehreren Serien über die Bildschirme zieht. Neben den ersten drei Kinofilmen ist es insbesondere dem Start der Serie *Raumschiff Enterprise: Das nächste Jahrhundert* zuzuschreiben, daß auch in der Bundesrepublik die Zahl der Anhänger rapide zugenommen und letztendlich nicht nur zu einem boomenden Merchandising-Markt, sondern auch zu unterschiedlichsten Vergemeinschaftungsprozessen der Fans geführt hat (vgl. Dewi 1997). Während die Fans über ein elaboriertes Detailwissen rund um *Star Trek* verfügen und Selbstverständlichkeiten wie Produktionszeiten und Sendeabfolgen nicht mehr oder lediglich am Rande diskutiert werden, fällt es Außenstehenden schwer, sich in diesem „kulturindustriellen Unterhaltungssystem" (Hickethier 1997, 121) zurechtzufinden. Aufgrund der über drei-

4 Jules Vernes Visionen, etwa in Reise zum Mittelpunkt der Erde (1864), Von der Erde zum Mond (1865), Die Reise auf dem Kometen (1877) und 20 000 Meilen unter dem Meer (1870) thematisieren Raumfahrt, U-Boot-Technik, Hubschrauber, Klimaanlagen, ferngelenkte Geschosse und bewegte Bilder lange vor ihrer realen Erfindung.

ßigjährigen Geschichte scheint es uns deshalb sinnvoll, einen kurzen Überblick über das größtenteils von der Filmfirma Paramount Pictures produzierte Sendekonglomerat zu geben, das gemeinhin unter dem Begriff *Star Trek* subsumiert wird.

Den Kern von *Star Trek* bilden ohne Zweifel die bisher produzierten fünf Serien und acht Kinofilme. Der Serienstart fand 1967 in den USA und fünf Jahre später auch in Deutschland statt. Die Grundidee geht auf ein Konzept des Drehbuchautors Gene Roddenberry zurück und hat im wesentlichen zwei Wurzeln: zum einen das Vorbild der mit einem starken moralischen Gehalt besetzten Western-Serie *Wagon Train*, zum anderen die Überlegung, daß sich im Genre Science-fiction die großen politischen Themen der Zeit transzendieren und so diskutierbar machen lassen (Whitfield/Roddenberry 1968).

Die Protagonisten der als Classic-oder Originalserie bezeichneten Folgen sind neben dem Captain James T. Kirk der Wissenschaftsoffizier Mr. Spock und der Arzt Dr. Leonard McCoy.[5] Ihre Besonderheit verdankte die Besatzung in den 60er und 70er Jahren jedoch nicht allein der Anwesenheit des Außerirdischen Mr. Spock, der als *Langohr* wohl selbst dem zufälligsten Zuschauer in Erinnerung geblieben ist, sondern vor allem der friedlichen Zusammenarbeit des amerikanischen Captain (Kirk) mit einer Afro-Amerikanerin (Uhura), einem Japaner (Sulu) und einem Russen (Chekov) auf der Kommandobrücke. Mit dieser Völker- und Rassenverständigung symbolisierenden Crew - so das Film-Plot - startet die U.S.S. Enterprise im 23. Jahrhundert zu ihrer friedlichen Mission ins All.

Einen weitreichenden Impuls erhielt die *Star Trek*-Serialität nach einer erfolglosen Zeichentrickserie durch den Schritt auf die Kino-Leinwand 1979[6]. In diesem Film werden ebenso wie in den sechs folgenden die Weltraumabenteuer von Captain Kirk und der aus der Fernsehserie *Raumschiff Enterprise* bekannten Besatzung weitererzählt. Während auf diese Weise die Classic-Crew bis zum Generationenwechsel in *Star Trek – The Next Generation* (dt.: *Star Trek – Treffen der Generationen*) 1995 präsent blieb, liefen im Fernsehen mit *Star Trek: The Next Generation* (dt.: *Raumschiff Enterprise: Das nächste Jahrhundert*), *Star Trek: Deep Space Nine* und *Star Trek: Voyager* drei weitere Serien an. *Raumschiff Enterprise: Das nächste Jahrhundert* (Insider-Bezeichnung *TNG*) erfreut sich unter diesen wohl der größten Beliebtheit. Das von 1987-1994 in 7 Staffeln gedrehte Opus umfaßt 178 Folgen, die in Deutschland seit 1990 zum größten Teil auf dem Privatsender SAT 1 ausgestrahlt werden. Im Mittelpunkt der 85 Jahre nach der Classic-Serie spielenden Handlung steht die Raumschiffbesatzung unter dem Kommando von Captain Jean-Luc Picard. An seiner Seite stehen der Erste Offizier

5 Für die vorliegende Darstellung scheinen die weiteren Vorläufer und die Besonderheiten des Pilotfilms The Cage unerheblich. Zu näheren Informationen vgl. Peinkofer/Raum-Deinzer (1997).

6 *Star Trek* – The Motion Picture (dt.: Star Trek – Der Film)

Commander Riker und der emotionslose Logiker Data, dessen Figurencharakteristik in wesentlichen Punkten an Mr. Spock erinnert. Ebenso wie die Mannschaft der ersten Enterprise bewegt sich diese Crew mit einem Forschungsauftrag durch die Galaxis. Stärker noch als ihr Vorgänger wird *Star Trek: Das nächste Jahrhundert* damit zum Inbegriff einer positiven Utopie.[7] Mit dem achten Kinofilm *Star Trek - First Contact* (dt.: *Star Trek - Der erste Kontakt*) stiegen sie zu den alleinigen Helden der Leinwand auf und lösten endgültig Captain Kirk und seine Besatzung ab. Die bislang noch nicht abgeschlossenen Serien *Star Trek: Deep Space Nine* (kurz: *DS9*) und *Star Trek: Voyager*, produziert seit 1993 bzw. 1995 führten angesichts des Erfolges von *TNG* lange Zeit ein Schattendasein. Beide haben jedoch eine Prägung erhalten, die stringent zentrale Elemente der Vorgängerserien vertieft.

Trotz der Differenzen bilden die einzelnen *Star Trek*-Serien und Kinofilme einen einheitlichen Sinnhorizont. Hickethier (1997) weist diesbezüglich auf die strukurellen Gesetzmäßigkeiten des seriellen Erzählens und die Plots der Folgen hin. Während der Zusammenhang in den einzelnen Sendungen über die dramatische Einheit von Exposition, Höhepunkten und Schluß erzeugt wird, sorgen innerhalb der Serie übergreifende Konfliktlinien, Fortsetzungsmotive und Rückverweise für Kohärenz. Darüber hinaus geben die personelle Konstanz und die jeweiligen daraus resultierenden handlungstragenden Figurencharakteristiken den Serien einen Rahmen, in dem sich die Handlungen abspielen. Neben diesen strukturellen Elementen trägt auch das zentrale Motto, das in der Ersten Direktive seine pointierte Formulierung gefunden und bis in die gegenwärtigen Produktionen hinein essentielle Bedeutung hat, sowie die Intertextualität der einzelnen Episoden zur Zusammenhangsbildung bei. Die Bezugnahmen auf ältere Folgen und Serien sind dabei sehr unterschiedlich. Neben den sprachlichen Verweisen auf historische Personen (u.a. Captain Kirk) oder Ereignisse wie den Friedensschluß mit den Klingonen bieten räumliche und zeitliche Anomalien bzw. dienstliche Versetzungen von Figuren die Möglichkeit zur Verschränkung von Zeitebenen und Figurenkonstellationen über die Seriengrenzen hinweg. Bezüge zwischen Folgen und Serien werden somit nicht nur implizit evoziert, sondern auch explizit hergestellt. Neben den Auftritten von Figuren aus älteren Serien in neueren Folgen bietet die moderne Tricktechnik zunehmend die Möglichkeit, Handlungsstränge alter und neuer Folgen sich kreuzen zu lassen. Während Lt. Cmdr. Worf aus *Star Trek - The Next Generation* (*TNG)* seit der 4. Staffel an Bord von *Deep Space Nine* seinen Dienst versieht und Bestandteil des dortigen Figurenensembles geworden ist, erlaubt die Computerbearbeitung von *The Trouble With Tribbles* (dt.: *Kennen sie Tribbles?*) aus der Originalstaffel in der Folge *Trials and Tribble-Ations* (dt.: *Immer die Last mit den Tribbles*) das Nebeneinander der Raumschiffkapitäne Kirk und

7 Die in diesem Zusammenhang auftauchenden moralphilosophischen Fragen werden, wie Wanning (1996) zeigt, in zahlreichen Folgen implizit und explizit thematisiert.

Sisko. Insofern sind mit Hilfe der Tricktechnik den Möglichkeiten für die Einbindung von Handlungssequenzen aus älteren Folgen und Serien quasi keine Grenzen mehr gesetzt, was die Zentralmessage der Serie, Technik sei als universeller Problemlöser beherrschbar, nur unterstreicht.

3.2 Die zentrale Botschaft: kontrollierter technischer Fortschritt im Dienst der Völkerverständigung

Raumschiff-Enterprise-Sehen bedeutet für viele Fernsehzuschauer nicht nur für den aktuellen Rezeptionsmoment Teilhabe an der Welt von *Star Trek*, sondern darüber hinaus auch Interesse und nicht selten Faszination für einzelne Figuren, Schauspieler und die mediale Inszenierung der Idee vom wissenschaftlich-technischen Fortschritt im Dienst friedlicher Völkerverständigung. Wissenschaft und Technik spielen eine zentrale Rolle, denn auch die Kultur der *Föderation der Planeten* wird maßgeblich von ihr geprägt. Im 23. bzw. 24. Jahrhundert sind die wesentlichen Probleme der Gegenwart gelöst[8], unter anderem Rohstoffmangel durch eine effektivere Nutzung der Ressourcen, die Nahrungsmittelknappheit mit Hilfe sogenannter Replikatoren, Transportschwierigkeiten durch Warp-Antrieb und Beamen. Über die klassischen Science-fiction-Themen hinaus erfährt *Star Trek* eine starke Einlagerung aktueller Probleme, u.a. Technikskepsis, Umweltschutz, Gentechnologie und Rassismus. Wie die im Zusammenhang mit der Fragestellung nach religiösen Implikationen stehende Einschätzung von Matzker (1997) zeigt, finden sich Zukunftsängste

> „durch die Idee des ununterbrochenen Fortschritts und eine positive Perspektive beruhigt. Unaufhörlich arbeitet der Fortschritt dem Paradies entgegen. Das Vertrauen in Wissenschaft, Technik und den menschlichen Geist beseitigt die Krisenvorstellungen, ähnlich wie von Folge zu Folge entscheidende Störfaktoren aufgehoben werden und das Sicherheitssystem in Funktion gehalten wird. Letzteres, der über allem waltende Apparat, um dessen Erhaltung und Wirksamkeit die einzelnen sich bemühen, erscheint als das religiöse Subjekt der *Star Trek*-Serie.“ (Matzker 1997, 143 f.)

Das Streben nach neuen Erkenntnissen und die Beherrschung der daraus entstehenden neuen Probleme und Gefahren stehen im Zentrum des Interesses und bilden auch die Grundlage der Mission der Sternenflotte. Erhaltung und Neuentdeckung bilden zwei wesentliche Grundelemente. Entscheidend

---

8 „In der Welt von Star Trek ist es unseren hypothetischen Nachfahren gelungen, die drängendsten Probleme unserer Epoche zu lösen. Umweltprobleme und Kriege unter den Menschen gehören der Vergangenheit an, Hunger und Armut sind besiegt, und der überwiegende Teil der Föderationsbürger widmet sich fast nur noch den edleren Seiten des Menschtums wie Kreativität, Kunst, Kultur und der nie endenden Suche nach neuen Erkenntnissen und Entdeckungen in den unendlichen Weiten des Weltraums.“ (Thiesen 1997, 12)

ist das Element der Selbstbegrenzung, mit dem ausgeschlossen werden soll, daß Hochtechnologien an weniger reife Zivilisationen weitergegeben werden. In der sogenannten *Ersten (*oder auch *Obersten) Direktive* der Vereinigten Föderation der Planeten, in deren Auftrag das Raumschiff Enterprise unterwegs ist, erfährt dieser Grundsatz seine Kodifizierung. Er regelt das Verhalten beim Zusammentreffen mit weniger hoch entwickelten Zivilisationen und stellt eine handlungsleitende Maxime im langfristigen Umgang mit anderen Kulturen dar. Die friedliche Koexistenz von verschiedenen Rassen bzw. Völkern basiert jedoch nicht nur auf dem derartig verbrieften Verbot eines Technologietransfers, sondern auch auf dem übergreifenden Aspekt der Anerkennung der jeweilig eigenständigen Entwicklung. Apriorisch wird anderen Lebewesen die Fähigkeit zur selbstbestimmten Entfaltung zugestanden und ihre Indivdualität respektiert. Der Schutz intelligenter Spezies wird dabei vorgeführt als Recht auf eine autonome Entwicklung und Sicherheit vor fremder Einmischung.

„Jede Spezies hat das Recht, ihre eigene kulturelle Evolution durchzumachen. Die Sternenflotte darf keine noch unterentwickelte Welt mit moderner Technik oder höherem Wissen in Kontakt bringen – es sei denn, um frühere Verletzungen dieses Gebotes zu korrigieren.“ (*Star Trek* 1993, 6).

Insofern stellt die Erste Direktive ein politisches Essential dar, an dem sich die Reaktionen und Entscheidungen der *Star Trek*-Besatzungen beim Kontakt mit anderen Zivilisationen messen lassen müssen. Ihre Einhaltung wird sowohl von der Vereinigten Föderation der Planeten als auch von der Sternenflotte überwacht, wird aber – wie zahlreiche Episoden der Original-Serie beweisen – nicht immer vollständig realisiert. Insbesondere die Folge *Schablonen der Gewalt* (O: 53)[9] unterstreicht mit der nationalsozialistischen Entwicklung auf dem Planeten Ekos, die durch die ungerechtfertigte Intervention eines Föderationsbeauftragten eingeleitet wird, das Gefahrenpotential, das von einem Eingriff in die kulturelle Entwicklung eines Planeten ausgehen kann. Die Einmischung in den Zivilisationsprozeß anderer Völker bedeutet einen Rückschritt gegenüber dem ansonsten in *Star Trek* vermittelten Eindruck einer sich parallel zur technischen Entwicklung vollziehenden moralischen Höherentwicklung der weltraumreisenden Menschheit. Das Einhalten der Ersten Direktive nötigt den Raumschiffbesatzungen dabei nicht nur Selbstbeschränkung im Umgang mit der eigenen Verfügungsgewalt ab, sondern rangiert auch über dem Schutz der eigenen Sicherheit (vgl. http://aia.wu-wien.ac.at/Startrek/direktiven.html). Trotz der oft vorhandenen eigenen technischen Überlegenheit ist es den Besatzungen der Sternenflottenschiffe

9 Bei den Angaben der Folgen von Star Trek geben wir jeweils in Klammern die Zugehörigkeit zu den unterschiedlichen Serien sowie die Nummer der Folge an. Das Sigle O: bedeutet Raumschiff Enterprise, N: Raumschiff Enterprise: Das nächste Jahrhundert, V: Raumschiff V*oyager*, *D: Deep Space Nine*.

nicht erlaubt, die Stabilität anderer Systeme durch Intervention zu destabilisieren. Verständigung mit anderen bzw. Fremden meint dabei in erster Linie deren Erforschung und ein weitestgehendes Gewährenlassen.

Münkler (1997, 64) vertritt die Auffassung, daß es zum technologischen Fortschritt in *Star Trek*, der die Grundlage für die Weltraumexpeditionen der Menschheit bilde, keine wirkliche Alternative gegeben habe. Verzicht auf die eigene Entwicklung hätte Unterwerfung unter die kriegerischen Rassen bedeutet, die - wie die Klingonen oder in späteren Folgen die Borg - aus Machtgelüsten um die Herrschaft im Universum kämpften. Insofern würden technischer Fortschritt und pragmatische technische Lösungen, die von *Star Trek*-Besatzungen auf ihren Weltraumflügen gefunden werden, die - in der Logik der Serie liegende - einzige Möglichkeit darstellen, um das friedliche Nebeneinander unterschiedlicher Völker zu gewährleisten.

Der kontrollierte Technologieeinsatz und die Selbstbeschränkung, wie sie in der Ersten Direktive formuliert sind, stellen jedoch keine Relativierung der Annahme dar, daß über Technik alles machbar sei. Im Gegenteil: In *Star Trek* werden nahezu alle Probleme zu technischen Problemen, die dann durch die vorhandene Hochtechnologie gelöst werden können.

Zwei Beispiele: In *Landru und die Ewigkeit* (O: 23) treffen Captain Kirk und sein Landetrupp auf dem Planeten Beta III auf Bewohner, die sich in einem scheinbaren glückseligen Dämmerzustand befinden, der sich durch Aggressionslosigkeit auszeichnet. Nur zu bestimmten Zeiten ist es vorgesehen, daß Emotionen wie Aggressionen durchbrechen. Die Vermutung ist, daß diese Lebewesen auf geheimnisvolle Weise ferngesteuert werden. Es zeigt sich jedoch, daß dahinter ein Computer steckt, den ein gewisser Landru vor 6000 Jahren programmiert hat, und der seit dieser Zeit sein Programm (maschinell) abarbeitet und so alle Lebewesen des Planeten Beta III kontrolliert. Das soziale Problem wird also zu einem technischen Problem, das technisch gelöst wird: Der Computer wird zur Selbstzerstörung veranlaßt, und damit ist auch das soziale Problem gelöst.

In *Gewalt* (V: 31) wird Crewman Darwin vom ehemaligen Maquis Suder durch einen Schlag auf den Kopf getötet. Der Logiker Tuvok glaubt nicht an Suders Motiv, einfach aus emotionalem Antrieb getötet zu haben. Um den *wahren* Grund für den Mord zu erfahren, nimmt er eine *Geistesverschmelzung* mit Suder vor, die ihn selbst in die Situation bringt, aufgrund seiner Emotionen *irrational* zu handeln, und fast gerät er in die Situation, andere zu töten, weil er auf diese Weise auch die mangelnde Fähigkeit der Triebbeherrschung von Suder übernommen hat. Wichtig ist hier, wie das Thema verhandelt wird: Emotionen, wie z.B. Aggressivität, Wut, Haß, Leidenschaften, sind etwas, das mit moderner Technologie exakt (hirnphysiologisch) gemessen werden kann und durch geeignete Apparateinterventionen korrigiert werden kann, so daß das *Unterdrückungssystem* des Menschen wieder intakt gesetzt wird und der Mensch *normal* - und das heißt hier: rational - operieren und als Besatzungsmitglied des Raumschiffes funktionieren kann.[10] Auch hier wird ein soziales Problem zu einem naturwissenschaftlich-technischen Problem, das auf dieser Ebene gelöst werden muß.

Hochtechnologie ist - das ist die eine Facette der zentralen Botschaft - der universale Problemlöser; alle Probleme sind letzten Endes auf naturwissenschaftlich-technische Probleme rückführbar, und können auf diesem Wege einer Lösung zugeführt werden[11]. Anerkennung und Toleranz der Evolution anderer gesellschaftlicher (Planeten)Systeme und damit verbunden die Selbstlimitierung des eigenen naturwissenschaftlich-technischen Selbst- und Weltentwurfs - das ist die zweite Facette der zentralen Botschaft der Serie *Star Trek.*

4 Die Mystery-Option: *Akte X* – Die permanente transzendente Unbestimmtheit

Zu den Mystery-Serien gehören beispielsweise Sendungen wie *Dark Skies, Outer Limits, Profiler, Pretender, Millenium* und *Akte X.* Der gemeinsame Nenner besteht in der Variation der Annahme, daß es außerirdisches Leben gebe und daß die Außerirdischen auf der Erde landen könnten. Der Kitzel dieser Serien liegt im Paranormalen, in dem, was wissenschaftlich weder widerlegt noch belegt werden kann. Es liegt außerhalb dieser Reichweite und umschließt alles Rätselhafte und Nichterklärbare menschlicher Existenz. Es lebt davon, daß bestimmte Phänomene weder wissenschaftlich noch mit dem *gesunden Menschenverstand* erklärt werden können. Insofern handelt es sich aus dieser Perspektive um die Gegenbotschaft zu *Star Trek.* Beiden gemeinsam ist freilich, daß sie von der Existenz außerirdischer Wesen ausgehen, wenn auch deren Bedeutungen für die jeweiligen Serien unterschiedlich sind. Im Gegensatz zu den Außerirdischen in *Star Trek*, die in erster Linie in der Art von Fabelwesen Schattierungen menschlichen Verhaltens vor Augen führen, bilden sie in *Akte X* einen zentralen Bedeutungsgehalt der Serie.

4.1 Das Format der Serie

Während die Folgen von *Star Trek* nahezu täglich im Nachmittagsprogramm von *Sat 1* zu finden sind, hat *Akte X* einen sehr umkämpften Sendeplatz im

---

10 Wer noch Gefühle hat und sie auch zeigt, erscheint als nicht reif genug, denn das Unterdrückungssystem ist in diesem Falle nicht stabil genug ausgeprägt.

11 Interessant wäre eine Analyse der rational, emotionslosen, technizistisch orientierten Sprache in *Star Trek.*

Abendprogramm inne. Gegenwärtig wird die von der Twentieth Century Fox produzierte Serie bereits in der vierten Staffel wöchentlich Sonntags um 20.15 Uhr auf *PRO* 7 ausgestrahlt. Unter dem Titel *X-Files* wurde die Serie 1993 in den USA gestartet und lief 1994 auch in Deutschland als *Akte X – Die Unheimlichen Fälle des FBI* an. Auf den Glauben an Außerirdische wird ebenso abgehoben wie auf die Angst vor der verschwörerischen Geheimhaltung ihrer Existenz. Dabei fällt eine feste Genrezuschreibung schwer. Trotz des konstanten Handlungsmusters lassen die wechselnden Themen und Motive die Serie zwischen den Genres Science-fiction-, Horror- und Kriminalfilm oszillieren. Auf inhaltlicher Ebene wird mit Versatzstücken aus Okkultismus, Spiritualismus, Mystik und Esoterik operiert, während auf formaler Ebene eine an die dokumentarische Erzählweise angelehnte ästhetische Strategie (vgl. Hickethier 1993, 180 ff.) dominiert. Diesem Grenzgängertum zwischen Realität und Fiktion verdankt die Serie ihre spezifische Signatur und einen Teil der Faszination des Publikums, in dessen eigenem Ermessen es liegt, zwischen beidem zu differenzieren und die jeweiligen Grenzen zu ziehen.

Protagonisten der Serie sind mit Dana Scully (Gillian Anderson) und Fox Mulder (David Duchovny) zwei FBI-Agenten, die sich der mysteriösen – d.h. mit normalen Mitteln nicht aufklärbaren – Kriminalfälle unserer Tage annehmen. Sie gehören einer kleinen Gruppe von Geheimdienstbeamten an, die dazu Zugriff auf die sogenannten X-Akten, bislang geheimgehaltenes FBI-Material aller Couleur, haben. Schlüssel- bzw. Hauptfigur der Serie ist Special Agent Mulder. Auf seiner Aufgeschlossenheit dem Paranormalen gegenüber beruht *Akte X* konzeptionell und aus ihr heraus wird die Handlungsdynamik der einzelnen Folgen generiert. Fox Mulder „steht für den Teil von uns, der sich mit der Erklärbarkeit der Welt nicht abfinden will und nach dem Unerklärlichen und Mysteriösen sucht. Und das fasziniert uns" (Alberts u.a. 1997, 102). Seine geheimdienstliche Praxis und sein wissenschaftliches Forscher-Ethos werden durch das bekenntnishafte UFO-Plakat in seinem Büro symbolisiert, das die Aufschrift *I want to believe* trägt und bei diversen Kameraschwenks fokussiert wird. Das Motiv für seine Aufgeschlossenheit dem Außerirsischem gegenüber ist ein biographisches: Seine Schwester Samantha verschwand auf mysteriöse Weise während ihrer Kindheit, als er zwölf war. Mulder glaubt, sie sei von Außerirdischen entführt worden und er selbst habe dabei nur hilflos zusehen können. Möglicherweise ist sie auch statt seiner entführt worden. Diese Ungewißheit ist für ihn auch die eigentliche Antriebskraft, sich mit paranormalen Erscheinungen und mit den geheimen X-Akten des FBI zu beschäftigen. Seine unkonventionellen Ermittlungsmethoden wie auch sein Interesse an übernatürlichen Erscheinungen haben ihm den Spitznamen *Spooky* eingebracht. Innerhalb des FBI hat er eine gewisse Außenseiterrolle inne. Um Mulders zumeist auf UFOs und Außerirdische abhebenden Theorien zu entkräften, wird ihm in der ersten Folge von *Akte X*

Dana Scully, eine diplomierte Physikerin und Medizinerin mit dem Spezialgebiet Forensische Pathologie, zugeteilt. Sie versucht, alle paranormalen Phänomene innerhalb ihres rationalen, wissenschaftlichen Weltbildes zu erklären, was ihr jedoch nicht immer gelingt. Trotzdem bleibt sie Wissenschaftlerin, hält an den Grundprinzipien von Rationalität und Logik fest und folgt Mulder nicht in scheinbar irrationale Gefilde. Auch bei Dana Scully finden wir die Involviertheit der eigenen Biographie in ihr professionelles Handeln. In *Die Verschwörung des Schweigens* (30.10.1996) wird ihre Schwester getötet. Die tötlichen Kugeln galten aber eigentlich Scully. Es ist zu vermuten, daß die Verbindung zwischen dem professionellen Handeln und Aspekten der eigenen Biographie für die Zuschauer nachvollziehbar ist und einen entscheidenden Reiz ausmacht. Im Gegensatz zu vielen anderen Serien verzichtet *Akte X* auf eine Love-Story zwischen den Protagonisten. Das Thema der Serie ist in erster Linie die Auseinandersetzung zwischen zwei verschiedenen Erklärungsmodellen für rätselhafte Phänomene und weniger die Gestaltung der partnerschaftlichen Beziehungen. Zwischen Dana Scully und Fox Mulder entspinnen sich die zentralen Dialoge der Folgen, in denen die unterschiedlichen subjektiven Sichtweisen auf die jeweiligen Fälle expliziert werden. Dem grundsätzlich paranormalen Erklärungsmodell Mulders steht mit dem seiner Partnerin stets ein rationales Denk- und Handlungsmuster gegenüber. Für X-Files-Erfinder Chris Carter wird dabei die Wissenschaft, verkörpert durch Scully, zur Metapher für die erkenntnistheoretische Orientierung am Faktischen und rational Erklärbaren.

> „Wenn sie [gemeint ist Dana Scully- U.B./W.M.] etwas sieht, das sie nicht erklären kann oder das ihr zu phantastisch erscheint, dann geht sie davon aus, daß irgendwie doch eine wissenschaftliche Begründung dafür existiert. Sie ist Wissenschaftlerin und wahrt deshalb eine kritische Distanz zu allem, während Mulder sofort bereit ist zu glauben" (Carter, cit. Edwards 1997, 23).

Die zentrale Message der Sendereihe ist innerhalb des Rahmens angesiedelt, der durch ein rational konsistentes und ein rational transzendentes Welt- und Selbstbild aufgespannt wird. Unter Zugrundelegung dieser Grundkoordinaten wird die condition humaine thematisiert.

4.2 Die zentrale Botschaft: Zweifel an der ausschließlichen Gültigkeit rationaler Erkenntnismuster

Der Erfolg der Serie war sowohl beim amerikanischen Sender *FOX* wie beim deutschen *PRO 7* beispiellos. Von der ersten zur zweiten Staffel verdoppelten sich die Einschaltquoten. 1995 wurde die Serie mit dem *Golden Globe* für die beste Drama-Serie ausgezeichnet. Worauf beruht die Faszination dieser Serie, die mittlerweile neben den USA und Deutschland auch in Großbritanien, Japan und Frankreich ausgestrahlt wird?

Während traditionellerweise medial inszenierte Kriminalfälle die wissenschaftliche oder zumindest alltagslogische Aufklärung der Fälle nachzeichnen, wird dieser Anspruch in *Akte X* suspendiert. Zwar geht es auch in dieser Serie um die Lösung von Rätseln, deren Struktur ist jedoch verschieden zu derjenigen klassischer Kriminalfälle. Ihr besonderer Reiz scheint vor allem in ihrer am Maßstab konventioneller Krimis gemessenen Ungewöhnlichkeit bzw. Unmöglichkeit zu liegen. Den Zuschauern werden sie dementsprechend als bislang ungeklärte Kriminalfälle dargeboten. Bereits ihre Anlage deutet darauf hin, daß es bei ihrem Zustandekommen irgendwie nicht mit rechten, d.h. im klassischen Sinne normalen, Dingen zugegangen sein kann. Dieser irrationalen Anlage korrespondiert die Möglichkeit zu übernatürlichen Erklärungsstrategien. Sie führen zu einer Relativierung des ansonsten bei kriminalistischer Aufklärungsarbeit dominanten und erfolgreichen wissenschaftlich rationalen Lösungsmusters. Anstelle einer befriedigenden Lösung des Falles in einem konventionellen Rahmen werden die Zuschauer mit der Erzählung über die Konkurrenz zweier unterschiedlicher Paradigmen unterhalten. Konzeptionell verankert ist dieser Gedanke im Motiv der beiden FBI-Agenten Scully und Mulder, die Wahrheit zu *suchen*. Bemerkenswert ist daran, daß es sich explizit nicht um den Versuch handelt, sie zu *finden*. Edwards (1997, 49) weist diesbezüglich darauf hin, daß in *Akte X* alles offen bliebe, es kein festgelegtes Ende und keine Antworten gäbe. Gemäß dem tausendfach auf Merchandising-Artikeln und in Fanzines abgedruckten Diktum „The Truth Is Out There" bleibt die jeweilig als Problemlösung gefundene Wahrheit nur relativ und kann keine definitive Geltung beanspruchen. Rational stringente, endgültige und wahrhaftige Erklärungen weichen einer Unbestimmtheit, einer mysteriösen Unentschiedenheit und Ungewißheit von Einsichten. Eine Faszination liegt sicherlich in der damit kommunizierten Botschaft, daß solche Unbestimmtheiten der menschliche Existenz näher kommen als die Konsistenzbotschaften technischer Rationalität.

Neben dem sehr häufig an Grusel-Elementen orientierten dramatischen Aufbau der Geschichten resultiert der mysteriöse Gehalt von *Akte X* in erster Linie daraus, daß nicht nur die Existenz von Außerirdischen, sondern auch ihre Aktivitäten auf der Erde unterstellt werden. Diese übernatürlichen Erklärungen werden allerdings mit einer geschlossenen Plausibilitätsstruktur angeboten, die traditioneller Weise nur rationalen Lösungen zu eigen ist. Sie kommen stets im Schein des Realistischen oder zumindest des Möglichen daher. Die Drehbuchautoren unterwerfen sich sowohl in der Anlage der Serie wie auch in der Gestaltung der einzelnen Folgen den Zugzwängen paranormaler Erklärungen. Die Existenz Außerirdischer, ihr Eingreifen in den Alltag sowie ihr Verschwiegenwerden sind feste Bestandteile der Filmplots. Insofern stellen sich innerhalb des filmischen Sinnhorizontes die paranormalen Erklärungsmuster Mulders als ebenso schlüssig dar wie die wissenschaftlich rationalen von Dianna Scully. Diese Realitätsnähe im Sinne der Nachvollziehbarkeit einer innerhalb der Serie schlüssigen Argumentation gilt als ausgemachtes Qualitätskriterium von *Akte X*. Insofern stellen die Verschwörungstheorien, die u.a. die Existenz der Außerirdischen bzw. ihr Treiben auf der Erde verheimlichen, ein zweites zentrales Thema der Serie dar.

Während auf diese Weise versucht wird, Stimmigkeit zu erzeugen, und allzuoft die Beweiskraft für paranormale Aktivitäten für die Zuschauer derartig evident ist, daß auch sie zu Gläubigen werden, beugt sich ihr die Wissenschaftlerin Scully nicht. Obwohl sie in zahlreichen Folgen eines besseren belehrt wird, beharrt sie unbeeindruckt auf ihrer skeptischen Position. Diese den Evidenzen der vorausgegangenen Erfahrungen zuwiderlaufende und auf Dauer gestellte Figurencharakteristik ist in erster Linie eine serienstrukturelle Notwendigkeit und bedeutet stets aufs Neue ein konkurrierendes Nebeneinander ihres technisch rationalen Erklärungsansatzes mit dem von Fox Mulder. Dabei erweist sich aufgrund ihrer Begrenztheit in erster Linie die skeptische Haltung Scullys als unzulänglich, während Mulders Denkweise darüber hinausgeht und insofern das wissenschaftlich technische Erklärungsschema seiner Partnerin transzendiert.

Hinter der oberflächlichen Auseinandersetzung der Skeptikerin mit dem Gläubigen verbergen sich zwei unterschiedliche Arten der Weltsicht: während Mulders Erklärungshorizont paranormale Lösungen einschließt, ist er für Scully im Rahmen ihrer rational-positivistischen Weltanschauung geschlossen. Diese zwei Sichtweisen werden in der Serie prinzipiell nebeneinander bestehen gelassen. Zwar scheint am Ende der Folge jeweils die eine oder andere Lösung plausibler, eine prinzipielle Entscheidung bleibt jedoch aus. Hinter dem Rücken der Akteure wird den Zuschauern ein Informationsvorsprung gegeben, der bedeutet, daß die Lösung des Falles stets auch anders aussehen könnte. Das filmstrukturelle Korrelat zur Unentschiedenheit und parallen Existenz der beiden grundsätzlich verschiedenen Anschauungen sowie dem Informationsüberschuß auf Rezipientenseite ist das offene Ende der Folgen (vgl. Pfister 1977, 140). Es resultiert weniger aus der Anlage auf Serialität im Sinne von Fortsetzbarkeit, sondern vielmehr aus der erkenntnistheoretischen Skepsis, die dem Konzept von *Akte X* zugrunde liegt.

Die zentrale Botschaft von *Akte X* ist, daß wissenschaftlich-technische Rationalität nicht nur Grenzen hat, sondern gerade dort besonders ausfranst, wo es um die condition humaine geht. Die Öffnung rationaler Muster, d.h. die Aufweichung ihrer Ränder, öffnet aber auch neuen Dogmatismen Tür und Tor, wie es in der Serie am Motiv permanenter Verschwörungsszenerien angedeutet wird. Dieses Motiv konterkariert das Motiv der permanenten Transzendierung von Rationalität in schillernder Weise. Es ist deshalb interessant, wie dieses offene Ballancegeflecht von Motiven und Strukturen rezipiert wird. Auffallend ist, das war der Ausgangspunkt unserer Untersuchung, daß viele *Star Trek*-Fans gleichzeitig *Akte X*-Fans sind. Wir wollen diesem Phänomen jetzt im Rahmen eines Fallbeipiels nachgehen.

5 Der Fall: Angelika Rauschenbach

Im Sinne ethnographischer Feldforschung haben wir uns der kleinen Lebens-Welt der Star Trek-Fans zugewandt. Mit Hilfe von teinehmenden Beobachtungen, narrativen und problemzentrierten Interviews sowie zahlreichen von den Fans produzierten Materialien haben wir versucht, neben den subjektiven Perspektiven auch strukturelle Momente der Fan-Welt zu explorieren. Dazu sind wir in Science-fiction-Läden gegangen, haben an Trek-Dinners teilgenommen, Fans zu Hause besucht, einschlägige Fan-Zeitschriften studiert und selbstverständlich auch Serien und Filme verfolgt. Unter den Trekkern, die wir dabei kennengelernt haben, stellt Angelika Rauschenbach eine Schlüsselinformantin dar, durch die wir uns weitere Bereiche dieser Fanwelt erschließen konnten. Ihre Fallanalyse kann auf eine Vielzahl verschiedener Materialarten zurückgreifen (Narratives Interview, problemorientiertes Interview, selbstgeschriebene Stories, von ihr verfaßte Artikel, Interaktionsmitschnitte und ethnographische Protokolle). In der vorliegenden Analyse beziehen wir uns in erster Linie auf die Interviews sowie auf die von uns angefertigten ethnographischen Protokolle.

5.1 Portrait

Zum Zeitpunkt unseres Kennenlernens war Angelika Schülerin der 10. Klasse und stand kurz vor ihrem 16. Geburtstag. Sie wird 1981 in einer ostdeutschen Bezirkshauptstadt geboren, die ihre spezifische Prägung durch die umliegende chemische Industrie und zahlreiche Neubaugebiete erhalten hat. Ihr Vater arbeitet zu dieser Zeit als Angestellter in einem Großbetrieb, ihre Mutter ist Lehrerin für die Fächer Biologie und Erdkunde an einer Polytechnischen Oberschule innerhalb des Stadtgebietes. Unmittelbar nach der Einschulung Angelikas wird ihre Schwester geboren. Kurz vor der Wende bezieht die Familie eine in den 60er Jahren gebaute Vierraumwohnung im selben Stadtteil, in der beide Töchter über ein eigenes Zimmer verfügen, das sie weitgehend nach ihren individuellen Wünschen gestalten können. Trotz der tiefgreifenden Veränderungen und des Strukturwandels, der kennzeichnend für die seit 1990 in dieser Region stattfindenden Transformationsprozesse ist, bleibt im Hause Rauschenbach weitgehend Kontinuität gewahrt. Angelikas Vater arbeitet als Ingenieur in einem nunmehr privatisierten Telekommunikationsunternehmen, die Mutter als Lehrerin in ihrer gewohnten Fächerkombination.

Der Verlauf von Angelikas Kindheit weist ein DDR-typisches Ablaufschema auf, das durch die Berufstätigkeit der Eltern und den dadurch notwendigen Kindergartenbesuch mit anschließender Einschulung geprägt ist. Neben dem familiären Umfeld sammelt sie soziale Erfahrungen insbesondere innerhalb ihrer Kindergartengruppe, wobei der Eintritt in die Schule für sie diesbezüglich mit einem hohen Maß an personaler Kontinuität verbunden ist.

Aufgrund ihrer sehr guten Leistungen erhält sie nach der vierten Klasse die Möglichkeit, eines der neu entstehenden Gymnasien in der Umgebung zu besuchen. Der Übergang in diese Schulform gestaltet sich für sie jedoch zweifach problematisch: zum einen bedeutet er eine rapide Verschlechterung des Notenspiegels, zum anderen einen Wandel in ihrer sozialen Erfahrungswelt. Aufgrund eines aktiven Handlungsschemas kann sie diese anfänglichen Schwierigkeiten überwinden und gehört nunmehr zu den leistungsstärksten SchülerInnen ihrer Klasse.

Seit der achten Klasse besucht Angelika Rauschenbach neben der Schule auch den Konfirmandenunterricht der Kirchengemeinde, der für sie in erster Linie dadurch Bedeutung erhält, daß er ihr den Kontakt zu einem von der Schule unbhängigen Kreis von Peers ermöglicht. Gemeinsam mit ihrer Freundin setzt sie die Teilnahme freiwillig über die Konfirmation hinaus fort.[12] Insbesondere auf den gemeinsamen Freizeitfahrten bieten sich ihr innerhalb der Konfirmandengruppe jenseits der elterlichen Kontrolle Möglichkeiten, das Erwachsenwerden durch eigenverantwortliches Handeln, erste intime Erfahrungen mit Jungen und im Umgang mit Alkohol zu erproben.

Über ihre Freizeit kann Angelika jenseits der schulischen Verpfichtungen im Rahmen der familiären Ordnungsvorstellungen und ihrer finanziellen Ressourcen frei verfügen. Zur Koordinierung ihrer vielfältigen Aktivitäten hat sie sich ein festes Zeit-Schema eingerichtet, an dem sie sich orientiert. Dabei heben sich zwei Dimensionen ihrer Freizeitaktivitäten heraus: erstens der Umgang mit Pferden, zweitens die Beschäftigung mit ihren beiden Lieblingsserien *Star Trek* und *Akte X*. Im folgenden konzentrieren wir uns lediglich auf die Funktion, die diese beiden Serien für Angelika Rauschenbach in bildungstheoretischer Hinsicht haben und gehen der entwicklungsbedingten starken Fokussierung auf Peers, soziale Arrangements und Aktivitäten nicht weiter nach. Damit nehmen wir in dieser Studie auch nicht so sehr die personalen Motivationen in Augenschein, die einen Zugang zu den Serien über die Schauspieler und die Schwärmerei für sie bilden. Wir konzentrieren uns auf zwei Motive, die in den Interviews eine zentrale Rolle gespielt haben. Es handelt sich um die Motive *Toleranz und Harmonie* sowie um das Motiv der *Kontiguität verschieden realer Weltbilder*.

12 Wir sind der Hypothese, daß dieses in irgendeiner Beziehung zur Rezeption der Serien Star Trek und Akte X stehen könnte, nachgegangen und haben geprüft, ob man sagen könnte, daß hier eine gewisse Sehnsucht nach geschlossenen (religiösen) Glaubenssystemen o.ä. zum Ausdruck komme oder sich anbahne. Eine solche Hypothese ist durch das uns vorliegende Material nicht zu erhärten. Es scheint vielmehr so zu sein, daß sie die sich hier bietenden neuen sozialen Räume nutzen will.

5.2 Toleranz und Harmonie

Star Trek transportiert jenseits aller Unterschiede zwischen den einzelnen Serien die Botschaft des Humanismus und der Aufklärung (Klein 1997, 178). Vermittelt wird sie über Denk- und Handlungsmuster sowohl auf kollektiver wie auch auf individueller Ebene. Neben den Besatzungen der Schiffe, die an sich schon komplette Weltentwürfe repräsentieren, werden in *Star Trek* zahlreiche andere Planeten vorgeführt, die mit ihrer Bevölkerung je spezifische Welten darstellen. Obwohl sie in recht unterschiedlichem Maß ausgearbeitet werden, lassen sie alternative Verfassungsmöglichkeiten deutlich zutage treten. Da sie einen Kontrast zum humanistischen Gesellschaftsmodell, dessen Repräsentanten die *Star Trek*-Besatzungen sind, darstellen, tritt dessen Spezifik deutlicher hervor und führt die Abgründe anderen Verhaltens plastisch vor Augen. Unter den 70 Völkern, die bis jetzt für das *Star Trek*-Universum erfunden und mit phantasievollen Namen wie Ferengi, Saltah'na und Trill bezeichnet werden, verkörpern insbesondere die Borg aufgrund ihres kollektiven Bewußtseins ein gesellschaftliches Gegenmodell.[13] Im Mikrokosmos des Raumschiffes werden immer aber auch die individuellen Beziehungen und ethischen Konfliktlagen in Problemsituationen dargestellt. Anthropologische Fragen werden in erster Linie in Interaktion aus jeweils subjektiver Perspektive erläutert, wobei die starke Schematisierung der Figuren mit geradezu überzeichneter Deutlichkeit Grundpositionen hervortreten läßt. Während der einzelnen Folgen kommt es aufgrund des Zusammentreffens der unterschiedlichen Lebensweisen und Charaktere zu zahlreichen Auseinandersetzungen, die stets jedoch wieder in Harmonie überführt werden. Hickethier (1997, 126) weist diesbezüglich auf das Strukturmodell von *Harmonie – Störung – Harmonie* hin.

Das friedliche und tolerante Miteinander verschiedener Rassen und Völker ist für Angelika Rauschenbach Teil eines Gegenentwurfs zur Realität, der – in ihrer Perspektive – ihr eigenes Wertesystem beeinflußt. Das durch *Star Trek* vermittelte Modell wird ihr zum Bewertungsmaßstab alltagsweltlicher Erfahrung. Das bedeutet, daß dieser Wert sowohl in der Wertehierarchie der Sternenflotte (Oberste Direktive) wie auch in ihrer eigenen sehr hoch rangiert. *Star Trek* modelliert in diesem Sinne ihr Ideal des Umgangs miteinander. Aufgrund der kollektiven Übereinstimmung der Fans mit diesem Ideal, entfaltet es in erster Linie in der Gemeinschaft der Trekker seine alltagspraktische Orientierungskraft.

„Und och meine Brieffreunde, das is einfach *prima*, wenn man sich mit denen da drüber unterhalten kann und die verstehen das auch und wenn man 'ne andere Meinung hat, denn sagen sie ‚Okay, Du hast Deine Meinung, ich hab meine.' Da wird nicht versucht, dem anderen seine Meinung aufzudrängen, sondern hat halt jeder seine Meinung und das wird

13 Eine gute Übersicht über die in Star Trek vorkommenden Rassen bietet: Sailer 1997.

akzeptiert. Wenn ich jetzt hier in der Klasse erzähle, äh was weiß ich, ich hab die und die Meinung und dann kommt Annika an, die hat die andere, und versucht, mich in Grund und Boden zu argumentieren, statt zu sagen, ist gut, du bist der Meinung, ich bin der Meinung, lassen wir's dabei. Die *Toleranz* 's is auch ideal. (Ich) meine, bei *Star Trek*, die ganzen Völker haben ja alle, die verehren alle unterschiedliche Götter, wenn überhaupt, ja (?) und da sagt auch nicht einer ‚Mein Gott ist besser als Deiner.' Und da wird das akzeptiert im Gegensatz zu hier. Wird halt gesagt ‚Ihh, Du bist *Star Trek* Fan, (ahmt Auslachen nach) hö, hö, hö'. ‚Abgedreht', wird man gleich in die Schublade ‚abgedreht und verrückt' gepackt und zugemacht und möglichst der Schlüssel noch weggeschmissen. (lacht) Naja, das hört sich jetzt lustig an, aber es ist so. Mir ging's in den ersten Jahren, wo ich *Star Trek* Fan wurde, ging's mir so. Okay, da war ich auch noch nicht ganz so selbstbewußt wie heute, aber da hatte ich da schon ein paar Probleme mit, aber jetzt geht's, jetzt haben se das geschnallt und jetzt sind sie langsam da drauf gekommen, daß das meine Meinung ist und daß ich nicht versuche, ihnen die aufzuzwingen. Sie lernen's. (lacht)" (Interview I: 8,18-46)

An einer anderen Stelle im narrativen Interview fragt der Interviewer nach der Bedeutung von *Star Trek*.

„Naja, um es jetzt mal so schön wissenschaftlich auszudrücken: die Toleranz, ich meine, wie gesagt, bei denen hat wirklich jeder 'ne andere Meinung zu irgendeinem Thema und die machen sich deswegen nich gegenseitig fertig, die akzeptieren das und damit ist die Sache gegessen. Wenn jetzt hier in der Schule mit 'ner Meinung ankommt, wird erstmal gesagt, äh, wie bist'n man du drauf, und versuchen einem die anderen einzureden, das is doch total blöd und gibt's doch einfach nich. (Ich) meine, klar gibt's Folgen, wo Vorurteile behandelt werden, logisch, aber so richtig existieren die da nich. (Ich) meine, ab und zu ist es auch mal unrealistisch, daß es immer friedlich ist, das geht eigentlich gar nicht. Aber (3) selbst wenn so'n Konflikt da ist, dann wird erst mal versucht, dis nich mit Waffengewalt zu lösen, sondern mit diplomatischen Verhandlungen oder sowas. Das se 'n Punkt finden, äh 'n gemeinsamen Punkt finden, wo sie ansetzen können, Wo man sich drüber unterhalten kann. Daß man auch mal versucht, den anderen zu verstehen, und nicht gleich eine (schnippt mit den Fingern) reinhaut. Das ist das, was mich da im Moment da, was heißt im Moment, jetzt dran fasziniert" (Interview I: 37,29-38,8)

Das Faszinierende an *Star Trek* ist für sie die Haltung der Toleranz, die auch in der beschriebenen obersten Direktive der Nichteinmischung zum Ausdruck kommt. Die Nichteinmischung, die zur Grundlage die eigengesetzliche Evolution anderer Systeme hat, entspricht der Anerkennung des Anderen als Anderen. Niemand hat das Recht, Regeln und Konventionen anderer sozialer Systeme zu verändern, auch wenn man gute Absichten hat. Das bedeutet aber auch, Verzicht darauf zu leisten, die eigenen Wertmaßstäbe zu übertragen, die eigenen Standards zu universalen zu erklären. Das Prinzip der Nichteinmischung beinhaltet also das Prinzip der Lokalität. Kulturen sind nicht universal, sondern lokal. Während sie von ihren Peers in der Schule als Trekkie stigmatisiert und ausgegrenzt fühlt, erfährt sie unter den Fans innerhalb der kleinen Lebens-Welt von *Star Trek* Bestätigung. Sowohl über den örtlichen Science-fiction-Laden, den regionalen Fanclub, für dessen Zeitschrift sie als Chefredakteurin verantwortlich ist, und das Forum ihrer Brieffreunde, die sie über den STCE (Star Trek Central Europe) kennengelernt hat, erschließt sie sich neue soziale Kontakte. In der Gemeinschaft der Trekker findet sie dabei jene Toleranz und aufgeklärte Ethik, die ihr in der Serie als „positive Zukunftsversion“ (Interview I: 7, 23f.) erscheinen. Natürlich ist ihr dabei klar, wie aus dem Zitat (Interview I: 37,29-38,8) hervorgeht, daß die Sendung diese Message manchmal etwas stereotyp inszeniert, so daß diese Inszenierung als unrealistisch zu bezeichnen sei:

„ich meine bei so vielen Völkern, die die immer behandeln, da muß es schon irgendwo mal 'n bißchen Zoff geben (lacht) 'n bißchen unrealistisch, das die sich immer vertragen, aber ansonsten, es ist schön, wenn die friedlich zusammenleben, bloß es klappt irgendwie nich immer.“ (Interview I: 6,45-49)

Obwohl sie diese kritische Distanz durchaus hat, bleibt der regulative Wert der Toleranz für sie wichtig. Das wird deutlich, wenn sie ihre Wahrnehmung der Realität dagegen setzt.

„was man jetzt hört, nur noch Katastrophenmeldungen im Fernsehen, Radio, wüßte nicht, wann die das letzte Mal was erfreuliches berichtet hätten. Nur noch Mord und Totschlag. Das ist nicht das Ideale hier im Moment. (lacht). Könnte besser sein. Naja, auch in Bosnien, daß die USA da überhaupt nicht eingegriffen haben oder och im Golfkrieg, lassen den da alles anstecken und gucken zu, unmöglich, finde ich jedenfalls, ganz persönliche, subjektive Meinung. Haben schon mehr oder weniger naja Vormachtstellung nicht unbedingt aber naja, sind nun schon eins der reichsten Länder und sagen immer, ‚ja, wir tun was, wir tun was.‘ Und wenn sie dann mal was tun könnten, dann sitzen sie da und *gukken*. Die werden sich schon wieder beruhigen, lassen wir sie sich erst mal gegenseitig totschießen und erobern dann. (lacht) So in etwa. (3) Nee, 's (4) is einfach schöner, wenn man sich vorstellt, daß es irgendwann mal vielleicht so weit sein *könnte*, daß sich a die Menschheit untereinander verträgt und dann noch mit anderen Völkern, das ist der absolute Traum. Das wäre wirklich mal was Positives. Stattdessen jagen wir uns gegenseitig in die Luft und die Erde gleich mit, wenn wir schon mal dabei sind. (8)“ (Interview I: 7.30-8,6)

Abgesehen davon, daß hier die politisch etwas schwierige Vorstellung bemüht wird, daß die USA ihre Position in Form einer Weltpolizei nutzen sollte, zeigt sich die positive Kraft der Utopie von Völkerverständigung und Gewaltverzicht, die durch *Star Trek* transportiert wird. Die Informantin parallelisiert die *Star Trek-Rassen* mit den Völkern auf der Erde und unterstellt diesen die generelle Möglichkeit nach dem medialen Modell zu koexisteren. Vor dem Hintergrund der positiv-utopischen Konfliktlösung in *Star Trek* wird der Realität eine Unfähigkeit, die Probleme zwischen den Völkern zu lösen, attestiert. Der Ruf nach einer konfliktregulierenden Macht wie den USA unterstreicht die Affinität ihrer Überlegungen zu *Star Trek.* Ebenso wie die Raumschiffbesatzung im Universum Konflikte reguliert, soll dies auf der Erde von den USA besorgt werden.

5.3 Die Kontiguität verschieden realer Weltbilder

Bisher ist schon gesagt worden, daß das Weltverständnis sich nicht unabhängig von den Serien entwickelt haben wird; es kann aber auch nicht kausal aus ihnen abgeleitet werden. Auch für Angelika Rauschenbach stellt sich hier kein kausaler, aber durchaus ein mindestens nicht kontingenter Zusammenhang dar:

„Aber, also ich (2) 's is nu nich so, daß ich nu jedes Wort glaube, was da erzählt wird, aber mit manchen von den Sachen, die sie da zeigen, könnte ich mich durchaus anfreunden" (Interview II: 23,14-16)

Sie bringt an mehreren Stellen zum Ausdruck, daß die Weltbildkonstruktionen auf Medienebene in einem bedeutungsvollen Zusammenhang zu ihren eigenen stehen:

„aber das is schon 'ne schöne Sache. Wie gesagt, da kann man dran glauben, wenn man das sieht. Nich an alles, man kricht schon noch mit, was um sich rum vorgeht, so verrückt bin ich ich noch nich, aber (lacht), da kann man, wie gesagt, dran glauben. (3)" (Interview II: 24,35-24,40)

Die Frage, wie sich das Weltbild, das aus der Sicht Angelika Rauschenbachs die Serien *Star Trek* und *Akte X* transportieren, zu dem Weltbild verhält, das die Informantin für sich entwickelt hat, kann am Beispiel der Frage erörtert werden, ob es außerirdische Lebewesen gibt. Für die Informantin ist klar, daß es sie gibt. Die Beweise dafür seien selbstevident. Bezogen auf die US-Regierung sagt sie beispielsweise: „Kann mir nicht vorstellen, daß die so dumm sind, und das nicht wissen" (Interview II: 23,19). Wer die Existenz Außerirdischer leugne, habe ein Interesse daran, dieses zu vertuschen. Mit dieser Auffassung ist das Tor geöffnet für verdachtsgeleitete Konstruktionen von gesellschaftlichen Institutionen (Behörden, Regierung, Armee), die sich in den beiden Interviews reichlich finden. Diese können in einem deutlichen Zusammenhang mit der Sendung *Akte X* gesehen werden: Schon in der ersten Staffel[14] stoßen Scully und Mulder auf Indizien dafür, daß die US-Regierung Beweise für die Existenz außerirdischen Lebens zurückhalte. In *Die Warnung* (12.9.94) werden Verwicklungen des Militärs in Experimente mit UFOs aufgedeckt; in *Der Teufel von Jersey* (10.10.94) behindert die Polizei, in *Die Maschine* (29.10.93) das Verteidigungsministerium und in *Gefallener Engel* (14.11.94) das Militär die Ermittlungen. In *Das Labor* (3.3.95) entdekken die beiden Beweise für geheime Experimente der Behörden mit extraterristischer DNA. Die Beweise und die Personen, die damit zu tun haben, werden auf mysteriöse Weise eliminiert. Neben diesen Beispielen auf der Hand-

---

14 Die erste Staffel besteht aus 23 Sendungen, die zwischen September 1994 und März 1995 im Deutschen Fernsehen ausgestrahlt wurden. Die in Klammern angegebenen Sendedaten geben jeweils die deutsche Erstausstrahlung an.

lungsebene gibt es noch ein darunter liegendes Ereigniskonglomerat, das sich um Fox Mulder rankt. Bill Mulder, sein vermeintlicher Vater, arbeitete nämlich für das State Department und war offensichtlich ein großer Geheimnisträger. Sein späterer Mord hat wahrscheinlich in einem Zusammenhang mit einer Verschwörung gestanden, in die möglicherweise auch seine Mutter verwickelt gewesen ist. Diese Ereignisse sind nie vollständig aufgeklärt worden. Sie bilden - neben der Suche nach seiner Schwester - die Grundlage für die Motivkonstellation Fox Mulders, sich mit den geheimen Akten des FBI zu beschäftigen.

Sowohl die Muster auf der Handlungsebene wie auch das zugrundeliegende Muster, das sich um Fox Mulder rankt, verweisen auf den hier zu rekonstruierenden Sachverhalt: Die Annahme außerirdischen Lebens ist gekoppelt mit der Neigung, das Wesen politischer Institutionen verdachtsgeleitet zu konstruieren. Der entscheidende Punkt dabei ist jedoch der Transfer von der Medienebene auf mögliche Ereignisse der *realen Welt*. Das Muster dieses Übertragungsprozesses wird deutlich am Beispiel der Folge *Verseucht* (25.1.1996), in der ein Pharmazeutisches Unternehmen Experimente an Menschen ausführt[15]:

> „Aber oder auch die Folge, wo so'n Pharmakoz- (k) konzern Mittelchen an Gefängnisinsassen ausprobiert hat und die bei draufgegangen sind. Denn, dis könnte ich mir alles lebhaft vorstellen, nich mal so sehr die Folgen mit den Außerirdischen, aber so Experimente an Menschen, auch wenn sie's offiziell nicht zugeben, aber das kann ich mir lebhaft vorstellen." (Interview II: 23, 32-40)

Hier wird eine Affinitätsstruktur deutlich: Ein Sachverhalt auf der Medienebene wird thematisiert und in Beziehung zu den eigenen Anschauungen gesetzt. Wirklichkeitselemente der Medienebene werden in Beziehung gesetzt zu Wirklichkeitselementen ihrer eigenen Weltkonstruktion. Das Verhältnis dieser beiden Ebenen zueinander kann streng genommen nicht als kausales behauptet werden, wie das Scheitern der kausalnomologischen Medienwirkungsforschung zeigt (vgl. Kübler 1989, Aufenanger 1995). Mindestens kann man aber sagen, daß ein Verhältnis der Kontiguität vorliegt. Dabei ist es für unsere Argumentation nicht entscheidend, ob oder in welchem Maß die Kontiguität der beiden Ebenen durch alltagsweltliches Wissen *gebahnt* wird, entscheidend ist allein das Muster ihrer Konstruktion. Sie fährt fort:

> „Ich meine auch die eine Folge [...] wo se denn die USA Naziwissenschaftler aufgenommen hat und denen Asyl gewährt hat im Ge- (k) und im Gegenzug dazu die wissenschaftlichen Ergebnisse verlangt haben. Das gab's ja nu wirklich, aber (2) warum sollte es die anderen Sachen nicht auch geben, das is ja nich alles *ausgedacht*." (Interview II: 23,40-24,1)

15 Mulders und Scullys Ermittlungen führen sie in ein Gefängnis, in dem sich die Insassen mit einer tödlichen Krankheit infiziert haben.

Die Informantin bezieht sich hier auf die Folge *Verschwörung des Schweigens* (30.10.1996), in der Mulder und Scully versuchen, einen Zusammenhang aufzuklären, in den nach Amerika geflohene Naziwissenschaftler verwickelt waren. Da hier eine Vermischung mit realen historischen Begebenheiten und deren Weiterentwicklung in Form einer filmischen Story besonders deutlich wird, ist plausibel, daß bei dieser Folge auch die Möglichkeit, filmische und eigene biographische Konstruktionsbausteine in eine Beziehung zu bringen, besonders naheliegt. Die Plausibilitätsstruktur, die sich für die Informantin herstellt, wird rhetorisch durch die Sequenz „das is ja nich alles *ausgedacht*" offeriert. Die gleiche Struktur wird noch einmal angeschlossen:

„Und dieses Foto, was sie da am Anfang im Vorspann immer zeigen, [...] das is das einzige Foto von dem 's FBI offiziell zugegeben hat, daß se nicht wissen, was es is. Ob's nu 'ne Fälschung is oder ob's echt is. Ich nehme mal an, 's is echt. (3) Aber, wie gesagt, 's is nich alles ausgedacht." (Interview II: 23,3-24,15)

Die zweite rhetorische Figur, die zur Plausibilitätsofferierung verwendet wird, lautet „und warum sollte nicht ...". Mit dieser schließt sie an:

„Warum sollte es nich auch irgendwelche Leute geben, wie den Tooms[16] zum Beispiel, der dann irgendwann umgekommen ist [...], der dann eben genetisch so veranlagt is, daß er sich nur von Leber ernähren kann und dann jedes Mal jemanden umbringen muß, um an die Leber zu kommen, weil er nur von *menschlicher* Leber leben kann." (Interview II: 23,17-24,26)

Beide rhetorische Figuren organisieren den Text, wie folgende, sich anschließende Passage zeigt:

„Und warum sollte die US-Regierung nicht veranlaßt haben, daß aus abgestürzten UFO's, gibt's auch 'ne Folge drüber, da haben se denn aus diesen abgestürzten UFO's haben se die rekonstruiert und die fliegen denn auch wieder. Weiß nich, ob se das können, oder die Technik schon so weit ist, aber möglich wär's. Die werden sich das ja nich bloß irgendwo hinlegen und sagen ‚Or schön', jetzt haben wir was gefunden, laßt es mal gut sein, die werden da schon irgendwas mit angestellt haben. Denn die Leute werden sich ja sowas wohl nich ausgedacht haben. Da wird ja nich bloß 'n Flugzeug abgestürzt sein, wenn die da so'n Geheimnis drum machen. Da is ja alles abgesperrt worden tagelang und sozusagen Quarantänegebiet, keiner durfte hin (2) und die werden sich das nich ausgedacht haben. (3) [...] Aber wie gesagt, 's/da wird schon irgendwas abgestürzt sein, was die US-Regierung findet, daß die Menschheit nicht wissen braucht. Wie so einige andere Sachen. (lacht) Durch die, na, was ich erzählt habe, diese *Operation Paper Clip*[17] Das is ja auch erst vor ein paar Jahren rausgekommen, daß die das gemacht haben. Und sollte ja offiziell auch keiner wissen, daß die USA den Naziwissenschaftlern Asyl gewährt haben, statt sie vor Gericht verurteilen zu lassen, wie alle anderen, die in Deutschland geblieben sind. 'S

16 Eugene Tooms, ein von Mulder und Scully verhaftete mutierter Mörder, wurde aufgrund eines psychiatrischen Gutachtens und des Fehlens von Beweisen entlassen. In: Das *neue Nest* (17.2.95).

17 Die Folge Paper Clip wurde in Deutschland am 31.10.1996 unter dem Titel Verschwörung des Schweigens ausgestrahlt.

is ja auch irgendwie nich die (k) nich das Ideale, daß die andern verurteilt werden und die könn' da ihre Studien weiter betreiben, zwar nich an Menschen, aber (2) haben's dem sozusagen fein gemacht für die USA, die klopfen denen noch auf die Schulter und ermutigen die regelrecht weiterzumachen. Das is auch wieder nicht so ganz okay." (Interview II: 23,40-25, 34)

In immer neuen Anläufen sichert sie die Grundstruktur ihrer verdachtsgeleiteten Konstruktionen kommunikativ ab: Es gibt Außerirdische; es gibt Beweise dafür; offizielle Stellen haben ein Interesse daran, diese zu vertuschen. Dieses verschwörungstheoretische Element findet sich als Strukturmerkmal der argumentativen Absicherung auch bei anderen Fans unseres Samples, die zugleich Anhänger von *Star Trek* und *Akte X* sind.

Die Frage, woher die Gewißheit bei der Präsentation dieses Weltbildes kommt, kann relativ plausibel beantwortet werden. Die Existenz Außerirdischer kann ganz selbstverständlich präsupponiert werden, weil diese Annahme in der Fangemeinde zu den geteilten Prämissen gehört und insofern nicht nur cine hohe Plausibilität aufweist, sondern durch diese Annahme auch die Zugehörigkeit zur Fangemeinde ratifiziert wird. Da diese Annahme für Angelika Rauschenbach nicht zur Disposition steht, kann sie in der Folge bei ihren Konstuktionen davon ausgehen, daß Menschen durch Außerirdische tatsächlich entführt worden seien, so daß lediglich ihre Glaubwürdigkeit bei denjenigen, die diese Prämisse nicht teilen, auf dem Spiel stehe. Die im folgenden durch die erste rhetorische Figur organisierte Sequenz gibt ein Beispiel dafür.

„(Ich) meine, äh, die Leu- (k) ganzen Leute, die über (k) nicht alle Leute, die behaupten, daß sie von Außerirdischen entführt worden sind, werden nicht alle Spinner sein, die werden sich das nicht alle ausgedacht haben. Da wird schon irgendwo 'n Körnchen Wahrheit hintersitzen." (Interview II: 23, 21-26)

Diese Aussage bezieht sich, wie der Kontext zeigt, zwar auf die Wirklichkeitsebene der Fernsehserie, beruht aber auf der Plausibilitätsstruktur der Fangemeinde. In ihrer Argumentation bezieht sie sich, wie der weiter oben zitierte Rekurs auf den Mutanten Tooms beleuchtet, nicht ausschließlich auf die von ihr gesehenen *Akte X*-Folgen, sondern auf die im Fandom[18] kommunizierten Inhalte. Anders formuliert: Sie referiert an dieser Stelle nicht ein Wirklichkeitsverständnis, das durch die Serie *Akte X*, genauer durch Fox Mulder, transportiert wird, sondern sie interpretiert auf der Basis ihres, durch die Fan-Gemeinde verankerten, Weltverständnisses. Insbesondere das narrative Interview gibt Aufschluß darüber, wie wichtig die Fan-Kultur sowohl hinsichtlich der weltbilderzeugenden Funktion als auch der emblematischen Struktur, etwa in der eigenen Uniform, der Ausstaffierung des Zimmers[19]

18 Fandom ist der Insiderausdruck für die Fangemeinschaft. fandom bezeichnet lt. Oxford English Dictionary die Welt von Enthusiasten für ein bestimmtesVergnügen oder einen Star (vgl. Oxford English Dictionary 1991, 717).

19 Mit dem Schriftzug auf ihrer Zimmertür weist Angelika Rauschenbach auf ihr Selbstver-

etc., für sie ist und welchen zentralen Stellenwert die sozialen Beziehungen für sie haben, auf denen ihre Konstruktionen beruhen. Im folgenden skizzieren wir zum besseren Verständnis die *Star Trek* Fangemeinde, um zu zeigen, wie ausdifferenziert und gut vernetzt sie ist.

Exkurs: Fan-Kultur

Anhänger der Serie *Star Trek* haben sich mit den zahlreichen Fanclubs Arenen geschaffen, in denen der Diskurs über *Star Trek* fest verankert ist. Neben dem STCE (*Star Trek* Central Europe)[20], der mit 7000 Mitgliedern die größte Vereinigung von *Star Trek*-Fans in Deutschland ist, gibt es auch in zahlreichen Großstädten regionale Clubs. Während die Fans im STCE vorrangig schriftlich und über die eigene Zeitschrift Trek World kommunizieren, treffen sich die Trekker (so das offizielle Selbstverständnis) oder Trekkies, entsprechend der leicht ironischen Fremd- und Selbstbezeichnung, in den lokalen Vereinen zumeist einmal im Monat zu sogenannten Trek-Dinners. In ihrer Verfassung und Organisation orientieren sie sich häufig am Modell von *Star Trek.* Die gewählten Eigennamen und die Selbstbezeichnungen als Raumschiff, Raumstation, Star- oder Fleetbase weisen auf die Orientierung am Medientext hin.[21] Das gemeinsame *(Raum-)Schiff* symbolisiert dabei die Gemeinschaft und eröffnet dem Club einen organisatorischen Rahmen, der die Übernahme administrativer Rollen, etwa als Captain oder Erster Offizier und die Vergabe von Dienstgraden ermöglicht. Auch in ihrer sozialen Praxis orientieren sich die Club-Mitglieder an *Star Trek.*

Das betrifft nicht nur den allgemeinen Umgang miteinander, sondern reicht bis hin zu gemeinnützigen Aktionen wie der Sammlung von Spenden für Wohltätigkeitszwecke. Insbesondere Jugendliche frequentieren Fan-Shops, um mit Hilfe der dort erworbenen Raumschiff-Modelle, Poster und Spielfiguren ihre häusliche Lebens-Welt zu gestalten und Zugehörigkeit zur Wir-Gemeinschaft von *Star Trek* zu symbolisieren. Bücher und Videos sichern ihnen eine fast unbeschränkte Verfügungsgewalt über die fiktive (Serien-)Welt. Neben der Bedeutung als Bezugsquelle für *Star Trek*-Symbolik bilden diese Geschäfte auch eine wichtige Plattform für Vergemeinschaftungsprozesse jenseits existierender Beziehungsmuster. Ad hoc finden sich Gruppen zusammen, in denen sich Experten ausweisen, die über Filme, Bücher, Merchandising reden, Wissenslücken auffüllen, Lesarten abgleichen, Interpretationen erproben, sich selbst darstellen oder spielen.[22]

---

ständnis als Fan hin: „Warnung!!! Hier lebt ein Trekker und X-Phile!!!" („X-Phile" ist die Eigenbezeichnung der Fans der Mysterie-Serie Akte X.)

20 Vgl. zu weiteren Informationen über den STFCE http://eject.com/startrek/stce/

21 Als Beispiele mögen an dieser Stelle „Station »Drezdzany«", „U.S.S. »Saxonia«" und „Raumstation »James T. Kirk«" genügen.

22 Insbesondere unter jüngeren Trekkern ist das Nachspielen von Weltraummissionen mit

Neben dem Austausch von Neuigkeiten, Fragen und Meinungen zu *Star Trek* bieten die Fanclubs auch ein Forum, um eigene kreative Leistungen in Form von Tertiärtexten (vgl. Fiske 1987), die sich diesem Thema widmen, vorzustellen. Mit ihnen füllen sie u.a. Leerstellen des Primärtextes, verändern unbefriedigende Problemlösungen oder modellieren die Partnerschaft mit einer Serienfigur.[23] Diese Texte werden nicht nur häufig in den Zeitschriften der Clubs, den sogenannten Fanzines, gedruckt, sondern teilweise auch als Dreh- oder Textbücher abgefaßt und inszeniert. Sowohl Rollenspiele als auch die Produktion von Videofilmen nach Vorlagen von Fans gehören zur Praxis einiger Clubs. Dabei können die Teilnehmer frei definierte oder in Interaktion mit anderen Spielbeteiligten ausgehandelte Identitäten übernehmen. Teilweise wird dieser Charakter auch zur zweiten Identität der Clubmitglieder und über den eigentlichen Spielrahmen hinaus z.B. in der Anrede oder als Unterschrift beibehalten.

Eine gängige Form der Treffen stellen innerhalb der Klubs die sogennannten Trek-Dinner dar. Auf ihnen werden außer den durch *Star Trek* generierten Themen immer auch alltagsweltliche Probleme zur Sprache gebracht und Erfahrungen ausgetauscht. Die Zugehörigkeit zu ein und derselben Fangemeinschaft scheint dabei einen hinreichenden Rahmen zu bilden, um miteinander über das eigene Selbst- und Welterleben zu sprechen. Trekker-Sein bedeutet, einen Sinnhorizont zu teilen, dem die Akzeptanz und der Respekt gegenüber dem Anderen immanent ist. Das gemeinsame Interesse für das Medienereignis führt nicht selten zu einem Interesse aneinander, so daß in den Trek-Clubs freundschaftliche Beziehungen geknüpft werden, die über diesen Rahmen und das zentrale Thema hinausreichen.

In den letzten Jahren haben sich parallel zu den eher traditionellen Formen der Vergemeinschaftung für die Fans mit der rasanten Entwicklung des Internet neue Formen der Kommunikation ergeben.[24] Auf unzähligen Homepages weisen sich User als Trekker aus, informieren über Lieblingsserien, -figuren und -schauspieler. Daneben bieten sie zum Teil akribisch recherchierte Bilder, Daten und Fakten an, veröffentlichen ihre selbst geschriebenen Geschichten und weisen mit links auf andere Homepages hin. Neben Chat-Rooms und Foren werden Mailinglisten sowie Mailboxen (vgl. Barth/vom Lehn 1996) genutzt, um Klatsch, News und Sachinformationen auszutauschen. Als Pendant zu den *real* inszenierten Rollenspielen treffen sich Fans auch zu Online-Rollenspielen im Netz. Neben Kampfsimulationen gibt es

---

einem Kartenspiel sehr beliebt. Diese kombinierten Spiel- und Sammelkarten werden als CCG (Customizable Card Game) bezeichnet. Neben dem spielerischen Geschick richten sich die Gewinnchancen auch nach der Art und Anzahl der Karten, die der jeweilige Spieler besitzt, d.h. vorher käuflich erworben und gesammelt hat.

23 Insgesamt zehn Typen von Fan-Texten zu Star Trek unterscheidet Jenkins (1992).

24 Die beste Übersicht über die Netzaktivitäten der Trekker liefert das Internet selber. Neben den zahlreichen Suchmaschinen bietet aber auch Schütz (1997) einen guten, wenn auch nicht ganz aktuellen, Überblick.

Star Trek-MUDs, in denen die Spieler in einem von *Star Trek* vorgegebenen Rahmen an unterschiedlichsten Weltraumabenteuern virtuell teilhaben können (vgl. allgemein: Marotzki 1997).

5.4 Zum Verhältnis von Star Trek und Akte X

Ebenso wie bei zahlreichen ihrer Interaktionspartner beschränkt sich Angelika Rauschenbachs Fan-Sein nicht auf die Science-fiction-Serie *Star Trek*, sondern schließt auch die Mysterie-Serie *Akte X* ein. Mit der Schwärmerei für den Enterprise-Offizier Commander Riker korrespondiert dabei die Faszination für den *Akte X*-Protagonisten Fox Mulder. Während Riker für sie jedoch lediglich in seiner Geschlechtsrolle subjektive Relevanz erlangt, identifiziert sie sich bei Mulder auch mit dessen Idee vom außerirdischen Leben und paranormalen Aktivitäten auf der Erde. Angesichts intertextueller Bezüge, aufgrund der Plausibilitätsstruktur der Fangruppe und vor dem Hintergrund ihres Alltagswissens besitzen diese für sie - wie herausgearbeitet - ein hohes Maß an Plausibilität. Im Vergleich beider Serien sieht sie in *Star Trek* in erster Linie die irreale aber positive Utopie, während *Akte X* für sie „irgendwie näher an der Realität" (Interview I: 6,41) ist. Dabei rekurriert sie weniger auf den Zeitpunkt der Handlung als vielmehr den mittels elementarer ästhetischer Gestaltungsprinzipien erzeugten offenen Sinnhorizont. Am Schluß bleiben die entscheidenden Fragen unbeantwortet.

> „Und wenn se bloß (k) wenn's bloß, wie man nu bei Mulders Schwester nich genau weiß, waren's Außerirdische, war's die Regierung (?) waren es vielleicht beide zusammen? eiß man nich." (Interview II: 23,26-30)

Dem geschlossenen Aufbau der einzelnen *Star Trek*-Folgen mit stets erfolgreicher Konflikt- oder Problemlösung, die sie unter der rhetorischen Formel „Friede Freude Eierkuchen" (Interview I: 6,41) subsumiert, stellt sie das für *Akte X* charakteristische offene Ende, bei dem - so der Anspruch der Serie - eine Antwort zwei neue Fragen aufwirft, gegenüber (vgl.: Interview I: 22,49):

> „Die Serien haben ein *völlig anderes Konzept*. Äh die X-Akten sind drauf angelegt, daß die Fälle halt nich geklärt werden und bei *Star Trek* ist zum Schluß Friede&Freude &Eierkuchen. Äh, Frieden geschlossen und das geklärt und da geguckt und Friedenkonferenz erfolgreich beendet. Bei *Akte X* is' halt nich so. Da wirft eine Antwort zwei neue Fragen auf. [...] Das is auch eine von den Serien, wo die Hauptdarsteller, okay, das hatten wir schon mal gesagt, aber wo die Hauptdarsteller eben nu ausgerechnet 'n Mann und 'ne Frau eben nich zusammenkommen. Und das auch nie passieren wird. Das gibt der Serie noch (sehr hoch) *Biß*. Das is eben was anderes." (Interview II: 22, 42-23,14)

6 Schlußbetrachtung

Bei unserer Untersuchung der kleinen Lebens-Welt der *Star Trek*-Fans haben wir ein sehr vielgestaltiges Erscheinungsbild und eine differente Ausprägungen der *Star Trek*-Leidenschaft festgestellt. Um dem Anspruch einer möglichst exakten Deskription des empirischen Phänomens gerecht zu werden, haben wir eine Typenbildung vorgenommen, die bislang den *sozialen Fan-Typus*, den *Techniker* und den *Rezeptionsästheten* umfaßt. Der bisherige Arbeitsschwerpunkt lag auf dem als sozial zu bezeichnenden Typ. Im Gegensatz zu den *Technikern*, die in erster Linie an der technischen Utopie von *Star Trek* im Sinne des zukünftig Machbaren interessiert sind, und den Rezeptionsästheten, die vor allem von ästhetischen Momenten wie special effects, Tricktechnik sowie Computeranimationen fasziniert sind, gilt das Hauptinteresse des sozialen Fan-Typus der sozialen Utopie von *Star Trek* und damit der Frage nach dem friedlichen Zusammenleben verschiedener Spezies sowie der gesellschaftlichen Indienststellung des wissenschaftlich-technischen Fortschritts. Ihre auf soziale Belange abhebende Orientierung ist jedoch nicht nur auf die mediale Inszenierung von Sozialität beschränkt, sondern betrifft auch das eigene Dasein als Fan. Zumeist recht deutlich läßt sich das Interesse an der Vergemeinschaftung mit anderen Trekkern beobachten. Sie unterhalten rege Kontakte zu zahlreichen anderen Fans, pflegen Brieffreundschaften, versuchen die Möglichkeiten von Fan-Treffen zu nutzen und engagieren sich häufig aktiv innerhalb der Fan-Clubs.

Bildungstheoretischer Interpretationsrahmen

Für die untersuchte Gruppe des sozialen Typus von *Star Trek*-Fans, die gleichzeitig *Akte X*-Fans sind, gilt allgemein, daß die mathesis universalis, mit der Descartes noch eine systematische Weltbeherrschung, eine wissenschaftlich-technische Auffassung von Zivilisation durchsetzte, faszinierend, gleichwohl aber im Kern unglaubwürdig geworden ist. Unter bildungstheoretischer Perspektive ist das deshalb interessant, weil zwei verschiedene Strukturprinzipien miteinander kombiniert werden: *Bestimmtheit* und *Unbestimmtheit*. Daß die Kombination dieser beiden Strukturprinzipien sich gerade dafür eignet, das zu explizieren, was Bildung in der (Post)Moderne meint, ist wiederholt gezeigt worden (Marotzki 1991). Der durchgehende Gedanke ist der, daß Bildung nicht (länger) als Überführung von Unbestimmtheit in Bestimmtheit gedacht werden kann. Daraus folgt natürlich nicht, daß auf die Herstellung von Bestimmtheit verzichtet werden soll. Auf den Aufbau eines notwendigen Fakten- und Orientierungswissens, das Bestimmtheit erzeugt, will und darf niemand verzichten. Doch allein damit ist es eben nicht getan. Vielmehr kommt es darauf an, daß die Herstellung von Bestimmtheit Unbestimmtheitsbereiche ermöglichen und damit auch eröffnen muß. Anders gesagt: Unbestimmtheiten müssen einen Ort, besser mehrere Orte in unserem Denken erhalten; dann und nur dann wird tentative, experimentelle, umspielende, erprobende, innovative, kategorienerfindende, kreative Erfahrungsverarbeitung möglich. Menschliche Entwicklung und Starrheit der Strukturen von Lern- und Bildungsprozessen schließen einander aus. Flexibilität wird aber nicht durch Maximierung von Bestimmtheiten erreicht. Nur wenn Bestimmtheits- und Unbestimmtheitsbereiche ein wechselseitiges Verhältnis eingehen, gewinnen solche Strukturen an Flexibilität, dann weisen sie den gewünschten offenen, experimentellen und suchenden Charakter auf.

Star Trek steht dafür, daß Hochtechnologie nicht zwingend destruktiv und imperialistisch sein muß. Sie kann zum Wohle der Menschen eingesetzt werden. Der Sinnhorizont ist hier geschlossen, der Strukturmodus ist der der Bestimmtheit, denn alles Rätselhafte und Fremde kann mit Hilfe von naturwissenschaftlicher Rationalität erschlossen werden. „Daß sich das Fremde auch als Rätselhaftes, Nichtauflösbares, Unverstehbares zeigen könnte, ist *Star Trek* fremd." (Hickethier 1997, 131). Wir hatten herausgearbeitet, daß hier alle Probleme letzten Endes auf naturwissenschaftlich-technische Probleme zurück- und auf diesem Wege einer Lösung zugeführt werden. Kontingenzen und Vagheiten, Zonen der Unbestimmtheit gibt es hier letzten Endes nicht. Sie sind wissenschaftlich aufklärbar: Unbestimmtheit wird in den Diskurs wissenschaftlich-rationaler Bestimmtheit überführt. Wird aber Bildung einseitig als Positivierung von Bestimmtheit, also z.B. als Positivierung faktischen Wissens, angelegt und somit Zonen der Unbestimmtheit eliminiert, wird Bildung ausgehöhlt, letzten Endes blockiert. Bildung im Modus der Bestimmtheit ist tendenziell gefährdete Bildung als Ausdruck identitätstheoretischen Denkens.

Akte X ist ein anderes Muster der Selbst- und Weltorientierung. Wissenschaft ist begrenzt. Sie ist letztlich nicht geeignet, die existentielle Dimension des Menschen wie des Lebens überhaupt zu erschließen. Bereits der Vorspann macht mit klischeehaften UFO-Bildern, spiritueller Symbolik und der Textzeile *paranormal activities* deutlich, daß das Unheimliche der einstündigen Sendung im Bereich des rational nicht Erklärbaren liegt. Wir haben zwar gezeigt, daß die Logik von Verschwörungstheorien ebenfalls einen geschlossenen und dogmatischen Sinnhorizont darstellt und insofern bildungstheoretisch als bedenklich angesehen werden muß, er wird jedoch durch Scullys Rationalität permanent herausgefordert. Umgekehrt wird Scullys wissenschaftliche Rationalität beständig transzendiert. Den Fernsehzuschauern wird nicht starres Wissen und keine fixierten Lösungsmuster im Rahmen eines in sich geschlossenen Sinnsystems angeboten, sondern die Unentschiedenheit beider parallel nebeneinander bestehenden Sichtweisen vorgeführt. Gerade dieses Ausbalancieren führt dazu, daß der Gesamtsinnhorizont, den die Serie transportiert, beständig gelockert und Harmonie sowie Eingerichtetsein in dieser Welt unterlaufen wird; der hier vorliegende Strukturmodus ist der der Unbestimmtheit. „*Akte X* ist sehr typisch für die neunziger Jahre. Alles bleibt offen. Es gibt kein festgelegtes Ende, keine Antworten.“ (Edwards 1997, 49). Bildung lebt vom Spiel mit den Unbestimmtheiten. Sie eröffnet den Zugang zu Heterodoxien, Vieldeutigkeiten und Polymorphien. Suchbewegungen verweisen ja gerade auf Zonen von Unbestimmtheit. Bildung im Sinne von Unbestimmtheit ist sich erfüllende Bildung als Ausdruck differenztheoretischen Denkens.

Wir hatten diese Arbeit mit modernitätstheoretischen Überlegungen begonnen und wollen auch mit ihnen schließen. In dem Maße, wie es in der Moderne zu einer starken Ausdifferenzierung kommt, steigt die Nötigung, sich mit diesen Prozessen auseinanderzusetzen; ja geradezu angesichts dieser Prozesse seine Biographie zu entwerfen. Wenn Menschen einen eigenen Weg finden sollen, dann ist das nur möglich, wenn der Reflexivitätsdruck über flexible bildungstheoretische Formate aufgenommen wird. Ein solches haben wir anhand des Falles von Angelika Rauschenbach rekonstruiert. Das ging nicht glatt, sondern führte zu einigen Widersprüchlichkeiten. Das bildungstheoretische Format, das sich - in der Rezeptionsweise Angelika Rauschenbachs - aus der Kombination der *Star Trek-* und der *Akte X*-Botschaften ergibt, zeichnet sich jedoch durch eine grundlegende Flexibilität aus.

Anerkennung und Toleranz der Evolution anderer gesellschaftlicher Systeme bilden ein für sie wichtiges Element. Die Einsicht in die Lokalität von Wertorientierungen und die Einsicht in die existentielle Notwendigkeit der Anerkennung des Anderen als Anderen entfalten reflexive Energien, die das Selbstbild flexibilisieren. Wissenschaftliche Rationalität wird von Angelika Rauschenbach für lokale Problemlösungen anerkannt. Schließlich will sie nach dem Abitur Medizin studieren. Klar ist aber auch für sie, daß Wissenschaft nur sehr begrenzt in der Lage ist, Aussagen über die condition humaine zu machen. Die Ränder der wissenschaftlich-technischen Rationalität sind für sie ausgefranst, und damit sind Tor und Tür zu verschiedenen Arten von Transzendenzen geöffnet. Aus der Perspektive der geforderten Flexibilität ist das zunächst einmal gut. Die Einsicht in die Lokalität wissenschaftlich-technischer Lösungen macht den Blick frei dafür, daß andere Bereiche menschlichen Lebens andere Arten des Verständnisses und andere Arten der Lösung verlangen. Problematisch werden permanente Transzendenzen dann, wenn sie im Modus der Bestimmtheit wieder reintegriert werden. Das Problem der Verschwörungstheorien, die zu verdachtsgeleiteten Konstruktionen führen, zeigte, daß das hier vorliegende bildungstheoretische Format kein ideales ist. Es weist genau in diesem Punkt Probleme auf. Trotzdem sehen wir in ihm wichtige Eigenschaften, die Menschen helfen, eine offene, produktive und kreative Haltung gegenüber den gesellschaftlichen Problemen der nahen und fernen Zukunft einzunehmen.

7 Transkriptionshinweise

Zitiert wird nach (Interview I bzw. II: B,c-B,c): Bei Interview I handelt es sich um das zweistündige problemzentrierte Interview, das am 20.3.1997 geführt wurde; bei Interview II handelt es sich um das zweistündige narrative Interview, das am 29.5.1997 mit Angelika Rauschenbach geführt worden ist. B steht für die Angabe der Seitenzahl im original Interviewtranskript und c für die Angabe der Zeilennummern. Wir haben den Interviewtext zum Zwekke des Zitierens etwas von der Partiturschreibweise befreit und leichte Angleichungen dort vorgenommen, wo uns Partikel des Orginalinterviews nicht interpretationsrelevant erschienen.

[...]	bedeutet, daß im Interviewtext Auslassungen von uns vorgenommen worden sind
(Zahl)	*Zahl* gibt die Pausenlänge in Sekunden an
(k)	Sprachkorrektur
(Wort?)	bedeutet, daß das Wort (akustisch) nicht verständlich ist
Wort	Wort ist betont
(sehr leise)	Kommentar bzw. Anmerkung zur sprachlichen Gestaltung bzw. parasprachlichen Elementen
&	Schneller Anschluß

Literatur[25]

Alberts, J. u.a. (1997): Akte X. Das Fanbuch. Zweite Auflage. München

Altman, M. A./Gross, E. (1994): Deep Space Logbuch. Königswinter

Aufenanger, S. (1995): Qualitative Forschung in der Medienpädagogik. In: König/Zedler (Hrsg.) (1995); 221-239

Baacke, D./Kübler, H.-D. (Hrsg.) (1989): Qualitative Medienforschung: Konzepte und Erprobungen. Tübingen

Barth, D./vom Lehn, D. (1996): Trekkies im Cyberspace. Über Kommunikation in einem Mailboxnetzwerk. In: Knoblauch (Hrsg.) (1996); 215-243

Benner, D./Lenzen, D. (Hrsg.) (1991): Erziehung, Bildung, Normativität. Versuche einer deutsch-deutschen Annäherung. Weinheim, München

Berg, E./Fuchs, M. (1993): Phänomenologie der Differenz. Reflexionsstufen ethnographischer Repräsentation. In: Berg/Fuchs (Hrsg.): Kultur, soziale Praxis, Text. Die Krise der ethnographischen Repräsentation. Frankfurt am Main; 11-108

25 Bei Verweisen auf Internetadressen ist zu berücksichtigen, daß diese Seiten unter der angegebenen Adresse bis mindestens Dezember 1997 noch im Netz vorhanden waren.

Berg, E./Fuchs, M. (Hrsg.) (1993): Kultur, soziale Praxis, Text. Die Krise der ethnographischen Repräsentation. Frankfurt am Main

Clifford, J. (1993): Über ethnographische Autorität. In: Berg/Fuchs (Hrsg.) (1993); 109-157

Clifford, J./Marcus, G.E. (Eds.) (1986): Writing Culture. The Poetics and Politics of Ethnography. Berkely u.a.

Dewi, T. (1997): Die Trekker in Deutschland. Eine kleine Geschichte. In: Klein/Hellmann (Hrsg.) (1997); 10-15

Edwards, T. (1997): Entschlüsselt. Ein Streifzug durch das Archiv der Akte X. München

Fiske, J. (1987): Television Culture. London u.a.

Genge, N. (1996): Die Wahrheit über Akte X. Geheimnisse, Verschwörungen, Hintergründe. München

Goodman, N. (1990): Weisen der Welterzeugung. Frankfurt am Main

Hahn, R. M. (1993): Die Star Trek Filme. 2. Auflage. München

Hickethier, K. (1991): Die Fernsehserie und das Serielle des Fernsehens. Lüneburg

Hickethier, K. (1993): Film- und Fernsehanalyse. Stuttgart

Hickethier, K. (1997): Die Utopie der Scric. Mythen und Weltsicht im Star Trek-Universum. In: Klein/Hellmann (Hrsg.) (1997); 120-138

Honer, A. (1993): Lebensweltliche Ethnographie. Ein explorativ-interpretativer Forschungsansatz am Beispiel von Heimwerker-Wissen. Wiesbaden

Jenkins, H. (1992): Textual Poachers. Television Fans and Participatory Culture. New York u.a.

Klein, A.: Faszinierend! Star Trek zwischen Unterhaltung und Utopie? In: Klein/Hellmann (Hrsg.) (1997); 166-182

Klein, A./Hellmann, K.-U. (Hrsg.) (1997): „Unendliche Weiten..." Star Trek zwischen Unterhaltung und Utopie. Frankfurt am Main

Knoblauch, H. (Hrsg.) (1996): Kommunikative Lebenswelten. Konstanz

König, E./Zedler, P. (Hrsg.) (1995): Bilanz qualitativer Forschung. Bd. 1. Grundlagen qualitativer Forschung. Weinheim

Kübler, H.-D. (1989): Medienforschung zwischen Stagnation und Innovation. Eine Skizze des Diskussionsstandes aus der Sicht qualitativer Forschung. In: Baake/Kübler (Hrsg.) (1989); 7-71.

Lenzen, D./Luhmann, N. (Hrsg.) (1997): Bildung und Weiterbildung im Erziehungssystem. Lebenslauf und Humanontogenese als Medium und Form. Frankfurt am Main

Luchting, A.-K. (1995): Leidenschaft am Nachmittag. Eine Untersuchung zur Textualität und Intertextualität us-amerikanischer Seifenopern im deutschen Fernsehen und ihrer Fankultur. Wolnzach

Marotzki, W. (1990): Entwurf einer strukturalen Bildungstheorie. Biographietheoretische Auslegung von Bildungsprozessen in hochkomplexen Gesellschaften. Weinheim

Marotzki, W. (1991): Bildung, Identität und Individualität. In: Benner/Lenzen (Hrsg.) (1991); 79-94

Marotzki, W. (1997): Digitalisierte Biographien? Sozialisations- und bildungstheoretische Perspektiven virtueller Welten. In: Lenzen/Luhmann (Hrsg.) (1997); 175-198

Matzker, R. (1997): Die Reise ins Paradies. Säkularisierte Religiosität am Beispiel Star Trek. In: Klein/Hellmann (Hrsg.) (1997);139-165

Münkler, H. (1997): Moral und Maschine. Star Trek im Spannungsfeld von Sozialutopie und technologischem Fortschritt. In: Klein/Hellmann (Hrsg.) (1997); 59-71

Okuda, M./Okuda, D./Mirek, D. (1995): Star Trek. Die offizielle Enzyklopädie. Das Star Trek-Universum von A-Z. Schindellegi

The Oxford English Dictionary. Second Edition. Prepared by J.A. Simpson and E.S.C. Weiner. Volume V. Oxford (Clarendon Press) 1991.

Peinkofer, M./Raum-Deinzer, U. (1997): Das große Star Trek Buch. Von der Classic-Serie bis zu Voyager. Nürnberg

Pfister, M. (1977): Das Drama. Theorie und Analyse. München

Sailer, Th. (1997): Aliens in Star Trek. In: Trek World 47; 50-61

Sauerbaum, U. (1981): Science-fiction. Theorie und Geschichte, Themen und Typen, Form und Weltbild. Stuttgart

Schütz, C. (1997): The Trek Generation. Der Online-Guide für Star Trek-Fans. Düsseldorf

Schütze, F. (1983): Biographieforschung und narratives Interview. In: Neue Praxis 13 (1983); 283-293

Star Trek (1993) Moviestar Sonderheft. Hille

Thiesen, S. (1997): Star Trek Science. Die Zukunft hat schon begonnen. Düsseldorf u.a.

Tyler, St. A. (1986): Post-Modern Ethnography: From Document of the Occult to Occult Document. In: Clifford/Marcus (Eds.) (1986); 122-140

Vogelgesang, W. (1991): Jugendliche Video-Cliquen. Action- und Horrorvideos als Kristallisationspunkte einer neuen Fankultur. Opladen

Wanning, N. (1996): Fenster in die Zukunft. Eine Betrachtung der Kultserie Star Trek. Bochum (Magisterarbeit)

White, M. (1997): Die Wissenschaft der Akte X. Beweise für die Realität des Unerklärbaren. München

Whitfield, St. E./Roddenberry, G. (1968): The Making of Star Trek. New York

Teil II:

Biographien: Prozesse der Bildung und Wandlung

Jutta Ecarius

Biographie, Lernen und Gesellschaft. Erziehungswissenschaftliche Überlegungen zu biographischem Lernen in sozialen Kontexten.

1. Einleitung

Die Biographieforschung ermöglicht, Lernen und Erziehung aus der Perspektive der Betroffenen zu erforschen. Sie öffnet den Blick für den Erfahrungshorizont von Heranwachsenden in Familien, der kindlichen sowie jugendlichen peergroup und der Schule (vgl. Scheer, Peters 1996). Lern- und Bildungsprozesse, das Gewordensein eines Subjekts, sind in ihrer Vollständigkeit am ehesten aus der lebensgeschichtlichen Erzählung einer Person erfaßbar. Welche Erfahrungen das Individuum macht, wie es lernt und durch das Leben geht, kann am besten der Biographieträger oder die Biographieträgerin selbst mitteilen. Hierbei wird zugleich über das soziale Lernfeld sowie den sozialgeschichtlichen Rahmen berichtet.

Sowohl Biographie als auch Lernen sind zentrale Begriffe der Erziehungswissenschaft. In den 20er Jahren dieses Jahrhunderts, wenn auch die Anfänge bis ins 18. Jahrhundert zurückreichen, erlebte die erziehungswissenschaftliche Biographieforschung in der Pädagogischen Psychologie ihre erste Blütezeit (vgl. Spranger 1924, Bernfeld 1931, Bühler 1921). Mitte der späten 70er Jahre erfuhr die erziehungswissenschaftliche Biographieforschung eine neue Blüte, für deren Anfänge Loch (1979), Baacke, Schulze (1993) und Henningsen (1981) stehen. Lernen ist in diesen Untersuchungen von Bedeutung, auch wenn es nicht Hauptgegenstand ist. Hauptsächlich wurde Lernen bisher im Kontext entwicklungspsychologischer oder kognitiver Lerntheorien diskutiert und in Abgrenzung zur Bildung als Voraussetzung dessen betrachtet. Jedoch bleiben solche Kategorien wie „Leben lernen“ oder „lebenslanges Lernen“ weitgehend abstrakt, stellt man sie nicht konkret in den Kontext von biographischem Lernen.

Ein zentrales Anliegen der erziehungswissenschaftlichen Biographieforschung hat daher auch die Analyse der individuellen Erfahrung, der Lernprozesse und der Verarbeitung von Gesellschaft zu sein. Hierbei handelt es sich erstaunlicherweise um ein Feld, das in der Erziehungswissenschaft vernachlässigt wird, aber dringender Bearbeitung bedarf. Den Zusammenhang von Biographie und Lernen zu betonen, ist für die Erziehungswissenschaft von Bedeutung, da auf diese Weise die Geschichte der Erzieher um eine Geschichte der Erzogenen ergänzt werden kann (vgl. Schulze 1993, 18). Biographische Erzählungen eignen sich in besonderer Weise für das Erfassen von Lernprozessen, da hier längerfristige Transformationsprozesse im lebensgeschichtlichen Zusammenhang geschildert werden.

In einem ersten Schritt wird der Zusammenhang von Biographie und sozialer Wirklichkeit beleuchtet, wobei die Biographie als Lerngeschichte gedeutet wird. Daraus ergibt sich in einem nächsten Schritt die Notwendigkeit, die Frage zu erörtern, ob Biographie als ein gegenwärtiges Konstrukt oder als ein Nacherleben von Erlebtem zu verstehen ist. Dann erst kann der Frage nachgegangen werden, was unter biographischem Lernen zu verstehen ist. Fritz Schütze hat diese Aspekt nicht ausgearbeitet. Jedoch bietet das narrative Interview einen Ansatz, Lernen als lebensgeschichtliches Lernen zu begreifen und Lernprozesse im Kontext von Erzählstruktur und Erzähltem zu fassen. Somit steht zur Diskussion, wie sich aus lebensgeschichtlichen Erzählungen Lernprozesse erschließen lassen. Abschließend wird biographisches Lernen in den Horizont von sozialen Kontexten eingebunden und auf den engen Zusammenhang von Biographie, Lernen und sozialen Milieus hingewiesen.

2. Biographie und soziale Wirklichkeit

Leben setzt immer Sinn und Deutung voraus - solange es nicht auf ein *Sichverhalten oder Dahinleben* reduziert wird. Leben ist Erleben und Handeln, zugleich aber auch Beschreibung und Thematisierung des eigenen Lebens oder Teilen davon. Angesprochen sind damit nach Schulze (1995) drei Aspekte: das Leben als Bios, das biographische Subjekt und autobiographische Materialien, wobei das biographische Subjekt den Ausgangspunkt bildet. Das biographische Subjekt umschließt tatsächliches Leben in Raum und Zeit und es ist zugleich dasjenige, das biographisches Material produziert. Auf einer weiteren Stufe ist die Biographie auch als kollektives Gedächtnis zu verstehen.

Begibt man sich auf die Spurensuche von Definitionsversuchen von Biographie, gelangt man zu einer interessanten Feststellung. Mit Beginn der 80er Jahre wurde Biographie vor allem im Kontext von Zeit, Alltagszeit und Lebenszeit diskutiert, was einmal auf die Theorietradition von Alfred Schütz und zeit-soziologische Studien (vgl. Fischer 1986) verweist. So arbeitet bspw. Fischer (1978) in Anlehnung an Schütze den Zusammenhang von Alltagszeit und Lebenszeit heraus und stellt ihn in Verbindung zur Leiblichkeit. Zum anderen vermischt sich die Diskussion um Zeit und Biographie erstaunlicherweise mit der Lebenslaufforschung, die Ende der 70er Jahre aus Amerika importiert wurde (vgl. Rosenmayr 1978, Pieper 1978, Kohli 1978). Das Konzept des Lebenslaufs, theoretisch fundiert durch das strukturfunktionale Theoriegebäude von Parsons, unterstellt eine Synchronie zwischen einer altersstrukturierten Gesellschaft mit altersstrukturierten Institutionen und einem altersnormierten Lebenslauf, in dem Altersnormen den Subjekten einen Zeitplan auferlegen, nach denen sie sich richten. Daraus ergibt sich eine Phasierung des Lebenslaufs mit einem festen Zeitkorsett. Auch wenn gegenwärtig im Kontext theoretischer Rückführungen zwischen Biographie und Lebenslauf unterschieden wird, zeichnete sich eine solche strikte Differenzierung in zwei streng voneinander getrennte Forschungsbereiche für die 80er Jahre noch nicht ab. Dort wurden Biographie- und Lebenslaufforschung von Vertretern beider Richtungen im Zusammenhang thematisiert (vgl. Voges 1987; Kohli, Robert 1984) und verstärkt auf die Verbindungselemente von Struktur, institutionalisiertem Lebenslauf und Biographie (vgl. Kohli 1985) hingewiesen. Selbst Schütze spricht in frühen Aufsätzen von den Prozeßstrukturen des Lebensablaufs (vgl. Schütze 1981). Beide Forschungsbereiche haben sich jedoch inhaltlich wie auch begrifflich auseinanderentwickelt (vgl. Ecarius 1996). Die Lebenslaufforschung ist hauptsächlich in die soziale Ungleichheitsforschung eingegangen (vgl. Berger, Sopp 1995), und die Biographieforschung hat sich als einen eigenen zentralen Forschungszweig in der Sozialwissenschaft und Erziehungswissenschaft etabliert. Daher sind auch gegenwärtig solche Themen wie Zeit, Lebensereignis und institutionalisierter Lebenslauf kaum noch zu finden. Die Biographieforschung hat sich in der Erziehungswissenschaft zu einem eigenständigen Forschungsgebiet entwikkelt, deren Schwerpunkte empirische Forschung, Methodologie und die Erörterung der Begriffsbildung von Biographie und Bildung oder Biographie und Lernen sind. Welches Thema aber auch immer im Fokus steht, zuerst ist die Frage zu klären, was unter Biographie zu verstehen ist und welche Aspekte darunter fallen.

Nach Schulze (1995) ist das biographische Subjekt das „Auto“, das „Selbst“ eines Subjekts. Hierzu gehören nicht nur die Erinnerungen und die Bilder von sich selbst, sondern auch das Selbstbewußtsein und die Selbstverwirklichungen: „Dieses biographische Subjekt ist also nicht nur Produzent einer Autobiographie, sondern zugleich Produkt und Produzent seines Lebens und immer ein Teil desselben“ (Schulze 1995, 16). Nach Dilthey ist die Selbstbiographie „das Verstehen seiner selbst“ (1973, 249), sie dient der Bestimmung und Ergründung des Sinns des einzelnen[1]. Das Erleben ist Grundlage des Verstehens und der Bestimmung seiner selbst sowie des Einzellebens im Gesamten. Die Selbstbiographie ist die „Selbstbesinnung des Menschen über seinen Lebensverlauf“ (vgl. ebenda, 200). Auch Dilthey stellt

1 Merkwürdigerweise unterscheidet Dilthey in Biographie und Selbstbiographie. Während die Biographie eher als sozialgeschichtliches Dokument von historischen Persönlichkeiten betrachtet wird, wird die Selbstbiographie als ein Verstehen seiner selbst gedeutet. Jedoch wird auch hier die wechselseitige Wirkung von Handlung und Struktur, von Individuum und Gesellschaft angenommen.

sich die Frage, was den Zusammenhang der Biographie konstituiert. Er nennt Kriterien, die jedoch mehr in eine philosophische Richtung deuten: nämlich Wert, Zweck und Bedeutung. Die Frage, welchen Zweck und Wert eine Biographie hat, soll hier nicht diskutiert werden. Hier wird an sozialwissenschaftlichen Fragestellungen innerhalb der Erziehungswissenschaft angeschlossen.

Auch in der erziehungswissenschaftlichen Biographieforschung wird unterstellt, daß es sich beim biographischen Subjekt um eine Konstruktion handelt (vgl. Schulze 1995, Krüger 1995; Kokemohr, Koller 1995), die aus der Verbindung von Vergangenem und Gegenwärtigem entsteht. Ganz richtig hat Leitner (1982) ausgehend vom gelebten Leben darauf verwiesen, daß das Leben weder vom Subjekt noch von einem externen Beobachter in seiner Totalität erfaßt werden kann. Es können immer nur ausgewählte Erinnerungen und Erfahrungen nach einer bestimmten Logik zu einem Bild zusammengefügt werden. Jede Form von Selbstbewußtsein, also welche biographischen Entwürfe möglich sind und als was sich Ego definiert, ist eine Konstruktion „eines spezifischen Bewußtsein-Inhalts, einer Wirklichkeit des Ich in der Sprache und Logik spezifischer Sozialität: Kultur“ (vgl. ebenda, 19). Die Art der Konstruktion von Biographie steht in einem direkten Zusammenhang zur jeweiligen sozialen Struktur von Gesellschaft. Um die Jahrhundertwende haben Durkheim (1988) und Simmel (1890, 1968) darauf verwiesen, daß eine gesteigerte sozialstrukturelle Differenzierung der modernen Gesellschaft die Ursache für eine zunehmende Individuierung ist. Je stärker sich Gesellschaften differenzieren, desto mehr sind die Subjekte aufgefordert, ein individuelles Rollenrepertoire und folglich eine eigene Biographie anzulegen, um sich des Vergangenen, des Erfahrenen und des Gewordenen zu vergewissern. Jede Gesellschaft entwickelt zwangsläufig Maßstäbe für eine grundlegende Orientierung in Raum und Zeit. Dem Menschen sind solche Maßstäbe nicht konstitutionell mitgegeben, gleichwohl er derer bedarf. Die Maßstäbe, die herangezogen werden für Identifikationskonstruktionen, sind zugleich solche der Weltkonstruktion. „Sie folgen derselben Logik und stecken den Rahmen der beiderseitigen Möglichkeiten ab. (...) Der Sinnzusammenhang also, als der in einer Kultur, die Person und ihre Einheit verstanden wird, ist immer eine *Sachstruktur* innerhalb der kulturell konstituierten Welt: was ich bin oder sein kann, richtet sich immer danach, was die Welt ist oder sein kann bzw. an Möglichkeiten bereithält“ (vgl. Leitner 1982, 70).

Zur Beschreibung des Verhältnisses von Leben und Gesellschaft in komplexen, modernen Gesellschaften wählt Leitner den Begriff „Identifikation als personale Geschichte“. Die Lebensverhältnisse sind hier nicht mehr auf Dauer angelegt (vgl. ebenda, 119). Das Subjekt ist gezwungen, die Welt und sich selbst ohne stabile gleichbleibende Verhältnisse zu definieren. Nicht mehr die soziale Position und die dazugehörenden Typisierungen binden das Subjekt in den Rhythmus mit dem Weltgeschehen ein. Ist in der Zeit des

Humanismus die klassische Biographie noch einzigartig, wird im Rahmen sozialer Differenzierung die Individualität eines Subjekts zum Produkt sozialer und psychischer Lebensumstände. Wichtig ist nun, daß die Biographie erzählt wird, d.h. die Identifikation als Erzählung ausfällt. Brose und Hildenbrand (1988) nennen dies die Biographisierung von Erleben und Handeln, wobei der Sinn und die Lernerfahrungen, die aus Handlungen oder Ereignissen gezogen werden, sich nicht nur aus der Intention des Individuums ergeben, sondern auch aus den Bedeutungsgehalten, die anderen dieser Situation erteilen und wie sie sich in dieser Situation verhalten. Ausgangspunkt ist somit der wechselseitig verschränkte Prozeß der Individuierung und Vergesellschaftung, der lebensweltlich über Sprechen und Interaktion vermittelt wird. In diesem Kreuzpunkt ist die Biographie anzusiedeln. Sie ist erzählbar und bezieht sich in ihrer Erzählung auf relevante Erlebnisse und Erfahrungen (vgl. Fischer-Rosenthal 1991). Somit ist die Biographie „die Urzelle der Geschichte" (vgl. Dilthey 1973, 246). Sie zeigt das Individuum „in dem Milieu, von dem es Einwirkungen empfängt und auf das es zurückwirkt" (vgl. ebenda). Somit enthält die Biographie beides: die Einwirkungen der sozialen Umwelt auf das Subjekt und die Einwirkungen des Subjekts auf die soziale Umwelt. Durch das Erleben der Realität entstehen Auffassungen, die zu Kategorien gerinnen. Gegenwärtiges und Vergangenes wird durch eine gemeinsame Bedeutung zusammengehalten. „Unter diesen Erlebnissen sind diejenigen, die für sich und den Zusammenhang des Lebens eine besondere Dignität haben, in der Erinnerung bewahrt und aus dem endlosen Fluß des Geschehenen und Vergessenen herausgehoben; und ein Zusammenhang ist im Leben selber gebildet worden, von verschiedenen Standorten desselben, in beständigen Verschiebungen" (Dilthey 1973, 200). Fischer und Kohli haben ebenfalls diesen Aspekt berücksichtigt und darauf verwiesen, daß die Biographie zweierlei enthält: objektive Struktur und subjektive Verarbeitung. Aus dieser Perspektive ist die Biographie als ein alltagsweltliches Konstrukt zu verstehen, „das die lebensweltliche Ambiguität vorgegebener Regelhaftigkeit und Emergenz gleichermaßen beinhaltet" (Fischer, Kohli 1987, 35). Hiermit wird gerade jenen Theorien und Ansätzen entgegengetreten, die die Biographie als etwas rein Subjektives betrachten oder Biographien in Strukturen aufgehen lassen. Indem die Gleichzeitigkeit von Subjektivem und Gesellschaftlichem herausgestellt wird, wird die Biographie von bloßer Subjektivität wie reiner Strukturalität befreit. Damit wird Biographie befreit von Theorieansätzen, die die Strukturbedingtheit und den systemisch-funktionalen Strukturzusammenhang betonen oder wie Bourdieu eine biographische Illusion unterstellen (vgl. Bourdieu 1990).

Die Biographie ist somit autobiographische Reflexion und Konstruktion eigener Erfahrung und umschließt individuelle und kollektive Geschichte zugleich. In der Erzählung stellt das Subjekt sein Leben erzählend, darstellend und reflektierend vor. In diesem Zusammenhang stellt Schulze treffend heraus: „Lebensgeschichten sind Lerngeschichten“ (Schulze 1993a, 34). Lernen als biographische Erzählung lenkt den Blick auf das Lernen als innere Erfahrung (vgl. Maurer 1981), die Ausbildung und Aufrechterhaltung persönlicher Identität. Damit wird der inneren Seite der Erziehung, dem subjektiven Erleben von Lernen ein größeres Gewicht verschafft. „Biographie wird verstanden als Bildungsschicksal, als Lerngeschichte, als Prozeß, Produkt und Potential in einem“ (Schulze 1993a, 33). So schreibt auch Fischer-Rosenthal: „Emergente Lebensereignisse werden in sozialen Sinn- und Bedeutungszuschreibungen zu Erfahrungen und so zu Modifikationen übernommener und durch vorhergehende Erfahrungen konstituierter Identitäten“ (vgl. Fischer-Rosenthal 1991, 255). Es entsteht nicht nur eine Sicht auf die Welt, sondern auch das Selbst formiert sich. Mit anderen Worten: In Interaktionen mit anderen entstehen Erfahrungs- und folglich auch Lernprozesse, in denen sich die Weltsicht als auch das Selbstverständnis über sich herausbildet. Hierbei darf jedoch nicht von Determinierungen und Verfestigungen ausgegangen werden. Zwischen dem schon aufgebauten Selbstbild und einem aktuellen Erlebnis besteht *immer* ein prinzipiell offenes, interpretatives Wechselverhältnis. Lernprozesse sind damit zu jeder Zeit im Leben möglich als auch gegeben, wobei eine Konsistenz zwischen Erlebnis bzw. Ereignis und den bisherigen Erfahrungen des Lebens herzustellen ist. Biographie ist Erfahrungsreservoir und Sinnhorizont für neue Erlebnisse wie auch alltägliches Handeln.

3. Biographie als gegenwärtiges Konstrukt oder als Nacherleben von Erlebtem

Bevor wir der Frage nachgehen, auf welche Weise Lernprozesse in biographischen Erzählungen angedeutet werden, ist noch eine andere Frage zu thematisieren. Zur Diskussion steht immer wieder, ob Biographie als lebensgeschichtliche Erzählung von der Gegenwart aus konstruiert wird und sie folglich ein Produkt gegenwärtigen Denkens und Handelns ist oder ob in Lebensgeschichten vergangen Erfahrenes und Erlebtes sich seinen Weg bahnt und zum Vorschein gelangt. Diese unterschiedlichen Annahmen sind für eine Analyse von biographischem Lernen folgenreich. Denn falls sich erweisen sollte, daß erzählte Lebensgeschichten reine Konstruktionen gegenwärtigen Lebens sind und darin keine Schichten des vergangenen Lernens enthalten sind, dann wäre eine Analyse von Biographie und Lernen in Frage zu stellen und auf ihre Sinnhaftigkeit hin zu prüfen. Die folgende Diskussion setzt auf der Ebene der biographischen Materialien an, die – wie Schulze verdeutlicht hat – eng mit dem biographischen Subjekt und dem Bios, dem tatsächlichen Leben, verbunden ist. Das biographische Subjekt ist Produzent biographischer Texte, und es ist das Ergebnis gelebten Lebens. Ist in biographischen Materialien, so läßt sich die Frage nun genauer formulieren, nur das gegenwärtige Subjekt enthalten, oder wird auch etwas vom gelebten Leben sichtbar?

Die Lebensgeschichte, die erzählt wird, wird nach Fuchs (1984) immer aus der Gegenwart erzählt, sie ist retrospektiv, d.h., Kindheits- und Jugenderinnerungen sind Erinnerungen des Erwachsenen an die eigene Kindheit und Jugend. Kindheits-, Jugend- und Erwachsenenerlebnisse verschränken sich ineinander und formieren sich zu einer gegenwärtigen Perspektive (vgl. Schonig 1979, 14). Erzählungen bilden nicht, wie es die Ansicht von Fritz Schütze ist, das Leben ab, sondern sie sind Rekonstruktionen (vgl. Fuchs 1984, 63). In neueren Ansätzen sind es Kokemohr und Koller (1995), die sich gegen die Homologiethese von Schütze wenden, nach der in Narrationen analog zum Erfahrenen das Erlebte erzählt wird[2]. In der Tat kann gelebtes Leben niemals in seiner Vollständigkeit wiedergegeben werden. Vergangene Erfahrungen sind immer auch Konstruktionen - wie Leitner (1982) verdeutlicht hat. Erlebnisse sind aufgrund ihrer Fülle niemals vollständig erzählbar. Schütze (1984) nennt das Ergebnis eines gelungenen autobiographisch-narrativen Interviews eine Stegreiferzählung des selbsterfahrenen Lebenslaufs. In der Erzählung werden sowohl analoge als auch digitale Erzählformen vorgenommen. Der lebensgeschichtliche Erfahrungsstrom wird in erster Linie *analog* durch Übereinstimmung des aktuellen Erzählstroms mit dem Strom der ehemaligen Erfahrungen im Lebensablauf wiedergegeben und erst sekundär *digital*, d.h. schrittweise durch unter-stützende Resymbolisierungen des Erfahrungsablaufs. Bei der analogen Wiedergabeweise läßt sich der Erzähler durch den Strom der Erlebnisse gleiten. Bei diesem Teil der lebensgeschichtlichen Erzählung handelt es sich um wiedererinnerte lebensgeschichtliche Erfahrungsaufschichtungen, in der die „erinnerten Interaktionen mit signifikanten Anderen und mit wichtigen Kontrahenten" eine erhebliche Rolle (ebenda, 79) spielen. Dadurch erhalten die Erzählungen eine biographische Authentizität des Vergangenen.

Die digitalen Elemente des Erzählens kennzeichnen das Prädizieren von

---

2 Nach Kokemohr und Koller gerinnt im Prozeß des Erzählens das Erfahrene und Erlebte, indem das Unartikulierte zur Gestaltung drängt, zu einer rhetorischen Figur. Bildungsprozesse setzen hiernach während des Erzählens ein. In der Tat kann angenommen werden, daß während des Erzählens reflexive Bewußtwerdungsprozesse in Gang gesetzt werden können, die nachhaltige Auswirkungen auf den weiteren biographischen Verlauf haben können. Jedoch sollte damit nicht der Aspekt ausgeklammert werden, daß auch in Interaktionen und Handlungsvollzügen Bildungs- und Lernprozesse stattfinden. Andere AutorInnen, die sich mit der Frage der Konstruktion von Biographie auseinandergesetzt haben, sind Riemann (1987), Rosenthal (1987), Fischer (1978, 1986) sowie Brose, Wohlrab-Sahr, Corsten (1993), Marotzki (1990) und Niethammer (1985), wobei jeweils unterschiedliche Positionen vertreten werden.

Erfahrungsstücken und Erfahrungszusammenhängen. Sie sind „partiell besetzt mit dem verallgemeinerten Anderen der eigenen Identitätsentwicklung; mit dem eigenen Selbst, das dem Biographieträger reflektierend gegenübertritt; sowie mit signifikanten Anderen und zentralen Opponenten aus der eigenen Lebensgeschichte“ (vgl. ebenda). Durch das Zurückhalten des Interviewers treten in der Erzählung zentrale Interaktions- und Beziehungsinstanzen der eigenen Vergangenheit und des eigenen Selbst hervor. Die Segmentierung des Erzählstroms und wie die Erfahrungsqualitäten hinsichtlich ihrer allgemeinen Merkmale prädiziert werden, hängt von der Struktur der eigenen lebensgeschichtlichen Erfahrungsaufschichtung ab.

Schütze spricht von einer biographischen Gesamtformung anstatt von Biographie. In diesem Begriff ist das Prozeßhafte, das Werden des Biographischen aufgenommen. Die biographische Gesamtformung konstituiert sich durch das „Zusammenspiel der konkreten Ordnungsstrukturen, an denen sich der Lebensablauf bisher orientiert und abgearbeitet hat und an denen er sich gegenwärtig (konform zur Vergangenheit oder im Gegensatz zu ihr) ausrichtet“ (vgl. Schütze 1981, 104). Eine Biographie weist folglich mehrere Schichten an Strukturen auf, die sich aus unterschiedlichen vergangenen, gegenwärtigen und zukunftsorientierten Wissensaufschichtungen ergeben. Auch enthält jede biographische Gesamtformung Schnittstellen, die durch Aneinanderreihungen oder Aufzählungen von Erlebnissen sichtbar werden. Sind Wandlungsprozesse besonders einschneidend, „schafft die faktische Umschichtung der biographischen Gesamtformung Voraussetzungen für eine Neuthematisierung der Lebensgeschichte: der autobiographischen Gesamtsicht“ (vgl. ebenda, 108). Damit deutet Schütze an, daß biographische Erzählungen bei rapiden Wandlungsprozessen auch Umschichtungen des Erfahrenen enthalten können. Dennoch steht für ihn fest, „daß die lebensgeschichtlich vergangenen Ordnungsstrukturen des Lebensablaufs einschließlich der bisher noch nicht theoretisch-definitorisch erfaßten, aber dennoch erfahrenen Prozesse gegenwärtig lebenssteuernder Ordnungsstrukturen als Summe von Erfahrungen im Orientierungssystem des Biographieträgers abgelagert sind“ (vgl. ebenda, 125). Gegenwärtige Ordnungsstrukturen ergeben sich immer auch aus vergangenen Relevanzstrukturen der Lebensführung. Diese Aussage ist folgenreich. Biographisches Erzählen enthält nicht nur eine gegenwärtige und eine vergangene Konstruktion des Gewesenen, sondern *mehrere* Schichten und Ansichten. Der Erzähler unterscheidet zwischen Erfahrungen in der Kindheit und solchen als Pubertierender, weiß noch die unterschiedlichen Gefühle, Sichtweisen als auch Erkenntnisprozesse, die sich von denen gegenwärtiger Orientierungen und Handlungsweisen unterscheiden können.

Dennoch ist im Interpretationsgang auch Vorsicht geboten. Denn es liegt immer auch eine strukturelle Differenz zwischen ErzählerIn und InterpretIn vor. Zwar teilt der Erzähler mit dem Interpret, wie Dilthey andeutet, sein

Menschsein, was eine grundlegende Voraussetzung für sinnhaftes Verstehen von Texten ist, aber zwischen dem Weltverständnis des Textes und dem des Interpreten kann eine strukturelle Differenz vorliegen. Diese ist im Interpretationsgang zu berücksichtigen. Es bleiben immer Erfahrungsbereiche in der Analyse ausgeklammert. Zugleich jedoch kann die Differenz den Interpretationsvorgang unterstützen (vgl. Ecarius 1997, 314). Durch sie wird Ungewohntes oder Ungeahntes offensichtlich bzw. tritt erst deutlich hervor. Widersprüche und neuartige Muster des Lernens werden in der Analyse durch die Fremdheit des anderen offenbar. Aber noch ein weiterer Aspekt soll angesprochen werden, den es in Analysen zu berücksichtigen gilt. Lernsequenzen, die in Interaktionen mit anderen auftreten, werden in der Erzählung niemals in ihrer Vollständigkeit wiedergegeben. Folglich kann auch nicht die gesamte Situation in der Analyse rekonstruiert werden. In biographischen Erzählungen wird zwar immer wieder von Interaktionen berichtet, es handelt sich jedoch um Beschreibungen, die nicht die Perspektive aller Beteiligten schildert, sondern es sind Interaktionsbeschreibungen aus der Sicht des Subjekts. Gerade aber das ist der Anspruch der erziehungswissenschaftlichen Biographieforschung: erforscht wird die Wahrnehmung und Verarbeitung biographischen Lernens.

Fließen die Problematiken biographischen Erzählens und Interpretierens in die Analyse ein, dann wird über den Weg eines empirisch kontrollierten Verfahrens der Zugang zur subjektiven Ebene von Lernprozessen eröffnet. Ausgehend vom interpretativen Paradigma interessiert die mündliche Erzählung der Lernerfahrung. So wie das Thomas-Theorem besagt, „daß, wenn Menschen eine Situation als real definieren, diese auch reale Konsequenzen hat“ (Thomas, zit.n. Fuchs 1984, 111), wird unterstellt, daß, wenn Heranwachsende bestimmte Lebenssituationen als ausschlaggebend für sich beschreiben, auch davon auszugehen ist, daß sich daraus in der Tat Konsequenzen für den weiteren Lebensweg ergeben. Biographie ist somit als eine prozeßhafte lebenslange Aufschichtung von Erfahrungen und Lernprozessen zu verstehen, die viele verschiedene Schichten mit digitalen und analogen Erzählstrukturen aufweist. In die biographischen Rekonstruktionen der einzelnen fließen historische, gesellschaftliche, kulturelle und familiale Bedingungen als Konstellationen ein, in dessen Kontext biographische Erfahrungen aufgeschichtet werden. Damit kann die *Biographie als Lernprozeß* verstanden werden. Dieses Konstrukt ermöglicht uns den Zugang zu subjektiven Lernprozessen bzw. zur Auseinandersetzung mit der Welt sowie dem Handeln und Lernen in der sozialen Welt.

4. Biographisches Lernen

Schütze stellte schon Anfang der 80er Jahre die Annahme auf, daß Identitäten bzw. Selbstkonzepte permanenten Wandlungsprozessen ausgesetzt sind. Diese Wandlungsprozesse sollen im folgenden als *Lernprozesse* verstanden werden. Der Anlaß für Wandlungsprozesse ist nach Schütze ganz unterschiedlicher Art. Zum einen ergeben sie sich aus sich ständig ändernden soziohistorischen Erneuerungen. Dazu zählen sich wandelnde Alltagseinflüsse, in die politische und wirtschaftliche Strukturen und Verhältnisse hineinwirken. Genauso zählen dazu aber auch technische Erneuerungen. Das Subjekt hat sich den historischen Wandlungsprozessen anzupassen und seine Handlungen darauf abzustimmen. Aber es ändern sich im Leben auch die sozialen Bezüge. Die Schulfreunde werden von Kommilitonen abgelöst und im Berufsleben werden Arbeitskollegen zu zentralen Interaktionspartnern. Zum anderen sind aber auch endogene Reifungs- und Abbauprozesse zu nennen, die auf das Selbstkonzept Einfluß nehmen. Die sozialen Bedingungen als sich wandelnde in der Zeit sowie die subjektiven Entwicklungsdynamiken ändern die „das Handlungsschema tragende Selbstidentität in ihrem Selbstverständnis und in ihrer Eigenschaftsstruktur“ (vgl. Schütze 1981, 74). Lernprozesse unterliegen somit nicht nur absichtlichen, intentionalen Prozessen, sondern ergeben sich auch spontan aus Lebenssituationen heraus. Schütze weist in diesem Kontext vor allem darauf hin, daß „biographisch relevante Handlungsschemata nicht als *monologische* betrachtet werden dürfen“ (vgl. ebenda, 85). Die Interaktionspartner und sozialen Beziehungsschemata sind zentrale Hintergrundbedingungen, die den Verlauf von Transformationen beeinflussen. Als Geflecht sozialer, physischer und psychischer Beziehungsschemata sind sie Konstitutions- und Bedingungstexturen von Lernprozessen.

Das Erzählen von Erfahrungen ist auf die Veränderung des Selbst bezogen. Insofern ist jedes Stegreiferzählen[3] eigenerlebter Erfahrungen das Wiedererinnern dieser mehr oder weniger unmerklichen Lernprozesse: Es ist das Erzählen von neuen Handlungskapazitäten, der Realisierung oder Behinderung biographischer Planungen, der Bewertung neuer Erfahrungs- und Handlungsmöglichkeiten, der Erfahrung mit entsprechenden Kreativitätsschüben sowie der Verstrickung in Bedingungsnetze bis zur Manövrierunfähigkeit oder gar eines Verlustes von Handlungs- und Erfahrungskapazitäten. Hier können wir von Bateson (1994) ausgehen, der mehrere Formen des

3 Die formale Darstellungsordnung der Stegreiferzählung richtet sich nach Schütze an grundlegenden kognitiven Figuren der Erfahrungsrekapitualition aus. Die kognitiven Figuren stellen Ordnungsprinzipien der darstellungsmäßigen Erfahrungsrekapitulation dar. Sie werden auch als die elementarsten Orientierungs- und Darstellungsraster für das, was in der Welt an Ereignissen und entsprechenden Erfahrungen aus der Sicht des persönlichen Erlebens der Fall sein kann und was sich die Interaktionspartner als Plattform gemeinsamen Welterlebens wechselseitig als selbstverständlich unterstellen, bezeichnet.

Lernens unterscheidet. Vor allem das Lernen I und II vermag biographisches Lernen näher zu beschreiben. Die erste Form des Lernens nennt Bateson das Lernen 0. Die elementarste Form des Lernens ist das Erlernen von Begriffen oder Gegenständen. Hier wird noch keine Korrektur in der Wahrnehmung von Gegenständen wie auch in der Art des Lernens vorgenommen (vgl. ebenda, 379). Lernen I ist eine Form des Lernens, in der Korrekturen in der Auswahl innerhalb einer Anzahl von Alternativen vorgenommen werden. Lernen II bezeichnet Bateson als „Deutero-Lernen“, als eine Veränderung im Lernen des bisher Gelernten. Es ist die korrigierende Veränderung der Auswahl von Alternativen als auch eine Änderung in der Art und Weise, wie ausgewählt wird. Lernen II ist die Fähigkeit, innerhalb schon Bekanntem Neues oder anderes auszusuchen, die bisherigen Schritte zu verbessern oder zu verändern. Auch schließt es ein, daß die Art der Auswahl korrigiert werden kann. Lernt ein Kind z.B., daß es besser mit seinen Eltern kommunizieren kann, wenn es sich vorsichtig verhält, dann wird es sein Verhalten danach ausrichten und die Lernprozesse in diese Richtung lenken. Dieser Vorgang entspräche einem Lernen I. Trifft es im späteren Leben auf Personen, die sich im Verhalten von dem der Eltern unterscheiden, besteht die Möglichkeit, daß es sich diesen Interaktionsformen offen zuwendet und durch positive Erfahrungen diese Interaktionsmuster aufnimmt. Folglich wird das bisher Gelernte korrigiert. Es ändert sich die Grundstruktur des Umgangs mit anderen. Hier liegt dann ein Lernen II vor. Grundvoraussetzung dafür ist ein entsprechendes soziales Umfeld. Das bedeutet zugleich, daß der Kontext für Lernprozesse von grundlegender Bedeutung ist. Er bildet das soziale Terrain, innerhalb dessen Lernprozesse, welcher Art auch immer, möglich sind. Die Interaktionspartner gehören unabdingbar zu den Verstärkern oder Bestätigern von Verhaltensweisen und Handlungsmustern. Bateson spricht von einer „stillschweigenden Übereinkunft zwischen den Personen hinsichtlich der Natur ihrer Beziehung” (vgl. ebenda, 386), die in einem Prozeß des Aushandelns und Lernens entsteht.

An dieser Stelle ist eine kategoriale Unterscheidung zum Bildungsbegriff vorzunehmen, wie er vor allem von Marotzki (1990, 1991) vertreten wird. Marotzki setzt ebenfalls an biographischen Rekonstruktionen an und argumentiert mit dem lerntheoretischen Ansatz von Bateson. Jedoch liegt hierbei eine andere Blickrichtung vor: Bildungsprozesse sind als höherstufige biographische Transformationsprozesse zu verstehen, in denen sich das Selbst- und Weltbild grundlegend ändert. Bildungsprozesse bauen auf Lernprozessen auf und führen in Reflexion mit dem Selbst und der Welt zu neuen Handlungsmustern, Sichtweisen, Erfahrungen und Interpretationsmustern. Kategorien und Schemata, die über Lernprozesse herausgebildet werden, werden auf einer höheren Stufe, die Reflexivität voraussetzt, transformiert. Das Subjekt ändert grundlegende Kategorien und Handlungsschemata, mit denen es sich zu sich selbst und zur Welt verhält. Bildung ist als ein emergenter Prozeß zu verstehen, der im Prozeß bewußter Reflexion entsteht. Marotzki setzt zur theoretischen Begründung an der von Bateson entwickelten Lern-Stufe II an. Zugleich wird die Lern-Stufe III zum Bildungsprozeß dazugehörig erklärt. Auf dieser Stufe wird nach Bateson Erlerntes reflexiv revidiert und ein anderer, neuer Strukturzusammenhang hergestellt. Voraussetzung sind auch hier entsprechende soziale Räume und Erfahrungen, die diese reflexiven Bildungsprozesse in Gang setzen und stetig unterstützen. Die Betonung liegt hier auf der Reflexivität des Handelns. Hierin liegt auch die strukturelle Differenz zum Lernbegriff. Lernen bedarf nicht unbedingt einer besonderen Bewußtheit oder Reflexivität. Biographische Wandlungsprozesse im Sinne eines Bildungsprozesses werden dagegen als „eine Veränderung von Welt- und Selbstreferenz im Sinne eines qualitativen Sprungs“ gedeutet (vgl. Marotzki 1990, 131). Dazu gehört eine „Umstrukturierung der temporalen Matrix des biographischen Entwurfs“ (vgl. ebenda, 130). Erzähltheoretisch wird ein Bildungsprozeß durch einen diskontinuierlichen Zeitsprung sichtbar. Schütze spricht hier von rapiden Wandlungsprozessen, die zu Umschichtungen des Erfahrenen führen.

Davon zu unterscheiden sind Lernprozesse. Sie sind Wandlungsprozesse, bei denen keine Neustrukturierung vorgenommen wird. Vergangene Ordnungsstrukturen setzen sich in der Gegenwart fort. Lernen vollzieht sich vor allem langsam und kaum merkbar. In der Regel sind es die sich wandelnden Interaktionsbezüge, die eine Erweiterung oder Korrektur des bisher Gelernten erfordern. Bateson hat ausdrücklich darauf verwiesen, daß der soziale Rahmen Konstitutionsbedingung für Lernprozesse ist. So kann eine unmerkliche Korrektur in der Art des Lernens vor allem von InteraktionspartnerInnen hervorgebracht werden. Während beispielsweise das Lernen in der Kindheit oft die Struktur des Spielerischen aufweist, ändert sie diese mit zunehmendem Alter. Erlernt werden noch andere Formen des Lernens, die zu Wandlungen in der Struktur des Lernens führen. Gleiches gilt auch für das Erlernen sozialer Umgangsformen. Neue Interaktionspartner können Lernprozesse im sozialen Verhalten erwirken, durch die sich im Sinne eines Lernens II die Struktur des Gelernten wandelt. Hierbei ändert sich jedoch nicht grundlegend das Selbst- und Weltbild, noch liegt eine zeitliche Diskontinuität im biographischen Erzählen vor. Das Gelernte fügt sich in die bisherige biographische Struktur und das Selbstbild ein, wandelt und erweitert es, wobei die Grundzüge des Habitualisierten bestehen bleiben. Dies schließt eine Wandlung in der Struktur des Lernens (Lernen II) ein. Ein solcher Wandlungsprozeß bleibt anschlußfähig an das Vergangene. Lernen umfaßt somit – in Abgrenzung zum Bildungsbegriff von Marotzki – all jene Erfahrungsprozesse, die in Form von vielen kleinen Veränderungen langsam in einen weiteren Orientierungsrahmen – ohne einen qualitativen Sprung – überführen. Diese sind dem Erzähler bzw. der Erzählerin nicht unbedingt reflexiv bewußt, da sie sich hauptsächlich aus veränderten Lebenssituationen und äußeren Konstellationen ergeben. Erzähltheoretisch beginnt eine biographische Rekonstruktion in der Regel mit einer beschreibenden Darstellung des biographischen Rahmens. Es wird der soziale Rahmen geschildert, der den Kontext für erste Lernprozesse abgibt. Oftmals verweist der Biographieträger auf seine Geburt, das Elternhaus, Geschwister, die Kindheit und/oder sozialgeschichtliche Ereignisse. Es sind die Ausgangsbedingungen, die zu weiteren Lebenserfahrungen und Lernprozessen führen. Die BiographieträgerIn steht mit diesen und in der Erzählung anderer Ereignisträger in einem Geflecht grundlegender und sich wandelnder sozialer Beziehungen. Erzählt wird in der weiteren biographischen Rekonstruktion, wie durch eine Veränderung in der Auswahl von Handlungsstrategien sich das Leben verändert und neue Erfahrungen gesammelt werden. Berichtet wird, wie sich ständig der Erfahrungshorizont erweitert und Lernprozesse zu neuen Strategien des Handelns führen.

Solche Erfahrungen werden in biographischen Rekonstruktionen in Form von Ereignis- und Erfahrungsketten geschildert und zu einer biographischen Gesamtformung zusammengefügt. Das Erzählen der Abfolge von Zustandsänderungen ist das Erzählen von erneuten Lernprozessen, die auch sukzessive Wandlungen des Selbstverständnisses nach sich ziehen können. „Jeder Erzählsatz beinhaltet eine Zustandsänderung des Biographie- oder anderer Ereignisträger über eine zeitliche Schwelle hinweg“ (vgl. Schütze 1984, 88). Diese Zustandsänderungen sind nicht ohne eine Verwobenheit in Ereignisabläufe denkbar. Diese können äußerlich oder inner-psychisch bedingt sein. Dazu gehören ein Wohnungswechsel genauso wie psychische Wandlungsprozesse. Die einzelnen Zustandsänderungen und Lernerfahrungen können schleichend und langsam eintreten. Die Erzählung weist dann in der Regel eine ereignisraffende, undramatische Struktur auf. Lernprozesse können aber auch in gewisserweise dramatisch und aufregend verlaufen, indem sie z.B. aus dem Zusammenbruch einer Partnerschaft oder dem Verlust materieller Dinge hervorgehen. Hier ist in der Erzählung oft eine dramatisch-szenischen Ausgestaltung des Erlebten zu finden. Die zeitliche Dimension der Lernprozesse als eine Erfahrungskette ist dabei unterschiedlicher Art. Während manche Lernprozesse mit einzelnen Lebensereignissen verknüpft sind, sind andere von längerer Dauer, umschließen eine ganze Anzahl von Ereignissen sowie Situationen. Sie enthalten größere Sinneinheiten.

Entscheidendes Merkmal für den Stellenwert von Prozeßabläufen in der Lebensgeschichte ist die Erfahrungshaltung, die der Biographieträger den Ereignisabläufen gegenüber einnimmt. Dadurch wird die biographische Erfahrungen und das biographische Lernen in einer ganz bestimmten Weise fokussiert. Die Erzählweise – so kann man überspitzt formulieren – korrespondiert mit der Art der biographischen Erfahrung, der Ereignisabläufe, Zustandsänderungen und der Lernerfahrungen (vgl. Schulze 1993b, 195). Es gibt nach Schütze (1984) vier Dimensionen lebensgeschichtlicher Erfahrung: autobiographische Handlungsschemata, institutionelle Ablaufmuster der Lebensgeschichte, Verlaufskurven und Wandlungsprozesse. Während die Muster autobiographische Handlungsschemata und Wandlungsprozesse eher der Spontaneitätssphäre des Erzählers selbst entstammen, weisen die Muster institutionelle Ablaufmuster und Verlaufskurven eher passive Züge auf. Die Orientierung an einer dieser Prozeßstrukturen oder auch mehreren, was durchaus möglich ist, verbindet die Ereignisabläufe in einer charakteristischen Weise. Darüber werden die Art der Zukunftserwartungen, die Art des Umgangs und der In-Gang-Setzung mit der jeweiligen Prozeßstruktur, die Auswirkungen auf die Identität des Biographieträgers und die Möglichkeiten der Intervention dargestellt. Lernprozesse sind in all diesen Darstellungsweisen bzw. Prozeßstrukturen enthalten. Sie werden in Form von Ereignisverkettungen und Erfahrungszusammenhängen geschildert.

In jeder Erzählweise können verschiedene Phänomene des Lernens wirksam werden: biographische Entwürfe, biographische Initiativen zur Änderung der Lebenssituation, episodale Handlungsschemata des Erlebens von Neuem mit nachträglicher biographischer Relevanz, situative Bearbeitungs- und Kontrollschemata von biographischer Relevanz und Handlungsschemata markierter biographischer Irrelevanz. Zum einen nennt Schütze Handlungsschemata, die bewußt ausprobiert und umgesetzt werden. Zum anderen aber werden Handlungsschemata genannt, die nicht direkt eine Intention des Wandels bzw. des Lernens in sich tragen, sondern sich erst in der Rückschau als solche entpuppen. Wandlungsprozesse unterliegen somit nicht nur absichtlichen, intentionalen Prozessen, sondern entstehen teilweise aus der Lebenssituation heraus. Lebensgeschichtliches Lernen findet in der Regel allmählich und schleichend statt (vgl. Schulze 1993). Manche Lernprozesse werden erst im Nachhinein als solche erkannt. Die Relevanz mancher Lebenssituationen für Lernprozesse ergibt sich erst im Rückblick und in der Wahrnehmung der Veränderung.

Je nach Erzählform bzw. Prozeßstruktur können aber auch Wandlungsprozesse vorliegen, die eine Bewußtheit enthalten. Bei solchen Lernprozessen werden die bisherigen Erfahrungen zur Bewältigung von Lebenssituationen angewendet. Sie dienen als biographisches Wissen, das dem jeweiligen Subjekt Sicherheit und Vertrauen gibt. Bei biographischen Handlungsschema vertraut das Subjekt auf seine Handlungsaktivität und -spontaneität. Erzählt wird die faktische Durchführung der Handlungsschritte und die realistische Einschätzung des Erfahrenen. Beim institutionellen Ablaufmuster ergibt sich die bewußte Lernmöglichkeit aus der Entfaltung von Lernkapazitäten, die denen der Institutionen entsprechen. Bei der Verlaufskurve ermöglicht das Erlernte, einen labilen Gleichgewichtheitszustand beizubehalten und Arrangements mit der Verlaufskarriere – positiv wie negativ – herzustellen. Bei Wandlungsprozessen wird das Kreativitäts- und Handlungspotential angewendet und weiterentwickelt. Gleich aber, wie die Form der Lernprozesse ausfällt: Jedes Lernen greift auf vorherige Erfahrungen zurück und zieht weitere Erfahrungen nach sich. „Aus jeder Erfahrung bilden sich durchgängige Stränge und Orientierungen, in denen bestimmte Themen oder Probleme immer wieder aufgenommen und weiterentwickelt werden" (vgl. Schulze 1993b, 205). Erzählt werden die Umstände und Ereignisse sowie die Handlungsweisen, mit denen der Erzähler bestimmte Vorlieben, Neigungen, Schwächen, Vorstellungen und Erwartungen entwickelt.

Lebensgeschichtliches Lernen ist somit eine ganz besondere Form des Lernens. Es zielt auf die Herstellung und Schaffung von Sinn und Identität. Biographische Lernprozesse sind eingebettet in Ereignisverkettungen und Handlungsabläufe, die auf die Balance von Identität abzielen. Es ist nicht ein organisiertes oder geplantes Lernen, noch geht es um den Erwerb von spezifischen Qualifikationen. Biographisches Lernen entspricht keinem Programm, sondern es „organisiert sich selbst" (vgl. ebenda, 202). Lebensgeschichtliches Lernen findet in sozialen Kontexten statt, zieht daraus Anstöße oder erfährt Behinderungen, Richtung und Inhalt. Typisch für lebensgeschichtliches Lernen ist, daß es ein diskontinuierliches Lernen ist. Lernprozesse folgen nicht systematisch aufeinander, sondern verlaufen in der Abfolge sowie den inhaltlichen Verknüpfungen ganz verschiedenartig und oft nicht voraussehbar. „Lebensgeschichtliches Lernen springt gleichsam von Situation zu Situation; es verschmilzt weit zurückliegende Ereignisse mit späteren und gegenwärtigen, und es verbindet scheinbar weit auseinanderliegende und verschiedenartige Inhalte zu einem bedeutungsvollen Komplex" (vgl. ebenda, 206). So kann es sein, daß ein Lernprozeß über Jahrzehnte andauert und es immer nur ganz spezifische Situationen sind, in denen etwas Neues gelernt wird. Biographisches Lernen kann daher auch nicht mit schulischem Lernen gleichgesetzt werden. Denn dort geht u.a. es um die Beherrschung spezifischer sprachlicher oder grammatikalischer Kenntnisse. Biographisches Lernen folgt keinem Fächerkanon, noch handelt es sich hierbei um den Erwerb von Klassifikationen, die gesellschaftlich festgesetzt und eine notwendige Voraussetzung für wünschenswerte Aufgaben sind.

Lernen in biographischen Erzählungen zu betrachten heißt, eine ganz spezifische Perspektive einzunehmen. In der Erziehungswissenschaft wird der Lernbegriff häufig im Kontext von Schultheorien verwendet. Die Erwachsenenbildung setzt an einem Lernbegriff an, der auf ein lebenslanges Lernen ausgerichtet ist (vgl. Dewe 1997; Kade, Seitter 1996). Auch wird auf die entwicklungspsychologische Lernforschung verwiesen, die zwischen konditionalem Lernen, Modell- oder Beobachtungslernen, Lernen durch Versuch und Irrtum/Erfolg, Lernen durch Einsicht bzw. zwischen kognitivem Lernen und genetischem Lernen (vgl. Treml 1995) unterscheidet. Betont wird hierbei, daß Lernen nicht direkt sichtbar ist, da es sich um einen inneren Vorgang handelt. Die inneren Prozesse des Lernens sind in der Regel von außen nicht beobachtbar. Die erziehungswissenschaftliche Biographieforschung ermöglicht, näher an die Binnenperspektive des Subjekts heranzurükken. Das erzählende Subjekt berichtet aus seiner Sicht biographische Wandlungs- und Lernprozesse. Es wird nicht eine neutrale Situation geschildert, die abstrakt dargestellt wird. Sie wird durch die Brille des Erzählenden geformt. Und entsprechend werden nur bestimmte Interaktionen und Ereignisse erwähnt, die aus subjektiver Sicht zentral bzw. folgenreich waren. Das narrative Interview eröffnet somit den Weg zur Innensicht des Erzählers.

Hierbei ist es sinnvoll, auf die Unterschiedlichkeit von Narrationen und Argumentationen bzw. Bilanzierung hinzuweisen. In Narrationen werden die Erlebnisse, Ereignisverkettungen und Ereignisträger samt den Zustandsänderungen so geschildert, wie der Erzähler bzw. die Erzählerin sie erlebt haben. Sie sind insofern konstruiert, geben aber die Art der Wahrnehmung und des Erlebens wieder. Erzählt wird das subjektiv Erlebte. Die Argumentationen und Bilanzierungen, die in Narrationen eingeflochten sind, liefern die Beurteilungen über das Geschehene. Es sind Kommentare, die entweder vergangene oder gegenwärtige Sichten auf das Geschehen wiedergeben. Innerhalb dessen ist immer sowohl auf das *Wie* als auch auf das *Was* zu achten. Watzlawick u.a. (1969) nennen dies den Beziehungs- und Inhaltsaspekt. Der Beziehungsaspekt gibt Auskunft über die Art der Beziehung, ob z.B. die Beziehung zwischen dem Erzähler und den Eltern herzlich oder emotionslos war oder ist, welche Machtpositionen vorliegen, wer welche Rechte und Privilegien hat. Der Inhaltsaspekt bezieht sich auf Gegenstände und Situationen, z.B. das Weihnachtsessen, ein Einkauf oder das Verteilen von Geschenken. Über die Inhalte werden Beziehungen verhandelt. Beides zusammen ergibt die Gesamtheit von Interaktionen und Bedeutungsgehalten. Die Inhalte des Erzählten sind damit genauso wichtig wie die sozialen Beziehungsstrukturen, innerhalb dessen Lernprozesse stattfinden.

5. Leben und Lernen in sozial-kulturellen Kontexten

Aus der Sicht der erziehungswissenschaftlichen Biographieforschung interessiert vor allem, welche sozialen Inhalte der Heranwachsende lernt und wie diese den weiteren Lebensweg beeinflussen. Insofern interessiert auch die Frage, in welchem Kontext die Lern- und Verarbeitungsformen von Erlebnissen und Erfahrungen, der Aufbau der Persönlichkeit, zur sozialen Welt, den konkreten sozialen oder gar historischen Strukturen stehen und wo die Verbindungslinien liegen. Lernprozesse werden in ihrer Gesamtheit nur vollkommen verständlich, wenn die Zustandsänderungen des Subjekts, die einzelnen Handlungsvollzüge nicht isoliert, sondern zugleich auch die historischen Prozesse betrachtet werden. Angesetzt werden kann an den Grundgedanken der historischen Sozialisationsforschung (vgl. Herrmann 1991), die ebenfalls einen interpretativen Ansatz verfolgt. Vergangene Ereignisse werden immer innerhalb einer ganz bestimmten sozialgeschichtlichen Zeit oder Epoche geschildert. Individuum und Gesellschaft sind nach der historischen Sozialisationsforschung zwei nicht voneinander zu trennende Objektbereiche. In Anlehnung an Elias (1976) ist davon auszugehen, daß soziales Handeln generell nur im strukturierten Wandel begriffen werden kann. Beide Bereiche, die Beziehungen der Individualstrukturen und die Gesellschaftsstrukturen sind als sich wandelnde, werdende und gewordene zu begreifen. Eine Betrachtung der Lebensrealität des Menschen ist verfehlt, wenn der Mensch von der sozialen Lebenswelt isoliert und theoretisch ein *Außen* und *Innen* konstruiert wird. Elias plädiert dafür, sich ein Bild vieler interdependenter Menschen vorzustellen, die ganz unterschiedliche Figurationen wie Gruppen oder Gesellschaften bilden. Aus dieser Sicht verschwindet die Spaltung in einzelne Menschen auf der einen und Gesellschaften auf der anderen Seite. Die Trennung von Individuen ohne Gesellschaften und andersherum von Gesellschaften, die so geformt werden, daß es darin keine Individuen gibt, löst sich auf.

Für Fischer stehen gesellschaftlich gültige Sinnstrukturen und individuell konstituierte Sinnstrukturen in einem Wechselverhältnis. Erfahrung – in Anlehnung an Alfred Schütz – findet in einer bereits gedeuteten und geordneten Welt statt. „Welt wird nicht wahrgenommen als Summe diskreter Gegenstände und Ereignisse in ihrer Einmaligkeit, sondern typisiert. Die Typisierungen der Lebenswelt, etwa in Form von Handlungskonfigurationen, Erwartungsfahrplänen, Klassen von Gegenständen oder Ereignissen werden in der natürlichen Einstellung des Alltagslebens zu selbstverständlichen, unbefragten und unthematisierten Strukturprinzipien der Erfahrung und des Handelns" (Fischer 1978, 314). Solche Typisierungen enthalten gesellschaftliche Strukturierungen, die je nach sozialer Lage differieren. Dadurch, daß sie zu selbstverständlichen und oft unhinterfragten Typisierungen werden, die helfen, die Lebenswelt zu organisieren und darin zu leben, schleichen sich soziale Muster gewissermaßen hinter dem Rücken der AgentInnen ein. Entsprechend ungebrochen werden sie dann auch in biographischen Erzählungen mitgeteilt.

Die Übernahme von Typisierungen erfolgt in Interaktionsprozessen innerhalb eines historischen und sozialen Rahmens. Zugleich wird auf schon erlernte Typisierungen zurückgegriffen. Diese werden je nach Situation dann auch zur Disposition gestellt. Entweder, um bestätigt oder entsprechend der neuen Situation verändert zu werden. Auch Schütze u.a. (1981) unterstellen, daß soziales Handeln Ergebnis von Interaktionen bzw. Kommunikation ist und darin Wissensbestände zur Anwendung gelangen, aber zugleich auch entwickelt werden. Handlungsfiguren haben Gestaltcharakter, und sie unterliegen kulturellen Definitionen. „Als kulturelle Gestalten sind die Handlungsfiguren alltagsweltliche allgemeine Orientierungstypen, die (...) ihren *Sitz* im Bewußtsein der Handelnden bzw. interagierenden Gesellschaftsmitglieder haben" (vgl. ebenda, 435). Die Handlungsfiguren werden von den Handelnden verwendet, um eine systematische Biographie zu entwickeln, die immer wieder an neue Handlungsgegebenheiten angepaßt werden. Schütze u.a. (1981) weisen ausdrücklich darauf hin, daß die Wissensbestände, die Lernprozesse beeinflussen, mitkonstituiert werden über Sozialstrukturen und Wertorientierungen wie Bildung, Macht und Kapital. Biographische Lernprozesse finden in sozialen Rahmen statt, die das Bedingungsgefüge für das Zustandekommen von Zustandsänderungen sind (vgl. Schütze 1984, 98). Schütze spricht hier auch von Lebensmilieus, die umfassende Lebenszusammenhänge bilden. In ihnen ergibt sich für das Subjekt eine Intimität des Erlebens sowie eine Orientierung an sozialen Typisierungen. Soziale Typisierungen werden vor allem über die Familie und andere zentrale Sozialisationsinstanzen, die in das soziale Gesellschaftsgefüge eingebettet sind, vermittelt (vgl. Mollenhauer, Brumlik, Wudtke 1975).

Nach Berger und Luckmann (1970) ist es das Hier und Jetzt in der Alltagswelt, von der aus das Subjekt die Welt als oberste Wirklichkeit wahrnimmt. Lebensgeschichtliches Lernen wird dabei als primärer und sekundärer Sozialisationsprozeß verstanden. Während der primären Sozialisation wird die objektive Wirklichkeit über generalisierte Andere erfahren. Ausdrücklich wird darauf verwiesen, daß der gesellschaftliche Ort je nach sozialer Lage sehr unterschiedlich sein kann. Innerhalb dessen werden dem Kind sozialspezifische Einstellungen vermittelt. „So kann es dazu kommen, daß das Kind der unteren Klassen (...) eine Welt bewohnt, die von der der höheren Klassen ganz verschieden ist" (Berger, Luckmann 1970, 141).

Auch wenn die subjektive und objektive Wirklichkeit nicht völlig identisch sind, besteht eine Verbindung zwischen objektiver und subjektiver Wirklichkeit. Dennoch ist das subjektive Leben nicht völlig gesellschaftlich. Das einzelne Subjekt steht zugleich innerhalb und außerhalb der Gesellschaft. Wichtig ist, daß das Kind sich seine soziale Welt, in der es lernt und aufwächst, nicht aussuchen kann. Seine Identifikationen verlaufen quasi-automatisch, d.h., sie sind fast unvermeidlich. Die Internalisierung der gesellschaftlichen Welt ist während der Primärsozialisation nach Berger und Luckmann nicht eine unter vielen Möglichkeiten, sondern sie ist für das Kind erstmal *die* gesellschaftliche Welt schlechthin. Was an sozialen Strukturen in der primären Sozialisation internalisiert wird, verschanzt sich fester im Bewußtsein als spätere Welten, die im Laufe des Lebens auf einen Menschen zukommen. Jedoch sind Lern- und Sozialisationsprozesse niemals beendet, noch sind sie total.

Die Lernerfahrungen, die in der biographischen Erzählung enthalten sind und die Wandlungsprozesse des Selbst aufzeigen, ermöglichen immer auch Rückschlüsse auf die soziale Welt und die kulturellen, sozialgeschichtlichen

Gegebenheiten. Die biographische Erzählung enthält zweierlei: wie die soziale Welt auf das Subjekt und wie das Subjekt auf die soziale Welt einwirkt. Wie Schütze herausgearbeitet hat, werden in der biographischen Erzählung zu Beginn zentrale Sozialisationsagenten, Beziehungsstrukturen und sozialgeschichtliche Details eingeführt. Diese weisen nicht nur auf die Entfaltung des Selbst hin, sondern geben auch Auskunft über soziale Milieus, Lebensgewohnheiten und Erziehungsvorstellungen, innerhalb dessen der Erzählende seine Erfahrungen sammelt und Lernprozesse in Gang gesetzt werden. Lernen ist somit immer auch ein Lernen in sozialen Milieus (vgl. Ecarius, Löw 1997). Berichtet wird, in welchem sozialen Milieu der Erzähler aufgewachsen ist, welche Bedeutung er der Schule und der Ausbildung beimißt, wie er seine Freizeit gestaltet, für welche kulturellen, ökonomischen und sozialen Verbesserungen er kämpft, welche Möglichkeiten ihm offenstanden und mit welchen sozialen und beruflichen Benachteiligungen oder Bevorteilungen er sich auseinanderzusetzen hatte.

Setzt man hier an den Annahmen von Leitner (1982) an, daß die Art und Weise, wie Biographien erzählt werden, im Zusammenhang mit der Struktur einer Gesellschaft steht, dann ist die wirtschaftliche und soziale Struktur einer Gesellschaft zu berücksichtigen. Mit der Auflösung der traditionellen Einheit von Produktion und Konsumption in der Familie, die für die Weitergabe beruflicher Fähigkeiten, die Erziehung der Kinder sowie die familiäre Reproduktion sorgte, ging eine Machtverschiebung einher, die wegführte von kollektiven Akteuren und das Individuum als Bürger und Wirtschaftssubjekt hervorbrachte. Nach dem Zweiten Weltkrieg konnten sich aufgrund einer Stabilitäts- und Prosperitätsphase Formen betrieblicher Organisation und Planung entwickeln, die es Betrieben und Unternehmen ermöglichte, sich gegenüber Konkurrenzen und eventuellen Störungen präventiv zu verhalten. Aber nicht nur die Rationalisierung des Wirtschaftens, zu der auch die Rationalisierung der staatlichen Leistungssysteme zu zählen ist, sondern auch eine im Rahmen der protestantischen Ethik (Weber) entstandene rationale Lebensführung trugen zu Wandlungsprozessen in der Lebensführung bei. In der jüngeren Vergangenheit ist in vielen, wenn auch nicht in allen Produktionsbereichen und privaten Lebenswelten, die konstitutive Kontinuitätserwartung erodiert. Ökonomische Diskontinuitäten, Firmenzusammenbrüche, steigende Arbeitslosenquoten, die Öffnung der Mauer und die damit zusammenhängenden unerwartbaren Veränderungen im Wirtschaftsgefüge haben die biographischen Schemata verändert. Das Kalkulieren von Unberechenbarkeiten, das Einplanen von Rückschlägen und Sackgassen gewinnt an Bedeutung. Muster der Globalisierung beginnen sich in der privaten Lebensführung durchzusetzen. Dem einzelnen stehen in fast jeder Lebensphase verschiedene Lebensmuster zur Verfügung. An die Stelle einer „Ordnung richtiger Zeit“ ist eine *„Ordnung richtigen Zusammenhangs“* getreten (vgl. Ecarius 1996). Gefordert sind vom einzelnen das selbsttätige Schaffen von

Passungsverhältnissen und Sinnzusammenhängen für die familiäre Laufbahn, die Familien- und Intimbeziehungen und die beruflichen Etappen. Neben das Kontinuitätsparadigma tritt das Paradigma der Eigenleistung. Lebensformen sind reversibel und enthalten den Charakter des Vorläufigen. Das Herstellen von Sinnzusammenhängen und das Schaffen von Passungsverhältnissen obliegt dem Subjekt. Das Subjekt wird vor der Konkurrenzdemokratie, eines allgemeinen Wohlstandes und der Basisinstitutionen der sozialen Marktwirtschaft zunehmend zum alleinigen steuernden Zentrum der Lebensplanung. Lernen als ein lebenslanges Lernen gewinnt hier besondere Bedeutung.

6. Ausblick

Biographisches Erzählen und Lernen, das sich in sozialen Kontexten vollzieht, sind insgesamt auf das Engste miteinander verwoben. Zugleich sind Lernen und Aufwachsen grundlegende Begriffe der Erziehungswissenschaft. Aus der Verbindung von Biographieforschung und Erziehungswissenschaft ergibt sich die Möglichkeit, wichtige Erkenntnisse über die unterschiedlichen Lernprozesse im Leben vor dem Hintergrund sozialgeschichtlicher Rahmung zu erhalten. Gerade die Erziehungswissenschaft ist für ein professionelles Handeln darauf angewiesen, die subjektiven Sichtweisen und Lernprozesse, die zu diesem und keinem anderen Handeln führen, analytisch zu beleuchten. Die Biographieforschung leistet auf diese Weise einen Beitrag zur erziehungswissenschaftlichen Reflexion, Theoriebildung sowie zur Professionalisierung pädagogischen Handelns.

Literatur

Bateson, G. (1994): Ökologie des Geistes. Anthropologische, psychologische, biologische und epistemologische Perspektiven. 5. Auflage. Frankfurt am Main

Berger, P./Luckmann, Th. (1970): Die gesellschaftliche Konstruktion der Wirklichkeit. Frankfurt am Main

Berger, P. A./Sopp, P. (Hrsg.) (1995): Sozialstruktur und Lebenslauf. Opladen

Bernfeld, S. (1931): Trieb und Tradition im Jugendalter. Jena

Bourdieu, P. (1990): Die biographische Illusion. In: BIOS; 75-82

Brose, H.-G./Hildenbrand, B. (1988): Biographisierung von Erleben und Handeln. In: Brose, H.-G./Hildenbrand, B. (Hrsg.): Vom Ende des Individuums zur Individualität ohne Ende. Opladen; 11-32

Brose, H.-G./Wohlrab-Sahr, M./Corsten, M. (1993): Soziale Zeit und Biographie. Über die Gestaltung von Alltagszeit und Lebenszeit. Opladen
Bühler, Ch. (1921): Das Seelenleben des Jugendlichen. Jena
Dewe, B. (1997): Bildung in der Lerngesellschaft: Lebenslanges Lernen oder lebensbegleitende Bildung? In: Olbertz, J. H. (Hrsg.): Erziehungswissenschaft: Traditionen - Themen - Perspektiven. Opladen; 87-102
Dilthey, W. (1973): Der Aufbau der geschichtlichen Welt in den Geisteswissenschaften. Band 7; 6. Auflage. Göttingen
Durkheim, E. (1988): Über soziale Arbeitsteilung. Studie über die Organisation höherer Gesellschaften. Frankfurt am Main
Ecarius, J. (1995): Lebenslauf und Erziehung. In: Krüger, H.-H./Helsper, W. (Hrsg.): Einführung in Grundbegriffe und Grundfragen der Erziehungswissenschaft. Opladen; 247-256
Ecarius, J. (1996): Individualisierung und soziale Reproduktion im Lebensverlauf. Konzepte der Lebenslaufforschung. Opladen
Ecarius, J./Löw, M. (Hrsg.) (1997): Raumbildung - Bildungsräume. Opladen
Ecarius, J. (1997): Qualitative Methoden in der historischen Sozialisationsforschung. In: Friebertshäuser, B./Prengel, A. (Hrsg.): Handbuch Qualitative Forschungsmethoden in der Erziehungswissenschaft. Weinheim, München; 309-322
Elias, N. (1976): Über den Prozeß der Zivilisation. Soziogenetische und psychogenetische Untersuchungen. Frankfurt am Main
Fischer, W. (1978): Struktur und Funktion erzählter Lebensgeschichten. In: Kohli, M. (Hrsg.): Soziologie des Lebenslaufs. Darmstadt, Neuwied, 311-336
Fischer, W. (1986): Prekäre Leiblichkeit und Alltagszeit. In: Fürstenberg, F./Mörth, I. (Hrsg.): Zeit als Strukturelement von Lebenswelt und Gesellschaft. Linz; 237-258
Fischer, W./Kohli, M. (1987): Biographieforschung. In: Voges, W. (Hrsg.): Methoden der Biographie- und Lebenslaufforschung. Opladen; 25-50
Fischer-Rosenthal, W. (1991): Biographische Methoden in der Soziologie. In: Flick, U, u.a. (Hrsg.): Handbuch qualitative Sozialforschung. Grundlagen, Konzepte, Methode und Anwendungen. München; 253-256
Fuchs, W. (1984): Biographische Forschung. Opladen
Gudjons, H. (1995): Pädagogisches Grundwissen. 4. erw. Auflage. Bad Heilbrunn
Henningsen, J. (1981): Autobiographie und Erziehungswissenschaft. Fünf Studien. Essen
Herrmann, U. (1991): Historische Sozialisationsforschung. In: Hurrelmann, K./Ulich, D. (Hrsg.): Handbuch der Sozialisationsforschung. Weinheim, Basel; 231-248
Kade, J./Seitter, W. (1996): Lebenslanges Lernen. Mögliche Bildungswelten. Erwachsenenbildung, Biographie und Alltag.
Kohli, M. (Hrsg.) (1978): Soziologie des Lebenslaufs. Darmstadt, Neuwied
Kohli, M. (1986): Die Institutionalisierung des Lebenslaufs. Historische Befunde und theoretische Argumente. In: KZfSS (1985). Jg. 37; 1-29
Kohli, M./Robert, G. (Hrsg.) (1984): Biographie und soziale Wirklichkeit. Stuttgart
Kokemohr, R./Koller, Ch. (1995): Die rhetorische Artikulation von Bildungsprozessen. Zur Methodologie Erziehungswissenschaftlicher Biographieforschung. In: Krüger, H.-H./Marotzki, W. (Hrsg.): Erziehungswissenschaftliche Biographieforschung. Opladen; 90-102

Krüger, H.-H. (1995): Bilanz und Zukunft der erziehungswissenschaftlichen Biographieforschung. In: Krüger, H.-H./Marotzki, W. (Hrsg.): Erziehungswissenschaftliche Biographieforschung. Opladen; 32-54

Leitner, H. (1982): Lebenslauf und Identität. Die kulturelle Konstruktion von Zeit in der Biographie. Frankfurt am Main, New York

Loch, W. (1979): Lebenslauf und Erziehung. Essen

Marotzki, W. (1990): Entwurf einer strukturalen Bildungstheorie. Biographietheoretische Auslegung von Bildungsprozessen in hochkomplexen Gesellschaften. Weinheim

Marotzki, W. (1991): Aspekte einer bildungstheoretisch orientierten Biographieforschung. In: Hoffmann, D./Heid, H. (Hrsg.) (1991): Bilanzierungen erziehungswissenschaftlicher Theorieentwicklung. Weinheim; 119-134

Maurer, F. (Hrsg.) (1981): Lebensgeschichte und Identität. Beiträge zu einer biographischen Anthropologie. Frankfurt am Main

Mollenhauer, K./Brumlik, M./Wudtke, H. (1975): Die Familienerziehung. München

Niethammer, L. (1985): Fragen - Antworten - Fragen. Methodische Erfahrungen und Erwägungen zur Oral History. In: Niethammer, L./Plato v., A. (Hrsg.): „Wir kriegen jetzt andere Zeiten. Auf der Suche nach der Erfahrung des Volkes in nachfaschistischen Ländern. Band 3. Berlin, Bonn; 392-447

Pieper, M. (1978): Erwachsenenalter und Lebenslauf. Zur Soziologie der Altersstufen. München

Riemann, G. (1987): Das Fremdverstehen der eigenen Biographie. Narrative Interviews mit psychiatrischen Patienten. München

Rosenmayr, L. (1978): Die menschlichen Lebensalter, Kontinuität und Krisen. München

Rosenthal, G. (1987): „... wenn alles in Scherben fällt ...": von Leben und Sinnwelt der Kriegsgeneration; Typen biographischer Wandlungen. Opladen

Scheer, K.-D./Peters, O. (1996): Drogenkarriere und Biographieverlauf. Hamburg

Schonig, D. (1979): (Hrsg.): Arbeiterkindheit. Kindheit und Schulzeit in Arbeiterlebenserinnerungen. Bensheim

Schulze, Th.(1993a): Biographisch orientierte Pädagogik. In: Baacke, D./Schulze, Th. (Hrsg.): Aus Geschichten lernen. Zur Einübung pädagogischen Verstehens. München; 13-40

Schulze, Th. (1993b): Lebenslauf und Lebensgeschichte. Zwei unterschiedliche Sichtweisen und Gestaltungsprinzipien biographischer Prozesse. In: Baacke, D./Schulze, Th. (Hrsg.): Aus Geschichten lernen. Zur Einübung pädagogischen Verstehens. München; 174-228

Schulze, Th. (1995): Erziehungswissenschaftliche Biographieforschung. Anfänge, Fortschritte, Ausblicke, In: Krüger, H.-H., Marotzki, W. (Hrsg.): Erziehungswissenschaftliche Biographieforschung. Opladen; 10-31

Schütze, F. (1981): Prozeßstrukturen des Lebensablaufs. In: Matthes, J. (Hrsg.): Biographie in handlungswissenschaftlicher Perspektive. Nürnberg: Nürnberger Forschungsvereinigung e.V.; 67-156

Schütze, F. (1984): Kognitive Figuren des autobiographischen Stegreiferzählens. In: Kohli, M./Robert, G. (Hrsg.): Biographie und soziale Wirklichkeit. Stuttgart; 78-117

Schütze, F./Meinefeld, W./Springer, W./Weymann, A. (1981): Grundlagentheoretische Voraussetzungen methodisch kontrollierten Fremdverstehens. In: Arbeits-

gruppe Bielefelder Soziologen (Hrsg.): Alltagswissen, Interaktion und gesellschaftliche Wirklichkeit. 5. Auflage. Opladen; 433-495
Simmel, G. (1890): Über sociale Differenzierung. Leipzig
Simmel, G. (1968): Soziologie. 5. Auflage. Berlin
Spranger, E. (1924): Psychologie des Jugendalters. Heidelberg
Treml, A. K. (1995): Lernen. In: Krüger, H.-H./Helsper, W. (Hrsg.): Einführung in Grundbegriffe und Grundfragen der Erziehungswissenschaft. Opladen; 93-102
Voges, W. (Hrsg.) (1987): Methoden der Biographie- und Lebenslaufforschung. Opladen
Watzlawick, P. (1969): Menschliche Kommunikation. Bern

Imbke Behnken, Jürgen Zinnecker

Kindheit und Biographie

Wir möchten in dem Aufsatz darstellen, welchen Beitrag pädagogische und sozialwissenschaftliche Forschung zum Verständnis und zur Analyse von Kindheitsbiographien leistet bzw. leisten kann. Bevor wir auf diese Themenstellung im Engeren eingehen, soll unsere theoretische Perspektive kurz erläutert werden, unter der wir Kindheitsbiographien und Biographien allgemein betrachten. Wir beziehen uns auf die Literatur zu Kindheiten unter den Bedingungen westeuropäischer Gesellschaften, insbesondere der deutschen, und konzentrieren uns dabei auf zwei Ebenen des Biographiebegriffs. Zum einen meinen wir die einzelne Lebensgeschichte von Kindern, zum anderen Kindheitsbiographie als eine gesellschaftliche Institution. Wir verstehen beide Kategorien von Biographie als Tätigkeit, die von unterschiedlichen Personen, Gruppen und Institutionen getragen und geformt wird. Die Tätigkeit hat eine zeitliche Dimensionierung, die als Lebensgeschichte auf der einen und als Gesellschaftsgeschichte auf der anderen Seite ihren Niederschlag findet.

Der Aufsatz gliedert sich in drei Abschnitte. Zunächst versuchen wir zu klären, in welche alltäglichen und kulturellen Tätigkeiten Kindheitsbiographien und deren Narration eingebettet sind (1). Das dient auch der Verdeutlichung der spezifischen Rolle, die Wissenschaft hierbei spielt. Ein zweiter Teil ist der Frage gewidmet, wie Kindheitsbiographien im Rahmen von Kindheitsforschung behandelt werden (2). Der dritte Abschnitt befaßt sich mit dem Thema, welche Bedeutung Kindheitsbiographien im Zusammenhang von Lebensläufen und Lebenslaufforschung gewinnen (3).

1. Kindheitsbiographie in Alltag, Kultur und Wissenschaft

Wir unterscheiden drei Arten von *Tätigkeiten, die Kindheitsbiographien auf individueller und gesellschaftlicher Ebene hervorbringen*: Alltagstätigkeit, kulturelle Tätigkeit und wissenschaftliche Tätigkeit. Auf der alltäglichen Ebene werden Biographien durch gemeinsames Handeln in der Nahwelt hergestellt. Daran sind die Kinder selbst als Biographieträger und deren Bezugspersonen, beispielsweise Eltern, Lehrer oder Gleichaltrige, beteiligt. Diese alltägliche biographische Tätigkeit findet ihren Niederschlag in privater oder lokaler Kultur, in gemeinsamen Ritualen, Normen, Produkten. Das können beispielsweise Erzähltraditionen sein, die sich zur familialen Kindheitsgeschichte entwickeln, private Fotoalben, in denen die einzelnen Etappen der Entwicklung festgehalten sind, oder Regeln, die die Rechte und Pflichten des Älterwerdens fixieren.

Auf der gesellschaftlichen Ebene korrespondieren mit diesem privaten biographischen Alltag kulturelle Einrichtungen, die Kindheitsbiographien diskursiv erörtern, definieren und infrastrukturell absichern. Dazu gehören öffentliche Diskurse, pädagogische, juristische, ökonomische oder mediale, in denen Möglichkeitsräume von Kindheitsbiographien für eine Zeit abgesteckt werden. Die einzelnen Diskurse eröffnen unterschiedliche Bühnen und Skripte für kindliche Lebensläufe, die konsensuell oder konfligierend ausfallen können. Dabei unterliegt es dem gesellschaftlichen Wandel, welche Diskurse leitende Orientierung bieten. Während in den vergangenen Epochen von Kindheit dem pädagogischen Diskurs offenbar eine solche zentrale Rolle zufiel, treten gegenwärtig die ökonomischen, juristischen und medialen Diskurse als Konkurrenten auf. Kindheit wird als ein sozialpolitisches Problem recodiert, etwa in der Debatte um Kindheit und Armut (Hernandez 1993; Nauck u.a. 1995); es geht um eine Neubestimmung von Kindern als juristischen Personen, beispielsweise im Rahmen der politischen Kinderrechtsdebatte (Archard 1993; Mason 1994); auf den Märkten von Medien und Konsumgütern wird das „pädagogische Projekt Kindheit“, das seit der Aufklärung das Rückgrat des modernen Kindheitsbegriffes bildete, grundsätzlich in Frage gestellt (Hengst 1996).

Eine zweite kulturelle Äußerungsform stellen die Institutionen dar, die Kinderbiographien formen und begleiten. Dazu gehören alle vorschulischen, schulischen und außerschulischen Laufbahnen, die Kinder normativ bewältigen müssen oder die ihnen zusätzlich zur Verfügung stehen. Über solche Institutionen wird eine innere zeitliche Strukturierung dieser Lebensphase vorgegeben und es werden die Wertvorstellungen und Leitbilder, die gesellschaftliche Akteure von dieser Lebensphase haben, wirkungsvoll in Szene gesetzt. Eine dritte kulturelle Ebene, die Kindheitsbiographien prägt, stellt die materielle Kultur dar. Vorstellungen über kindliche Lebensläufe materialisieren sich in altersspezifischer Ausstattung von Kinderleben, in der Abfolge von Spielzeug, Kindermedien, Kinderkleidung, Fahrzeugen, Wohnräumen und deren Möblierung. Was Kindheit bedeutet, wird beispielsweise durch die Besonderheiten in den Einrichtungen von Kinder- und Jugendzimmern oder durch die Abfolge von Kinder- und Jugendfahrrädern und anderen Sportgeräten maßgeblich definiert (Behnken u.a. 1997).

Wissenschaft, die sich auf den Lebensabschnitt Kindheit bezieht, ist Teil dieser kulturellen Tätigkeit der Gesellschaft. Allerdings ist sie dabei in einer doppelten Rolle tätig. Während sie auf der einen Seite Kinderbiographien präformiert und an deren Innovation beteiligt ist, kann sie zugleich eine metagesellschaftliche Perspektive auf Kindheitsbiographien einnehmen. In der Rolle einer beteiligten Institution formuliert sie durch Forschung und Reflexion autorisierte Vorschriften für andere Akteure, wie Kindheitsbiographien zu gestalten seien. Sie liefert beispielsweise Kritik und Legitimierung für die Gestaltung schulischer Laufbahnen, indem sie medizinische Normen für altersgerechte Entwicklung aufstellt, altersangemessene *Entwicklungsaufgaben* formuliert oder den Eintritt in die Schullaufbahn durch *Reife*kriterien definiert. In der metagesellschaftlichen Rolle analysiert sie, gleichsam außenstehend, den lebensgeschichtlichen und historischen Prozeß, durch den Kindheitsbiographien individuell und gesellschaftlich hervorgebracht werden. Auch dieser Aufsatz zeigt das Janusgesicht wissenschaftlicher Tätigkeit. Wir werden zugleich aus der Position beteiligter Wissenschaftler und aus der Position derer heraus schreiben, die metatheoretisch dazu Stellung nehmen.

Das *Medium, in dem Kindheitsbiographien vermittelt werden*, ist die biographische Narration. Sie nimmt diese Rolle auf allen drei Ebenen, in Alltag, Kultur und Wissenschaft, ein. Narration ist hierbei im weitesten Sinn des Begriffs zu verstehen. Jeder Text, in dem auf konsistente Weise kindliche Lebensgeschichte dargestellt wird, zählt als biographische Narration (Fuchs 1984). Das können sein: die Akten des Jugendamtes über die Heimkarriere eines Kindes; der diagnostische Fallbericht des Schulpsychologen über einen Schüler; das Krankheitsblatt eines Kinderarztes; chronologische Stichworte zur Kindheit in einem Lebenslauf; eine veröffentlichte Kindheitsautobiographie; die Entwicklung eines Kindes im Rahmen einer TV-Familienserie; die ministerielle Darstellung der Normalbiographie eines Schülers vom ersten Schuljahr bis zum Abitur; schließlich die Analyse eines narrativen biographischen Interviews mit einem Kind.

Alle biographischen Narrationen zur Kindheit lassen sich in einem Spannungsfeld verorten, das zwischen Trägern der Biographie und *Produzenten biographischer Narrationen* aufgemacht wird. Träger von kindlichen Biographien sind definitionsgemäß die Kinder. Produzenten biographischer Narrationen sind hingegen mehrheitlich nicht die Kinder. Biographische Narrationen, die von den Biographieträgern stammen, sind gewöhnlich aus der Selbstperspektive heraus erzählt. Narrationen, die von anderen als den Trägern produziert werden, tendieren mehr zur Fremdperspektive. Folglich handelt es sich bei dem Gesamtkorpus, den eine Gesellschaft über Kindheit hervorbringt, überwiegend um fremdperspektivische Erzählungen. Die Fremdperspektive auf Kinderleben ist in den einleitend genannten drei Bereichen unterschiedlich stark ausgeprägt. Während im Alltag Kinder stärker als Produzenten ihrer eigenen biographischen Narrationen hervortreten, etwa wenn sie sich unter Altersgleichen oder mit Familienangehörigen über ihren augenblicklichen Standort im Leben verständigen, ist ihre aktive Rolle im Bereich von Wissenschaft am schwächsten ausgebildet. Der kulturelle Handlungsbereich dürfte eine mittlere Position auf dieser Skala einnehmen. Auf der einen Seite finden wir hier die angeführten Fremdperspektiven des Verwaltungshandelns, etwa im Bildungsbereich, denen auf der anderen Seite aber die ausgedehnte Tendenz zur Selbstthematisierung – wenn auch als stellvertretende – im Literatur- und Medienbetrieb gegenübersteht. Narrationen zur kindlichen Biographie haben in Print- und AV-Medien ihren festen Ort in Form von autobiographischen und fiktionalen Erzählungen. In der erzählenden Kinderliteratur treten beispielsweise Kinderhelden auf, deren Charaktere und Handlungen aus der Binnenperspektive für ein lesendes Kinderpublikum dargeboten werden, allerdings stellvertretend durch erwachsene Autoren und Autorinnen.

Als Hintergrund der skizzierten Differenz zwischen Träger und Produzent kindlicher Biographien läßt sich unschwer der soziale Status dieser Altersgruppe ausmachen, der in der Soziologie der Kindheit – je nach theoretischer Ausrichtung – als Randgruppen-, Außenseiter- oder Minderheitenstatus beschrieben wird (Zeiher 1996). Seit einiger Zeit läßt sich beobachten, daß dieser prekäre soziale Status im Vergleich zum Status Erwachsener auf verschiedenen Ebenen angehoben wird bzw. daß Kindheit einen Teil ihrer Sonderrolle verliert. Eine lebhafte und kontroverse sozialwissenschaftliche Debatte um diese Frage legt von dieser historischen Tendenz entwickelter Industriegesellschaften Zeugnis ab (ZSE 1996). Biographische Kindheitsforschung ist Teil und Partei dieses historischen Prozesses. Das Interesse, das ihr in der wissenschaftlichen Öffentlichkeit neuerdings entgegengebracht wird, ist mit der Erwartung verbunden, daß Kinder von bloßen Trägern einer Biographie stärker zu (Mit)Produzenten ihrer eigenen biographischen Narration werden und daß dadurch die einseitige Fremdperspektive auf diese Lebensphase durch das Einbeziehen von Selbstperspektiven korrigiert wird.

Diese Intention regt dazu an, neue kooperative Produktionsformen biographischer Narration zwischen Kindern auf der einen Seite und Erwachsenen auf der anderen Seite zu entwickeln. Eine überlieferte und bewährte Form einer solchen Kooperation ist die als Literatur veröffentlichte Kindheitsautobiographie (vgl. Winter 1955), die insbesondere in der pädagogischen Fachliteratur eingehende Beachtung gefunden hat (vgl. zum Beispiel Baacke, Schulze 1979, 1985; Cloer u.a. 1990; Heinritz 1994; Hoffmann 1960). Diese beruht auf einem „biographischen Pakt“ (Lejeune 1973, 1989) nicht nur zwischen Leser und Autor, sondern ebenso zwischen dem erwachsenen Produzenten und dem ehemaligen Kind in sich, dem er Sprache verleiht – was wissenschaftlich gesehen letztlich einer introspektiven Methode entspricht. Zu dieser Form der personalen Identität im Produktionsprozeß treten personell ausdifferenzierte Kooperationsbündnisse hinzu. Beispielsweise regen Wissenschaftler andere Erwachsene dazu an, in Form von mündlichen Interviews (narrative Interviews; oral history) über ihre Kindheitsgeschichte zu erzählen (Behnken u.a. 1983; Mutschler 1985). Weitergehend sind Methoden, in denen Kinder direkt zu ihrer Biographie befragt werden (Behnken u.a. 1997; du Bois-Reymond u.a. 1994; Krüger u.a. 1993). Biographiebezogene Wissenschaft macht hierbei Anleihen bei kooperativen Verfahren, die in Alltag und Kultur bereist etabliert sind, etwa wenn Mütter sich mit ihren Kindern über biographische Fragen unterhalten oder wenn Journalisten bzw. Schriftsteller zusammen mit Kindern semidokumentarische Berichte ihres Lebens veröffentlichen (zum Beispiel Hornschuh 1975; Zimmermann u.a. 1980). Parallel zu Verfahren, die zu mündlicher Produktion von biographischen Texten anregten, wurden Methoden erprobt, in denen subliterate Gruppen unter Erwachsenen (z.B. schulisch wenig gebildete Landbevölkerung) und unter Kindern (z.B. Grundschüler; Sonderschüler) zu schriftlichen Äußerungen über ihre Kindheit angeregt wurden (Mitterauer 1983-1989; Heller u.a. 1990; Warneken 1985). Auf diese Weise erweiterte sich der Umkreis der Personengruppen, die ihre Selbstperspektive auf Kindheit thematisieren konnten, sowohl unter Kindern wie unter Erwachsenen deutlich über den Kreis der literarisch Gebildeten hinaus.

2. Kindheitsbiographie in der Kindheitsforschung

Welche Rolle spielt die Kindheitsbiographie in der Kindheitsforschung? Es läßt sich beobachten, daß biographische Perspektiven aufs Ganze gesehen wichtiger werden und daß dieser Wandel mit einem Paradigmenwechsel einhergeht. Diese Auffassung möchten wir anhand von drei Aspekten verdeutlichen:

- Kinder als Akteure und Subjekte ihrer Biographie;
- die *neue Zeitlichkeit* dieses Lebensabschnitts;
- die individuelle Ausdifferenzierung der Kindheitsphase.

Im mainstream der Kindheitsforschung ging man in der Vergangenheit davon aus, daß Kinder - im strengen Sinn - keine eigene Biographie leben und auch keine eigenen biographischen Narrationen hervorbringen. Gegenwärtig vollzieht sich, bezogen auf die Kindheitsphase, ein ähnlicher Wechsel in der Betrachtungsweise, wie er vor geraumer Zeit für die Jugendphase stattgefunden hat. Kindern wird zunehmend die Rolle von biographischen Akteuren oder Subjekten zuerkannt - konstruktivistischer formuliert: zugesprochen (Kelle, Breidenstein 1996). Das heißt, auch Kinder gestalten biographische Optionen und stehen unter gewissen Begründungszwängen. Durch Rückgriff auf vergangene Entscheidungen und durch den Nachweis einer damit stimmigen Zukunftsperspektive sollen sie die innere Konsistenz ihrer Person plausibel machen.

Was die Dimension der Zeitlichkeit von kindlichen Lebensläufen angeht, so können wir für die Vergangenheit (und das gilt auch noch für die Gegenwart) von einem eingeschränkten Zeitbezug sprechen. Diese Einschränkung folgte den Intentionen pädagogischen Handelns. Die biographische Vergangenheit von Kindern interessierte nur insoweit, als man davon ausgehen konnte, daß durch sie gegenwärtige Lern-, Bildungs- und Erziehungsmöglichkeiten in negativer oder positiver Weise determiniert würden. In vergleichbarer Weise interessierten kindliche Zukunftsentwürfe. Man verfolgte in erster Linie die Frage, ob die subjektiven Zukunftsbezüge der Kinder in Einklang standen mit den Zukunftsbezügen, die die Pädagogen für die Kinder herzustellen suchten (Kasakos 1971; Mönks 1967; Schorch 1982). So fragte man beispielsweise danach, ob sich die Entwürfe der Kinder für die eigene Person, für eine Ausbildungslaufbahn oder für eine Frauenbiographie mit dem pädagogisch Erwünschten in Passung befanden. Da man aufgrund empirischer Studien davon ausgehen konnte, daß eine Überzeugung der Kinder, durch ihr gegenwärtiges Handeln die Zukunft beeinflussen zu können, einen positiven Effekt auf die Lernbereitschaft in der Gegenwart ausübt, wurden in der Pädagogischen Psychologie insbesondere solche Zukunftsvorstellungen untersucht, die auf persönliche Kontrollüberzeugungen rückschließen lassen (Flammer 1990). Die biographische Gegenwart der Kinder wiederum wurde sehr stark im Sinne einer pädagogischen Vorsorge für die Zukunft instrumentalisiert (zur Kritik daran: Alaanen 1994). Gegenwärtige Bemühungen in der Kindheitsforschung sind darauf gerichtet, einen erweiterten Begriff biographischer Zeitbezüge, sowohl für die Vergangenheit wie für Zukunft und Gegenwart zu gewinnen. So werden beispielsweise utopische Momente in kindlichen Zukunftsentwürfen entdeckt und ernst genommen (zu (apokalyptischen) Umweltängsten s. Dröschel 1995 und Petri 1992; zu Wohnutopien s. Flade u.a. 1993). Ebenso gelten die Konstruktion einer eigenen Vergangenheit und Vergangenheitsnarration als eigenständige – und notwendige – biographische Leistungen. Im neueren „coping-Paradigma" tritt, was die biographische Gegenwart angeht, die Fähigkeit von Kindern in den Mittelpunkt des Forschungsinteresses, aktuell auftretende Anforderungen und Konflikte konstruktiv zu lösen und sich gegebenenfalls soziale Hilfsressourcen zu erschließen (Brüderl 1988; Seiffge-Krenke 1990).

Ein dritter Aspekt des Wandels betrifft die individuelle Ausdifferenzierung der kindlichen Biographie. Hier geht es um die Frage, daß die Kindheitsphase eine interne Ablaufstruktur aufweist, gleichsam als Miniatur-Lebenslauf innerhalb des Lebenslaufes. Traditionell wurden zwei Instanzen geltend gemacht, die eine solche Strukturierung hervorbrachten: Zum einen die biologisch determinierten Reifungsphasen und deren psychosoziale Wirkungen; zum anderen die institutionell vorgegebenen Stufen von Laufbahnen. Die ältere Entwicklungspsychologie konstruierte Kindheit als eine gesetzmäßige Abfolge von Reifungs- und Entwicklungsstufen. Auf institutioneller

Ebene dominierten die Normierungen, die durch das Bildungswesen vorgegeben waren. Kinder waren demzufolge „Krabbelstubenkinder“, „Vorschulkinder“, „Grundschulkinder“ usw. An dem historisch tief verankerten Vorbild homogener Altersgruppierungen im Schulbereich (Ariès 1975) orientierten sich in der Folgezeit auch andere außerschulische Einrichtungen für Kinder, beispielsweise die Kinderarbeit von Kirchen oder Sportvereinen (Büchner u.a. 1993). Die fremddefinierten Stufen- und Laufbahnmodelle hatten eine starke Alters- und Aufgabennormierung für den kindlichen Lebenslauf zur Folge.

Als Gegenbewegung läßt sich seit einiger Zeit eine Forschungsrichtung beobachten, die eine stärkere Subjektivierung und Historisierung kindlicher Biographien zugrundelegt. Exemplarisch hierfür ist die Analyse sogenannter kritischer Lebensereignisse in der Kindheit, wie sie die Erfahrung von Umzügen, von persönlicher Krankheit, Scheidung der Eltern u.a. darstellt (Johnson 1986). Diese individuell erlebten Ereignisse treten ergänzend zu normierten Statuspassagen wie Einschulung, Kommunion, Aufnahme in die Pioniergruppe usw. hinzu, die mehr oder weniger alle Kinder generationsspezifisch und kollektiv durchlaufen. Die jeweilige Kombinatorik unterschiedlicher kritischer Lebensereignisse und die persönliche Bewältigung von solchen Zäsuren generiert entsprechend diesem Ansatz individuelle Lebensgeschichten. In historischem Kontext werden kritische Lebensereignisse als besondere Erfahrung von Geburtskohorten thematisiert und untersucht. Modell für diese Forschungstradition wurden die Studien von Glen H. Elder u.a. zu den „Children of the Great Depression“ der 30er Jahre in den USA (Elder 1974; vgl. Elder u.a. 1993). Entsprechend diesem Ansatz werden die Belastungen untersucht, denen bestimmte Familien und Kinder im Transformationsprozeß in Ostdeutschland unterworfen waren und noch sind (Silbereisen u.a. 1990; Rinker u.a. 1996).

Die Subjektivierung der Lebensphase Kindheit schlägt sich in der Forschung auch darin nieder, daß nach subjektiven Alters-Vorstellungen („Was macht ein Kind aus?“) gefragt wird, nach persönlichen Konstrukten zu Kindheitsphasen („Wie lassen sich ältere und jüngere Kinder unterscheiden?“) und nach den subjektiven Kriterien für Begrenzungen („Woran hast Du gemerkt, daß Du kein (kleines) Kind mehr bist?“) (z.B. Schorsch 1992).

3. Kindheitsbiographie im Lebenslauf und in der Lebenslaufforschung

Der Status und die inhaltliche Bestimmung von Kindheit im Lebenslauf ist Wandlungen unterworfen. Die Rolle, die Kindheit im System des Lebenslaufs und der einzelnen Altersphasen spielt, wird unterschiedlich wertgeschätzt und gewichtet. Mit diesen Wertschätzungen gehen auch unterschiedliche Bilder davon einher, was Kindsein bedeutet. Das gilt für alle drei Ebenen, die eingangs differenziert wurden, für Biographie im Alltag, in Kultur und in Wissenschaft. Es lassen sich drei Grundmodelle unterscheiden, wie die Beziehung von Kindheit zu den nachfolgenden Lebensphasen definiert wird:

- Kindheit als die ganz andere Lebensphase;
- Kindheit als marginale Vorphase vor dem eigentlichen Leben;
- Kindheit als basale Grundlage für die künftigen Lebensphasen.

Kindheit als das *ganz Andere*, das dem bewußten Erwachsenenleben gegenübergestellt wird, kann zwei Ausprägungen annehmen (Richter 1987). Auf der einen Seite finden wir die Projektion von Kindheit als paradiesischem Zustand. Einem solchen Kindheitsbild huldigte beispielsweise die historische Romantik in der Pädagogik (zum Beispiel F. Fröbel; vgl. Allen 1988). Dem entspricht auf der privaten Ebene die nostalgische Beschwörung von Kindheit als einer glücklichen Lebensphase, ein in literarischen Autobiographien entwickeltes Muster (historische Leitfigur z.B. Jean Pauls „Selberlebensbeschreibung" (1818/1975). Auf der anderen Seite finden wir die Konstruktion des triebhaften, ungezügelten, bösen Kindes, in dem sich die unbearbeitete, nicht zivilisierte Natur des Menschen manifestiert. In diesem Sinne versteht beispielsweise eine „Schwarze Pädagogik" (Rutschky 1977; Rutschky 1983) das Kindsein. Metaphysische Begründung hierzu liefert die Annahme einer Erbsünde, die auf den Neugeborenen lastet. Dieses Bild von Kindheit begründet in beiden Fällen, warum dem Lebensabschnitt eine besondere Aufmerksamkeit und Zuwendung zusteht. Sozialhistorisch finden sich hier die Wurzeln von kindzentrierter Familienpädagogik, öffentlicher Kleinkindpädagogik und pädagogischer Theoriebildung über diese Altersphase.

Eine zweite Vorstellung bezieht sich auf Kindheit als marginalem Status vor dem Eintritt in den *eigentlichen* Lebenslauf. Entsprechend beschränkt sich der Umgang mit dieser Altersgruppe auf die physische Absicherung ihres Lebens. In emotionaler Hinsicht bedeutet ein solcher vorpersonaler Status, daß Kinder als Liebes- oder *Hätschel*objekt ohne ausgewiesene eigene Identität behandelt werden. Nach Auffassung maßgeblicher Sozialgeschichtsschreiber von Kindheit steht dieses Modell für eine vormoderne Auffassung dieser Lebensphase in Europa, die sich erst in den nachmittelalterlichen Gesellschaften (zwischen 16. und 18. Jahrhundert) auflöst. In Rückerinnerungen auf die persönliche Lebensgeschichte findet sich diese Bedeutungszuschreibung auch in der Moderne wieder. Das zeigt sich in Erzählmustern, in denen die Erinnerung an die Kinderjahre *vergessen* ist, in denen diese Jahre als wertlos für die spätere Lebensgeschichte angesehen werden, deren Beginn mit dem Aufbau eines selbstgesteuerten Ich, zumeist in der Jugendphase, gleichgesetzt wird. Als sozialisatorischer Hintergrund von solchen Abwertungen und Amnesien der Kindheitsgeschichte lassen sich oftmals Kindheitsgeschichten erkennen, in denen Kindern zu Opfern gemacht und traumatisiert wurden (Inzestopfer, Opfer von Verfolgung). Entsprechend verweigern Mitglieder jugendlicher Subkulturen wie Hooligans oder Skinheads den Rekurs auf die eigene familiäre Kindheitsgeschichte. Das Ethos und der Stil dieser Männergruppen, die über das gemeinsame Leben im Hier und Jetzt Identität gewinnen, verlangt, daß der Beginn der Lebensgeschichte auf den Eintritt in die informelle Gruppe und die Erlangung männlicher Körperlichkeit datiert wird (Bohnsack 1995).

In einem dritten Modell von Kindheit im Lebenslauf wird diese Lebensphase als basale Grundlage für alle weiteren Lebensphasen gewichtet. Diese Auffassung tritt in unterschiedlichen Versionen auf:

- Kindheit als Skript für die weitere emotionale und Beziehungsentwicklung;
- Kindheit als erste Stufe des Erwerbs der späteren kognitiven Kompetenzen und Leistungsfähigkeiten;
- Kindheit als Grundlegung elementarer Persönlichkeitsmerkmale auf der Ebene von Temperament oder Interessen.

In allen drei Variationen wird Kindheit, in Unterscheidung zu den beiden vorangegangenen Modellvorstellungen, die auf ihre Weise Kindheit jeweils vom Erwachsenenleben abspalten, als ein in den gesamten weiteren Lebenslauf fest integrierter Lebensabschnitt unterstellt. Alles, was in dieser frühen Lebenszeit geschieht, ist folgenreich für das weitere Leben.

Kindheit als Skript für emotionale und Beziehungsentwicklung im weiteren Leben folgt der einflußreichen Tradition psychoanalytischer Therapie und Theoriebildung. Der ursprüngliche Ansatz besagt, daß Gefühls- und Beziehungsstörungen im Erwachsenenalter ihre Ursache in fehlgeleiteten frühkindlichen Triebentwicklungen und familialen Triaden haben. Deren Aufarbeitung setzt eine Wiederbelebung der frühkindlichen Lebensgeschichte im Erwachsenen voraus. Die später entwickelte Kinderanalyse (A. Freud u.a.) suchte im Umkehrschluß die psychoanalytisch gedeuteten Phasen kindlicher Entwicklung (oral, anal, genital) und deren Störung prognostisch für die Genese späterer Lebensprobleme zu verstehen. In dieser Tradition sind auch einige der gegenwärtigen psychologischen Konzepte zu verorten wie beispielsweise die Bindungstheorie nach Bowlby u.a. oder die „Attachement-Theorie" von Ainsworth u.a. (Grossmann 1989).

Eine zweite Version des Modells bezieht sich auf die kognitive Entwicklung im Lebenslauf. Hier wird Kindheit als maßgebliche Lebenszeit angesehen, in der der Aufbau kognitiver Strukturen grundgelegt wird, die den individuellen Leistungserfolg in den weiteren Bildungs- und Ausbildunglaufbahnen entscheidend mitbestimmen (Kühn 1983). Unter ökonomischer Perspektive betrachtet ist eine systematische und früh ansetzende Förderung dieser kindlichen Potentiale eine sowohl individuell wie gesellschaftlich relevante Investition zur rechten Zeit, die nicht auf einen späteren Lebensabschnitt verschoben werden kann. Ein entsprechender „Wert“ der Kindheitsphase wird im Rahmen von bildungsökonomischen Theorien formuliert, in denen Kindheit als Zeit des Erwerbs von kulturellem bzw. Humankapital thematisiert wird (Becker 1964, 3.1993; Coleman 1991 (Kap. 12); Youniss 1994). Während in traditionalen Gesellschaften der ökonomische Wert von Kindheit unter anderem durch die direkte Erbringung von Arbeitsleistungen im elterlichen Familienbetrieb bzw. durch den Beitrag zum Familieneinkommen (bei aushäusig arbeitenden Kindern) mitbestimmt war, ergibt sich der eher versteckte oder indirekte Wert heutiger Kindheit daraus, daß sich über diesen Lebensabschnitt soziale Gruppen und Familienmilieus von einer Generation auf die andere sozial und kulturell reproduzieren (Zinnecker 1995).

Als dritte Version tritt, insbesondere in neueren Diskursen um Kindheit, der Gedanke in den Vordergrund, daß Kindheit als Basis für Individualität zu verstehen ist. So thematisieren bestimmte Richtungen der Entwicklungspsychologie früh ausgeprägte Formen des Temperaments wie Lebhaftigkeit, Aggressivität, soziale Scheu u.ä. (Bell u.a. 1977). Diese individuellen Temperamente werden bereits für die post- und pränatalen Lebensphasen reklamiert, wobei mehrheitlich genetische Dispositionen unterstellt werden. Für den Umgang erwachsener Bezugspersonen mit Kindern heißt das, daß sie bereits in der pränatalen Phase mit - in rudimentärer Form - ausgewiesenen Persönlichkeiten rechnen müssen. Elternrat und Mütterschulung reagieren darauf, wenn sie Mütter und Väter dafür sensibilisieren wollen, auf die spezifische Individualität von Neu- und Ungeborenen zu reagieren. Eine solche pädagogische Vorstellung vom Kind ist ein direktes Gegenmodell zu jenem überlieferten Modell, in dem das Kind als unbeschriebenens und von den Pädagogen und Pädagoginnen zu beschreibendes Blatt angesehen wird (grundgelegt bei J. Locke und dessen Nachfolge). Es ist unverkennbar, daß es sich hier um eine Aufwertung des Kindheitsstatus, verbunden mit einer höheren Wertschätzung von Individualität im frühesten Alter handelt.

Das Bild des Kindes hängt nicht nur davon ab, wie man diese Altersphase im und für den Lebenslauf wertschätzt, sondern auch davon, welchen Vorstellungen man vom Lebenslauf als Gesamtkonfiguration folgt. Werden die einzelnen Lebensabschnitte als Teil eines aufeinander aufbauenden Stufenmodells betrachtet oder eher als eine - nach dem Muster einer Perlenkette - locker verbundene Aneinanderreihung von eigenständigen biographischen Phasen? Und wie wird die Verbindung zwischen den Phasen gedacht: eher als eine *offene Grenze*, bei der Merkmale der Lebensführung oder Persönlichkeitsmuster eines biographischen Abschnittes beliebig hin und her gewechselt werden können; oder eher als eine in sich geschlossene Welt, in der jeder Lebensabschnitt durch festgelegte Aufgaben und Pflichten, modische

Stile u.a. definiert ist. Historisch dominierte lange Zeit, in Europa wenigstens bis Mitte des 20. Jahrhunderts, ein *ständisches Modell* der Altersgruppen, das auf einer strikten Abtrennung von Rechten und Pflichten für die einzelnen Lebensphasen basierte. Vorbild für diese Architektur des Lebenslaufes war hierbei unverkennbar die soziale und politische Organisation ständischer Gesellschaft. In der Moderne ist die Trennung der Altersgruppen keineswegs aufgehoben. Allerdings geschieht diese soziale Segregation nicht mehr unter dem Vorzeichen ständischer Organisationsformen. Vielmehr wird unter den Bedingungen (post)moderner Gesellschaftsformen eine soziale Schließung von Altersgruppen über die Herausbildung von altershomogenen Subkulturen mit jeweils eigenen Lebensstilen und Gruppenidentitäten hergestellt. Beispiele im Bereich von Kindheit sind altershomogene Gruppen in Vor- und Grundschulen, die altersgestaffelte Organisation von Sportgruppen, informelle Freundeskreise, die Organisation einer durch AV-Medien angeregten Fankultur im Bereich von Musikgruppen, Sportgeräten oder Sportarten. Vergleichbare altershomogene Zusammenschlüsse und Lebensstile finden wir für alle Altersphasen.

Parallel zu dieser subkulturellen Schließung von Altersgruppen entwikkelt sich ein Modell der *offenen Grenzen*. Unabhängig davon, welcher Altersgruppe jemand angehört, hat man die Option, Anleihen bei Identitäts- und Lebensformen anderer Altersgruppen zu machen. Das heißt, das *Alters-Selbst* kann ein Mischmodell unterschiedlicher Lebensabschnitte sein. Unter diesem Gesichtspunkt ist die Forderung nach lebenslangem Lernen als Diffusion einer Aufgabenstellung, die ursprünglich primär den Kinder- und Jugendstatus auszeichnete, auf alle anderen Altersgruppen zu verstehen. In der Literatur werden vielfach die Verwerfungen zwischen Kind- und Erwachsensein diskutiert (Lenzen 1985). Während Kinder Erwachsenenverantwortung, beispielsweise im Beziehungs- und Konsumbereich, übernehmen, eignen sich Erwachsene kindliche Regression an und *verkindlichen* in diesem Sinn, beispielsweise durch Verspieltheit - *Spiele der Erwachsenen* als neue Freizeitkultur - oder durch ausgelebte Gefühlszustände - ein ganzer Therapiezweig richtet sich darauf, daß Erwachsene lernen, Regressionszustände wie blanke Wut in die Kommunikation unter Erwachsenen einzubringen. Ein jugendlicher Lebensstil dient Angehörigen jüngerer und älterer Altersgruppen gleichermaßen als leitende Orientierung bei der Ausgestaltung ihres Alters-Selbst. In den Medien werden entsprechende Muster stellvertretend vorgelebt und als *jugendliche Kinder* oder *junge Alte* propagiert. In dem Zusammenhang ist verständlich, daß in Alltag, Kultur und Wissenschaft Diskurse über die Problematik einer Auflösung von überlieferten und konturierten Altersrollen geführt werden. In diesen wird das „Ende der Kindheit“ (Postman 1982), das „Ende der Jugend“ (von Trotha 1982) ebenso wie das Ende des Erwachsenseins (Lenzen 1985) beklagt und beschworen. Der pädagogische Diskurs befaßt sich seit längerem insbesondere mit einem als bedrohlich gedeuteten zu frühen Ende des Kindheits- und Jugendstatus (vgl. bereits Rousseaus Emile; aktuell z.B. Elkind 1991). In jüngster Zeit wird ein pädagogischer Diskurs geführt, der sich mit der Frage befaßt, ob das „Medium" der Pädagogik nicht mehr eine bestimmte Altersgruppe wie die Kindheit sei, sondern - altersgruppenunspezifisch - der Lebenslauf (Lenzen u.a. 1997).

In der Fachliteratur zu Kindheit und Jugend war es lange Zeit unhinterfragt, ob die Angehörigen dieser Alterskategorien sich auch subjektiv als solche verstehen. Erst in jüngerer Zeit wird diese Selbstverständlichkeit aufgebrochen und zum Gegenstand von Forschung über „subjektives Alter" gemacht (Endepohls 1995; Stecher/Zinnecker 1996; Schorsch 1992). Aufgrund historischer Studien rückt ins Bewußtsein, daß die gesellschaftlich dominierenden Alterskategorien nicht neutrale Begriffe sind, sondern daß es sich dabei - insbesondere in ihrer Entstehungszeit - um fremdbestimmte und diskriminierende Zuschreibungen handelt. Das zeigte Roth (1983) am Fall der Genese des Begriffs *Jugend* im 19. Jahrhundert, der ursprünglich mit Straffälligkeit und Zwangserziehung assoziiert war. Die empirische Überprüfung des Selbstverständnisses heutiger Kinder und Jugendlicher belegt eindrucksvoll, daß viele Befragte über kein entwickeltes Alters-Selbst verfügen, sich also nicht in ihrer persönlichen Identität maßgeblich über die Zugehörigkeit zu einer Altersgruppe wie Kindheit oder Jugend verorten. Hierin spiegelt sich eine Tendenz zur Individualisierung des Lebenslaufes wider. Zentrale Kategorien der Selbstverortung im Lebenslauf sind in diesem Fall die altersunabhängig gedachten Kategorien der unverwechselbaren Persönlichkeit und des allgemeinen Menschseins.

Literatur

Alaanen, L. (1994) : Zur Theorie der Kindheit. Die „Kinderfrage" in den Sozialwissenschaften. In: Sozialwissenschaftliche Literaturrundschau. No. 28; 93- 112

Allen, A. T. (1988): „Let Us Live with Our Schildeen": Kindergarten Movements in Germany and the United States, 1840-1940. In: History of Education Quarterly. No. 28; 1.23-48

Archard, D. (1993): Children. Rights and childhood. London and New York

Ariès, Ph. (1975): Geschichte der Kindheit. München, Wien

Baacke, D./Schulze, Th. (Hrsg.) (1979): Aus Geschichten lernen. Zur Einübung pädagogischen Verstehens. München

Baacke, D./Schulze, Th. (Hrsg.) (1985): Pädagogische Biographieforschung. Orientierungen, Probleme, Beispiele. Weinheim, Basel

Becker, G. S. (1964; 3.1993): Human Capital. A Theoretical and Empirical Analysis, with Special Reference to Education. Chicago, London

Behnken, I./du Bois-Reymond, M./Zinnecker, J. (1983): Stadtgeschichte als Kindheitsgeschichte. Lebensräume von Großstadtkindern in Deutschland und Holland um 1900. Opladen

Behnken, I. u.a. (1997): Welten der Kindheit. Ethnografische Fallstudien. Weinheim (in Druck)

Bell, R. Q./Harper, L. V. (1977): Child Effects on Adults. Hillsdale, New Jersey

Bohnsack, R./Loos, P./Städtler, K./Wild, B. (1995): Die Suche nach Gemeinsamkeit und die Gewalt der Gruppe. Hooligans, Musikgruppen und andere Jugendcliquen. Opladen

Brüderl, L. (Hrsg.) (1988): Theorien und Methoden der Bewältigungsforschung. Weinheim/München

Büchner, P./Fuhs, B. (1993): Kindersport. In: Markefka, M./Nauck, B. (Hrsg.): Handbuch der Kindheitsforschung. Neuwied u.a.; 491-500

Cloer, E./Klika, D./Seyfarth-Stubenrauch, M. (1990): Kindsein in Arbeiter- und Bürgerfamilien des wilhelminischen Reiches. In: Berg, Ch. (Hrsg.): Kinderwelten. Frankfurt am Main

Coleman, J. S. (1991): Grundlagen der Sozialtheorie. Bd. 1. München

Dröschel, A. (Hrsg.) (1995): Kinder – Umwelt – Zukunft. Münster

du Bois-Reymond, M./Büchner, P./Krüger, H.-H./Ecarius, J./Fuhs, B. (1994): Kinderleben. Modernisierung von Kindheit im internationalem Vergleich. Opladen

Elder, G. H. (1974): Children of the Great Depression: social change in life experience. Chicago

Elder, G. H./Modell, J./Parke, R. D. (1993): Children in time and place. Developmental and historical insights. Cambridge

Elkind, D. (1991): Das gehetzte Kind. Werden unsere Kleinen zu schnell groß? Hamburg

Endepohls, M. (1995): Die Jugendphase aus der Sicht von Kindern und Jugendlichen: Krise oder Vergnügen? In: Praxis der Kinderpsychologie und Kinderpsychiatrie. No. 44/10; 378-382

Flade, A./Kuster-Hüttl, B. (Hrsg.) (1993): Mädchen in der Stadtplanung. Weinheim

Flammer, A. (1990): Erfahrung der eigenen Wirksamkeit. Eine Einführung in die Psychologie der Kontrollmeinung. Bern

Fuchs, W. (1984): Biographische Forschung. Eine Einführung in Praxis und Methoden. Opladen

Grossman, K. u.a. (1989): Die Bindungstheorie: Modell und entwicklungspsychologische Forschung. In: Keller, H. (Hrsg.): Handbuch der Kleinkindforschung. Heidelberg

Heinritz, Ch. (1994): Das Kind in der autobiographischen Kindheitserinnerung. In: BIOS. No. 2; 165-184

Heller, A./Weber, Th./Wiebel-Fanderl, O. (Hrsg.) (1990): Religion und Alltag. Wien, Köln

Hengst, H. (1996): Kinder an die Macht! Der Rückzug des Marktes aus dem Kindheitsprojekt der Moderne. In: Zeiher, H./Büchner, P./Zinnecker, J. (Hrsg.): Kinder als Außenseiter? Umbrüche in der gesellschaftlichen Wahrnehmung von Kindern und Kindheit. Weinheim; 117-133

Hernandez, D. J. (1993): America's Children. Resources from Familiy, Government, and the Economy. New York

Hoffmann, E. (1960): Kindheitserinnerungen als Quelle pädagogischer Kinderkunde. Heidelberg
Hornschuh, H. (1975): Heike H. „Ich bin 13“. Reinbek bei Hamburg
Johnson, J. H. (1986): Life Events as Stressors in Childhood and Adolescence. Vol. 8 Developmental Clinical Psychology and Psychiatry. Newbery Park
Kasakos, G. (1971): Zeitperspektive, Planungsverhalten und Sozialisation. Überblick über internationale Forschungsergebnisse. München
Kelle, H./Breidenstein, G. (1996): Kinder als Akteure: Ethnographische Ansätze in der Kindheitsforschung. In: ZSE. No. 16. 1; 47-67
Krüger, H.-H./Ecarius, J./Grunert, Ch. u.a. (1993): Kindheit in Ostdeutschland. Familiale Generationsbeziehungen und kindliche Biographieverläufe. Halle (Saale); Martin-Luther-Universität
Krüger, H.-H./Ecarius, J./Grundert, Ch./Michelmann, D. (1994): Kinderbiographien: Verselbständigungsschritte und Lebensentwürfe. In: du Bois-Reymond, M./ Büchner, P./Krüger, H.-H./Ecarius, J./Fuhs, B.: Kinderleben. Modernisierung von Kindheit im interkulturellen Vergleich. Opladen; 221-271
Kühn, R. (1983): Bedingungen für Schulerfolg. Zusammenhänge zwischen Schülermerkmalen, häuslicher Umwelt und Schulnoten. Göttingen
Lenzen, D. (1985): Mythologie der Kindheit. Die Verewigung des Kindlichen in der Erwachsenenkultur. Versteckte Bilder und vergessene Geschichten. Reinbek bei Hamburg.
Lenzen, D./Luhmann N. (Hrsg.) (1997): Bildung und Weiterbildung im Erziehungssystem. Lebenslauf und Humanontogenese als Medium und Form. Frankfurt am Main
Lejeune, Ph. (1973, 1989): Le pacte autobiographique. In: Poétique (1973. No.14; S. 137-162) Deutsch In: Niggl, H. (Hrsg.): Die Autobiographie. Zu Form und Geschichte einer literarischen Gattung. Darmstadt; 214-257
Mason M. A. (1994): From Father's Property to Children's Rights. The History of Child Custody in the United States. New York
Mitterauer, M. (Hrsg.) (1983 ff): „Damit es nicht verloren geht“. Wien (diverse Bände)
Mönks, F. J. (1967): Jugend und Zukunft. Wissenschaftliche Jugendkunde 12. München
Mutschler, S. (1985): Ländliche Kindheit in Lebenserinnerungen. Tübingen
Nauck, B./Bertram, H. (Hrsg.) (1995): Kinder in Deutschland. Lebensverhältnisse von Kindern im Regionalvergleich. DJI: Familien-Survey 5. Opladen
Paul, J. (1818/1975): Selberlebensbeschreibung (Fragment). In: Miller, N. (Hrsg.): Jean Paul. Werke in 12 Bänden. Bd 12. München
Petri, H. (1992): Umweltzerstörung und die seelische Entwicklung unserer Kinder. Zürich, Stuttgart
Postman, N. (1982): The Disappearance of Childhood. New York
Richter, D. (1987): Das fremde Kind. Zur Entstehung der Kindheitsbilder des bürgerlichen Zeitalters. Frankfurt am Main.
Rinker, B./Schwarz, B. (1996): Familiäre Belastungen in der Kindheit und das Entwicklungstempo von Kindern. In: Zinnecker, J./Silbereisen, R. u.a.: Kindheit in Deutschland. Aktueller Survey über Kinder und ihre Eltern. Weinheim; 359-370
Roth, L. (1983): Die Erfindung des Jugendlichen. München

Rutschky, K. (Hrsg.) (1977): Schwarze Pädagogik. Naturgeschichte der bürgerlichen Erziehung. Frankfurt am Main

Rutschky, K. (Hrsg.) (1983): Deutsche Kinderchronik. Wunsch- und Schreckensbilder aus vier Jahrhunderten. Köln

Scholz, G. (1994): Die Konstruktion des Kindes. Über Kinder und Kindheit. Opladen

Schorch, G. (1982): Kind und Zeit. Entwicklung und schulische Förderung des Zeitbewußtseins. Bad Heilbrunn, Obb.

Schorsch, S. (1992): Die Entwicklung von Konzepten über das Lebensalter bei Kindern und Jugendlichen. Münster

Seiffge-Krenke, I. (Hrsg.) (1990): Krankheitsverarbeitung bei Kindern und Jugendlichen. Berlin u.a.

Silbereisen, R. K./Walper, S. U./Albrecht, T. (1990): Family income loss and economic hardship. Antecedents of adolescents' problem behavior. New Directions for Child Development. No. 46; 27-47

Stecher, L./Zinnecker, J. (1996): Kind oder Jugendlicher? Biographische Selbst- und Fremdwahrnehmung im Übergang. In: Zinnecker, J./Silbereisen, R. u.a.: Kindheit in Deutschland. Aktueller Survey über Kinder und ihre Eltern. Weinheim; 175-191

Trotha, T. von (1982): Zur Entstehung von Jugend. In: Kölner Zeitschrift für Soziologie und Sozialpsychologie. No.34; 254-277

Warneken, B. J. (1985): Populare Autobiographik. Empirische Studien zu einer Quellengattung der Alltagsgeschichtsforschung. Tübingen

Winter, I. (1955): Zur Psychologie der Kindheitserinnerung in Autobiographien und Selbstdarstellungen. Diss. Mainz

Youniss, J. (1994): Beziehungen zwischen Eltern und Jugendlichen. In: Youniss, J.: Soziale Konstruktion und psychische Entwicklung. Frankfurt am Main; 128-140 (urspr. 1987)

Zeiher, H. (1996): Von Natur aus Außenseiter oder gesellschaftlich marginalisiert? Zur Einführung. In: Zeiher, H./Büchner, P./Zinnecker, J. (Hrsg.): Kinder als Außenseiter? Umbrüche in der gesellschaftlichen Wahrnehmung von Kindern und Kindheit. Weinheim; 7-27

Zimmermann, U./Eigel, Ch. (Hrsg.) (1980): Plötzlich brach der Schulrat in Tränen aus. Verständigungstexte von Schülern und Lehrern. Frankfurt am Main

Zinnecker, J. (1995): The Cultural Modernisation of Childhood. In: Chisholm, L./Büchner, P./du Bois-Reymond, M./Krüger, H.-H. (eds.): Growing Up in Europe. Berlin, New York. 85-94

ZSE (Zeitschrift für Sozialisationsforschung und Erziehungssoziologie) (1996): Schwerpunktheft „Zugänge zu Kindheit". Zeiher, H. (Hrsg) 16. Heft; 6-67

Jochen Kade und Wolfgang Seitter

Erwachsenenbildung und Biographieforschung. Metamorphosen einer Beziehung

1. Wahlverwandtschaft oder siamesische Zwillinge?

Zuweilen wird die Vorstellung erzeugt, zwischen Erwachsenenbildung und Biographieforschung existiere eine Art pädagogisch-wissenschaftlicher Familienbeziehung: So sei einerseits die Biographieforschung wegen ihrer Affinität bzw. Homologie von Biographie und Bildung die der Erwachsenenbildung genuine, gemäße Forschungsrichtung, die gewissermaßen den Königsweg zur Erwachsenenbildung verkörpere und die angemessenen Konzepte liefere. Und andererseits sei das Anwendungsfeld par excellence der Biographieforschung die Erwachsenenbildung, die mit ihrer Ausrichtung auf Bildungsprozesse Erwachsener der Biographieforschung ihren adäquaten Gegenstand abgebe. Diese Annahme, der möglicherweise eine professionell-disziplinäre Selbstüberschätzung zugrunde liegt, die vielleicht aber auch durch die Bedeutung biographischer Methoden in der praktischen Bildungsarbeit gestützt wird, geht jedoch in die Irre. Zwar gibt es inzwischen eine große Zahl von biographischen Studien zur Erwachsenenbildung - und Biographieforschung ist auch der Forschungstyp, der innerhalb der qualitativen Forschung zur Erwachsenenbildung vorherrscht (vgl. Kade 1994)[1]. Aber eine solche - zunehmend dominante - Ausrichtung von Biographieforschung auf die Erwachsenenbildung hat es nicht immer gegeben. Sie ist erst jüngeren Datums und unterliegt gegenwärtig erneuten Veränderungen. Offenbar verdankt sich das Gewicht biographiebezogener Konzepte innerhalb der Erwachsenenbildungsforschung in den letzten Jahren nicht (nur) einer inneren Affinität von Gegenstand und Forschungskonzept, sondern (auch) allgemeineren gesellschaftlichen Tendenzen. Das Reüssieren der Biographieforschung gerade in den 80er Jahren hat möglicherweise weniger mit der Erwachsenenbildung als mit den Effekten wohlfahrtsstaatlicher Daseinsvorsorge und Leistungserbringung zu tun. Die deutliche Akzentverschiebung erwachsenenbildnerischer Biographieforschung in Richtung auf Organisationsforschung, die sich spätestens seit Anfang der 90er Jahre abzeichnet (vgl. Schäffter 1992), reflektiert daher mehr, als man bislang gesehen hat, das Ende eines

1 Eine wichtige Ausnahme bildet die dem Milieukonzept verpflichtete Arbeit von Tippelt/Eckert, Barz 1996.

ahistorisch-anthropologisch gedeuteten Propriums der Erwachsenenbildung[2]. Wir wollen im folgenden keinen bilanzierenden Überblick biographischer Studien zur Erwachsenenbildung geben (vgl. dazu Kade/Nittel 1997), sondern mit Bezug auf einzelne Veröffentlichungen aus dem Gesamtspektrum, auf die aus systematischen Gründen z.T. an verschiedenen Stellen eingegangen wird, die Entwicklungsgeschichte des Verhältnisses von Erwachsenenbildung und Biographieforschung in rekonstruktiver Absicht nachzeichnen. Dabei wollen wir in einem Dreischritt zeigen, daß erwachsenenbezogene Biographieforschung ihren zeitlichen Vorläufer in der Erwachsenensozialisationsforschung hat und sich gegenwärtig in Richtung Generationenforschung erweitert.

2. (Erwachsenen-)Sozialisationsforschung als Vorläufer

In den 70er Jahren war nicht die – auch außerhalb der Erziehungswissenschaften kaum entwickelte – Biographieforschung der theoretische Bezugspunkt bei der Analyse der Erwachsenenbildung, sondern die Sozialisationsforschung, insbesondere die Erwachsenensozialisationsforschung und die Psychologie der Lebensspanne. Beide Forschungsrichtungen räumten mit dem bis dahin herrschenden Vorurteil auf, Erwachsene seien fertige (reife) Personen und könnten (müßten) nicht mehr lernen. Der traditionelle Erwachsenenbegriff, der durch das Kriterium des *Fertigseins* Lernzumutungen delegitimierte und mit dem Rollenverhalten eines Erwachsenen für unvereinbar erklärte (vgl. Schulenberg 1968), wurde durch einen dynamischen Begriff des Erwachsenenseins ersetzt, der in seinem konstruktiven Charakter Platz ließ für vielfältige Lernmöglichkeiten und -notwendigkeiten auch im Erwachsenenalter. In der Folge standen daher nicht mehr die Frage der Lernfähigkeit von Erwachsenen, sondern die unterschiedlichen Modi ihres Lernens im Vordergrund. Die Bedeutung dieser theoretischen Referenzpunkte lag insgesamt in der wissenschaftlichen Begründung der Möglichkeit des lebenslangen Lernens, insbesondere von Erwachsenenbildung, dem Kern des lebenslangen Lernens, wobei sich auch die inzwischen als erziehungswissenschaftliche Teildisziplin universitär etablierte Erwachsenenbildung als mehr oder weniger machtvolle Fürsprecherin des lebenslangen Lernens profilierte. Wichtig für die Erwachsenenbildung wurde auch der Import von Konzepten der Lebenslaufforschung, die den Lebenslauf als soziale Institution mit den zentralen Strukturprinzipien der Verzeitlichung, Chronologisierung und Individualisierung betrachtete und in der Doppelung von institutionellem Programm (Lebenslauf) und subjektiver Konstruktion (Biographie) für die Erwachsenenbildung in zweifacher Weise anschlußfähig wurde

2 Zur (neueren) Geschichte erziehungswissenschaftlicher Biographieforschung vgl. Krüger 1995; Schulze 1995.

(vgl. Kohli 1985). Allerdings blieb die Erwachsenenbildung – zumal aus der Sicht der Erwachsenensozialisationsforschung – bei ihrer Selbststilisierung zum archimedischen Punkt für Fragen der Bildung und Subjektwerdung von Erwachsenen im „institutionellen Vorurteil“ (Kohli 1984, 140) befangen, d.h., sie verengte ihren Anspruch auf die professionell handhabbare organisierte Erwachsenenbildung und blieb gegenüber den lebensweltlichen Prozessen der nicht intentional gesteuerten Erwachsenenbildung abgeschottet.

3. Die Erforschung von (Bildungs-)Biographien im Kontext der Erwachsenenbildung

Die auf Erwachsenenbildung bezogene Biographieforschung begann ihre Karriere Anfang der 80er Jahre. Ihren Take-Off hatte sie vielleicht in Peter Alheits programmatischem Aufsatz „Biographieforschung in der Erwachsenenbildung“ (1984; vgl. auch als Fallstudie Kade 1985a), nachdem die Biographieforschung in der Soziologie bereits etabliert und auch in der Erziehungswissenschaft schon 1978 - auf der Jahrestagung der Deutschen Gesellschaft für Erziehungswissenschaft - eine Arbeitsgruppe „Biographie“ aufgetreten war (vgl. Schulze 1995). Während in der Erwachsenensozialisationsforschung der Adressat der Erwachsenenbildung über die Differenz Erwachsener-Kind thematisiert wurde (vgl. auch Geißler, Kade 1982, 18ff.), konstituierte die Biographieforschung den Adressaten der Erwachsenenbildung vor allem über die Differenzen Biographie-Politik, Biographie-Arbeit. Natürlich hatte auch schon der Erwachsene der Erwachsenensozialisationsforschung eine Biographie, diese gewann jedoch erst im Rahmen der Biographieforschung eine theoretisch und empirisch profilierte Stellung[3]. Mit Hilfe von biographietheoretischen, aber auch kulturtheoretischen Konzepten wurden die Adressaten und insbesondere die TeilnehmerInnen von Erwachsenenbildung als Individuen, als lebensweltlich eingebundene biographische Subjekte thematisiert. Unter biographietheoretischem Blickwinkel wurde das Problem personaler Identität ins Zentrum gerückt und die mit biographischen Umbruchsituationen verbundenen Identitäts- und Lebenskrisen als Lern- und Bildungschancen ausgelegt. Dem Symbolischen Interaktionismus entnahm man dabei die normativ oder deskriptiv verstandene These, Ich-Identität sei die Balance von personaler und sozialer Identität und an dieser Balance habe sich die Biographie von Erwachsenen als deren Fluchtpunkt zu orientieren. Im Anschluß an diesen eher programmatischen Einstieg entwickelte sich bis

3 Ebenso erfuhr das bereits in den 70er Jahren gängige Didaktikprinzip der Teilnehmerorientierung erst durch die subjekt-, lebenswelt- und biographietheoretischen Ansätze eine entschiedenere und radikalere *Hinwendung zum Teilnehmer*.

heute eine erste Welle biographieorientierter Forschung zur Erwachsenenbildung. Ihr Fokus ist zum einen die Untersuchung von Erwachsenenbildung als Ort biographischen Lernes, zum anderen, und dies vor allem, die Frage, wie Biographien Erwachsener durch Erwachsenenbildung transformiert werden und sich in ihrem Kontext entwickeln. Gegenüber der eher (mikro-)didaktisch orientierten Frage zum biographischen Lernen und zur Optimierung teilnehmerorientierter Handlungsstrategien wird mit der bildungsbiographischen Akzentuierung ein Perspektivenwechsel vollzogen, insofern als die Biographien der TeilnehmerInnen zum Ausgangspunkt genommen werden und gefragt wird, wie sie die Aneignung der Erwachsenenbildung, verstanden als Bildungsangebot, leiten, ja, steuern. Dabei geht es nicht mehr um die einzelne Bildungsveranstaltung, den einzelnen Kurs für sich, sondern um das Geflecht von unterschiedlichen Bildungsgelegenheiten, das sich im Kontext biographisch gesteuerter Prozesse entwickelt. Dieser Perspektivenwechsel ist gerade den Bildungsprozessen Erwachsener, dem lebenslangen Lernen angemessen, da sich deren Ordnung, anders als die der Bildungsprozesse im Kontext der Schule, nicht mehr institutionell angemessen, gleichsam objektiv abbilden läßt, sondern nur auf der Ebene subjektiver, biographisch vermittelter Aneignungs- und Konstitutionsprozesse rekonstruierbar ist.

Die wesentlichen Erträge dieser von biographischen Konzepten gesteuerten Untersuchungen zur Erwachsenenbildung liegen im Nachweis der biographisch bedingten Pluralität individueller Aneignung von Bildungsangeboten innerhalb der Normalität lebenslangen Lernens und der selbstverständlichen Abhängigkeit von Biographien in der Moderne von der Inanspruchnahme von Erwachsenenbildungsangeboten (vgl. Kade 1992, 1994; Kade, Seitter 1996). Die Untersuchungen zu Biographien Erwachsener im Kontext der Erwachsenenbildung zeigen auch, daß die Nutzung von Erwachsenenbildung, auch wenn sie durch biographische Motive motiviert ist, keineswegs immer und ausschließlich in der Perspektive der Dynamisierung und Steigerung von Emanzipation geschehen muß, sondern auch in der Perspektive der Fortsetzung, der Reproduktion, des Erhalts von Biographien (vgl. Kade, Seitter 1995a).

Mit diesen Ergebnissen korrigiert die auf Erwachsenenbildung bezogene biographische Forschung nicht nur normative Überhöhungen und Idealisierungen von Biographien, die mit der Adaption der Biographieforschung im Kontext der Erwachsenenbildung verbunden waren, ja, durch sie noch einmal verstärkt wurden, sondern auch normative Überhöhungen des Biographiekonzeptes, in dem Sinne, daß damit per se Emanzipation, Individualität, Freiheit verbunden seien, etwa im Gegensatz zu Konzepten des Lebenslaufes oder der Karriere (zur Umwertung der Karriere-Terminologie vgl. Luhmann, Schorr 1979, 277ff.; Luhmann 1984). Was Hans-Peter Müller als Bedingung des Erfolges von Zeitdiagnosen angibt, nämlich ihre „normative Dimension moralischer Kritik“ (Müller 1997, 355), gewissermaßen ihr Erlösungsappeal, gilt sicher auch für den Erfolg des Biographiekonzeptes – und nicht nur im Kontext der Erwachsenenbildung. Indem Biographie aber ausdrücklich als normativ offenes, eben nur analytisches Konzept in der Erwachsenenbildungsforschung genutzt wird, wird erkennbar, daß die gesellschaftsstrukturellen Möglichkeiten individueller Emanzipation von den Subjekten nicht nur zur Steigerung (individueller) Freiheit genutzt werden, sondern auch Probleme des Umgangs mit ebendiesen neuen Freiheiten zeitigen. Erwachsenenbildung hat es inzwischen auch bereits mit der Folgenbearbeitung der Emanzipation zu tun, mit den sich daraus ergebenden Belastungen, Überforderungen und neuen Strukturbildungsleistungen der Individuen; mit dem, was Ronald Hitzler in Anspielung an Kants berühmtes Programm der Aufklärung die „Suche nach einem Ausgang des Menschen aus seiner selbstverschuldeten *Mündigkeit*" (Hitzler 1997, 176) genannt hat. Erwachsenenbildung trägt nicht nur zur gesellschaftlich möglich gewordenen und auch zugemuteten Emanzipation der Individuen bei, sondern muß auch neue biographische Gewißheiten, Sicherheiten und sozialen Zugehörigkeiten stiften (vgl. Kade, Seitter 1995b; vgl. zu dieser Thematisierungsperspektive auch Hondrich 1996). Daß Biographien in einer „reflexiven Moderne" (Beck) in hohem Maße ambivalent, brüchig sind, diskontinuierlich, diffus verlaufen und die Erwachsenenbildung dafür nur eine Verlaufsform und keine (Auf- bzw. Er-)Lösung bietet, das hat die Biographieforschung zur Erwachsenenbildung in ihren qualitativen Fallstudien detailliert und auf hohem Differenzierungsniveau rekonstruiert. Je individueller und reversibler Biographien werden, desto weniger kann man das Erwachsenenleben mit Modellen von Normalbiographien, etwa weiblichen oder männlichen Zuschnitts, noch angemessen beschreiben. Unter dem Druck einer zunehmenden Verzeitlichung des Lebens (vgl. Schäffter 1993) wird biographische Diskontinuität paradoxerweise schon wieder zu einem stabilen Kennzeichen inmitten einer instabilen Welt. An biographischen Studien läßt sich die Denormalisierung von Normalbiographien und die Normalisierung der Erwachsenenbildung im Kontext pluraler Biographien detailliert studieren (vgl. etwa Friebel u.a. 1996).

4. Eine zweite Welle: Biographisierung der (Erwachsenenbildungs-)Institutionen

Diese subjektbezogene Nutzung biographischer Konzepte wird in den späten 80er Jahren überlagert von einer institutionsbezogenen Nutzung dieser Konzepte, die z.T. auch unmittelbar aus der subjektiven Nutzung hervorgeht und sich mit ihr verbindet. Ihr Fokus bzw. ihre zentrale These ist nicht die Abhängigkeit der Biographien von der Erwachsenenbildung, sondern umgekehrt die Abhängigkeit der Erwachsenenbildung(-sorganisationen) von den Biographien, d.h. die Biographisierung der Erwachsenenbildung. Biographien kommen somit nicht als Resultat (oder auch Voraussetzung) von Erwachsenenbildung in den Blick, sondern als eine der u.U. zentralen Ressourcen, mit der Erwachsenenbildungseinrichtungen und ihre Akteure operieren. Die Frage ist aus dieser Perspektive nicht, was die Erwachsenenbildung für die Biographie leistet, sondern was die Biographie für die Erwachsenenbildung(-sorganisationen) leistet. Hatte man bis in die Mitte der 80er Jahre – unter zeitdiagnostischen Aspekten – die Abhängigkeit moderner Biographien von der Inanspruchnahme von Erwachsenenbildungsangeboten gerade auch im Zusammenhang des lebenslangen Lernens aufgewiesen, so geht es seit Ende der 80er Jahre umgekehrt vor allem um die (tendenzielle) Abhängigkeit der Erwachsenenbildung von Biographien – und zwar in einem doppelten Sinne: Biographien sind für die Erwachsenenbildung nicht nur im Hinblick auf ihre TeilnehmerInnen und Adressaten von Belang, sondern auch mit Blick auf die in ihr tätigen Personen, das Personal der Erwachsenenbildung. Daß etwa BildungsmanagerInnen, FachgebietsleiterInnen, DozentInnen oder KursleiterInnen eine Biographie haben, die in die Institution hineinwirkt und sie maßgeblich mitstrukturiert, ist erst in neuester Zeit ein Thema erziehungswissenschaftlicher (Professions-)Forschung geworden. Im folgenden geht es daher – neben Systematisierungsaspekten – vor allem um eine zuspitzende Darstellung, die die These plausibel werden läßt, daß die Ordnung gegenwärtiger Erwachsenenbildung in hohem, bisher in dieser Weise nicht gesehenem Maße biographisch, d.h. durch Biographien bestimmt ist. Erläutern läßt sich diese Biographisierung der Erwachsenenbildung sowohl auf der institutionell-organisatorischen Ebene der Einrichtungen, ihrer Programme und ihrer didaktisch-methodischen Konzepte als auch im Verhältnis der Erwachsenenbildung zu ihren Adressaten, im Verhältnis von Vermittlung (-sangeboten) und Aneignung.

4.1 Biographieabhängigkeit institutionell-organisatorischer Zusammenhänge und didaktischer Konzepte

Es gibt inzwischen eine Reihe zeitdiagnostisch interessierter Arbeiten, die einzelne Einrichtungen der Erwachsenenbildung in den Zusammenhang gesellschaftlicher Veränderungen stellen und zur Aufhellung entsprechender Zusammenhänge Konzepte und Methoden der Biographieforschung nutzen. So weist eine Berliner Studie über selbstorganisierte Projekte (vgl. Becher, Dinter 1991) eine markante Verknüpfung dieser Projekte mit den biographischen Dispositionen der InitiatorInnen und MitarbeiterInnen nach, und zwar in Hinblick auf die Entstehungszusammenhänge, die didaktischen Entscheidungen, die Arbeitsformen und die Entwicklungsperspektiven der Projekte. Die Studie erhellt, daß tiefliegende Passungen zwischen den Biographien von PädagogInnen aus dem breiten Spektrum der alternativen Weiterbildungsszene in Berlin sowie den Problemlagen und Weiterbildungsinteressen ihrer jeweiligen Klientel existieren. Diese Entwicklungsdynamik biographie-, aber auch milieuabhängiger Bildungseinrichtungen, die aus einer Untersuchung von Martin Beyersdorf über die Veränderungen selbstorganisierter Bildungsarbeit im Spannungsfeld von sozialen Bewegungen und öffentlichem Bildungssystem ebenfalls hervorgeht (vgl. Beyersdorf 1991), prägt offenbar auch die etablierten Institutionen, wie Untersuchungen von KursleiterInnen an Volkshochschulen (vgl. Kade 1989) und von ehrenamtlichen MitarbeiterInnen in der evangelischen Erwachsenenbildung (vgl. Harney, Keiner 1992) zeigen. Den Habitus von ErwachsenenpädagogInnen, die als hauptamtliche pädagogische MitarbeiterInnen mit der Planung und Organisation von Bildungsveranstaltungen zu tun haben, hat Wiltrud Gieseke (vgl. 1989) auf der Basis narrativer Interviews detailliert untersucht. Sie rekonstruiert in dieser Studie als biographische Arten der Verarbeitung von Orientierungsproblemen vier Formen, mit denen PädagogInnen in der Erwachsenenbildung sich ihre berufliche Realität aneignen: den Differenzierungsmodus, den Spezifizierungsmodus, den Reduktionsmodus und den Reflexionsmodus. Der biographisch konstituierten Berufsidentität einer anderen Gruppe, nämlich der von KursleiterInnnen, ist bezogen auf thematisch und methodisch unterschiedliche Bildungsveranstaltungen in mehreren anderen Fallstudien nachgegangen worden (vgl. Kade 1985b, 1989). In diesen Untersuchungen wird die KursleiterInnentätigkeit als biographische Konsequenz aus der spannungsreichen Suche nach einer Einheit von Arbeit und Leben, als notwendiges Moment einer dynamisiertes Biographie, als berufsbiographischer Schwebezustand oder als Möglichkeit der Selbstverwirklichung zwischen Hobby und Beruf rekonstruiert. Das pädagogische Selbst- und Handlungsbewußtsein von KursleiterInnen zeigt sich als biographisch tief verankert. Es folgt in seiner Struktur und Entwicklung mehr einer biographischen Logik als der eines erziehungswissenschaftlich verankerten pädagogischen Wissens.

Während diese Studien auf den Bereich der öffentlichen Erwachsenenbildung beschränkt sind, richten sich neuere biographische Untersuchungen zur Professionalisierung verstärkt auch auf den Bereich der betrieblichen Weiterbildung. Rolf Arnold (vgl. Arnold 1993) hat schon früh in einer Studie über Biographieverläufe von BetriebspädagogInnen Befunde erbracht, die der verbreiteten Gleichsetzung von Professionalisierung und Verwissenschaftlichung im Sinne eines technologischen Verständnisses pädagogischen Handelns widersprechen. Den Prozeß der Professionalisierung für die Personalwirtschaft im Kontext von Studium und Biographie haben Klaus Harney und Dieter Nittel (vgl. Harney, Nittel 1995) in einer Fallstudie rekonstruiert. Diese Arbeit widerlegt die gängige Annahme, die Personengruppe der ErwachsenenbildnerInnen im Kontext der betrieblichen Weiterbildung zeichne sich durch besonders wirtschaftsfreundliche Einstellungen und diesbezügliche Gesinnungen aus. Analysiert werden verschiedene biographisch erworbene Habitusformen, die für die in der Wirtschaft tätigen ErwachsenenpädagogInnen typisch sind, so die biographische Basisdisposition zum mündlichen Virtuosentum, ein heroisches Professionsverständnis und eine besondere Sensibilität im Umgang mit Paradoxien. Die eben erwähnte Studie ist Teil eines größeren Vorhabens (vgl. Nittel, Marotzki 1997; Nittel 1997a), in welchem die Biographien von in der Wirtschaft tätigen Erwachsenenpädagogen aus der Sicht unterschiedlicher Disziplinen im Blick auf den Zusammenhang von Lernstrategien und Subjektbildung rekonstruiert werden.

Die dargestellten Befunde sind ein deutlicher Hinweis darauf, daß die mit Individualisierungsprozessen verbundene Biographieorientierung als organisierendes Prinzip inzwischen auch die makrodidaktischen Handlungsebenen der Programmplanung und Institutionsdidaktik erreicht haben (vgl. Becher, Dinter, Schäffter 1991). Sie bilden ein generierendes Potential von institutionellen Strukturen. Die gesellschaftliche Tendenz der Biographisierung führt im Verbund mit Individualisierung und Pluralisierung dazu, daß Bildungseinrichtungen ihre interne Homogenität verlieren und in ein verschärftes Konkurrenzverhältnis zueinander treten (vgl. Dieckmann 1989). Sie sind, wie Schäffter (vgl. 1989) in einer Studie über Berliner Volkshochschulen analysiert hat, durch eine Organisationskultur bestimmt, deren Charakteristikum eine Vielfalt von biographischen Interessen und Perspektiven ist.

Diese Vielfalt ist auch bestimmendes Merkmal derjenigen Erwachsenenbildungsaktivitäten, die in institutionelle Zusammenhänge jenseits der traditionellen Erwachsenenbildung – in Bürgerinitiativen, Netzwerken, Vereinen oder Nachbarschaftshilfen – eingelagert sind. Insbesondere das vielgestaltige Vereinswesen, das als Einrichtung der selbstorganisierten Erwachsenenbildung mit einem enormen quantitativen Mobilisierungsgrad von der akademischen Zunft bislang kaum in den Blick genommen wird, zeichnet sich durch eine hochgradige Abhängigkeit von den Biographien und biographischen Interessen seiner zahllosen freiwilligen und ehrenamtlichen Vereinsaktiven aus. Nur bei der richtigen Passung zwischen Vereinszwecken und biographischen Interessen ist der Verein in der Lage, seine Bindungskraft zu erhalten und auch als Einrichtung mit pädagogischen und erwachsenenbildnerischen Anteilen zu überleben. Eine wesentliche Strategie dazu liegt in der Bereitstellung eines multifunktionalen Angebots, das unterschiedliche biographische Lagen und Beteiligungsintensitäten ansprechen und mobilisieren kann. Von besonderer Bedeutung ist der biographische Bezug dort, wo der Verein eine institutionelle oder selbstorganisierte Antwort auf biographische Ausnahmesituationen darstellt. Besonders aufschlußreich sind in dieser Hinsicht die zahlreichen Aktivitäten des eigenethnischen Vereinswesens mit seiner Kombination aus Geselligkeit, Freizeit, Betreuung, Kulinarik, Bildung etc. und der Möglichkeit, unterschiedliche biographische Perspektiven mit der Vereinsarbeit/Vereinsbeteiligung zu verbinden (vgl. dazu Hagedorn u.a. 1994; Seitter 1997).

4.2 *Entgrenzung und Selbstbegrenzung der Erwachsenenbildung: Differenz zwischen Vermittlung und Aneignung*

Daß und inwiefern in modernen Gesellschaften die Aneignung von Angeboten der Erwachsenenbildungseinrichtungen mehr durch die Bildungs- und Berufsbiographien der TeilnehmerInnen bestimmt ist als durch institutionelle Arrangements und professionelle Handlungsstrategien, daß man insofern also von einer biographischen Zweitprogrammierung der Aneignung sprechen kann, wird in zwei größeren qualitativen empirischen Studien detailliert aufgezeigt. In einer Studie zur biographischen Aneignung von Bildungsangeboten wird am Beispiel der Volkshochschule (vgl. Kade 1992, 1994) untersucht, in welchem Sinne die Erwachsenenbildung in modernen Gesellschaften von den TeilnehmerInnen zur Lösung von biographisch situierten Problemen in Anspruch genommen wird. Für die TeilnehmerInnen – so zeigt die Studie – ist Bildung nur eine Form der identitätsorientierten Aneignung von Erwachsenenbildung. Sie bearbeiten ihre Identitätsprobleme zugleich über die soziale und kulturelle Zugehörigkeit, die sie durch die Teilnahme an Erwachsenenbildung erwerben, und durch die Inanspruchnahme von formellen und informellen Tätigkeitsangeboten unterschiedlichster Art. Es hängt vom individuellen Teilnehmer und seiner je besonderen Biographie ab, welche Aneignungsbeziehung für ihn charakteristisch ist. Die These von der biographisch bestimmten Autonomie und Pluralität der Aneignung von Bildungsangeboten wird aus der Perspektive des lebenslangen Lernens in einer auf den institutionellen Kontext des Funkkollegs bezogenen Studie (vgl. Kade, Seitter 1996) herausgearbeitet. Untersucht wird die Konstitution des lebenslangen Lernens bei Erwachsenen, die über längere Zeit Bildungsangebote des Funkkollegs und anderer Einrichtungen wahrgenommen haben. Die Studie gibt Aufschluß über die Bedeutung des Lernens im Kontext individuell und generationsmäßig unterschiedlicher biographischer Prozesse sowie über die Strategien zur Durchsetzung langjährigen Lernens gegenüber konkurrierenden Lebensansprüchen im Alltag.

Der organisationstheoretisch relevante Gehalt dieser Befunde ergibt sich, wenn man Biographie nicht nur der Institution gegenüberstellt (vgl. Hoerning, Corsten 1995), sondern die Erwachsenenbildung als Organisation begreift, die zur Erreichung ihrer Ziele sowohl das konkrete Aneignungswissen ihrer Adressaten als auch die Biographie als einer gesellschaftlich institutionalisierten Form von Wissen ressourcenmäßig nutzt (zur Unterscheidung zwischen Organisation und Institution vgl. Vollmer 1996). Die Autonomie biographisch gesteuerter Aneignung gegenüber den institutionellen (pädagogischen) Vermittlungsstrategien destabilisiert damit letztlich die Erwachsenenbildungsorganisationen nicht, sondern zwingt sie zur Anerkennung ihrer Selbstbegrenzung mit eher stabilisierenden Wirkungen. Allerdings wird die Aufnahme und Transformation des Aneignungswissens der TeilnehmerInnen und Adressaten in ein pädagogisches, den Organisationen der Erwachsenenbildung zur Verfügung stehendes Wissen zu einem theoretisch erst einmal zu dechiffrierenden Handlungsproblem der Organisation. Daß von der Erwachsenenbildung solche Transformationsleistungen erbracht werden und auch schon worden sind, machen Befunde einer Studie über Erwachsenenbildungsprogramme deutlich (vgl. Körber u.a. 1995), ohne allerdings zu erklären, wie die Transformation von Aneignungswissen in professionelles organisationsbezogenes Vermittlungswissen abläuft (vgl. Kade 1997b). Diese Studie identifiziert das Vorhandensein der aus der Aneignungsperspektive von TeilnehmerInnen rekonstruierten Bedeutungsöffnung, ja, Diffusität auch auf der Ebene von institutionellen Programmankündigungen. Dies legt die These einer unbemerkt stattgefundenen Anpassung von Bildungsinstitutionen an (bildungsferne, unspezifische) Teilnahmemotive nahe; einer Anpassung, die man auch als Resultat institutioneller Lernprozesse beschreiben kann, ohne die die Expansion der Erwachsenenbildung in den letzten 30 Jahren nicht möglich gewesen wäre.

5. Von der Biographie zur Generationenreflexion

Die Akzentverschiebung und Erweiterung biographischer Forschung gegen Ende der 80er Jahre in Richtung auf institutionell-organisatorische Dimensionen der Erwachsenenbildung steht insbesondere im Zusammenhang mit einer aus den sog. *Neuen sozialen Bewegungen* hervorgehenden neuen Gründungswelle von Erwachsenenbildungsinstitutionen und einer zunehmenden Bedeutung subjektiver Motive und Ansprüche auf Selbstverwirklichung innerhalb beruflicher Arbeit. Diese Öffnung für institutionell-organisatorische Fragen der Erwachsenenbildung bekommt seit den frühen 90er Jahren noch einmal einen neuen Akzent. Herausgefordert durch die Rationalisierung und Modernisierung der Erwachsenenbildungsinstitutionen im Zeichen knapper öffentlicher Mittel und durch die Tendenz zur Institutionalisierung der Erwachsenenbildung gerade auch in den Übergangszonen zwischen öffentlicher und betrieblicher Erwachsenenbildung entwickelt sich die Biographie nunmehr tendenziell zu einem übergreifenden Konzept zur Erforschung gerade auch der institutionell-organisatorischen Dimensionen der Erwachsenenbildung. So hat Dieter Nittel (vgl. Nittel 1996a) mit den Mitteln biographischer Analyse den Zusammenhang zwischen der Pädagogisierung der Privatwirtschaft und der Ökonomisierung der öffentlichen Erwachsenenbildung im Detail nachgezeichnet. Gerade bei der anstehenden Organisationsentwicklung der öffentlichen Erwachsenenbildung kommt dem biographischen Wissen und der biographischen Prägung von MitarbeiterInnen eine bedeutende Rolle zu (vgl. auch Schäffter 1997). Wenn man die verstreuten Erfahrungen aus der Praxis und erste Analysen von Erwachsenenbildung als lernende Organisation heranzieht (vgl. etwa Scherp 1997), so kann man vermuten, daß, anders als in den 80er Jahren, als

Biographie eine wesentliche Ressource zur Gründung neuer, selbstorganisierter, alternativer Erwachsenenbildung war, Biographien nunmehr eher als Entwicklungsbarriere für die Entwicklung von öffentlichen Erwachsenenbildungseinrichtungen in den Blick kommen. Denn zu stark weichen offenbar der professionell-pädagogische Habitus und die Kompetenzen der meist schon seit den 70er Jahren angestellten MitarbeiterInnen in Erwachsenenbildungsinstitutionen von den Anforderungen und Qualifikationen ab, die im Zeichen der einer ökonomischen Rationalität folgenden Organisationsentwicklung gefordert werden[4]. Es wird damit zu einer interessanten neuen Frage, inwieweit die Entwicklung der Erwachsenenbildung nicht nur von Biographien abhängig ist, sondern auch von Generationenverhältnissen und deren Wandel.

Wenn sich das Verhältnis der Erwachsenenbildung zur Biographieforschung in den nächsten Jahren in Richtung auf Generationenforschung weiter entwickeln sollte, wofür auch die allgemeine Renaissance dieses Themas in den Erziehungswissenschaften spräche (vgl. Liebau/Wulf 1996; Nittel 1997b; Mader 1988; Harney, Kade 1990)[5], dann bedeutete dies, daß damit die für die (Erwachsenen-)Sozialisationsforschung konstitutive lebensalterbezogene Differenz von Erwachsenem und Kind in die Biographieforschung hineinreflektiert wäre und als Differenz von Generationen wiederkehrte. Als Differenz von Generationen, die sich nicht mehr ausschließlich im Verhältnis von Kind und Erwachsenen angemessen abbilden ließe, sondern auch die Differenz von Generationen innerhalb der Erwachsenenwelt mitumfaßte; eine Differenz, die insofern auch noch über die Differenz von Erwachsenen und Alter, die mit der Öffnung der Erwachsenenbildung für die Altenbildung seit den späten 70er Jahren verknüpft ist, hinausginge, als es sich um ein Zugleich unterschiedlicher Generationen innerhalb der Gruppe der (noch) berufstätigen Erwachsenen handelte (zur Vervielfachung von Generationenverhältnissen vgl. Zinnecker 1997). Eine solche Weiterentwicklung der Biographieforschung in Richtung auf Generationenforschung dürfte sich nicht nur unter institutionell-organisatorischen Aspekten der Erwachsenenbildung als fruchtbar erweisen, sondern auch im Hinblick auf Fragen, die sich aus der Abhängigkeit der Biographien von der Erwachsenenbildung in einer reflexiven Moderne ergeben. Denn die Art und Weise, wie sich Erwachsene die Angebote der Erwachsenenbildung aneignen bzw. diese zu Bildungsbiographien verdichten, ist nicht nur biographisch

4 In diesem Sinn könnte man vom Altern eine Generation sprechen (vgl. Bude 1995).

5 Ein solcher Übergang läßt sich auch in den Kriminalserien „Tatort“ und „Polizeiruf 110“ beobachten. Mit einem gewissen zeitlichen Vorlauf gegenüber der Erwachsenenbildung werden in diesen Fernsehserien zuerst die (abweichenden) Biographien der Verdächtigen und Täter zum Thema, dann werden die Biographien der Ermittler, den Repräsentanten der Institution Polizei, zunehmend zum Thema, und gegenwärtig richtet sich die Aufmerksamkeit auffällig oft auf Generationenverhältnisse, und zwar im Polizeiapparat, aber auch zwischen Kommissaren und Verdächtigten bzw. Tätern (vgl. Kade 1996). Ob es sich dabei um mehr als nur eine zufällige strukturelle Parallelität handelt, dieser Frage wäre nachzugehen.

bestimmt, sondern auch von der Generationenzugehörigkeit abhängig. So findet man in der bereits erwähnten Studie von LangzeitteilnehmerInnen am Funkkolleg eine deutliche generationenspezifische Passung von bildungsbiographischen Aspirationen und bildungspraktischer Realisierung (vgl. Kade, Seitter 1996, 233ff.). Während TeilnehmerInnen, die unter den Bedingungen der Nachkriegssituation aufgewachsen sind, die Möglichkeiten des in den 60er und 70er Jahren ausgebauten (Weiter-)Bildungssystems in kompensatorischer Absicht nutzen, ohne dabei jedoch die Frage zum Thema zu machen, ob und inwieweit dessen Angebote ihnen individuell angemessen sind, verfügen TeilnehmerInnen, die während der Expansion des Sozial- und Wohlfahrtstaates groß geworden sind, über individuelle Emanzipationsansprüche, die in dem flächendeckend institutionalisierten Erwachsenenbildungsangebot eine angemessene Opportunitätsstruktur finden. TeilnehmerInnen, die bereits in die bestehende Chancen- und Zumutungsstruktur des (lebenslangen) Bildungssystems hineingewachsen sind, haben es hingegen mit den Folgen der gesellschaftlichen Durchsetzung des Prinzips des lebenslangen Lernens und der dadurch möglich gewordenen Dynamisierung von Biographien zu tun, nämlich mit den Problemen, die sich aus den Schwierigkeiten ergeben, die in den letzten 30 Jahren gesellschaftlich universalisierten Bildungsansprüche tatsächlich auch individuell einzulösen. Bildung kommt für sie weniger als ein durch Erwachsenenbildung erst zu erreichendes Ziel in den Blick, sondern als ein durch sie mit erzeugtes, individuell kaum lösbares Problem.

Diese Analysen der generationenspezifischen Abhängigkeit von bildungsbiographischen Verläufen zeigen, daß sich das empirische und theoretische Interesse biographisch orientierter Erwachsenenbildung gegenwärtig gerade auch auf Probleme richten muß (sollte), die mit der erfolgreichen Durchsetzung des lebenslangen Lernens als einem gesellschaftlichen Medium und seiner – auch pathologischen – Folgen zu tun haben. Die bisher vorliegenden Ergebnisse lassen sich relativ problemlos an zeitdiagnostische Befunde im Kontext des Individualisierungsdiskurses anschließen, die den Blick auf Phänomene richten, die sich gerade infolge der Durchsetzung der gesellschaftlichen Moderne stellen (vgl. Beck, Beck-Gernsheim 1994; Gross 1994); so etwa das „Scheitern der Individuen an ihrer unbewältigten Individualisierung“ (Koenen 1993, 89). Bildungsinstitutionen wie die Erwachsenenbildung verheißen den Individuen nicht nur den Zugriff auf ein volles, im Zeichen von Selbstbestimmung und Selbstverwirklichung stehendes Leben, sondern auch den erleichterten Zugang zu einem solchen anspruchsvollen und gleichermaßen riskanten biographischen Unterfangen. Sie antworten nicht nur auf ein gesellschaftlich wachsendes biographisches Verlangen, sie werden auch zu Orten der Entlastung vom Anspruch, seine Biographie selber zu bestimmen und zu verantworten[6].

6 Vgl. zur Janusköpfigkeit von Institutionen Rehberg 1990 und Hitzler, Koenen 1994.

Literatur

Alheit, P. (1984): Biographieforschung in der Erwachsenenbildung, In: Literatur- und Forschungsreport Weiterbildung. Heft 13; 40-54. Heft 14; 31-67

Arnold, R. (1993): Pädagogische Professionalisierung betrieblicher Bildungsarbeit. Explorative Studie zur Ermittlung weiterbildungsrelevanter Deutungsmuster des betrieblichen Bildungspersonals. Frankfurt am Main

Becher, M./Dinter I. (1991): Neuer Arbeitsplatz Weiterbildung. Selbstorganisierte Projekte in der Berliner Weiterbildung. Berlin

Becher, M./Dinter, I./Schäffter, O. (1991): Individualisierung und Biographieorientierung als organisierende Prinzipien der Angebotsentwicklung. In: Brödel, R. (Hrsg.): Erwachsenenbildung am Beginn der Transformation. Hannover; 207-231

Beck, U./Beck-Gernsheim, E. (1994) (Hrsg.): Riskante Freiheiten. Individualisierung in modernen Gesellschaften. Frankfurt am Main

Beyersdorf, M. (1991): Selbstorganisierte Bildungsarbeit zwischen neuen sozialen Bewegungen und öffentlichem Bildungssystem. Eine explorative Bestandsaufnahme. Hamburg

Bude, H. (1995): Das Altern einer Generation. Die Jahrgänge 1938-1948. Frankfurt am Main

Dieckmann, B. (1989) (Hrsg.): Zwischen Qualifizierungsoffensive und Armutsgrenze. Berliner Vokshochschulen in den achtziger Jahren. Technische Universität Berlin - Dokumentation Weiterbildung. Heft 22. Berlin

Friebel, H. u.a. (1996): Sind Bildungskarrieren/Bildungsbiographien „entscheidungsfähig“? In: Report 37; 22-32

Geißler, K. A./Kade, J. (1982): Die Bildung Erwachsener. München

Gieseke, W. (1989): Habitus von Erwachsenenbildnern. Oldenburg

Gross, P. (1994): Die Multioptionsgesellschaft. Frankfurt am Main

Hagedorn, u.a. (1994) (Hrsg.): Anders arbeiten in Bildung und Kultur. Kooperation und Vernetzung als soziales Kapital. Weinheim, Basel

Harney, K./Kade, J. (1990): Von der konventionellen Berufsbiographie zur Weiterbildung als biographisches Programm - Generationenlage und Betriebserfahrung am Beispiel von Industriemeistern. In: Krüger, H.-H. (Hrsg.): Abschied von der Aufklärung? Perspektiven der Erziehungswissenschaft. Opladen; 211-223

Harney, K./Keiner, E. (1992): Zum Profil nicht-hauptberuflicher Arbeit in der kirchlichen Erwachsenenbildung. In: Jütting, D. (Hrsg.): Situation, Selbstverständnis, Qualifikationsbedarf. Nicht-hauptberufliche MitarbeiterInnen in der DEAE. Frankfurt am Main; 197-227

Harney, K./Nittel, D. (1995): Pädagogische Berufsbiographie und moderne Personalwirtschaft. In: Krüger/Marotzki; 332-358

Hitzler, R. (1997): Der unberechenbare Bürger. Über einige Konsequenzen der Emanzipation der Untertanen. In: Beck, U. (Hrsg.): Kinder der Freiheit. Frankfurt am Main; 175-194

Hitzler, R./Koenen, E. (1994): Kehren die Individuen zurück? - Zwei divergente Antworten auf eine institutionstheoretische Frage. In: Beck/Beck-Gernsheim; 447-465

Hoerning, E.M./Corsten, M. (1995) (Hrsg.): Institution und Biographie. Pfaffenweiler

Hondrich, K.O. (1996): Lassen sich soziale Beziehungen modernisieren?. In: Leviathan 24. Heft 1; 28-44

Kade, J. (1985a): Diffuse Zielgerichtetheit. Rekonstruktion einer unabgeschlossenen Bildungsbiographie. In: Baacke, D./Schulze, Th. (Hrsg.): Pädagogische Biographieforschung. Orientierungen, Probleme, Beispiele. Weinheim; 124-140

Kade, J. (1985b): Gestörte Bildungsprozesse. Empirische Untersuchungen zum pädagogischen Handeln und zur Selbstorganisation in der Erwachsenenbildung. Bad Heilbrunn

Kade, J. (1989): Kursleiter und die Bildung Erwachsenener. Fallstudien zur biographischen Bedeutung der Erwachsenenbildung. Bad Heilbrunn

Kade, J. (1994): Suche nach Zugehörigkeit. Zur Aneignung der Erwachsenenbildung durch die Teilnehmer. In: Garz, D./Kraimer, K. (Hrsg.): Die Welt als Text. Theorie, Kritik und Praxis der objektiven Hermeneutik. Frankfurt am Main; 315-340

Kade, J. (1996): „Tatort" und „Polizeiruf 110". Zur biographischen Kommunikation des Fernsehens in beiden deutschen Staaten. In: BIOS. Zeitschrift für Biographieforschung und Oral History. No. 8. Heft 1; 114-126

Kade, J. (1997): Vermittelbar/Nicht-Vermittelbar: Vermitteln: Aneignen. Im Prozeß der Systembildung des Pädagogischen. In: Lenzen, D./Luhmann, N. (Hrsg.): Bildung und Weiterbildung im Erziehungsystem. Lebenslauf und Humanonotgenese als Medium und Form. Frankfurt am Main

Kade, J./Nittel, D. (1997): Biographieforschung – Mittel zur Erschließung von Bildungswelten Erwachsener. In: Friebertshäuser, B./Prengel, A. (Hrsg.): Handbuch qualitativer Forschungsmethoden der Erziehungswissenschaft. Weinheim, München

Kade, J./Seitter, W. (1995a): Fortschritt und Fortsetzung. Biographische Spuren lebenslangen Lernens. In: Krüger/Marotzki; 308-331

Kade, J./Seitter, W. (1995b): Teilnahmemotive. Subjektbildung unter den Bedingungen der Individualisierung. In: Report 36; 29-37

Kade, J./Seitter, W. (1996): Lebenslanges Lernen. Mögliche Bildungswelten. Erwachsenenbildung, Biographie und Alltag. Opladen

Kade, S. (1994): Methoden und Ergebnisse der qualitativ-hermeneutisch orientierten Erwachsenenbildungsforschung. In: Tippelt, R. (Hrsg.): Handbuch Erwachsenenbildung/Weiterbildung. Opladen; 296-311

Koenen, E.J. (1995): Heinrich und Ulrich. Einige poetisch-hermeneutische Hinweise zur Individualisierung in der Geschichte der Moderne. In: Hohl, R./Reisbeck, G. (Hrsg.): Individuum, Lebenswelt, Gesellschaft. München; 89-106

Körber, K. u.a. (1995): Das Weiterbildungsangebot im Lande Bremen. Bremen

Kohli, M. (1984): Erwachsenensozialisation. In: Schmitz, E./Tietgens, H. (Hrsg.): Erwachsenenbildung. Enzyklopädie Erziehungswissenschaft. Band 11. Stuttgart; 124-142

Kohli, M. (1985): Die Institutionalisierung des Lebenslaufs. Historische Befunde und theoretische Argumente. In: Kölner Zeitschrift für Soziologie und Sozialpsychologie 37. Heft 1; 1-29

Krüger, H.-H. (1995): Bilanz und Zukunft der erziehungswissenschaftlichen Biographieforschung. In: Krüger/Marotzki; 32-54

Krüger, H.-H./Marotzki, W. (Hrsg.) (1995): Erziehungswissenschaftliche Biographieforschung. Opladen

Liebau, E./Wulf, Chr. (1996) (Hrsg.): Generation. Versuche über eine pädagogisch-anthropologische Grundlegung. Weinheim

Luhmann, N. (1984): Copierte Existenz und Karriere. Zur Herstellung von Individualität In: Beck, U./Beck-Gernsheim, E.; 191-200

Luhmann, N./Schorr, K.E. (1979): Reflexionsprobleme im Erziehungssystem. Stuttgart

Mader, W. (Hrsg.) (1988): Generationenbeziehungen. Berichte aus einem Lehrprojekt. Bremen

Meier, A./Rabe-Kleberg, U. (1993) (Hrsg.): Weiterbildung, Lebenslauf, sozialer Wandel. Neuwied u.a.

Müller, H.-P. (1997): Sinn deuten. Über soziologische Zeitdiagnostik. In: Merkur 51. Heft 4; 352-357

Nittel, D. (1996a): Die Pädagogisierung der Privatwirtschaft und die Ökonomisierung der öffentlich verantworteten Erwachsenenbildung - Versuch einer Perspektivenverschränkung mit biographieanalytischen Mitteln. In: Zeitschrift für Pädagogik 42; 731-750

Nittel, D. (1996b): Berufsbiographie und Weiterbildungsverhalten. In: Literatur- und Forschungsreport Weiterbildung. Heft 37; 11-21

Nittel, D. (1997a): „Das war dann ne richtige Aufbruchstimmung...". Über das Verhältnis von Lebensgeschichte und Zeitgeschichte in Berufsverläufen von Erwachsenenbildnern. Vortrag auf der DGfE-Tagung "Historische Dimensionen der Biographieforschung" in Halle vom 27.2.-1.3.97. Frankfurt am Main

Nittel, D. (1997b): Biographie - Beruf - Professionalität. Beiträge zu einer Pädagogik des Erwachsenen. Unveröff. Habilitationsschrift. Frankfurt am Main

Nittel, D./Marotzki, W. (1997) (Hrsg.): Berufslaufbahn und biographische Lernstrategien. Eine Fallstudie über Pädagogen in der Privatwirtschaft. Hohengehren

Rehberg, K.-S. (1990): Eine Grundlagentheorie der Institutionen: Arnold Gehlen. Mit systematischen Schlußfolgerungen für eine kritische Institutionentheorie. In: Göhler, G. u.a. (Hrsg.): Rationalität politischer Institutionen. Interdisziplinäre Perspektiven. Baden-Baden; 115-144

Schäffter, O. (1989): „Wenn man etwas Neues machen will, muß man Altes vernichten!" Die Berliner Volkshochschulen in der Selbstbeschreibung ihrer MitarbeiterInnen. In: Dieckmann; 99-163

Schäffter, O. (1992): Arbeiten zu einer erwachsenenpädagogischen Organisationstheorie. Ein werkbiographischer Bericht. Frankfurt am Main

Schäffter, O. (1993): Die Temporalität von Erwachsenenbildung. Überlegungen zur zeittheoretischen Rekonstruktion des Weiterbildungssystems. In: Zeitschrift für Pädagogik 39. Heft 3; 443-462

Schäffter, O. (1997): Perspektiven weiterbildender Studien. Der Beitrag der Hochschule zum lebensbegleitenden Lernen. In: Hessische Blätter für Volksbildung 47. Heft 1; 37-52

Scherp, K. (1997): Handlungsstrategien im Umgang mit Veränderungen. Perspektiven von Mitarbeiterinnen und Mitarbeitern einer Volkshochschule zu Beginn der Umstrukturierung. Unveröffentl. Diplomarbeit. Frankfurt am Main

Schulenberg, W. (1968): Bildungsappell und Rollenkonflikt. In: Ritters, C. (Hrsg.): Theorien der Erwachsenenbildung. Weinheim; 145-170

Schulze, Th. (1995): Erziehungswissenschaftliche Biographieforschung. Anfänge, Fortschritte, Ausblicke. In: Krüger, H.-H./Marotzki, W. (Hrsg.): Erziehungswissenschaftliche Biographieforschung, Opladen; 10-31

Seitter, W. (1996): Bildungsbiographien spanischer MigrantInnen. In: Literatur- und Forschungsreport Weiterbildung 37; 75-84

Seitter, W. (1997): Der Verein als Ort der Erwachsenenbildung. In Vorbereitung. Frankfurt am Main

Tippelt, R./Eckert/Th./Barz, H. (1996): Markt und integrative Weiterbildung: Zur Differenzierung von Weiterbildungsanbietern und Weiterbildungsinteressen. Bad Heilbrunn

Vollmer, H. (1996): Die Institutionalisierung lernender Organisationen. In: Soziale Welt 47; 315-343

Zinnecker, J. (1997): Vervielfachung der Generationenverhältnisse. In: Lenzen, D./ Luhmann, N. (Hrsg.): Bildung und Weiterbildung im Erziehungssystem. Lebenslauf und Humonontogenese als Medium und Form. Frankfurt am Main

Monika Wohlrab-Sahr

„Protestantische Ethik" im islamischen Gewand. Habitusreproduktion und religiöser Wandel – Das Beispiel der Konversion eines Afroamerikaners zum Islam[1]

1. Einleitung oder: Um welches Problem geht es bei der Analyse von Konversion?

Das Thema *Konversion* war für die Sozialwissenschaften - vor allem in den Vereinigten Staaten - von jeher faszinierend. Die primäre Aufmerksamkeit zog dabei das dem Konversionsphänomen innewohnende Problem *radikalen Wandels* (vgl. Snow/Machalek 1984) auf sich, dessen Behandlung eine Fülle grundlegender Fragen aufwirft:

- Ist radikaler Wandel möglich und wenn ja, wodurch wird er ausgelöst?
- Was ist es überhaupt, das sich im Zuge einer Konversion wandelt?
- Wie verhält sich die für Konversionserzählungen typische Rhetorik des Wandels (Kilbourne/Richardson 1988) zum damit charakterisierten Prozeß?
- Lassen sich Funktionen des Wandels identifizieren, und wie verhalten sich dabei Wandel und Kontinuität zueinander (siehe Wohlrab-Sahr 1996a und 1996b)?
- Und schließlich: Gibt es Lebenszeiten, historische Phasen und gesellschaftliche Umstände, die für radikalen Wandel günstiger sind als andere?

All dies führt ins Zentrum der Frage nach dem Verhältnis von Kulturanalyse und Biographieforschung. Beide Zugänge sind - zumindest dem Typus nach - in der Literatur über Konversion vertreten. Im einen Fall geht es vorrangig um die Ebene des Codes der Konversion (Ulmer 1988), mit dem der Wandel nach außen hin glaubhaft gemacht wird. Im anderen Fall befaßt man sich mit den Stationen hin zur Konversion, sog. Konversionskarrieren (Richardson 1978), oder auch mit biographischen Phasen, wie etwa der Adoleszenz (Nock/Zeph 1972), die für Konversion besonders geeignet scheinen. Eine strukturelle Betrachtung von Konversionsbiographien und eine systematische Analyse des Zusammenhangs von Prozeßstruktur und Code findet man jedoch kaum.

1 Für hilfreiche Kommentare zu diesem Text danke ich Christel Gärtner und Werner Sahr.

Der folgende Aufsatz unternimmt den Versuch einer Verschränkung von Biographieforschung und Kulturanalyse. Am Beispiel der Konversion eines heute 44-jährigen, aus der Mittelschicht stammenden Afroamerikaners zum Islam geht es um die Frage, wie sich der biographisch herausgebildete Habitus und der mit der Konversion einhergehende Code des Wandels zueinander verhalten, und welche Funktion der Konversion im Prozeß der Biographie zukommt.

Das in diesem Text analysierte Interview stammt aus einer vergleichenden Untersuchung über Konversion zum Islam in Deutschland und den USA. Zu diesem Zweck wurden in beiden Ländern, für Deutschland in Berlin und zwei westdeutschen Städten, für die USA in der San Francisco Bay Area und Chicago, jeweils 20 narrativ-biographische Interviews mit Männern und Frauen durchgeführt. Bei der Zusammenstellung des Samples wurde darauf geachtet, eine möglichst große Vielfalt im Hinblick auf Alter, soziale Schicht - in den USA auch im Hinblick auf Ethnizität - und religiöse Orientierung innerhalb des Islam zu gewährleisten. Die durchgeführten Analysen orientieren sich methodisch am Verfahren der Objektiven Hermeneutik (Oevermann u.a. 1979)

2. Der Gegenstandsbereich: Konversion zum Islam in den Vereinigten Staaten

Anders als in der Bundesrepublik, wo der Islam weitgehend durch türkische Immigranten geprägt ist, gibt es unter den Muslimen in den USA schätzungsweise ein Drittel amerikanischer Konvertiten (Weeks 1988: 53). Diese sind in der überwiegenden Mehrheit Afroamerikaner. Die Vermutung, daß dies etwas mit der kollektiven Lage der schwarzen Bevölkerung, vor allem der städtischen „ghetto underclass" (Wilson 1996) zu tun hat, liegt nahe. Ein relevanter Ort von Konversionen in den Vereinigten Staaten waren und sind denn auch die Gefängnisse, in denen weit überproportional schwarze Männer einsitzen.

In den Reihen der afroamerikanischen Bevölkerung finden sich auch prominente Rollenvorbilder für die Konversion zum Islam. Wohl nicht zufällig handelt es sich dabei um Personen, die für den Traum vom sozialen Aufstieg stehen: schwarze Sportler und Jazzmusiker oder politische Führer wie Malcolm X. Auch er, dessen Autobiographie in den USA zum Kassenschlager wurde (Malcolm X/Haley 1964), ist im Gefängnis zum Islam konvertiert. Die Programmatiken muslimischer Gruppen, vor allem der nationalistischen „Nation of Islam"[2], die lange Zeit mit den „Black Muslims"

2 Die „Nation of Islam" ist eine nationalistische schwarze islamische Sekte, deren Ursprün-

synonym gesetzt wurde, zielen nicht zuletzt auf soziales und ökonomisches „uplifting" der schwarzen Bevölkerung. Dies verbindet sich mit einer asketischen Ethik, die diesem Zweig der Muslime die Bezeichnung „Black Puritans" (Lincoln 1963) einbrachte.

Aber der Islam ist nicht mehr allein eine Religion schwarzer Unterschichten. In dem Maße, wie die Programme muslimischer Gruppen erfolgreich waren und sich generell in der amerikanischen Gesellschaft eine kleine schwarze Mittelschicht etablieren konnte, veränderte sich auch die soziale Zusammensetzung muslimischer Gemeinschaften (vgl. Mamiya 1992).

Der Vergleich mit den „Puritanern", den protestantischen Sekten in den USA, die Max Weber (1920/1988) als zentrale Trägergruppen der „protestantischen Ethik" bezeichnet hat, legt aber noch einen weiteren Gedanken nahe. Es könnte sein, daß schwarze muslimische Gruppen in den USA[3] nicht - wie es zunächst den Anschein hat - in scharfem Gegensatz stehen zur amerikanischen Kultur, sondern daß sie - in anderem Gewand - anschließen an das säkularisierte Ethos der christlichen Tradition.

Was hier als Überlegung über mögliche Kontinuitäten auf der Ebene der Kultur formuliert wurde, kann auch auf der Ebene der Biographie zutreffen: daß nämlich in einer Konversion, die auf den ersten Blick scharfe Diskontinuität markiert, in bezug auf den biographisch erworbenen Habitus bei genauerer Analyse gerade Kontinuität erkennbar wird. Dieser paradox wirkende Zusammenhang von Kontinuität im Wandel soll im folgenden anhand der Konversion eines Afroamerikaners zum Islam herausgearbeitet werden.

3. Durch Leistung zur Wahrheit: Zur Prozeßstruktur der Biographie Abdullah David Johnsons

3.1 Die Eingangserzählung

An den Anfang der Interviewinterpretation wird hier - den Regeln der Objektiven Hermeneutik folgend - die sequentielle Analyse der Eingangssequenz gestellt. Dem liegt die Überlegung zugrunde, daß in den ersten Sequenzen eines sozialen Interakts bereits zentrale Merkmale der Fallstruktur in verdichteter Weise vorliegen. Überdies lassen sich hier gerade deshalb, weil

---

ge 1930 in Detroit liegen. Bekannt geworden ist sie nicht zuletzt durch Malcolm X, der bis zu seinem Ausscheiden und der Hinwendung zum orthodoxen Islam eine führende Rolle in ihr spielte. Nach einer Spaltung in den 70er Jahren wird die „Nation of Islam" heute von Louis Farrakhan angeführt, der 1995 mit seinem Million Man March nach Washington Aufsehen erregte.

3 Ich gehe hier nicht auf theologische Differenzen zwischen diesen Gruppen ein.

noch keine weiteren Informationen über den Fall zu Rate gezogen werden, verschiedene Lesarten entwickeln, deren Explikation die „Kontrastfolie der *objektiven Möglichkeiten* ab(gibt), die der Fallstruktur prinzipiell offen gestanden hätten, deren Nicht-Wahl aber gerade ihre Besonderheit ausmacht" (Oevermann 1988, 248). Das Interview beginnt folgendermaßen:

If one is to discuss his autobiography I guess he has to start with his roots.

Die biographische Erzählung beginnt mit einer Reflexion darüber, was es bedeutet, sein Leben zu erzählen. Die Bezeichnung „autobiography" deutet darauf hin, daß der Erzähler eine Gesamtgestalt vor Augen hat, daß ihm sein Leben als etwas Geschlossenes, Erzählbares, aber auch Erzählenswertes erscheint. Für die *Autobiographie* eines afroamerikanischen Muslims gibt es mit der „Autobiography of Malcolm X" zudem ein berühmtes Vorbild. Es könnte sein, daß der Proband hier darauf Bezug nimmt. *Autobiography* verweist jedenfalls darauf, daß der Erzähler, der sich hier als Bildungsbürger präsentiert, eine Gattung vor Augen hat, deren Regeln ihm bekannt sind. Eine dieser Regeln, deren Allgemeinheit auch in dem unspezifischen Subjekt *one* zum Ausdruck kommt, ist es, bei der eigenen Herkunft zu beginnen. Damit erfüllt die autobiographische Erzählung auf der individuellen Ebene dieselbe Funktion wie sie der Mythos auf der kollektiven Ebene erfüllt: die Beantwortung der Frage „Wer bin ich, woher komme ich, wohin gehe ich?" (Oevermann 1995).

Was aber impliziert es, die eigene Herkunft im Sinne von Wurzeln (*roots*) zu beschreiben? Offenkundig ist die Anspielung auf einen Stammbaum. Will man von seinen *Wurzeln* sprechen, impliziert dies, daß man in seiner Geschichte nachgeforscht hat. Das zutage geförderte Wissen geht über die individuelle Erfahrung notwendig hinaus, gehört zu einem Bestand, der über Generationen bewahrt und weitergegeben wird. Es setzt entweder eine Familie voraus, die über die Pflege der Erinnerung eine Art *Familienkultur* entwickelt. Oder es setzt ein größeres Kollektiv voraus, das über die Suche nach den *Wurzeln* die Definition einer kollektiven, etwa ethnisch begründeten Identität betreibt. Der Begriff *roots* bezeichnet mehr als bloße Herkunft. *Wurzeln* verankern und versorgen mit Nährstoffen. Von ihnen kann man sich nur abschneiden um den Preis des eigenen Todes. Dies impliziert, daß der, der über seine soziale Herkunft im Sinne von *roots* erzählt, sich damit auch heute noch positiv verbunden sieht, daß sie auch heute noch definiert, wer er ist.

Der Interviewpartner ist Afroamerikaner. Wenn er der eigenen Herkunft nachforscht, stößt er zwangsläufig irgendwann auf die Sklaverei. Seine Urgroßeltern wurden auf jeden Fall bereits frei geboren, aber deren Eltern waren vermutlich noch Sklaven.[4] Die Tatsache, daß die Sklaverei, das Ver-

4 Seit dem Inkrafttreten des 13. Zusatzartikels zur Verfassung im Jahr 1865 gibt es in den USA keine Sklaverei mehr.

schlepptwerden und der damit verbundene Traditionsabbruch ein Teil der eigenen Familiengeschichte ist, ist für viele Afroamerikaner ein Angelpunkt in der Beschäftigung mit der eigenen Identität. Von den afrikanischen Wurzeln zu sprechen, ist Teil eines kollektiven Diskurses. In dem Buch „Roots" (Haley 1976), das - ebenso wie die gleichnamige Fernsehserie - in den USA zum Bestseller wurde und vielfach in Schulen als Unterrichtsmaterial Verwendung fand, forscht der schwarze Autor Alex Haley stellvertretend für die afroamerikanische Minderheit seiner eigenen Abstammungslinie bis hin zu dem nach Amerika verschleppten *Afrikaner* nach. Es kann sein, daß der Proband direkt auf diesen Buchtitel anspielt, in jedem Fall wird ihm jedoch diese Konnotation vertraut sein.[5] Das hieße, daß er neben dem Kontext der individuellen Familiengeschichte auch den Verweisungshorizont einer kollektiven Herkunft eröffnet, die ihn mit den Schwarzen Amerikas verbindet.

Islamische Gruppen in den USA rekurrieren auf das Thema *Sklaverei* und die damit verbundene erzwungene Diskontinuität, indem sie eine Kontinuität konstruieren zur Zeit vor der Sklaverei. Der Islam erscheint in dieser Perspektive als die *afrikanische* Religion, derer die als Sklaven nach Amerika verschleppten Afrikaner beraubt wurden. Auch in Alex Haleys Buch ist der *Afrikaner* Muslim. Das Christentum ist aus dieser Perspektive die Religion der Sklavenhalter, die Konversion zum Islam erscheint als eine Rückkehr zu den Ursprüngen.

Interessant an dieser Konstruktion ist weniger die Frage nach dem tatsächlichen Realitätsgehalt als der Versuch, durch einen Ursprungsmythos den Traditionsabbruch durch die Sklaverei zu überbrücken und die Identitätsprägungen, die damit verbunden waren, umzuschreiben. In diesem Sinne vermittelt sich über den Islam ein anderes soziales *Gedächtnis*, eine neue Kultur[6], die das Gedächtnis der amerikanischen Gesellschaft überwölbt. Diese Perspektive teilen viele afroamerikanische muslimische Gruppen in den USA unabhängig von ihrer theologischen Ausrichtung.

Im Kontext einer afroamerikanischen Lebensgeschichte von *roots* zu sprechen, wie es der Proband in seiner ersten Äußerung tut, eröffnet daher einen kollektiven Verweisungshorizont. Die Frage bleibt jedoch offen, ob und wenn ja, in welcher Weise er seine Lebensgeschichte darauf bezieht. Das ethnische Verständnis von *roots* beschreibt jedenfalls einen Teil des objektiven Möglichkeitsraumes, vor dessen Hintergrund sich die im konkreten Fall realisierte fallspezifische Selektivität abzeichnet.

Um. I can go back somewhat far in my roots even before my parents, but that probably won't be of great relevance here. So I'll start with my parents. If you want me to go futher back, I suppose I can. I know something about my grandparents and great grandparents.

---

5 Später im Interview wird dieses Buch bzw. die Serie jedenfalls direkt erwähnt.

6 Niklas Luhmann (1995, 47) hat Kultur als das „Gedächtnis (...) des Gesellschaftssystems" bezeichnet.

Diese Sequenz schränkt den Verweisungshorizont von *roots* ein. Abdullah Johnson will sich auf die Kleinfamilie beziehen, macht aber deutlich, daß er im Stammbaum bei Bedarf auch weiter zurückgehen könnte: bis zu den Urgroßeltern der ersten Generation nach der Sklaverei. Wenn er dies im Kontext seiner Lebens- und Konversionsgeschichte jedoch für nicht besonders relevant hält, bedeutet dies, daß er seine Lebensgeschichte *nicht* in erster Linie als Teil einer Kollektivgeschichte erzählen will, wenngleich er um diese weiß. Er löst die kleinfamiliale Einheit aus der Traditionsfolge heraus, die jedoch als Hintergrund präsent bleibt.

Let's see. My father's parents were basically industrious people, my father, they were McCarsons.

Die reflexive Formel „let's see" leitet zur eigentlichen Erzählung über. Nachdem der Proband einen doppelten Rahmen skizziert hat – den weiteren Rahmen autobiographischen Erzählens und den engeren Rahmen seiner Kenntnis über die eigene Familiengeschichte, von der her er im Prinzip seine Autobiographie entwickeln könnte – geht es nun um die Frage, was tatsächlich erzählt werden soll. Von der Ankündigung her erwartet man eine Ausführung zu den Eltern, tatsächlich beginnt die Erzählung jedoch mit den Großeltern. Damit werden auch die Eltern selbst wieder in einen Kontext gestellt. Auch sie bestimmen sich von *ihren Wurzeln* her.

Interessant ist nun, wie der Ausgangspunkt dieser Genealogie bestimmt wird. Es wurde oben bereits der potentielle Verweisungshorizont von *roots* entfaltet. Angesichts dieser möglichen Einbettung in eine Geschichte des Traditionsabbruchs durch Sklaverei, eine Geschichte der Identitätssuche, der Definition über askriptive Merkmale und der damit einhergehenden Benachteiligung, wird hier eine völlig andere Definition vorgenommen: Die Eltern des Vaters waren *basically industrious people*. Die Familiengeschichte wird also nicht über zugeschriebene, sondern über erworbene Merkmale entwickelt: Die Kontinuität, in die sich der Proband einreiht, ist die Kontinuität persönlicher Leistung und Anstrengung, die aber gleichzeitig auf den Kontext der Familie angewiesen bleibt. Die Geschichte, die über den Vater erzählt werden soll, setzt ein mit dem Fleiß seiner Eltern. Vor dem Verweisungshorizont eines kollektiven Schicksals wird also die Familienbiographie als *Leistungsbiographie* begonnen. Darin reiht sich auch die Autobiographie des Erzählenden ein. Seine Wurzeln liegen in der Anstrengung: Am Anfang war der Fleiß. In diesem Zugang drückt sich implizit eine Abgrenzung aus gegenüber einer anderen *sozial erwarteten* Möglichkeit: nämlich das eigene Leben aus der Perspektive ethnischer Identität zu betrachten.

Die Geschichte wird dem Anfang entsprechend fortgesetzt. Erzählt wird von den Erfolgen einer schwarzen Familie in Alabama, die auf Fleiß, familiärem Zusammenhalt und Bildungsbeflissenheit basieren. Bereits die Großmutter, die in Alabama Hauswirtschaftslehrerin war, unterrichtet privat die Kinder der Gegend und wird dafür anerkennend *Fesser* (= Professor) genannt. Der Erfolg der familiären Anstrengungen zeigt sich bei den Kindern und Kindeskindern: Vater und Mutter Abdullah Johnsons besuchten in den 50er Jahren die Universität, der Vater sogar die prestigereiche *University of Chicago*.[7]

He got his (...) bachelor's degree (...) and came north to Chicago and went to the University of Chicago in the fifties. Which, yeah, for a black person at the time was, even now, it's a distinction, but then it was even a greater distinction. And he put great emphasis on education.

Fleiß und Bildungsbeflissenheit der Großeltern-Generation werden belohnt durch den Erfolg der Kinder und die Distinktion gegenüber der sozialen Gruppe. Die Familie erfüllt den amerikanischen Traum, demzufolge jedem Erfolg durch individuelle Leistung zuteil werden soll. Die Kinder wiederum setzen ihre Bildungsbeflissenheit gegenüber den eigenen Kindern fort. Abdullah Johnson selbst ist heute Doktorand an der University of Chicago, wo auch der Vater studiert hat. Die Reproduktion oder Überbietung des sozialen Status der Herkunftsfamilie ist damit freilich noch nicht garantiert. Immerhin ist der Proband zum Zeitpunkt des Interviews bereits 44 Jahre alt und hat seine Dissertation noch nicht abgeschlossen. Aber auch heute noch, so sagt er, sei soziale Distinktion (vgl. Bourdieu 1979/1984) damit verbunden, als Schwarzer an dieser renommierten Universität zu studieren. Es gibt von daher in der Familie nicht nur eine Kontinuität der Leistung, sondern auch eine Kontinuität sozialer Distinktion. Und es gibt eine Kontinuität des Anspruchs: Der Sohn könnte das vollenden, was dem Vater zu seiner Zeit nicht möglich war.

Am Anfang dieser Konversionsbiographie steht also das Aufspannen einer Traditionslinie und die Dokumentation von Kontinuität. Die Konversion hin zur Religion eines anderen kulturellen Raumes beeinträchtigt die Kontinuität der Leistung, die für die Familienethik zentral war, offensichtlich nicht. Insofern beinhaltet sie im Hinblick auf die *roots* weder einen Bruch, noch ersetzt sie diese Traditionslinie durch eine andere, religiöse. Beides wäre in Konversionsbiographien denkbar und ist in anderen Interviews der Fall. Damit stellt sich die Frage nach der Bedeutung der Konversion und nach dem Verhältnis von Kontinuität und Veränderung in dieser Biographie.

3.2 Der biographische Verlauf

David Johnson wird 1952 als erstes von vier Kindern eines afroamerikanischen Ehepaars in Chicago geboren. Der Vater studiert zu dieser Zeit an der University of Chicago und arbeitet eine Zeitlang an einer Doktorarbeit,

---

7 Zwischen der interpretierten Eingangssequenz und dem folgenden Zitat liegt eine längere Erzählung über die Geschichte beider Eltern.

die er jedoch nicht abschließt. Beide Eltern ziehen in die Stadt Gary um und arbeiten dort als Lehrer an öffentlichen Schulen. Die Eltern sind Methodisten und stammen selbst aus stabilen schwarzen Familien in Alabama, in denen ein starker Aufstiegswille bestand. Sie sind sparsam und fleißig und legen großen Wert auf die Bildung ihrer Kinder. Vor allem der Vater achtet auf Davids Zensuren und bestraft ihn mit Schlägen, wenn diese schlechter werden.

In den 60er Jahren wird David Zeuge einer Reihe politischer, wirtschaftlicher und kultureller Veränderungen. Gary, eine Stahlstadt, erlebt den Niedergang der Stahlindustrie mit dem entsprechenden Verlust von Arbeitsplätzen. Es erlebt aber auch die Blütezeit schwarzer politischer Bewegungen. Ende der 60er Jahre wird dort als einer der ersten Städte in den Vereinigten Staaten ein schwarzer Bürgermeister gewählt. Im Zuge dieser Entwicklungen verlassen viele weiße Bürger die Stadt, die Bevölkerung nimmt ab, und Gary wird zunehmend zu einer schwarzen Stadt.[8] Mit dem ökonomischen Niedergang nehmen auch die sozialen Probleme in der Stadt, wie etwa die Gang-Kriminalität, zu. Die Eltern, die es sich leisten können, schicken ihre Kinder zu Privatschulen.

Auch David selbst wird in Gang-Aktivitäten verwickelt. Seine Noten werden schlechter. Der Vater schickt ihn daraufhin für den Sommer auf eine Militärschule und schließlich in eine andere Stadt zu einer *prep-school*, die ihn auf's College vorbereiten soll. Während David vorher öffentliche Schulen besucht hat, deren Schüler überwiegend schwarz waren, ist er nun an einer Privatschule einer von zwei Schwarzen. Nach einem Schulwechsel wird er in die Schülervertretung gewählt, gründet eine Gesellschaft für *Social Awareness* und organisiert einen Schulstreik. Mit 19 Jahren beginnt er an einem koedukativen College zu studieren.

Nach einem halben Semester jedoch bricht er das Studium ab. Er geht nach Boston mit dem Ziel, Jazzmusiker zu werden. Über den Jazz gerät er in eine Szene muslimischer Musiker. Er will die Schwester eines Musikerkollegen heiraten, die der islamischen Sekte *Ahmadiyya* angehört. Aus diesem Grund konvertiert er zum Islam und nimmt den Namen Abdullah an. Nach seiner Konversion nimmt die Frau jedoch von den Heiratsplänen wieder Abstand. Wenige Monate später wird Abdullah Johnson zum Militär eingezogen. Eine zunächst angepeilte Laufbahn bei der Militärpolizei wird ihm verwehrt, da man ihn wegen seiner Zugehörigkeit zum Islam mit den nationalistischen Zielen der „Nation of Islam“ identifiziert. In dieser Phase hat er ein religiöses Offenbarungserlebnis. Er bleibt mehrere Jahre beim Militär. Während dieser Zeit übt er sich in Disziplin und enthält sich aller Ablenkungen. Auch den anderen Soldaten gegenüber tritt er sehr streng auf. Seine Freizeit verbringt er alleine, mit religiösen und musikalischen Übungen.

---

8 1990 leben in Gary 80% schwarze Bürger (The American Almanc 1995-1996, 44)

Nachdem er beim Militär knapp einer erwarteten Beförderung entgangen ist, quittiert er den Militärdienst und reist fast ein Jahr um die Welt. Danach kehrt er nach Chicago zurück. Etwa 10 Jahre nach Abbruch der Collegeausbildung beginnt er erneut zu studieren. Er schließt mit hoher Auszeichnung im Bereich Near Eastern Studies ab. Während der Studienzeit heiratet er eine Kommilitonin, die aus Pakistan stammt. Nach zwei Jahren wird die Ehe jedoch wieder geschieden. Im Jahr seiner Scheidung beginnt Abdullah als Graduate Student an der University of Chicago zu studieren. Kurz nach der Scheidung absolviert er ein Studienjahr in Ägypten und bleibt im Anschluß daran noch längere Zeit vor Ort an einem islamischen Forschungsinstitut. Nach seiner Rückkehr nach Chicago absolviert er 1992 seine Doktorprüfungen und beginnt mit der Arbeit an seiner Dissertation über einen islamischen Rechtstheologen. Damit ist er zum Zeitpunkt des Interviews im Sommer 1996 befaßt.

3.3 Zur Funktion der Konversion in der Biographie

Das zu klärende Problem

Offenkundig in dieser Biographie ist, daß die Konversion zunächst strategische Bedeutung hat: Sie ist die Voraussetzung, um eine Frau heiraten zu können. Insofern erscheint die Erklärung auf den ersten Blick einfach. Allerdings stellt sich die Frage, warum die Konversion später, als es nicht zur Heirat kommt, nicht revidiert wird oder doch zumindest konsequenzenlos bleibt. Dies ist offenkundig nicht der Fall. Abdullah Johnson stellt sein ganzes Leben auf den Islam ein. Während der Soldatenzeit ist es die strenge Disziplin der religiösen Praxis, die dabei im Vordergrund steht. Später rückt vor allem die islamische Gelehrsamkeit ins Zentrum. Heute strebt Abdullah Johnson an, ein islamischer Gelehrter nach dem Vorbild der alten Gelehrten zu werden. Vor dem Hintergrund des instrumentellen Anlasses ist es erklärungsbedürftig, warum die Konversion so nachhaltig wirksam wird. In diesem Zusammenhang scheint es sinnvoll, sich die biographische Phase näher anzusehen, in der die Konversion stattfindet: die Adoleszenz.

Zur Adoleszenzkrisenproblematik vor der Konversion

Vor der Konversion ist die Biographie David Johnsons geprägt durch die Bildungsbemühungen seines Vaters. Strenge Kontrolle der Schulleistungen, körperliche Strafen bei schulischem Abfall, Militärschule und private *prep school* zur Vorbereitung der Universität – all dies verweist auf starke Bildungs- und Aufstiegsambitionen, die mit Disziplin durchgesetzt werden. Dabei geht es auch darum, sich den Maßstäben der weißen Mittelschicht anzupassen: Vor allem das korrekte Englisch und die Fähigkeit des Ausdrucks sind Kompetenzen, an denen dem Vater gelegen ist und deren Verbesserung der Sohn erwähnt. Diese Leistungs- und Disziplinanforderungen hat der Proband sich offensichtlich auch selbst zu eigen gemacht. Die Erzählung sämtlicher biographischer Etappen wird begleitet von Hinweisen auf Noten, Beurteilungen und den Rang der Schulen, die er besucht hat.

Während der Adoleszenz wird dieses Bildungsziel jedoch in Frage gestellt. David wird in Gang-Aktivitäten verwickelt, und seine Noten werden schlechter. Darin verbindet sich offensichtlich adoleszentes Aufbegehren mit einer generell sich verschärfenden Gewaltproblematik. Es geht darum, sich auf der Straße behaupten zu können, aber über die Zahl erfolgreich bestrittener Kämpfe definiert sich auch die Position in der Klasse und die eigene Männlichkeit.

Daß der Vater, wie auch viele weiße Eltern es mit ihren Kindern tun, David aus Gary fortnimmt und auf eine Privatschule schickt, hat einen Grund in der sich verschärfenden Situation in der Stadt. Aber es geht wohl gleichzeitig darum, die beginnende Adoleszenzkrise so zu kanalisieren, daß das Bildungsziel davon nicht bedroht wird. Dabei ist es nicht unwichtig, daß die Bedrohung sich mit den Aktivitäten der schwarzen Peergroup verbindet: Erfolgreich zu sein bedeutet, die Peergroup zu wechseln und sich in eine weiße Umwelt zu integrieren. Diese Strategie scheint zunächst von Erfolg gekrönt. Davids adoleszente Rebellion wird politischer, symbolischer und stellvertretender: Im Schulstreik setzt er sich für die Erhöhung der Zahlen schwarzer Schüler ein und vertritt die Positionen schwarzer politischer Gruppen in einer überwiegend weißen und eher durch die Hippiebewegung inspirierten Schülerschaft. Der Weg hin zu einer Führungsrolle, in der David Johnson in einem mehrheitlich weißen Umfeld stellvertretend die Interessen der Schwarzen vertritt, scheint vorgezeichnet.

Beim Übergang ins College allerdings kommt es zu einer Wende in Davids Biographie. Bereits nach einem halben Semester bricht er das College wieder ab. Als Grund dafür gibt er an, er habe Jazz-Musiker werden wollen. Dieser Ausstieg wirkt unvermittelt und markiert einen gravierenden Bruch. Schließlich beginnt der Eintritt ins College erst das einzulösen, worauf die Bildungsanstrengungen des Vaters zielten. Der Abbruch des College impliziert daher einen massiven Affront gegenüber dem Vater. Eine Karriere als Jazzmusiker kann aus der Perspektive einer erfolgreich in der Mittelschicht etablierten schwarzen Familie keinesfalls als akzeptable Berufswahl gelten.

Ehe die Erklärungen des Probanden selbst genauer betrachtet werden sollen, also das, was im Kontext der Objektiven Hermeneutik als *subjektiv gemeinter Sinn* bezeichnet wird, will ich hier zunächst gedankenexperimentell mögliche Motive skizzieren, um die Bedeutung der Handlung *Collegeabbruch* auf dem Hintergrund der spezifischen biographischen Situation zu erhellen:

1. David ist zum ersten Mal außerhalb der behüteten und kontrollierten Atmosphäre der prep-school, in der im Schulleiter ein Stellvertreter des Vaters gegenwärtig war. Dadurch kann sich ein Freiheitsspielraum ergeben haben, den er selbst nicht zu kontrollieren vermag bzw. den er vielleicht auch bewußt nutzt, um sich den Disziplinanforderungen des Vaters erstmals zu entziehen.
2. Beim College handelt es sich offensichtlich das erste Mal um eine koedukative Schule. Möglicherweise läßt der Kontakt zu Frauen die Bildungskarriere nachrangig erscheinen. Ein solches Motiv würde auch durch den Jazz gestützt: Jazz wird in Bars und kleinen Clubs gespielt, die als Orte der Kontaktanbahnung bekannt sind, und der Jazzmusiker besitzt in diesem Setting hohe Attraktivität.
3. Es ist denkbar, daß David sich auf dem College mit Leistungsanforderungen konfrontiert sieht, denen er sich nicht gewachsen fühlt. Der Weg in den Jazz könnte dann ein Versuch sein, schneller zum Erfolg zu kommen, als dies über Bildung möglich ist.
4. Bei David könnte sich eine kritische Haltung gegenüber den Lebensmaximen des Vaters aufgebaut haben, die nun kulminiert und zu einem Ausbruch führt. Der Jazz könnte dann eine expressive Qualität repräsentieren, die in einer auf Leistung und Disziplin setzenden Erziehung keinen Platz hatte.
5. Es ist möglich, daß David in der Jazzkultur eine schwarze Gegenkultur findet, in der er ein ethnisches Bewußtsein artikulieren kann, von dem es im schulischen Kontext stets abzusehen galt, das sich aber in seinen politischen und sozialen Aktivitäten zunehmend Ausdruck verschafft hat. Dann käme über den Jazz ein schwarzes Milieu, das der Vater stets zu neutralisieren versuchte, doch wieder ins Spiel.

Die fünf hier skizzierten Möglichkeiten bezeichnen ein Spektrum von Motiven, die den Collegeabbruch beeinflußt haben mögen. Entscheidend für den Fortgang der Biographie ist nun die Frage, was auf den Abbruch folgt. Es lassen sich folgende Szenarien mit jeweils unterschiedlichen Konsequenzen vorstellen:

1. David kehrt nach einer Phase des Experimentierens wieder auf den abgebrochenen Weg zurück und erfüllt langfristig doch noch die Bildungs- und Statuserwartungen der Eltern. Dies kann a) in der Variante einer reuevollen Umkehr nach Art eines *verlorenen Sohnes* geschehen, die ihn dann umso disziplinierter dem Leistungsethos des Vaters verpflichtete; oder es kann b) implizieren, daß er durch den zeitweiligen Ausstieg und das Experimentieren mit einer Gegenkultur gegenüber dem Vater ein Stück Autonomie erlangt hat.
2. David wird zum Aussteiger und damit zum *schwarzen Schaf* der Familie. Es kommt zum völligen Bruch mit den Aufstiegsplänen und der Leistungsethik des Vaters.

3. Der Ausstieg dient David zur Orientierung, in der er einen eigenen, vom Vater unabhängigen Lebensentwurf entwickelt.

Mit diesen idealtypischen Alternativen ist das Möglichkeitsspektrum zum Zeitpunkt des Studienabbruchs skizziert. Vor dem Hintergrund dieser Alternativen ist nun die Konversion zum Islam zu analysieren.

Konversion zum Islam als spezifische Lösung der Adoleszenzkrise

Kurze Zeit nach dem Studienabbruch gerät David in eine Szene muslimischer Jazzmusiker: Wenige Monate später ist er Muslim geworden. Und obwohl der unmittelbare Anlaß zur Konversion, die beabsichtigte Heirat, sich bald als hinfällig herausstellt, wird der Islam zu seinem Lebensprogramm. Auf dem Hintergrund der Adoleszenzkrisenthematik ist nun die Frage, welche Art der Lösung der Adoleszenzkrise die Konversion zum Islam repräsentiert, wobei es hier weniger um die formelle Konversion geht als um deren tatsächlichen biographischen Vollzug. Dabei fallen zwei Momente auf:

1. Die Konversion führt - zunächst in Verbindung mit dem Militär - zurück zu Strenge und Disziplin. Das adoleszente Aufbegehren wird damit beendet und überführt in eine rigide Disziplin nach innen und nach außen. Der Proband selbst sagt von sich heute, er sei damals etwas *extrem* gewesen. Die Beurteilungen seiner Vorgesetzten sind gut, aber unter den Soldaten ist er isoliert, da er die kleinsten Regelverstöße unterbindet oder darüber Meldung erstattet. Dies verweist darauf, daß sich mit der Konversion eine Rückkehr zur Disziplin verbindet, wie sie vorher vor allem der Vater verkörpert hat. In gewisser Weise treten also Militär und Islam an die Stelle des Vaters.
2. Diese Rückkehr zur Strenge mündet schließlich ein in eine Rückkehr zur Bildung, die den Probanden dann, mit etwa 10-jähriger Verzögerung, dahin führt, wo der Vater aufgehört hat: an die University of Chicago. Insofern verbindet sich mit der Konversion langfristig doch noch die Möglichkeit, den Status der Herkunftsfamilie zu reproduzieren, wenn auch stark verspätet und in anderem Gewand als dies ursprünglich vorgesehen war. Das erklärt die Kontinuität der Leistungsethik, die in der Eingangserzählung erkennbar wurde. Auch in Abdullahs Familie wird anerkannt, daß der Islam gerade aufgrund der abverlangten Disziplin und Askese eine *schwierige* Religion ist. Dies hebt Abdullah auch von der säkularisierten protestantischen Religiosität des Vaters ab. Insofern verbindet die Konversion den *Anschluß* an die Leistungsethik des methodistischen Vaters gleichzeitig mit einer *Überbietung*. Sie integriert damit faktisch die oben gedankenexperimentell skizzierten Möglichkeiten 1a) und 1b): eine Rückkehr zu Bildung, Leistung und Disziplin, wie sie vom Vater vorgegeben waren, bei gleichzeitigem Einbau einer Differenz.

Subjektiv gemeinter Sinn oder der Code des Wandels: die Suche nach Wahrheit.

Nach diesem Versuch, die Konversion im Kontext der biographischen Situation zu erklären, wird nun die Erklärung im Mittelpunkt stehen, die der Konvertit selbst bereitstellt. Mit dem von ihm *subjektiv gemeinten Sinn* verortet er sich innerhalb eines religiösen Bezugsrahmens und schließt an die dort akzeptierten Interpretamente an. Eine der in religiösen Kontexten kursierenden Deutungen ist es, Konversion als Resultat einer *Wahrheitssuche* zu beschreiben. Auch Abdullah Johnson erklärt den Wandel in seiner Biographie mit einer *Suche nach Wahrheit*, die er zunächst im Jazz und schließlich im Islam gefunden habe. Im Rahmen einer strukturalen Betrachtung wäre nun danach zu fragen, welche Funktion dieser neue Code der Wahrheit im Kontext der Biographie erfüllt.
Es ist offenkundig, daß der Islam Abdullah gegenüber dem Vater distinguiert. Während der Vater ihm für sein Leben die Leistungsmaxime nicht nur vorgegeben hat, sondern ihm auch in deren Erfüllung immer schon voraus ist – die Auszeichnung, bereits in den 50er Jahren an der University of Chicago studiert zu haben, ist kaum zu überbieten – gewinnt Abdullah über den Islam eine Art Zweit-Codierung, die den Leistungs-Code überlagert: den Code der Wahrheit. Diese neue Wahrheit relativiert den alten Inhalt des Leistungsstrebens, bewahrt aber seine Struktur:

At one particular point (...) I had come to the (...) thought (...) that the music itself... was the truth. So therefore I said, well, if this is the truth, this is the most profound thing I've ever heard, (...) this is what I should dedicate my life too, you know (...) I know that (...) many people basically have tried to attribute (...) the attraction to Islam on the part of many African Americans to the fact or to the idea that they basically are an alienated or they are a people devoid of identity here in America. So they are (...) reaching out for some sort of uh confirmation of their existence and a new identity that is not American as such. You see in my own case, (...) I think I was looking for something deeper, spiritual. (...) I mean, my parents were middle class, and I was gonna be basically like a lawyer or something like that. And I could have done that, and maybe gone to civil rights or something like that. I didn't feel really that I needed a religion as such, you know, but even before the whole question of religion arose, I, I did develop this notion that I was searching for the truth. At what particular point that came in I don't know. (...) But I think (...) the idea is that nothing so noble as a genuine search for the truth could be the primary motif, you know, for maybe an African American affiliation (...) to Islam, you know. (...) When I went to prep school and uh, and I was doing well and so forth, (...) so far as my parents were concerned and I was concerned at that time, that was really kind of the truth for us. Because we had sort of conquered, you know, the problem that I had (...) dealt with. And this was just gonna be the road to.. yeah. But the I, I mean, life is dynamic, you know, and uh, you ignore certain things, I have never heard anything like Coltrane or, or those guys.

In dieser Interviewpassage wird die für Konversionserzählungen charakteristische Phaseneinteilung und Kontrastierung erkennbar: *Früher war Leistung die Wahrheit, heute ist es die Religion*, könnte man diese Gegenüberstellung beschreiben. Der Jazz tritt dabei an die Stelle eines Konversionserlebnisses, das den Übergang von früher zu heute vermittelt, und in dem das erste Mal etwas tiefgründiges (*profound*) erfahren wird, das der Proband später mit *Wahrheit* identifiziert.

Die Wahrheitssuche dient auch zur Abgrenzung gegenüber anderen Zugängen von Afroamerikanern zum Islam, wie etwa einer Suche nach Bestätigung und kollektiver Identität, die resultiert aus der Erfahrung von Entfremdung innerhalb der amerikanischen Gesellschaft. Hier taucht das Thema *roots*, dessen Verweisungshorizont in der Analyse der Eingangserzählung bereits skizziert wurde, erneut auf. Die implizite Abgrenzung gegenüber einer ethnischen Verortung, die dort rekonstruiert wurde, wird hier explizit gemacht: Nichts anderes als die Suche nach Wahrheit, also das universalistischste aller möglichen Motive, wird als legitimer Grund für eine Konversion zum Islam anerkannt. Interessant ist dabei auch die Begründung, die der Proband für die Ablehnung einer partikularistischen Identitätssuche nennt: daß er nämlich aus einer Mittelschichtsfamilie komme und Rechtsanwalt hätte werden können. Entfremdung und Identitätssuche wird hier eindeutig mit einem Problem schwarzer Unterschichten identifiziert. Der Zugang zu Bildung und beruflichem Erfolg distinguiert von diesem Problem, Wahrheitssuche wiederum distinguiert von bloßer Leistungsorientierung.

In dieser Äußerung wird aber auch erkennbar, daß die Erwartungshaltung des Vaters in bezug auf das, was Abdullah hätte werden sollen, nach wie vor präsent ist. Es zeigt sich im Verlauf der Biographie immer wieder, wie die religiöse und die weltliche Entwicklung ineinander greifen. Mit der Zweit-Codierung *Wahrheit* geht auch eine Zweit-Karriere einher. Abdullah entwickelt in Verbindung mit dem Islam parallel zu seiner *weltlichen* Laufbahn eine Art Alternativkarriere, die sich gleichsam aus Mißerfolgen und Kränkungen im *weltlichen* Bereich zu speisen scheint: In gewisser Weise beginnt dies bereits mit dem strengen religiösen Commitment im Anschluß an die enttäuschten Heiratspläne. Gerade dies scheint ihn zu provozieren, sich erst recht auf dem eingeschlagenen Weg zu bewähren und sich mit eiserner Disziplin der gewählten Religion zu verschreiben. Als ihm später die angestrebte Karriere bei der Militärpolizei verwehrt wird, konzentriert er sich umso mehr auf seine religiösen Exerzitien, eine Anstrengung, die schließlich mit einer religiösen Offenbarung *belohnt* wird. Als er mehrere Jahre später nach kurzer Ehe wieder geschieden wird, unternimmt er einen längeren Studienaufenthalt in Ägypten, wo er großen Wert darauf legt, nicht den lokalen Dialekt zu lernen, um seine Kenntnis des klassischen Arabisch nicht zu *verunreinigen*. Parallel zu seiner Universitätslaufbahn schließlich entwickelt er eine Laufbahn als islamischer Gelehrter. Nach seinen Zielen befragt, nennt er nicht das Ziel des Universitätsprofessors, sondern das des islamischen Gelehrten, sowie das religiöse Ziel der *Heiligung* (*sainthood*). In all diesen Beispielen zeigt sich eine spezifische Motivstruktur, nach der gerade das Versagen oder die Infragestellung weltlichen Erfolges zu einer enormen religiösen Anstrengung führt, die ihn dann aber in gewisser Weise auch gegen das Risiko des Scheiterns im weltlichen Bereich versichert. Denn selbst wenn er nicht Universitätsprofessor werden sollte, bleiben immer noch die spirituellen Zielsetzungen, die im Rahmen einer religiösen Hierarchie letztlich höher zu bewerten sind. Interessant dabei ist, daß Abdullah Johnson auch mit dem Gegenstand seiner Dissertation - der islamischen Rechtstheologie - ein theologisches Pendant zu dem säkularen Ziel gefunden hat, das aus der Perspektive des Vaters für ihn erstrebenswert gewesen wäre: nämlich Rechtsanwalt zu werden und dabei über eine Spezialisierung auf Bürgerrechtsfragen gleichzeitig die Anliegen der schwarzen Minderheit zu vertreten.

Biographisch eingeleitet wird die religiöse *Parallelentwicklung* durch den Jazz. Man kann wohl davon ausgehen, daß der Jazz nachträglich, also aus der Perspektive des Konvertiten, mit der Religion in Einklang gebracht wird. Hier wird eine interpretatorische Leistung erkennbar, wie sie Snow und Machalek (1984) als charakteristisch für Konversionen ansehen: daß nämlich in der biographischen Rekonstruktion von Konvertiten ein *master attribution scheme* erkennbar wird, von dem her der Umbruch in der Biographie schlüssig erklärt wird. Diesen Zweck erfüllt hier der Verweis auf die Suche nach Wahrheit. Die spezifische Leistung dieses Interpretaments ist, daß es die kritische Phase in der Biographie umdefiniert zum Beginn der Wahrheitssuche und damit letztlich auch der Konversion. Dieser Versuch, den Jazz in die religiöse Laufbahn zu integrieren, bleibt jedoch nicht konfliktfrei. Auch innerhalb des religiösen Bereichs ist die Legitimität der Musik umstritten. Im Interview zeigen sich immer wieder Anstrengungen, den Jazz mit der religiösen Entwicklung zu versöhnen. Die strukturale Betrachtung der Biographie macht dieses Bemühen plausibel: Wenn Leistung und Bildung nach wie vor zentral sind für Abdullahs Handlungsorientierung, so leitete der Jazz einen langen Umweg ein. Wenn der Jazz aber zum Beginn der Wahrheitssuche wird und damit als Einstieg in eine letztlich höher bewertete religiöse Karriere erscheint, die zudem zurückführt zur abgebrochenen Bildungslaufbahn, wird die Zeit der Krise in die Biographie positiv integriert.

3.5 Gestaltschließung: Protestantische Ethik im Islam

Abschließend stellt sich die Frage, ob sich in der Struktur der religiösen Orientierung selbst die für den Fall zentrale Orientierung auf Leistung und Disziplin reproduziert:

> ...that's one thing that is significant to me, and I think this, again this is the rule of Ahmadiyya in many regards, is that the stress that it puts on the living relationship, you know, the idea, and I, like I said, I have some evidence about that experience I had at

XYZ,[9] but.. the idea, that Allah, I mean you can.. seek purification to the extent ultimately where you can speak to Allah almost as like another individual, and (...) I have talked with people who.. in, in, you know who, who, I mean, I mean, it's not like everybody in the movement has that kind of, I mean, there are levels and degrees everywhere, but.. I mean there are people in the movement who actually claim they have that kind of relationship, where they can put up their hands like that in privacy and converse with Allah as you and I are conversing. I mean, whether one believes that or not, one has got to admit, and that, that would be astounding, you know. So.. and, and to me, I have to ask myself, (...) if that is a possibility, why not let me... push myself to the furthest limit to disprove that possibility before I reject it. Well if I'm going to reject it, without even exploring it, then I'm unnecessarily limited in my own spiritual progress.

Dieser Abschnitt zeigt eine Struktur, wie sie Max Weber als charakteristisch für die „protestantische Ethik“ beschrieben hat: daß nämlich ein ungewisses Heilsziel das permanente, aber letztlich unerfüllbare Streben nach Bewährung provoziert, das sich in rastloser Anstrengung artikuliert. In auffälliger Parallele dazu findet der Proband auch in der Doktrin der Ahmadiyya-Sekte immer neuen Anlaß, sich durch religiöse Leistung der Wahrheit zu vergewissern.

Das Zitat zeigt den paradoxen Charakter der religiösen Orientierung: Das religiöse Ziel scheint eines zu sein, an dem jede Anstrengung aufhört: einfach im Privaten die Hände zu heben und sich mit Allah zu unterhalten *wie du und ich*. Die Erfüllung dieses Zieles jedoch bleibt hochgradig ungewiß:

1. Wie bei der für den Calvinismus typischen Vorstellung einer doppelten Prädestination (zum Heil und zur Verdammnis), die das Heilsziel extrem unsicher macht, ist auch für Abdullah Johnson nicht klar, ob das religiöse Ziel einer Kommunikation mit Allah überhaupt erreichbar ist, ob also die Aussagen derer, die das behaupten, glaubwürdig sind.
2. Sollte das Ziel erreichbar sein, gilt dies wiederum nur für eine kleine Elite religiöser Virtuosen: *There are levels and degrees everywhere*. Genau diese Exklusivität macht es aber attraktiv, verspricht Distinktionsgewinn und spornt zur Leistung an.
3. Wenn es aber auch nur eine winzige Möglichkeit gäbe, dieses Ziel zu erreichen, wäre es falsch, es aus theologischen Gründen abzuweisen, denn das würde den spirituellen Fortschritt einschränken. D.h. die religiöse Leistung als solche ist in jedem Fall positiv zu bewerten, auch wenn sie letztlich vielleicht nicht zum Ziel führt.
4. Daher sollte man sich selbst bis an die äußersten Grenzen seiner Anstrengung treiben...
5. ...mit dem Ziel, die Möglichkeit der Kommunikation mit Gott... zu *widerlegen* (disprove).

Gerade in dieser letzten Wendung zeigt sich die paradoxe Struktur der religiösen Motivation: Die Möglichkeit, mit Gott auf menschliche Weise zu

9 Er spielt hier auf das religiöse Offenbarungserlebnis während der Militärzeit an.

kommunizieren, die hier das Äquivalent einer Erlösungsvorstellung darstellt, treibt zu äußerster Anstrengung und Bewährung an. Jedoch kann es für diese Anstrengung kein Ende geben: Es geht nicht darum, die Möglichkeit zu beweisen (prove), sondern sie zu widerlegen (disprove). Wäre sie beweisbar, hätte die Anstrengung in diesem Moment ein Ende gefunden. Geht es aber darum, sie zu widerlegen, setzt dies einen Prozeß letztlich endloser Bewährung in Gang (vgl. Oevermann 1995). Denn schließlich kann man nie wissen, ob man sich genug angestrengt hat.

Damit ist die Gestalt der Fallstruktur geschlossen: Die Wurzeln der Autobiographie des Probanden lagen im Fleiß der methodistischen Herkunftsfamilie begründet. Auch wenn er sich durch die Konversion religiös davon entfernt hat und dies durch den Code der *Wahrheit* zum Ausdruck bringt, so ist er doch durch die Struktur seiner Motivation genau mit dieser Leistungsethik immer noch verbunden.

4. Schluß

Die Fallinterpretation zeigte, wie bei dieser Konversion zum Islam, die zunächst einen biographisch und kulturell radikalen Wandel markiert, bei einer strukturalen Betrachtung doch auffällige Kontinuitäten erkennbar werden zu einem biographisch angeeigneten Habitus, der dem entspricht, was Max Weber als „protestantische Ethik" beschrieben hat. Im Interview zeigt sich eine Ethik rastloser Leistung, Disziplin und Askese, die motiviert ist durch ein religiöses Heilsstreben, dessen Erfüllung ungewiß ist, und das gerade dadurch zu ständiger Anstrengung herausfordert. Die Erlösungsvorstellung, irgendwann mit Allah gleichsam *menschlich* kommunizieren zu können, ist hochgradig unwahrscheinlich, solange sie aber als Möglichkeit existiert, ist sie Anlaß zu religiösen Höchstleistungen. Es scheint nicht ganz abwegig zu überlegen, ob nicht auch biographisch das Ziel schlichter Kommunikation – mit dem strengen Vater – gewissermaßen als *Belohnung* für die erbrachte Leistung im Hintergrund der Bildungsanstrengungen David Johnsons stand und dieses Motiv hier gewissermaßen vom Vater auf Gott verlagert wird.

Obwohl hier auf der Ebene des Codes und des biographischen Verlaufs eine klassische Konversionsbiographie vorliegt, mit der entsprechenden Übernahme eines *master attribution scheme* (Suche nach Wahrheit), der Reinterpretation der Biographie mit Hilfe dieses Interpretaments (Umdeutung des Studienabbruchs zum Beginn der Wahrheitssuche), sowie eines hochgradigen Commitments gegenüber der neuen Weltanschauung, so ist doch auffällig, in welchem Maße trotzdem oder gerade damit biographische Kontinuität gewahrt und wiederhergestellt wird. Der Konversionserzählung entspricht hier also auf der Ebene der biographischen Prozeßstruktur streng genommen keine „Wandlungsgeschichte“ (vgl. Schütze 1991). Diese Analyse zeigt, wie wichtig es ist, bei der Interpretation von Fallmaterial die Ebene des Codes der Konversion und die biographische Fallstruktur je eigens zu betrachten und in ihrem Zusammenspiel zu analysieren, und nicht schlicht die Rhetorik des Wandels mit biographischem Wandel gleichzusetzen.

Im Hinblick auf Fragen der Kulturanalyse legt der Fall es nahe, Phänomene, die auf den ersten Blick in scharfem Kontrast zur dominanten Kultur stehen, wie etwa der Islam zur amerikanischen Kultur, auch auf mögliche Anschlüsse an diese Kultur zu befragen. Unter bestimmten Bedingungen scheint Kontinuität nur dann möglich, wenn ein *anderes Gewand* genügend Differenz markiert. Und umgekehrt wird bei der Aneignung einer fremden Kultur und Religion durch Angehörige westlicher Gesellschaften aus dieser Kultur und Religion selbst unter der Hand etwas anderes.

Literatur

American Almanac, The (1995): 1995-1996

Bourdieu, P. (1979/1984): Die feinen Unterschiede. Frankfurt am Main

Haley, A. (1976): Roots. New York

Kilborne, B./Richardson, J. T. (1988): Paradigm Conflict, Types of Conversion, and Conversion Theories. In: Sociological Analysis 50; 1-21

Lincoln, C. E. (1963): The Black Muslims in America. Boston

Luhmann, N. (1995): Kultur als historischer Begriff. In: ders.: Gesellschaftsstruktur und Semantik. Studien zur Wissenssoziologie der modernen Gesellschaft, Band 4. Frankfurt am Main; 31-54

Malcolm X, with the assistance of Alex Haley (1964): The Autobiography of Malcolm X. New York

Mamiya, L. H. (1992): From Black Muslim to Bilalian: The Evolution of a Movement. In: Köszegi, M.A./Melton, J.G. (Ed.): Islam in North America: A Sourcebook. New York/London; 164-183

Nock, A./Zeph, S. (1972): Conversion and Adolescence. In: dies. (Hrsg.): Essays on Religion & the Ancient World I. Harvard; 469-480

Oevermann, U./Allert, T./Konau, E./Krambeck, J. (1979): Die Methodologie einer „objektiven Hermeneutik“ und ihre allgemeine forschungslogische Bedeutung in den Sozialwissenschaften. In: Soeffner, H.-G. (Hrsg.): Interpretative Verfahren in den Text- und Sozialwissenschaften. Stuttgart; 352-434

Oevermann, U. (1988): Eine exemplarische Fallrekonstruktion zum Typus versozialwissenschaftlichter Identitätsformation. In: Brose, H.-G/Hildenbrand, B. (Hrsg.): Vom Ende des Individuums zur Individualität ohne Ende. Opladen; 243-286

Oevermann, U. (1995): Ein Modell der Struktur von Religiosität. Zugleich ein Strukturmodell von Lebenspraxis und von sozialer Zeit. In: Wohlrab-Sahr, M. (Hrsg.): Biographie und Religion: zwischen Ritual und Selbstsuche. Frankfurt am Main; 27-102

Richardson, J. T. (Hrsg.) (1978): Conversion Careers. Beverly Hills

Schütze, F. (1991): Biographieanalyse eines Müllerlebens. In: Scholz, H.- D. (Hrsg.): Wasser und Windmühlen in Kurhessen und Waldeck-Pyrmont, Bd 1. Kaufingen; 206-227

Snow, D. A./Machalek, R. (1984): The Sociology of Conversion. In: Annual Review of Sociology. Jg. 10; 167-190

Ulmer, B. (1988): Konversionserzählungen als rekonstruktive Gattung. Erzählerische Mittel und Strategien bei der Rekonstruktion eines Bekehrungserlebnisses. In: Zeitschrift für Soziologie. Jg. 17; 19-33

Weber, M. (1920/1988): Die protestantische Ethik und der Geist des Kapitalismus. In: ders.: Gesammelte Aufsätze zur Religionssoziologie I. Tübingen; 17-206

Weeks, J. R. (1988): The Demography of Islamic Nations. Population Bulletin. Jg. 43; 4

Wilson, W. J. (1996): When Work Disappears. The World of the New Urban Poor. New York

Wohlrab-Sahr, M. (1996a): Konversion zum Islam als Implementation von Geschlechtsehre. In: Zeitschrift für Soziologie. Jg. 25/1; 19-36

Wohlrab-Sahr, M. (1996b): Lösung eines deutschen Dilemmas. Maximaler Kontrast und innere Gefolgschaft als Struktur einer Konversion zum Islam. In: Gabriel, K. (Hrsg.): Religiöse Individualisierung oder Säkularisierung. Biographie und Gruppe als Bezugspunkte moderner Religiosität. Gütersloh; 150-170

Teil III:

Kulturelle Differenzierungen: Milieus und Geschlechterkulturen

Bruno Hildenbrand

Biographieanalysen im Kontext von Familiengeschichten: Die Perspektive einer Klinischen Soziologie

1. Einleitung

Macht man in der Biographieforschung das Individuum zur Untersuchungseinheit, dann handelt man sich das „Dilemma Objektivismus/Voluntarismus" (Bertaux, Bertaux-Wiame 1991, 39) ein, denn man gerät in den Sog der Fragestellung, ob Handelnde in ihrem Handeln sozialstrukturell determiniert oder in ihren lebenspraktischen Entscheidungen frei seien. Während schon Marx für eine dialektische Sichtweise, formuliert in der Frage: Was macht der Mensch aus dem, was die Verhältnisse aus ihm gemacht haben?, plädierte, schwanken die Sozialwissenschaften und ihre Nutznießer, z.B. die Politik, auch heute noch vielfach zwischen dem Ausliefern des Subjekts an seine gesellschaftlichen Verhältnisse (*Schuld am Rechtsradikalismus sind die fehlenden Lehrstellen*) einerseits und einer postmodernen Beliebigkeit andererseits, enthalten in der Annahme, die Möglichkeiten, Geschichten von sich zu erzählen, seien unbegrenzt, und entsprechend offen seien auch die Möglichkeiten des Handelns.

Um so erfreulicher ist es für den Biographieforscher, wenn er auf Untersuchungsansätze stößt wie den von Bertaux und Bertaux-Wiame (1991), der den Vorteil hat, in einem empirischen Untersuchungskontext entwickelt worden zu sein. Sie schlagen vor, die Familiengeschichte und nicht die individuelle Geschichte zur Untersuchungseinheit zu machen, da „die Sozialisationsprozesse sich im Umfeld verschiedenartigster *Transmissionen* (vollziehen), und zwar von Verhaltens- und Einstellungsmustern, von Werten und Tabus sowie von Ressourcen, die vom Sprach-, Wahrnehmungs- und Erkenntnisvermögen, von der Ausbildung, von den kommunikativen und affektiven Möglichkeiten und schließlich von den ökonomischen Ressourcen und dem Familienbesitz abhängen" (a.a.O., 14). Die individuelle Leistung liege darin, daß „Transmissionen zum Identischen" (also die einfache Wiederholung des in einer Familiengeschichte vorgegebenen Musters – B. H.) „die Ausnahme und nicht die Regel", die „Transmissionen zum Äquivalenten sehr viel geläufiger" (a.a.O., 13-40) seien[1].

1 In der Sprache der anthropologischen Psychiatrie, von der ich zahlreiche Anregungen für das hier vorgestellte Konzept der Biographieforschung erhalten habe, heißt das: Die sozialen, psychischen und materiellen Kontexte, in die ein Individuum hineingeboren wird,

Wir selbst haben „Biographiestudien im Rahmen von Milieustudien" (Hildenbrand u.a. 1984) unter anderem am Beispiel bäuerlicher bzw. landwirtschaftlicher Lebensbereiche durchgeführt. Die Reichweite dieser Untersuchungen erstreckt sich inzwischen von Bauernfamilien mit einem als schizophren diagnostizierten Kind (Hildenbrand 1991) über Bauernfamilien, die psychiatrisch nicht in Erscheinung getreten sind (Hildenbrand/Bohler u.a. 1992) bis hin zu Bauernfamilien mit einem an Alkoholismus leidenden Betriebsleiter (Bohler/Hildenbrand 1997). In den folgenden beiden Abschnitten werde ich die in diesen Studien gemachten Erfahrungen zusammenfassen und mich dabei insbesondere auf zwei zusammen mit Karl Friedrich Bohler verfaßte Arbeiten (Bohler/Hildenbrand 1992, 1995) beziehen. Danach werde ich mich mit der Frage befassen, wie dieser biographietheoretische Ansatz für die therapeutische Praxis fruchtbar gemacht werden kann. Es geht also um das Thema einer Klinischen Soziologie.

2. Die Landwirtschaft und der Individualisierungsprozeß

Das Interesse an einem schwindenden Bevölkerungsteil (der Anteil der landwirtschaftlich tätigen Bevölkerung an der Gesamtbevölkerung beträgt in Deutschland ca. 4 % mit sinkender Tendenz) läßt sich aus soziologischer Sicht folgendermaßen begründen: Die „Biographisierung von Erleben und Handeln" (Brose/Hildenbrand 1988) hat aufgrund der objektiven Situation in der Landwirtschaft eine besondere Brisanz, weil hier noch weniger als andernorts von einer ungebrochenen linearen Modernisierung gesprochen werden kann. Zur Bestandserhaltung eines landwirtschaftlichen Familienbetriebs müssen vielmehr notwendig traditionale Momente eines „Denkens vom Hof her" aufrechterhalten werden. Konkret heißt das, daß sich die berufliche Sozialisation des designierten Hofnachfolgers im Rahmen der Familie und im Rahmen einer in wesentlichen Bezügen fraglosen Orientierung auf den Hof hin vollziehen muß, wenn sie gelingen soll. Andererseits muß der Landwirt für neue Orientierungsleistungen offen sein. Er soll nicht nur die Hoftradition wahren, sondern gleichzeitig als moderner, innovativer, auf Markterfordernisse adäquat reagierender Unternehmer handeln. Dieser Widerspruch von traditionaler und moderner, individualistischer Orientierung, der auch als Widerspruch zwischen dem Partikularismus der Hoforientierung und dem Universalismus der Gesellschafts- und Marktorientierung formuliert werden kann, muß jeweils in der individuellen Biographie des Landwirts bewältigt, d.h. in eine gleichzeitig stabile und flexible biographische Orientierung über-

sind diesem nicht deterministisch *vor*gegeben, sondern zur Gestaltung *auf*gegeben. (vgl. dazu Blankenburg 1984).

führt werden. In gesteigerter Form stellt sich diese Aufgabe, wenn das sowohl aus der Hofperspektive wie auch aus der Individualperspektive des Jungbauern zentrale Ereignis ansteht: die Regelung der Hofübergabe.

3. Der „Bedingungszirkel" („conditional matrix") individuellen Handelns als theoretischer Rahmen für eine soziologische Biographieforschung

Wir nehmen hier eine Forschungsperspektive ein, die Corbin und Strauss (1993, 109ff.) die „struktural-interaktionale" nennen. Sie sagen, daß Interaktionen in einem „Bedingungszirkel" (a.a.O.) stehen, in dem konzentrisch Makrobedingungen (z. B. politisch-sozioökonomische Bedingungen), biographische und Alltagsorganisation sowie Interaktion angeordnet sind. Diese Komplexe bilden insofern einen strukturellen Zusammenhang, als sowohl die äußeren, also die Makrobedingungen, auf die inneren (Interaktionen) einwirken, wie dies auch umgekehrt der Fall ist. Überträgt man dieses Denkmodell, das die Autoren in einer Studie über die Bewältigung chronischer Krankheit in der Familie entwickelt haben, auf Fragen der Bewältigung von Modernisierungsprozessen in Bauernfamilien[2], dann ergeben sich vier Strukturierungsebenen des sozialen Raumes, innerhalb dessen diese Prozesse organisiert sind:

- Die allgemeine Problemlage der Landwirtschaft. Im Rahmen des Rationalisierungs- und Universalisierungsprozesses der Moderne weist die Landwirtschaft (wie alle Bereiche der naturnahen Produktion) die Besonderheit auf, daß sie an wenig beeinfluß- und herstellbare Bedingungen der Produktion sowie an partikulare Muster der Sozialform (Hofindividualismus, Koppelung der Familie an den Betrieb) gebunden ist. Damit stellt sich als zentrales Problem die Frage heraus, ob oder wieweit der auf der Ebene der Gesamtgesellschaft ablaufende ökonomische Rationalisierungsprozeß verträglich ist mit den allgemeinen Produktionsbedingungen in der Landwirtschaft.
- Die konkreten Bedingungen der landwirtschaftlichen Produktion und die Partikularität der ländlichen Sozialform. Sie erzeugen eine zweite eigenständige Strukturierungsebene landwirtschaftlichen Handelns. Insbesondere handelt es sich hier um die Spezifika des Natur- und Wirtschaftsraums und der lokalen Sozialverfassung. Für den sozialhistorischen Hintergrund von besonderem Interesse ist auf dieser Ebene die Frage, im Rahmen welcher besonderen regionalen Sozialverfassung sich die Geschichte von Familie und Betrieb abspielte.

2 Dies gilt ebenso für andere materiale soziologische Fragestellungen.

- Die Hof- und Betriebsstruktur sowie die spezifische Familiengeschichte. Sie bilden eine dritte eigenständige Strukturierungsebene landwirtschaftlichen Handelns. Für sich genommen und auf die Konstitution von Sozialität und Subjektivität als solche bezogen wird auf dieser Ebene nicht nur die Frage zu thematisieren sein, ob im Einzelfall ein bürgerliches oder bäuerliches Familienmodell vorliegt, sondern auch die allgemeinen Strukturbedingungen der Sozialisation und die Tatsache, daß Geschlecht und Alter in der Familie (im Unterschied zu anderen sozialen Gebilden) die größte Rolle spielen. In Familien aus der Landwirtschaft ist darüber hinaus die Geschwisterposition neben dem Geschlecht noch von großer Bedeutung, wie ein Blick auf regionale Erbrechte und -sitten zeigt: Auf dem Bauernhof, der als ungeteilter weitergegeben wird (Anerbensitte), entscheidet die Stellung in der Geschwisterreihe oft über die Positionierung im sozialen Schichtungssystem, denn wer den Hof erbt, gehört zur lokalen Oberschicht. Wer nur das Pflichtteil (berechnet nach dem Ertragswert und eben nicht nach dem Verkehrswert) erhält, sinkt ab in die Unterschicht, kann dies aber durch Einheirat in einen Hof oder durch anderweitige eigene Anstrengungen des beruflichen Fortkommens korrigieren.
- Die subjektive Handlungsorientierung vor dem Hintergrund der individuellen Lebens- und Bildungsgeschichte. Dieser Komplex stellt eine vierte eigenständige Strukturierungsebene landwirtschaftlichen Handelns dar, für die die vorgenannten Ebenen den Kontext bilden. Auf dieser Ebene ist das angesiedelt, was ich weiter oben die Wendung vom Vorgegebenen zum Aufgegebenen genannt habe, also die subjektive Handlungsorientierung, die auf einen vorstrukturierten Kontext trifft und in einem individuell je unterschiedlichen Ausmaß diesen zu gestalten vermag.

Aus diesen Überlegungen über die Strukturierungsebenen des Handelns im sozialen Raum, innerhalb derer sich die Konstitution von Subjektivität ereignet, sind zusammenfassend allgemeine Folgerungen für die biographietheoretische und -methodische Konzeptentwicklung zu ziehen:

Kernstück einer soziologischen Biographietheorie ist die soziale Konstitution des Subjekts. Biographietheorie und -forschung haben dann die Aufgabe und Bedeutung, diese konstitutionslogische Formel durch materiale Untersuchungen mit *erfahrungswissenschaftlichem Leben* zu füllen. Diesem Gesichtspunkt der sozialen Konstitution des Subjekts glaubt man immer noch zu häufig mit einem bloßen Verweis auf die Dialektik von Individuum und Gesellschaft gerecht werden zu können. Bei einer vereinseitigenden Überbewertung der extremen Strukturierungsebenen sozialen Handelns stehen sich dann theoretische Konzeptionen gegenüber, die einerseits mit Formeln wie z.B. *Kolonialisierung der Lebenswelt* operieren und alle Ebenen der eigenlogischen Strukturbildung auf niedereren sozialen Aggregierungsniveaus in ihrer Bedeutung darauf reduzieren, daß sie dem allgemeinen Rationalisierungsprozeß angeblich zum Opfer fallen. Solchen abstraktgesellschaftstheoretischen Vorstellungen stehen andererseits solche Konzeptionen von Biographiekonstruktion gegenüber, die z.B. Individualisierung rein als Subjektleistung fassen, für die sich also der Anteil der Gesellschaft auf Randbedingungen oder Störfaktoren subjektiver Entfaltung reduziert. Mit solchen theoretischen Konzeptionen kann die Vermittlung in der Dialektik von Individuum und Gesellschaft nicht zureichend erfaßt werden.

4. Methoden der Erhebung und Analyse von Biographien im Kontext von Familiengeschichten

Theoretische Vorstellungen von der sozialen Konstitution des Subjekts bedürfen einer entsprechenden Methodologie und Methodik. Bei der Erhebung von Daten für eine soziologische Biographieforschung haben wir Verfahren wie das „narrative Interview" (Schütze 1983), das eine „cartesianische Sicht des Subjekts" (Grathoff 1989, vgl. auch Bohler/Hildenbrand 1995) geradezu provoziert, ersetzt durch Verfahren, bei denen entweder Orte praktischer Intersubjektivität aufgesucht bzw. diese simuliert werden.

An die Stelle des „narrativen Interviews" setzen wir das „gemeinsame familiengeschichtliche Erzählen" (Hildenbrand/Jahn 1988). Dieses ist Kernstück eines ethnographischen Zugangs, in welchem neben dem sozialwissenschaftlichen Gespräch weitere Verfahren der Datenerhebung zum Einsatz kommen. Von besonderem Interesse sind Skizzen von Wohnungseinrichtungen und von nonverbalem Verhalten während der Gespräche, Daten zur Lokalgeschichte und lokalen Sozialstruktur etc. Beim familiengeschichtlichen Erzählen haben sich für uns folgende Gesichtspunkte als wesentlich herausgestellt:

Erstens verweist die Fragestellung des gemeinsamen familiengeschichtlichen Erzählens auf eine Erzählgemeinschaft, welche auf gemeinsam gemachten Erfahrungen und gemeinsam gepflegten Erinnerungen basiert. Daher läßt sich auf Basis dieser Gespräche untersuchen, wie in familiengeschichtlichen Interviews Familiengeschichte(n) auftreten und welche Bedeutung diese für den Zusammenhang impliziten, fraglosen Wissens im Milieu haben. *Zweitens* liegen dem familiengeschichtlichen Erzählen die im kollektiven Gedächtnis der Familie bewahrten routinehaften Orientierungs- und Handlungsmuster zugrunde. Sie prägen die Auswahl der im Kontext der Familienbiographie erzählten Geschichten, und sie bieten die Ressourcen für die Deutungen, in die diese Geschichten von der Familie gestellt werden. Reflexionen über die Familienbiographie brechen vor diesem impliziten

Wissenshintergrund auf. *Drittens* können wir nicht erwarten, daß Familien *ihre* Geschichte als kohärente, von einer übergreifenden Erzähllinie geprägte Geschichte erzählen, insbesondere nicht unter den Bedingungen der Moderne, die durch eine weitgehende Fragmentierung der Alltagswelt gekennzeichnet ist. Statt dessen verdichtet sich die typische Art und Weise, wie eine Familie ihre Wirklichkeit konstruiert, in den erwähnten einzelnen Geschichten. Um so auffälliger war in den (ehemals oder noch) bäuerlichen Familien das vergleichsweise umfangreiche Wissen und ein gleichsam vergemeinschafteter Konsens über ihre Geschichte[3].

Nun werde ich in Ergänzung zu den allgemeinen theoretisch-methodologischen Ausführungen konkrete methodische Schritte in unseren Untersuchungen vorstellen.

Datenerhebung: (1) Das Familiengespräch findet bei der Familie zu Hause statt. Es sollen möglichst alle zum Haushalt gehörenden Personen anwesend sein. Werden einzelne Personen vom Gespräch ausgeschlossen bzw. schließen diese sich selbst aus, ist dies ein Datum für sich, wie auch die Erweiterung des Settings durch nicht der genealogischen Familie angehörende Personen ein hinzunehmendes Faktum und zu interpretierendes Datum ist. Die in dem Familiengespräch nicht anwesenden Personen werden später direkt zu einem Gespräch eingeladen, was, weil es u.U. den Ausschlußpraktiken der Familie zuwiderläuft, mit entsprechenden Problemen verbunden ist.

(2) Bei unseren Familiengesprächen zeigte sich, daß die Teilnehmer ihre Beiträge oft geschlechtsspezifisch fokussieren, d.h. Frauen richten ihr Wort an Frauen, Männer an Männer. Dies ist besonders in traditionalen Bauernfamilien der Fall. Wird nun das Gespräch von zwei Interviewern, einer Frau und einem Mann, geführt, kann diesem Umstand entsprochen und dadurch die Reichhaltigkeit der Daten gesteigert werden. Zudem können zwei Interviewer arbeitsteilig ihre Aufmerksamkeit auf gesprächsbegleitende Phänomene richten und darüber im Anschluß an das Gespräch ein Beobachtungsprotokoll anfertigen.

(3) Die Gespräche werden auf Tonband aufgezeichnet. Die Geräte werden bei der telefonischen und/oder schriftlichen Vereinbarung des Gesprächs eingeführt, die Modi der Verwendung der Texte erläutert und die Techniken der Anonymisierung des Materials dargestellt.

(4) Zu Beginn des Gesprächs werden die Familienmitglieder aufgefordert, aus ihrem Familienleben von früher und heute zu erzählen. Handelt es

---

3 Im Kontrast dazu beobachten wir bei Vertretern jugendlicher Randgruppen das Herausfallen aus familiengeschichtlichen Bezügen; erkennbar an einem eklatanten Unvermögen, Geschichten aus der eigenen Familie wie auch aus der eigenen Biographie zu erzählen. Das Vermögen solche Geschichten zu erzählen, kann geradezu als Maß für die soziale Integration/Desintegration genommen werden. Vgl. hierzu Bohnsack u.a. (1995), die gewaltbereite Jugendliche untersucht haben, sowie die Erfahrungen aus meinem Lehrforschungsprojekt zu familialen Lebenslagen in Thüringen (WS 95/96 und SS 96), insbesondere die Fallstudie eines Skinheads.

sich um Familien, bei denen ein individuelles oder soziales Problem im Vordergrund steht (Psychose, Alkoholismus, drohende Hofaufgabe etc.), muß natürlich damit begonnen werden (z.B., indem man die Familie bittet zu erzählen, wann das Problem zum ersten Mal für sie sichtbar geworden ist), denn auf das Problem hin ist das Relevanzssystem der Familie in der Regel zentral fokussiert, und man kann zu anderen Themenbereichen erst fortschreiten, wenn die Familie Gelegenheit bekommen hat, das, was sie vor allem anderen bewegt, erzählen zu können. Von der Verwendung eines expliziten Erzählstimulus, wie dies in der Methodik des *narrativen Interviews* empfohlen wird, haben wir im übrigen Abstand genommen, da uns aufgefallen ist, daß dadurch unnötige Restriktionen der möglichen Themenvielfalt erzeugt werden. Spezielle Techniken der Gesprächsführung sind überflüssig, es reicht die Orientierung am alltäglichen Gespräch zwischen Fremden. Von Nutzen ist es, wenn bereits während des laufenden Gesprächs Hypothesen erzeugt werden können, die zu speziellen Nachfragen führen.

(5) Am Schluß des Gesprächs werden jene Sozialdaten der Familie und ihrer Geschichte nachgefragt, die während des Gesprächs nicht erwähnt worden sind, um ein Genogramm erstellen zu können. Nach unseren Erfahrungen werden Erzählungen verhindert, wenn man bereits zu Beginn des Gesprächs ein Genogramm erstellen will.

Datenanalyse: (1) Das Genogramm wird sequentiell analysiert. Dabei entwerfen wir für die mit den Daten (Zeit- und Ortsangaben zur Lebensgeschichte, Berufe, Bildungsstationen, Daten über Geburten, Heirat, Tod, besondere Lebensereignisse) bezeichneten Stationen der Entwicklungsgeschichte der Familie Entscheidungsspielräume und vergleichen diese mit den tatsächlich getroffenen Entscheidungen. Wir erhalten so ein Entscheidungsmuster über die Generationen hinweg (das „Muster der Transmissionen" in der Sprache von Bertaux und Bertaux-Wiame a.a.O.), welches auf der Folie der Entscheidungsmöglichkeiten die Besonderheit des Falles als spezifischen Selektionsprozeß erkennen läßt[4]. Dieses Muster bildet dann einen ersten Durchgang der Formulierung einer Fallstrukturhypothese zur konkreten Lebenspraxis der untersuchten Familie, welche im Rahmen der weiteren Analysen überprüft wird.

(2) Es wird die Eröffnungssequenz des Text sequenzanalytisch interpretiert im Hinblick auf die Selbstpräsentation der Teilnehmer und die pragmatische Einbettung des Gesprächs in die Sinnwelt der Familie. Wie eine Familie *als* Familie Fremde (die Interviewer) empfängt, wie sie also an den Familiengrenzen handelt und in der Konfrontation von Eigenem und Fremdem eine

4 Zur methodologischen Begründung vgl. Oevermann (1991), v.a. Kapitel 4. Auch Strauss verwendet eine für die strukturale Betrachtungsweise unerläßliche Form der sequenziellen Analyse, die er allerdings irreführend „line-by-line-analysis" nennt und damit zu Disqualifikationen durch oberflächlich herangehende objektive Hermeneuten der besonders strengen Observanz einlädt. (vgl. Strauss 1995).

konkrete Lebenspraxis ausformt, bringt - auch wenn jede Äußerung innerhalb eines familiengeschichtlichen Gesprächs als strukturiert zu betrachten ist und dem Gesprächsanfang von daher kein Privileg zukommt - in gesteigerter Form die Familienstruktur zutage[5]. Die in Schritt (2) rekonstruierte Fallstrukturhypothese wird zunächst ohne Rückgriff auf die im Schritt (1) rekonstruierte Fallstrukturhypothese entwickelt und dient der Überprüfung ersterer.

(3) Für eine Synopse der im Familiengespräch thematisierten Bedeutungsfelder wird deren sinnlogische Abfolge sowohl nach thematischen als auch nach interaktionsstrukturellen Merkmalen untersucht. Hier handelt es sich im wesentlichen um vorbereitende Arbeiten für den nächsten Analyseschritt:

(4) Sequenzanalysen zu ausgewählten Themen, die sich in der Fallrekonstruktion als für diese Familie bedeutsam herausgestellt haben. Damit soll die Fallstrukturhypothese weiter überprüft und verdichtet werden, die anschließend in einer Fallmonographie (im Umfang von ca. 30 Seiten) zusammengefaßt wird[6].

5. Ein Beispiel für Fallrekonstruktionen im Kontext einer Klinischen Soziologie

Die fallrekonstruktiv erfahrende Sozialforschung, ob sie sich nun als „grounded theory" (Glaser und Strauss), als „materiale Soziologie" (Oevermann im Anschluß an Weber) oder als „Soziologie des Alltags" (in Anschluß an die Phänomenologie) versteht, hat einen gemeinsamen Nenner: den Bezug zum Einzelfall. Wenn man in dieser Tradition einen Untersuchungsansatz vorstellt, bietet es sich an, einen Fall zumindest als Exempel heranzuziehen und so die Leistungsfähigkeit seines Ansatzes unter Beweis zu stellen.

Andererseits ist damit auch ein Risiko verbunden. Wer immer sich auf Fälle zurückzieht, wenn er sich zu Fragen der sozialwissenschaftlichen Methodologie, Methodik oder Theoriebildung äußert, gerät leicht in den Verdacht, gewisse Niveaus der Abstraktion nicht erreichen zu können, die man offenbar nur erreichen kann, wenn man die soziale Wirklichkeit weit hinter (oder unter) sich läßt.

Tröstlich ist hier ein Satz von Marcel Mauss, auf den mich Jörg Bergmann schon vor vielen Jahren aufmerksam gemacht hat - ein Satz, der Mauss nicht aus der Feder fließt, ohne daß er ihn jemand andere zuschreibt, der

5 Zum Problem des Anfangs vgl. Oevermann (1991, 276-283, v.a. 282).

6 Für ein ausführliches Beispiel der Abfolge der erwähnten Analyseschritte und der Abfassung einer Fallmonographie vgl. meinen Studienbrief für die Fernuniversität Hagen: „Methodik der Einzelfallstudie", Hagen (1994b).

zwar ein berühmter Soziologe sei, den er jedoch nicht nennen will, also ein camouflierter Satz. Gleichwohl: „Die, die eine Wissenschaft nicht betreiben können, schreiben ihre Geschichte, diskutieren ihre Methode oder kritisieren ihre Geltungsansprüche“ (Mauss 1978, 147). Und auch Clifford Geertz (1983, 37) wendet sich gegen eine „allgemeine Theorie der Interpretation von Kultur“ und läßt „nur Generalisierungen im Rahmen eines Einzelfalles“ zu. Interessanterweise schlägt Geertz in diesem Zusammenhang einen Bogen zur Medizin und zur Psychoanalyse, und damit wären wir bei einer Perspektive angelangt, die im folgenden nun thematisch werden soll: die der praktischen Verwendbarkeit von Fallrekonstruktionen im Rahmen einer Klinischen Soziologie. Über Geertz hinausgehend bin ich der Auffassung, daß nicht nur die Vorgehensweisen von fallrekonstruktiver Sozialforschung und der Therapie strukturell vergleichbar sind (vgl. hierzu auch Ginzburg 1983), diese Soziologie kann auch therapeutisch direkt fruchtbar gemacht werden. Das heißt allerdings nicht, daß die fallrekonstruktiv verfahrende Soziologie nun als Therapieform angedient werden soll - zur Therapie braucht es mehr[7]. Was die Klinische Soziologie leisten kann, soll nun dargestellt werden.

5.1 Das Konzept einer Klinischen Soziologie

In der Soziologie wird schon seit einigen Jahren die Frage verhandelt, inwiefern diese ihre grundsätzliche Haltung der Gesellschaftskritik partiell aufgeben und unmittelbar praktisch werden könnte[8]. Nimmt man mit Alfred Schütz (1971) eine gleichzeitige Nähe und Distanz von alltagsweltlichem und wissenschaftlichem Verstehen an (Nähe insofern, als alltagsweltliches und wissenschaftliches Verständnis menschlichen Handelns gleichermaßen auf Konstruktionen beruhen, Distanz insofern, als die wissenschaftlichen Konstruktionen methodisch kontrolliert sind), dann kommt den Sozialwissenschaften die Aufgabe zu, latente Sinnzusammenhänge alltagsweltlichen Deutens und Handelns mit alternativen, methodisch kontrollierten, d.h. unter der Bedingung von Handlungsentlastung zustande gekommenen Deutungen zu konfrontieren und auf diese Weise alternative Deutungen zu entwickeln.

Spezialisten für alternative Deutungen sind, sofern es nicht um eine wissenschaftliche Betrachtung, die der Wahrheit verpflichtet ist, sondern um eine konkrete Lebenspraxis geht, Professionelle, in unserem vorliegenden thematischen Zusammenhang: Therapeuten. Für Professionen ist typisch, daß sie, auf der Grundlage einer verwissenschaftlichten Rationalität, der gesell-

---

7 Mit Rosmarie Welter-Enderlin zusammen habe ich u.a. auf der Grundlage der soziologischen Professionalisierungstheorie ein Modell therapeutischen Handelns entwickelt, in welchem die Leistungsfähigkeit fallrekonstruktiver Verfahren für die Therapie fruchtbar gemacht wird. (vgl. Welter-Enderlin und Hildenbrand 1996).

8 Für eine Übersicht vgl. Dewe 1985

schaftliche Ort der Vermittlung von Theorie und Praxis sind (Oevermann 1995). Diese Vermittlungsaufgabe führt zu einer notwendigen, nicht aufhebbaren Widersprüchlichkeit[9]. Auf der *Wissensebene* drückt sich diese Widersprüchlichkeit dadurch aus, daß Professionelle auf der einen Seite über einen Bestand an allgemein gültigem, systematischem Wissen verfügen, mit dem sie die Probleme ihrer Klienten angehen. Auf der anderen Seite wird dieses allgemeine Wissen jedoch nicht dem individuellen Fall übergestülpt. Statt dessen tritt zum allgemeinen Wissen das fallverstehende Wissen hinzu. Dieses dient der Entschlüsselung des einzelnen Falles in seiner Eigenart und ist nicht auf Allgemeines, sondern auf Spezifisches gerichtet. Es steht damit immer in einem Spannungsverhältnis zum allgemeinen Wissensbestand, obwohl es sich auf diesen stützt.

Auf der *Interaktionsebene* drückt sich die Widersprüchlichkeit im professionellen Handeln dadurch aus, daß Professionelle einerseits zu den individuellen Problemlagen ihrer Klienten nur dann einen angemessenen Zugang finden, wenn sie sich von diesen anrühren lassen, wenn sie also über Empathie verfügen. Andererseits muß aber zur Empathie die Distanz treten und damit die Fähigkeit, nüchtern die Problematik der Klienten zu betrachten und den Überblick über diese zu gewinnen. Diesen Überblick haben die Klienten verloren, sonst wären sie nicht zur Therapie oder Beratung gekommen.

Was hat die Soziologie als Wissenschaft Professionellen zu bieten? In einem älteren Manuskript definiert Oevermann die Aufgabe der Klinischen Soziologie wie folgt: „Die *klinische Soziologie* besteht in einer professionalisierten, im Namen soziologischer Theorie und vor allem Methodik durchgeführten praktischen Tätigkeit, die in konkreten Einzelfällen bezogen auf praktische Problemstellungen und Krisen dieser Einzelfälle beratend, evaluierend und evtl. interventionistisch aufgrund eines Auftrags aus der Praxis abgerufen wird“ (Oevermann 1990, 1). Später konkretisiert er die Leistungen der Klinischen Soziologie für professionelles therapeutisches Handeln im Kontext von Supervision. Wie auch in der früheren Fassung fallen Klinische Soziologie und Objektive Hermeneutik mit ihrem zentralen Verfahren der Sequenzanalyse zusammen: „Zu den wesentlichen Leistungen einer objektiv hermeneutischen Sequenzanalyse gehört es, auf einfachste Weise Gesetzmäßigkeiten, Einflüsse, Habitusformationen, Zusammenhänge und Konfigurationen sichtbar zu machen, die unausgesprochen oder unbewußt – und damit auch nicht abfragbar – sich hinter den strategisch und gezielt eingesetzten Konzepten und Techniken eines berufspraktischen Handelns verbergen“ (Oevermann 1993, 246). Klinische Soziologie als Supervision ist demnach Beratung von Professionellen zur Erhaltung ihrer spezifisch professionellen Kompetenz, wobei die Funktion der Klinischen Soziologie eine der nachträglichen Überprüfung einer professionellen Intervention und vor allem eine

9 Vgl. zum folgenden Welter-Enderlin und Hildenbrand 1996, 18ff.

dienende (a. a. O., 248) gegenüber der Praxis ist, der die Soziologie nur bewundernd gegenüberstehen kann.

Im Prinzip stimme ich dieser Auffassung zu, verweise jedoch auf folgende Einschränkung: Oevermann orientiert sich durchgängig an einem teils von Parsons übernommenen, teils von ihm weiterentwickelten Strukturmodell professionellen Handelns. Deprofessionalisierungstendenzen in therapeutischen Handlungsfeldern z.B. durch Bürokratisierung, Technokratisierung, Verwissenschaftlichung etc. führen jedoch zunehmend zu einer Schwächung des Kernbestandes professionellen Handelns, des Einzelfallbezugs. Klinische Soziologie hat nach meiner Auffassung und Erfahrung nicht nur die Aufgabe, die professionelle Handlungskompetenz des Therapeuten (bewundernd) zu rekonstruieren und dadurch bewußt zu machen, sie hat auch die Aufgabe, das Spannungsverhältnis zwischen der Struktur therapeutischen Handelns und deren Deformation (wobei letztere vielfach bereits in der Ausbildung ansetzt) deutlich zu machen. Auch hier gibt es manchmal Anlaß, sich zu wundern oder zu bewundern, wenn beispielsweise sich der professionelle Habitus unter den unmöglichsten Kontextbedingungen durchzusetzen vermag.

Mit dieser Einschränkung soll die wohlfeile Kritik am Therapeutenstand nicht wieder aufgewärmt werden, deren zentrale Schwäche es ist, nicht von einem Strukturmodell professionellen Handelns auszugehen, sondern nur die Deformationen zu sehen, von denen auf die therapeutische Praxis insgesamt hochgerechnet wird[10]. Aufgabe einer Klinischen Soziologie ist es nach meiner Auffassung, Deformationen professsionellen Handelns im Licht der Struktur professionellen Handelns zu rekonstruieren und mit den Professionellen gemeinsam Handlungsoptionen zu entwickeln, die mit den Voraussetzungen professionellen Handelns kompatibel sind. Dabei bleibt eine grundlegende Differenz zwischen Therapie und Klinischer Soziologie, die darin besteht, daß erstere unter Handlungsdruck und dabei im Risiko des Scheiterns agiert, während der Klinische Soziologe unter weitgehender Handlungsentlastung und de facto ohne Risiko rekonstruiert, denn die beispielsweise in der Supervision entwickelten Handlungsoptionen gehen, wenn sie umgesetzt werden, zu Lasten des Therapeuten. Es ist vor allem diese Differenz, die dem Soziologen Respekt gegenüber den Professionellen und eine angemessene Bescheidenheit abverlangt.

10 Als Beispiel: Riemann 1987

5.2 Fallbeispiel: Rekonstruktion eines zentralen Themas der Familie Finis

Zum Handlungskontext der folgenden Falldarstellung

Handlungskontext der folgenden Fallrekonstruktion ist die Supervision im Rahmen einer Weiterbildung von beruflich Tätigen aus den Bereichen Medizin, Psychologie und Sozialarbeit in der systemischen Familientherapie. Im Unterschied zur sozialwissenschaftlichen Fallrekonstruktion besteht hier Handlungsdruck, weil die zentralen Hypothesen in einem festgesetzten Zeitraum (ca. zwei Stunden) entwickelt werden müssen. Dies setzt langjährige Übung in der Praxis der Fallrekonstruktion, v.a. im Erkennen von Fallstrukturen voraus, wofür die Erfahrung in fallrekonstruktiver Sozialforschung eine günstige Voraussetzung ist. Da die Supervisionsgruppe, in der die Fälle vorgestellt werden, über einen längeren Zeitraum (im vorliegenden Fall: 1 ½ Jahre) zusammen ist, können auch Fallverläufe verfolgt und die aus der Fallrekonstruktion entwickelten Ideen zur Intervention überprüft werden. Damit lassen sich die Hypothesen einem lebenspraktischen Experiment der Falsifikation unterziehen. Zentraler Bezugspunkt ist dabei das Wohl des Patienten, um dessen Fall es geht. Die Hypothesenbildung hat sich daran zu orientieren, sie darf also nicht uferlos ausgedehnt werden, sondern wird sich dem Interesse eines fallorientierten Fortgangs der Therapie unterzuordnen haben. Dennoch gilt: Je gründlicher von einem unmittelbaren Intervenieren abgesehen und das vorliegende Material auf seine strukturelle Aussagefähigkeit hin analysiert wird, desto einschlägiger werden die Vorschläge für eine Intervention sein. Gerade erfahrene Therapeutinnen und Therapeuten wissen diese Einstellung der Klinischen Soziologie zu schätzen.

Auf die Grenze zwischen Klinischer Soziologie und therapeutischem Handeln soll hier ebenso deutlich hingewiesen werden: Thema der Klinischen Soziologie ist das Fallverstehen. Zu diesem tritt im therapeutischen Prozeß die Begegnung, ohne die jedes Fallverstehen ins Leere läuft (Welter-Enderlin, Hildenbrand 1996; Gadamer 1993). Begegnung setzt professionelle Fähigkeiten und Kenntnisse voraus, über die der Klinische Soziologe *als* Soziologe nicht verfügt und über die er (oder sie) auch nicht verfügen muß, da er mit Therapeuten und nicht mit Patienten arbeitet. Allerdings gehört zur Supervision auch eine Analyse des therapeutischen Prozesses als Prozeß der Begegnung. Letztere wird daher zum Gegenstand der Rekonstruktion der Therapeut/Patient-Beziehung.

Der Fall: die Familie Finis und das drohende Ende ihrer Familiengeschichte

Es handelt sich um eine Bauernfamilie aus dem Fränkischen, die von ihrem Hausarzt an einen niedergelassenen Psychiater überwiesen wird, der diesen Fall in eine von mir geleitete Supervisionsgruppe eingebracht hat[11]. Das präsentierte Problem bezieht sich auf den zweitältesten, zum Zeitpunkt der Überweisung 30jährigen Sohn Paul, der seit drei Jahren häufig den Arbeitsplatz wechselte, im Zusammenhang mit den Wechseln zu Alkoholexzessen neigte und seit dem Frühjahr 1994 vage Bedeutungs-, Beziehungs-, Verfolgungs- und Beeinträchtigungsideen sowie Allmachts- und Ohnmachtsphantasien äußert.

Ein Blick auf das Genogramm der Familie zeigt folgendes: In der Großelterngeneration des Indexpatienten besteht der Hof als ein Mischbetrieb mit Obstbau, Weinbau, Milchwirtschaft und Ackerbau. Die Verantwortung für den Hof wird im wesentlichen bei der aus einer Gastwirts- und Weinbaufamilie eingeheirateten Bäuerin Emmy gelegen haben, denn der Betriebsleiter Anton war als Landtagsabgeordneter der herrschenden konservativen Partei sowie später zusätzlich als Verwaltungsratsvorsitzender einer staatlichen Versicherungsgesellschaft häufig abwesend. Diese starke Stellung auf dem Hof wird die Bäuerin aus zwei Gründen besonders gepflegt haben: (1) Mit gesteigerter Verantwortungsbereitschaft kann sie den aus der Sicht einer bauernstolzen Familie bestehenden Makel, der darin besteht, daß sie aus einer Familie mit geringerem Ansehen im Dorf in eine der ersten Familien im Dorf eingeheiratet hat, tilgen; (2) sie stärkt damit ihre Position gegenüber ihrem Ehemann, der seine Aufenthalte in der Landeshauptstadt auch dazu genutzt haben soll, seinen Ruf als Frauenheld auszubauen. Auch die Geburt von sechs Kindern, darunter drei die Hofnachfolge sichernden Söhnen, trägt zur Sicherung ihrer Position auf dem Hof bei.

Biographisch ist die Familie in dieser Generation vor die Aufgabe gestellt, den erreichten lokalen sozialen Status einerseits hinsichtlich der vollbäuerlichen Tradition an die nächste Generation weiterzugeben. Andererseits jedoch muß auch der aus der politisch herausgehobenen Stellung des Bauern resultierende Anspruch bewahrt werden. Zunächst kündigt sich in diesem Bereich eine vortreffliche Lösung an. Der älteste Sohn und Hoferbe Anton II, als Nachfolger schon durch seinen Vornamen deklariert, sucht seine Auseinandersetzung mit dem anspruchsvollen väterlichen Vorbild nicht auf dessen eigenem Gebiet, der Politik. Hier kann er nur verlieren. Seine Strategie ist eine andere. Zunächst schneidet er aus dem Hof die besten Stücke, also den Obst- und Weinbau, heraus, der Ackerbau- und Milchviehbereich wird ausgesiedelt. Statt in der Politik bringt er es in der Springreiterei zur Meister-

11 Zusammen mit diesem Arzt habe ich den vorliegenden Fall in System Familie 9 (1996) publiziert. Aus Anonymisierungsgründen muß (mit Einverständnis des Co-Autors) eine Namensnennung unterbleiben.

schaft, und dem Anspruch des Hofes auf eine herausgehobene Position im Dorf trägt er mit dem Posten des Feuerwehrhauptmanns Rechnung. In der Wahl der Ehefrau Hanna folgt er exakt dem väterlichen Vorbild. Er sucht sich eine seinem Stand nicht angemessene Wirtstochter, die ihm schon aus Stolz, nach oben geheiratet zu haben, wie schon seine Mutter seinem Vater, den Rücken freihält und die überdies als Wirtstochter die Übersicht über einen großen Haushalt gelernt hat.

Die beiden nach dem Ältesten geborenen Töchter Gretel und Anna werden auf ebenbürtige Höfe verheiratet, insofern folgt die Familie dem traditionalen bäuerlichen Muster. Hiermit scheint jedoch der Vorrat an sinnlogisch adäquater Weiterentwicklung dieser Bauernfamilie aufgebraucht zu sein. Die Teilung des Hofes scheint es zwar auf den ersten Blick ermöglicht zu haben, gleich zwei Söhne mit je einem Vollerwerbsbetrieb auszustatten und ihnen so die Selbständigkeit zu sichern. Bei näherem Hinsehen zeigt sich jedoch, daß es bei der Hofteilung verdeckt um etwas anderes ging: Der Anspruch der ständig um ihre Position kämpfenden Altbäuerin auf Macht scheint sich so verselbständigt zu haben, daß sie - auch nach dem Tod ihres Mannes unmittelbar nach Hofteilung und Aussiedlung - mit der nötigen Basis ausgestattet werden muß. Diese Basis ist der Hof mit Ackerbau und Milchwirtschaft, an dem sie bis kurz vor ihrem Tod im Jahre 1994 festhält und auf dem sie die beiden unverheiratet gebliebenen jüngsten Kinder Berti und Christel (der jüngste Sohn Paul starb im Alter von 4 Jahren an einem durchgebrochenen Blinddarm) als Arbeitskräfte abhängig beschäftigt. Erst 1991, 90jährig, übergibt sie den Hof an Berti, der zu diesem Zeitpunkt bereits 58 Jahre alt ist und der, legt man die übliche Spanne eines Arbeitslebens zugrunde, nur noch wenige Jahre die Position als Betriebsleiter wird genießen können.

In der folgenden Generation bricht die noch zwei Generationen vorher stattliche bäuerliche Tradition dieser Familie vollends zusammen. Vier Kinder werden geboren. Gemäß der lokalen Erbsitte erhält der Älteste, Toni, den Wein- und Obstbaubetrieb. Er ist (1994) 31 Jahre alt und noch unverheiratet, was ganz im Gegensatz zur bäuerlichen Tradition steht, derzufolge Hofübernahme und Heirat zusammenfallen müssen, da der Hof beide Positionen, die des Bauern und die der Bäuerin, besetzt haben muß. Als Begründung gibt er an, er habe aufgrund der Arbeitsbelastung für Frauen noch kein Interesse aufbringen können. So kann man annehmen, daß dieser Zustand so lange anhalten wird, bis er als Heiratspartner uninteressant geworden sein wird. Auch sein Vorname scheint im übrigen Programm zu sein: Trug sein Vater noch den väterlichen Vornamen, so hat es bei ihm nur zum Toni, dem kleinen Anton, gereicht. Die drei folgenden Brüder Paul, Karl Friedrich und Florian lernen Bäcker, Schmied und Zimmermann und steigen damit in die Arbeiterschicht ab. Es gehört wenig Mut zu der Prognose, daß dieser Hof in der nächsten Generation in fremde Hände gegeben werden und damit diese Familientradition beendet sein wird.

Die Bedeutung von Pauls „Psychose“ im Kontext dieser Familiengeschichte

Kommen wir nun zu der Frage: Welche Bedeutung hat Pauls psychotische Episode im Rahmen dieser Familienbiographie? Zwei Annäherungen an diese Frage sollen versucht werden: (1) Zunächst über die kritischen Ereignisse innerhalb der Familienbiographie im zeitlichen Zusammenhang mit Pauls Krise, dann (2) über die Inhalte von Pauls Wahnvorstellungen. Wir beginnen mit dem letztgenannten Punkt.

Paul ist der Ansicht, er sei nicht der Sohn seines Vaters, sondern seines Großvaters, des Landtagsabgeordneten. Seine Namensgleichheit mit dem 1943 verstorbenen Onkel mag ihn dazu bewegt haben, die Generationsebene zu wechseln, und möglicherweise treffen er und die Familie sich in der impliziten Annahme, daß er den frühzeitigen Verlust in der vorigen Generation zu ersetzen habe. Von seiner wahren Abstammung, so Paul, wisse das ganze Dorf, indes traue sich niemand, die Wahrheit auszusprechen, denn alle im Dorf seien aufgrund ihrer Homosexualität zum Schweigen verurteilt. Seine Kusine, die Tochter seiner älteren Tante Gretel, habe er neulich aufgefordert, ihn Onkel zu nennen.

Warum wird gerade diese Kusine zur herausgehobenen Person im Rahmen dieses Wahns? Hierzu ist eine Erläuterung notwendig. Man plant, die Flächen des vor kurzem zum Betriebsleiter aufgestiegenen Berti an dessen Schwester Gretel und ihren Mann zu verpachten, die ihren Hof in unmittelbarer Nachbarschaft bewirtschaften. Für die beiden auf dem Hof verbliebenen Ledigen Berti und Christel hätte dies zur Konsequenz, daß sie vorzeitig ohne Hof dastehen. Außerdem würde dies bereits jetzt zu einem Ende der bäuerlichen Tradition in diesem Familienzweig führen. Wenn Paul nun behauptet, er sei der Sohn seines Großvaters, dann bringt er zwei Dinge zusammen, die die Hofkontinuität begründen: In dem Anspruch auf Hofnachfolge ist er gleichrangig mit seinem Onkel, denn er ist ja in Wahrheit dessen Bruder, und er hat diesem gegenüber den Vorzug, einer jüngeren Generation anzugehören, die das Arbeitsleben noch vor sich hat. Diese Konstruktion kann jedoch nur als Wahnhafte gelingen. Gleichwohl: Wenn Paul seine Kusine in der beschriebenen Weise anspricht, dann meldet er implizit seine Ansprüche gegenüber jenen an, die sich zu Totengräber des zweiten Hofs der Familie machen, indem sie dessen Land einem fremden Hof einverleiben. Daß Paul seit drei Jahren in seinen Arbeitsverhältnissen unstet ist und ausgerechnet 1994 psychotisch entgleist, findet seinen Sinn in den krisenhaften Veränderungen in der Familie in diesem Zeitraum. Vor drei Jahren wurde der Hof an den Onkel übergeben, und Anfang 1994 stirbt die Großmutter. Damit kommt die lange hinausgeschobene Frage, was mit diesem Zweig der Familie werden soll, wieder auf die Tagesordnung.

Es gehört nun aber zur Fallspezifik der Familie Finis, zu tabuisieren und zu mystifizieren, daß die Biographien von zwei Angehörigen, nämlich denen, die bei der Mutter bleiben mußten und nicht heiraten durften, obwohl dieses alte bäuerliche Muster nach dem zweiten Weltkrieg immer schwerer zu vermitteln war, dem Machtanspruch ihrer Mutter geopfert wurde. Für diese Vermutung der Tabuisierung und Mystifizierung spricht im übrigen, daß ausgerechnet die Biographie jener Person, die bis zu ihrem Tod und darüber hinaus die größte Präsenz in der Familie hat, nämlich Emmy, von den Angehörigen so gut wie nicht erinnert wird - ihre Herkunft bleibt über ein paar biographische Daten hinaus dunkel. Emmys Machtanspruch, um diesen Gedanken wieder aufzunehmen, wiederum resultiert aus dem unklaren Verhältnis ihrer Ehebeziehung und hängt damit mit den hauptstädtischen Aktivitäten ihres Mannes zusammen. Die beiden Übriggebliebenen zahlen den Preis dafür, daß der Vater ein Doppelleben führte, und über diesen Preis muß geschwiegen werden.

Wozu wird, wenn diese Hypothese plausibel ist, Pauls Krankheit einmal gut gewesen sein? Die aus der familienbiographischen Rekonstruktion sich ergebende Antwort lautet: Sie diente dazu, auf eine spezifische, verschrobene Weise auf das tabuisierte Familienthema und auf die Notwendigkeit der Veränderung hinzuweisen. Paul erfüllt damit einen Familienauftrag.

Therapeutische Konsequenzen aus der Fallrekonstruktion und weiterer *Verlauf*

Nach dieser Fallrekonstruktion wurde in der Fallsupervision das therapeutische Setting zum Thema gemacht, und es wurde die folgende Variation überlegt: Während bisher Paul besonders von seinen Eltern und seinem Bruder Toni, die ihn zu den therapeutischen Sitzungen begleiteten, klar als Indexpatient deklariert war, wurde nun der Fokus durch die Arbeit am Familienthema auf die ganze Familie und ihre Geschichte hin geöffnet, insbesondere in der Richtung, daß nach Maßgabe des Familienthemas *Hofkontinuität* und *Gewinner und Verlierer der Hofkontinuität über Generationen* andere Akteure zu den Gesprächen eingeladen wurden, die - anders als Paul - eher im Zentrum dieser Themen stehen. Diese Gespräche dienten dazu, bisher latent gebliebene Wissens- und Glaubenssysteme der Familie in offene und damit verhandelbare umzuwandeln. Zwischen Anfang Oktober 1994 und Mitte Dezember 1994 kamen insgesamt zehn Gespräche mit dem Indexpatienten Paul bzw. verschiedenen Familienangehörigen zustande, davon eines mit Anton und Christel. Das letzte Gespräch dieser Serie fand am 19.12.94 mit Hanna, der Mutter Pauls, statt. Themen waren jeweils neben der Sorge der Angehörigen um Pauls Zukunft die Hofgeschichte und dort insbesondere die Umbrüche nach dem Tod von Emmy, die vor allem die Ungleichgewichte bei Gewinn und Verlust in der Hofkontinuität zutage gefördert haben, wenn auch zuerst dunkel und mystifiziert.

Der durch das bizarre Verhalten von Paul erzeugte Scheinwerfer auf die Familie war damit durch diese Arrangements der therapeutischen Gespräche direkt auf die entscheidenden Themen der Familie gerichtet. Paul wurde in der Familie nicht mehr benötigt, für ihn war der Weg frei, sich von der Familie abzulösen.

Die Katamnese als Grundlage der Einschätzung der Tragfähigkeit der entwickelten Fallstrukturhypothese

Eine Nachfrage Ende Oktober 1995 bei seinem Bruder Karl-Friedrich sowie der Schwägerin Anneliese ergab, daß Paul unbekannt verzogen sei und Kontakte zu Verwandten und Bekannten meide. Genaueres wußte Toni: Paul lebe bei seiner Freundin in einem angrenzenden (ostdeutschen) Bundesland. Er habe ihn zweimal gesehen, aber man habe sich nur kurz begrüßt. Toni ist der Ansicht, daß es Paul gut gehe, aber man wisse nie, „wann der große Hammer kommt." Mit dem *großen Hammer* meint Toni, daß Paul möglicherweise seine Steuern nicht pünktlich zahle, seinen Lebensunterhalt nicht bestreiten könne und keine Übersicht über seine Bankverpflichtungen sowie seinen Grundbesitz aus dem väterlichen Erbe habe.

Zu Veränderungen bei den Eltern berichtet Toni, daß sie nun endlich in ihr neues Haus eingezogen seien, das so lange leer gestanden habe. Er bewirtschafte nun das Weingut mit Hilfe von Angestellten. Kurz nach dieser Nachfrage findet ein längeres Gespräch mit Paul und seiner Freundin statt. Paul gibt sich wortkarg, wundert sich über die Einladung zu diesem Termin und meint, er selbst sei nie gestört gewesen, die anderen aus seiner Familie hätten einen Psychiater gebraucht. Ansonsten weicht er maniriert-gestelzt direkten Fragen aus. Demgegenüber ist die Freundin, Renate Zoll, auskunftsfreudiger. Sie berichtet: Sie leben seit Oktober 1994 zusammen. Sie selbst ist getrennt von ihrem Mann und erzieht ihre neunjährige Tochter alleine, ihren Lebensunterhalt verdient sie als Bankangestellte. Renate und Paul haben sich beim Reiten kennengelernt. Sie haben beide ihre Pferde im selben Reiterhof eingestellt. In diesem Hof arbeitet Paul als Allrounder und versieht die anfallenden Instandhaltungsarbeiten. Im Gespräch zeigt sich das Paar verspielt verliebt. Die Zukunftsvorstellungen beider sind vage, sie empfinden das gegenwärtige Arrangement jedoch als befriedigend und wollen es weiter beibehalten.

Der beschriebene therapeutische Prozeß hat demnach folgendes gebracht: Paul hat sich von der Familie abgelöst und ein eigenes Leben begonnen. Die damit verbundenen Freiheitsgrade hat er in einem – von außen betrachtet – reduzierten Rahmen genutzt: Er hat zwei Motive aus der väterlichen Linie – die Nähe zu Geldgeschäften des Großvaters, der, wie erinnerlich, auch Aufsichtsrat bei einer staatlichen Versicherungsgesellschaft war, und die Springreiterei, mit der sich der Vater einen Teil seiner Eigenständigkeit schuf – integriert, indem er sich mit einer Bankangestellten verbunden hat und seinen Lebensunterhalt auf einem Reiterhof (mit eigenem Pferd) verdient. Damit konnte er den mit der Ablösung von der Familie verbundenen Bruch mildern, er bleibt in einem vertrauten Rahmen. Die Transmission des Familienmusters tendiert eher zum Äquivalenten als zum Identischen, letzteres hatte sich in diesem Fall als eine biographische Sackgasse erwiesen. Daß er diesen Übergang als massiv und noch gefährdet betrachtet, zeigt der Umstand, daß er sich über ein Jahr lang nicht mehr bei der Familie blicken ließ. Ein weiterer Gesichtspunkt ist bedeutsam: Indem er zu einer alleinerziehenden Mutter zieht, kommt er gewissermaßen in einer bestehenden Familie unter, und er wird die mit der Anwesenheit der neunjährigen Tochter seiner Freundin verbundenen Regressionsangebote auch für sich nutzen. Paul hat also den Rahmen einer ihm derzeit gemäßen Normalität geschaffen, in welcher auch sein bizarres Verhalten einen akzeptierten Platz findet, unterstützt dadurch, daß er sich mit diversen Statussymbolen (Pferd, Mercedes) und mit gesichertem Lebensunterhalt durch das elterliche Erbe ein lokales Ansehen verschaffen konnte.

Auch in der Familie Pauls haben sich Veränderungen in Richtung einer Differenzierung der Generationen ergeben. Toni kann nun endlich alleine auf seinem Hof wirtschaften, nachdem die Eltern ihr eigenes Haus im selben Dorf, aber entfernt von ihrem Hof bezogen haben. Zumindest ist der Ansatz gegeben, daß sie den nun begonnenen Übergang in die nachelterliche Lebensphase und in den Ruhestand als Ausgangspunkt für neue Möglichkeiten gestalten. Nichts wissen wir über die derzeitige Situation von Berti und Christel. Es wäre zu wünschen, daß sie die durch die Therapie angestoßene Entmystifizierung der Familiengeschichte und durch das so entstandene Klima der Veränderung auch für sich neue Chancen sehen.

6. Ausblick

Dieser Beitrag hat zwei Themenschwerpunkte: Es geht um Biographieanalysen im Kontext von Familiengeschichten, und es geht um die Beratung von Therapeuten, bei der der hier vorgestellte biographieanalytische Ansatz eine zentrale Rolle spielt. Was verbindet die beiden Themenschwerpunkte? Zunächst ist es die faszinierende Möglichkeit der Überprüfung von Untersuchungsansätzen durch deren Konfrontation mit der Praxis. Geht es dem Patienten und seiner Familie aufgrund von therapeutischen Interventionen besser, welche auf der Basis von familienbiographischen Rekonstruktionen der hier erörterten Art geplant und durchgeführt wurden, dann gewinnt nicht nur die in diesem konkreten Fall entwickelte Strukturhypothese, sondern auch das Verfahren als solches an Plausibilität.

Darüber hinaus eröffnet sich hier eine Forschungsperspektive jenseits der fragwürdigen Trennung von Grundlagenforschung und angewandter Forschung[12]. Ist der gemeinsame Fokus von Forschern und professionellen Praktikern der einzelne Fall bzw. eine konkrete Lebenspraxis mit angebbaren Fallgrenzen, dann eröffnen sich nicht nur Optionen für die Beratung von Praktikern durch Forscher, sondern auch Optionen für eine gemeinsame, an der Lebenspraxis und ihren Beschädigungen ansetzenden Untersuchungsperspektive, von der beide Parteien profitieren.

Literatur

Bertaux, D./Bertaux-Wiame, I. (1991): „Was du ererbt von deinen Vätern ..." Transmissionen und soziale Mobilität über fünf Generationen. In: Bios, Jg. 4 Heft 1; 13-40

Blankenburg, W. (1984) Prolegomena to a Psychopathology of Freedom. In: Kruger, D. (Hrsg.): The Changing Reality of Modern Man. Cape Town, Welton, Johannesburg; 174-190

Bohnsack, R. u.a. (1995): Die Suche nach Gemeinsamkeit und die Gewalt der Gruppe – Hooligans, Musikgruppen und andere Jugendcliquen. Opladen

Bohler, K. F./Hildenbrand, B. (1992): Das familiengeschichtliche Gespräch im Schnittpunkt von (Familien-)Biographie und interpretativ-fallrekonstruktiver Sozialforschung. In: Bohler, K. F. u.a.: Bauernfamilien heute – Sieben Fallstudien. Schriftenreihe der deutschen Landjugendakademie Fredeburger Hefte Nr. 21. Fredeburg; 3- 6

Bohler, K. F./Hildenbrand, B. (1995): Conditions for Sociological Research. In Biography. International Sociology. Vol. 10 Nr. 3; 331-340

Bohler, K. F./Hildenbrand, B. (1997): Familienbiographien Alkoholkranker in der bäuerlichen Landwirtschaft: Zusammenfassung der Forschungsergebnisse. Erscheint in einer Publikation zum land- und agrarsoziologischen Symposium 1995. Thomas Kutsch (Hrsg.)

Brose, H.-G./Hildenbrand, B. (1988): Biographisierung von Erleben und Handeln. In: Brose, H.-G./Hildenbrand, B.(Hrsg.): Vom Ende des Individuums zur Individualität ohne Ende. Opladen; 11-30

Corbin, J. M./Strauss, A. (1993): Weiterleben lernen - Chronisch Kranke in der Familie. München

Dewe, B. (1985): Soziologie als „beratende Rekonstruktion". Zur Metapher des „klinischen Soziologen". In: Bonß, W./Hartmann, H. (Hrsg.): Soziale Welt. Entzauberte Wissenschaft. Sonderband 3. Göttingen; 351-390

Gadamer, H.-G. (1993): Über die Verborgenheit der Gesundheit. Frankfurt am Main

Geertz, C. (1983) Dichte Beschreibung – Beiträge zum Verstehen kultureller Systeme. Frankfurt am Main

Ginzburg, C. (1983): Spurensicherung. Der Jäger entziffert die Fährte, Sherlock Holmes nimmt die Lupe, Freud liest Morelli – die Wissenschaft auf der Suche nach

12 Vgl. hierzu ausführlicher Welter-Enderlin, Hildenbrand 1996, 237ff

sich selbst. In: Ders.: Spurensicherungen – Über verborgene Geschichte, Kunst und soziales Gedächtnis. Berlin; 61-96

Grathoff, R. (1989): Milieu und Lebenswelt – Einführung in die phänomenologische Soziologie und die sozialphänomenologische Forschung. Frankfurt am Main

Hildenbrand, B. u.a. (1984): Biographiestudien im Rahmen von Milieustudien. In: Kohli, M./Robert, G. (Hrsg.): Biographie und soziale Wirklichkeit, Stuttgart; 29-52

Hildenbrand, B. (1991): Alltag als Therapie. Bern: Huber

Hildenbrand, B., u.a. (1992): Bauernfamilien im Modernisierungsprozeß. Frankfurt am Main

Hildenbrand, B. (1994): Methodik der Einzelfallstudie – Theoretische Grundlagen, Erhebungs- und Analyseverfahren, vorgeführt an Fallbeispielen. Studienbrief 2., überarbeitete Auflage. Hagen

Hildenbrand, B./Jahn, W. (1988): „Gemeinsames Erzählen" und Prozesse der Wirklichkeitskonstruktion im familiengeschichtlichen Gespräch. In: Zeitschrift für Soziologie. Jg. 17; 203-217

Hildenbrand, B./Anonymus (1996): Das drohende Ende einer Familientradition und dessen Korrekturversuch in der Psychose. In: System Familie. Jg. 9 Heft 1; 28-31

Mauss, M. (1978): Soziologie und Anthropologie, Bd. II, Gabentausch, Todesvorstellung, Körpertechniken. Frankfurt am Main, Berlin, Wien

Oevermann, U. (1990): Klinische Soziologie. Konzeptualisierung, Begründung, Berufspraxis und Ausbildung. Ms.

Oevermann, U. (1991): Genetischer Strukturalismus und das sozialwissenschaftliche Problem der Erklärung der Entstehung des Neuen. In: Müller-Doohm, S. (Hrsg.): Jenseits der Utopie. Frankfurt am Main; 267-336

Oevermann, U. (1993): Struktureigenschaften supervisorischer Praxis. In: Bardé, B./Mattke, D. (Hrsg.): Therapeutische Teams – Theorie, Empirie, Klinik. Göttingen, Zürich; 141-269

Oevermann, U. (1995): Theoretische Skizze einer revidierten Theorie professionalisierten Handelns. Ms.

Riemann, G. (1987): Das Fremdwerden der eigenen Biographie – Narrative Interviews mit psychiatrischen Patienten. München

Schütz, A. (1971): Gesammelte Aufsätze I: Das Problem der sozialen Wirklichkeit. Den Haag

Schütze, F. (1983): Biographieforschung und narratives Interview. In: Neue Praxis, Bd. 3; 283-293

Strauss, A. (1995): Analysis Through Microscopic Examination. Ms.

Welter-Enderlin, R./Hildenbrand, B. (1996): Systemische Therapie als Begegnung. Stuttgart

Cornelia Behnke, Peter Loos und Michael Meuser

Habitualisierte Männlichkeit
Existentielle Hintergründe kollektiver Orientierungen von Männern

1. Einleitung

Modernisierungstheoretischen Annahmen zufolge läßt die zunehmende Individualisierung nicht nur traditionelle Mechanismen der Verortung im sozialen Raum, wie Klassen- oder Schichtzugehörigkeit, obsolet oder zumindest sekundär werden, sondern bewirkt auch eine „Freisetzung" aus den traditionalen Frauen- und Männerrollen (vgl. Beck/Beck-Gernsheim 1990, 43ff). Hätte die Zuweisung von Geschlechtsrollen früher zu einer fraglosen Gegebenheit von geschlechtsspezifischen Verhaltenserwartungen geführt, so sei dieser Konnex zunehmend lockerer geworden: Geschlechtsrollen können einer reflexiven Bearbeitung zugeführt werden.

Dies gilt zunächst zwar hauptsächlich für Frauen - eine Freisetzung aus traditionellen Rollenzuweisungen findet vor allem im weiblichen Lebenszusammenhang statt - begreift man Geschlecht aber als relationale Kategorie, dann müßte dies auch auf Männer zutreffen. Zudem sind Männer auch im Alltag sozusagen hautnah mit den veränderten Geschlechtsrollen von Frauen konfrontiert, sei es in Form einer weiblichen Vorgesetzten im Beruf, sei es im Alltag von Ehe oder Partnerschaft. Das Geschlechterverhältnis hat demnach den Charakter einer fraglosen Gegebenheit verloren.

Weiteren gängigen sozialwissenschaftlichen Thesen zufolge ist es nun eher das Arbeitermilieu, in dem eine Orientierung an traditionellen Geschlechtsrollenstereotypen zu finden ist. Demgegenüber wird den Mittelschichten ein relativ hohes Potential zur Veränderung des Geschlechterverhältnisses zugesprochen (vgl. Hollstein 1992): Ihre Vorstellungen von den Geschlechtern seien progressiver, zudem seien sie weniger anfällig für Stereotypisierungen. Demnach wäre davon auszugehen, daß vor allem Männer aus der Mittelschicht fähig sind, *progressiv* auf die aktuellen Veränderungen des Geschlechterverhältnisses zu reagieren: Sie seien eher in der Lage, von bisher fraglos Gegebenem Abstand zu nehmen, sich in neuen Geschlechtsrollen zu arrangieren oder gegebenenfalls selbst Veränderungen anzustoßen (ebd.).

Mit dem Verweis auf die fraglose Gegebenheit von Geschlechtsrollen ist ein Modus der Wahrnehmung und des Handelns angesprochen, den wir als habitualisierte Männlichkeit bezeichnen. Die Geschlechtszugehörigkeit ist in unserer Kultur nicht als eine soziale Rolle neben anderen zu verstehen, sie gehört zum Kernbestand der Identität.[1] „Das Geschlecht dient ... als Grundlage eines zentralen Codes, demgemäß soziale Interaktion und soziale Strukturen aufgebaut sind" (Goffman 1994, 105). Veränderungen in diesem Bereich führen tendenziell zu habitueller Verunsicherung. Umgekehrt findet sich geschlechtliche habituelle Sicherheit von Männern vor allem in den Bereichen, die bisher wenig oder gar nicht von gesellschaftlichen Veränderungen affiziert wurden bzw. in solchen, deren Sinnressourcen es erlauben, offenkundige Veränderungen zu normalisieren.

Die Habitualisierung von Geschlecht wurde in der Geschlechtersoziologie bisher vor allem im Zusammenhang der Transsexuellenforschung thematisiert. Die Analyse des Prozesses des Geschlechtswechsels zeigte, in welchem Maße das Geschlecht als vermeintlich „natürliche" Gegebenheit Ergebnis sozialer Darstellungspraktiken ist (vgl. Hirschauer 1993, Lindemann 1993). Und es wurde vor allem deutlich, daß hierbei der Habitualisierung der neu erlernten Darstellungspraktiken ein zentraler Stellenwert zukommt. Wäre die Darstellung als solche erkennbar, fehlte eine wesentliche Komponente der sozial legitimierten Geschlechtlichkeit, nämlich deren Natürlichkeit. Die Forschungen zur Transsexualität haben wesentliche Einsichten in die soziale Konstruktion von Geschlecht zutage gefördert. Transsexualität läßt sich als ein *natürlich* ablaufendes Krisenexperiment begreifen, bei dem im alltäglichen *doing gender* Bruchstellen erzeugt werden, an denen sich grundlegende Mechanismen des Funktionierens der Geschlechterordnung ablesen lassen. Freilich fixiert die Transsexualitätsforschung eine Perspektive, die nicht umstandslos als Ausgangspunkt einer Analyse genommen werden kann, welche die geschlechtlichen Habitualisierungen von Gesellschaftsmitgliedern zum Gegenstand hat, die ihr Geschlecht nicht gewechselt haben. Angesichts der Zentralität des Codes *Geschlecht* sowohl für die Strukturierung sozialer Interaktion als auch für die Identitätsformation des Individuums ist zu fragen, in welchem Ausmaß und in welchen lebensweltlichen Kontexten der „Zustand des unreflektierten *Zuhauseseins* in der sozialen Welt" (vgl. Berger/Berger/Kellner 1987, 71) zu beobachten ist.[2] Im Sinne einer interpretativ verfahrenden Wissenssoziologie ist zunächst diese Perspektive zu rekonstruieren, bevor in einem zweiten Schritt deren Konstruktionsleistung auf ihren existentiellen Ursprung hin befragt werden kann.[3]

---

1 Für die kulturelle Relativität unserer Geschlechterordnung vgl. Kessler/McKenna, 1978.

2 Hagemann-White (1988, S. 233) bezeichnet Geschlecht als einen Code, „der nicht ausdrücklich thematisiert werden darf und der in nichts 'übersetzt' werden kann, weil nur innerhalb dieses Codes Identitäten existieren".

3 Daß wir hier vom *unreflektierten Zuhausesein in der sozialen Welt* ausgehen, ist keine

Wir werden im folgenden der Frage nachgehen, ob und inwieweit davon gesprochen werden kann, daß *normale* Männer als Folge des Wandels des Geschlechterverhältnisses eine habituelle Verunsicherung erfahren, und wie es Männern gelingt, trotz dieser Veränderungen ihre habituelle Sicherheit zu bewahren. Gleichzeitig geht es um die Überprüfung modernisierungstheoretischer Annahmen, die von der zunehmenden Auflösung von Geschlechtsrollen ausgehen und die zudem diesen Prozeß vor allem in den Mittelschichten verorten. Es wird sich zeigen, daß diese Annahmen zumindest in der Allgemeinheit, in der sie formuliert sind, nicht zu halten sind. Zum einen müssen sie in der Dimension der Generation differenziert werden; zum anderen sind die Männer aus dem Arbeitermilieu nicht durchgängig diejenigen, die traditionellen Vorstellungen von Geschlechtsrollen anhängen. Unsere Ausführungen stützen sich auf die Analyse von Gruppendiskussionen, die systematisch entlang der Dimensionen Generation und Milieu verglichen und interpretiert wurden.

Die Gruppendiskussionen waren Teil eines von der DFG finanzierten, im Institut für empirische und angewandte Soziologie (EMPAS) der Universität Bremen durchgeführten Forschungsprojektes mit dem Titel „Die Symbolik der Geschlechtszugehörigkeit. Kollektive Orientierungen von Männern im Wandel des Geschlechterverhältnisses". Das Sample (n = 30) umfaßte Gruppen sowohl verschiedener Altersstufen als auch unterschiedlicher sozialer Milieus. Es handelte sich um sog. natürliche Gruppen, die auch unabhängig von der Forschungssituation existieren. Die Mitglieder haben in der Regel die gleiche soziale Herkunft und sie treffen sich zu unterschiedlichen Anlässen und an verschiedenen Orten: um gemeinsam Sport zu treiben, zur Geselligkeit, in der Stammkneipe, im Herrenclub.

Die von uns als Anfangsimpuls gegebene Eingangsfrage lautete: „Was heißt es oder was bedeutet es für Sie/Euch, ein Mann zu sein?". Obwohl die Frage einen hohen theoretischen Gehalt hat, hat sie sich forschungsstrategisch sehr gut bewährt. Zum einen setzt dieser Einstieg unmittelbar bei einer kollektiv geteilten Erfahrung an, nämlich der Zugehörigkeit zum männlichen Geschlecht. Zum anderen ermöglicht die Frage es jeder Gruppe, und zwingt sie wegen ihrer inhaltlichen Unbestimmtheit auch dazu, gemäß den eigenen Relevanzen thematische Schwerpunkte zu setzen und den Stil der Diskussion zu bestimmen. Die Einstiegsfrage kann, je nach Erfahrungshintergrund der Gruppe, etwa zu einer ausführlichen Darstellung der eigenenen Sozialisationsgeschichte motivieren oder gar die verblüffte Äußerung provozie-

---

Normalitätssetzung, sondern entspringt einem empirisch gewonnenen Gegenhorizont. In dem diesem Aufsatz zugrundeliegenden Forschungsprojekt wurden auch Gruppen untersucht, denen das *unreflektierte Zuhausesein* verlorengegangen ist. Dies beschränkt sich aber auf die expliziten *Männergruppen*, die sich die Reflexion auf ihre Geschlechtszugehörigkeit zur Aufgabe gemacht haben. Auf diese Gruppen werden wir im vorliegenden Aufsatz nicht näher eingehen (vgl. Behnke/Loos/Meuser 1995 und Behnke/Meuser 1996).

ren, noch niemals darüber nachgedacht zu haben. Die Gesprächsführung war am Prinzip der Selbstläufigkeit des Diskurses orientiert (vgl. Bohnsack 1989, S 24). Im Anschluß an die Eingangsfrage sprachen die Männer diejenigen Dimensionen an, in denen das Mannsein für sie von Bedeutung ist. Dabei verwendeten sie alltagssprachlich übliche Redewendungen, Metaphern und Bilder. Nachfragen durch die DiskussionleiterInnen erfolgten zunächst immanent: Die Gruppe wurde aufgefordert, den fraglichen Diskussionsgegenstand näher, etwa anhand eines Beispiels, zu erläutern. Nur wenn zentrale Dimensionen wie Beruf, Ehe, Familie oder Sexualität nicht selbstläufig thematisiert wurden, wurden sie in einer Nachfragephase explizit angesprochen, um thematisch vergleichend auswerten zu können.

Die Auswertung der so gewonnenen Gesprächsprotokolle erfolgte dann im Sinne der dokumentarische Methode der Interpretation, wie sie Bohnsack in Anlehnung an Mannheim entwickelt hat[4]. Ihr liegt ein mehrstufiges Verfahren der Textinterpretation zugrunde, das zwischen verschiedenen Sinnarten unterscheidet. Verkürzt gesagt geht es darum, den immanenten Sinngehalt[5] von Äußerungen - also das, was gesagt wird - zu unterscheiden von dem, was sich darin dokumentiert, daß dies und wie es gesagt wird. Das heißt im Falle von Gruppendiskussionen eine Äußerung in bezug auf den Kontext - den aktuellen Diskursverlauf - zu interpretieren, in dem sie gefallen ist. Mit dieser Trennung wird es möglich, die Äußerungen von den individuellen Intentionen der Sprecher zu lösen und stattdessen deren kollektive Hervorbringung in den Blick zu bekommen. Wir verstehen die Redebeiträge in den Gruppendiskussionen daher nicht als „Summe von Einzeläußerungen" (Mangold 1960, S. 49), sondern als Ausdruck der Kollektivität, die hinter den einzelnen Gruppen steht und auf deren Basis diese konstituieren. Vor dem Hintergrund relativ gleichartiger sozialer Herkunft entfalten die Männer während der Diskussion die kollektiv gebundenen Vorstellungen vom *Mannsein* und damit das, worauf die Analysen des Forschungsprojektes abzielten, nämlich die soziale Konstruktion von Geschlecht und die kollektive Ordnung des Geschlechterverhältnisses.

---

4 Vgl. bspw. Bohnsack 1997. Für ausführliche Informationen zu Erhebung wie Auswertung vgl. auch Behnke 1997, 36ff., Loos 1998, und Meuser 1998, 174ff.

5 Wir verstehen unter „imannentem Sinngehalt" in Anlehnung an Mannheim (1980, S. 85ff) das, worüber berichtet wird, ohne daß in der Interpretation auf die Faktizität des Dargestellten oder die dahinterstehende kommunikative Absicht eingegangen wird (vgl. auch Bohnsack 1991, S. 127ff).

2. Männer mittleren Alters: eine „präfeministische" Generation

Zunächst werden wir jene Generation von Männern vorstellen, die ihre geschlechtliche Sozialisation vor dem Entstehen der zweiten Frauenbewegung erfahren haben; das Alter dieser Männer bewegt sich zwischen vierzig und Mitte fünfzig. Die folgenden Gruppen zeigen in exemplarischer Weise generationstypische Gemeinsamkeiten und milieutypische Unterschiede.

2.1 Männer der Mittelschicht: Warnung vor dem moralischen Verfall

Für die Männer mittleren Alters, die dem Mittelschichtmilieu angehören, stellen wir beispielhaft die Mitglieder zweier Herrenclubs vor. In einem Club treffen sich Manager und Freiberufler, im anderen die *Honoratioren* des Ortes, Selbständige und Geschäftsführer mittelständischer Betriebe. Alle Männer sind beruflich und gesellschaftlich arriviert, sie sind verheiratet und haben Kinder im erwachsenen oder schulpflichtigen Alter.

Unsere Frage nach der Bedeutung des Mannseins stellte für diese Männer eine Zumutung dar, sie reagierten überrascht bzw. empört. Die Zugehörigkeit zum männlichen Geschlecht ist für sie eine Selbstverständlichkeit, die nicht zur Disposition steht. Diese Entscheidung wurde *von der Natur getroffen*; Mannsein und Männlichkeit könnten daher sinnvollerweise gar nicht zum Gegenstand einer Diskussion gemacht werden. Die Männer machen also gleich zu Beginn deutlich, daß sie den Relevanzrahmen der Interviewer/innen, nämlich die Annahme der Diskussionswürdigkeit des Mannseins, nicht teilen. Gleichwohl entwickeln sich Diskurse. Die Männer thematisieren die gesellschaftlich-politische Dimension des Geschlechterverhältnisses.

Für die Selbständigen, die *Honoratioren*, haben die öffentlichen Problematisierungen des Geschlechterverhältnisses einen Prozeß des moralischen Verfalls der sozialen Ordnung eingeläutet. Figuren des öffentlichen Lebens – Journalisten, Soziologen, Feministinnen – betreiben in ihren Augen eine unerträgliche Politik der Polarisierung. Geschlechterpolitische Diskussionen sowie administrative Maßnahmen zur Gleichstellung von Frauen ergäben ein so gespanntes Klima, daß Männer und Frauen in der öffentlichen Arena mittlerweile nicht mehr friedlich miteinander kommunizieren könnten. Die Gruppe exemplifiziert diese Diagnose, indem sie ein geselliges Ereignis schildert, bei dem die populäre Feministin Alice Schwarzer gemeinsam mit Catchern auftrat.

Bm: Und wenn das erste Mal als ich Alice Schwarzer erlebte (.) da kamen die Catcher aus der Stadthalle hier rüber (.) das sollte dann eine bunte
?m: (lacht)

Bm: Mischung sein (.) aber sowas schlimmes hab ich noch nie
?m: wann war das
Bm: erlebt (.) wirklich nich (.) es war kaum ein Mann noch im Hause die warn weg (1) und Frauen können töten

In der Perspektive der Männer werden die Probleme im Geschlechterverhältnis von interessierter Seite *herbeigeredet*. Der positive Gegenhorizont zu diesem destruktiven Potential ist für sie die *gesunde Familie*. Diese stellt eine funktionierende Einheit dar, in der Mann und Frau einander harmonisch ergänzen. Es ist der Fortbestand dieser Gemeinschaft, der durch eine *aggressive Gleichstellungspolitik* von außen gefährdet wird. Die Männer propagieren nun ihrerseits eine strikte geschlechtsspezifische Aufgabenteilung. Ein geschäftlich erfolgreicher Mann, so begründen sie, sei zwingend auf ein durch die Frau garantiertes *intaktes Familienleben* angewiesen.

Hier zeigt sich weitgehende Übereinstimmung zwischen den *Honoratioren* einerseits und den Managern und Freiberuflern andererseits. Wenn auch letztere das Bedrohungspotential durch offensive Frauenpolitik weit geringer einschätzen, so ordnen auch sie Mann und Frau zwei unterschiedlichen Sphären zu. Die Manager fokussieren die *übergeordnete Verantwortung* des Mannes. Der Einstieg in das Berufsleben und die Gründung einer Familie markieren für sie den Punkt im Leben eines Mannes, zu dem dieser bereit und fähig sein muß, für sich und andere Verantwortung zu übernehmen. Diese Verantwortung ist nicht nur auf die finanzielle Absicherung der Familie einzugrenzen. Vielmehr schützt der Mann das Familienleben im weitesten Sinne, er ist *für Frau und Kinder (...) von A bis Z verantwortlich*. Die Frau indes trägt auch Verantwortung, allerdings für einen überschaubaren Bereich: Sie ist zuständig für die Haushaltsführung und die Versorgung der Kinder. Für die Männer beider Gruppen repräsentieren Mann und Frau unterschiedliche Arbeitsbereiche und Prinzipien. In beiden Gruppen hat die eheliche Gemeinschaft den Charakter eines *stillschweigenden Arrangements*; die Aufgabenverteilung zwischen den Ehegatten ist nicht Verhandlungsmasse, sondern ergibt sich *von selbst*. Sie ist in der Perspektive der Männer den unterschiedlichen Geschlechtscharakteren von Mann und Frau geschuldet (vgl. Behnke 1996). Dem Mann ist dieser Charakteristik zufolge Weitblick und Besonnenheit zu eigen. Er ist nicht seinen augenblicklichen Emotionen verhaftet, sondern vermag die Folgen eines Ereignisses rechtzeitig zu antizipieren. Die Frau hingegen gibt sich ganz ihrer aktuellen Gefühlslage hin und verleiht dieser Ausdruck, auch wenn dies weitreichende negative Folgen haben könnte.

Diese Gegenüberstellung männlicher und weiblicher Eigenschaften exemplifizieren die Männer anhand ehelicher Streitigkeiten. Die Frau sei in partnerschaftlichen Auseinandersetzungen bereit, *Porzellan zu zerschlagen*, während sich der Mann in Hinblick auf das übergeordnete Ziel des Fortbestands der ehelichen Gemeinschaft Zurückhaltung auferlege. Die den Frauen zugeschriebene Emotionalität hat in den Augen der Männer natürlich auch ihre guten Seiten: Die Frau ist in der Lage, etwas zu schaffen, *was man mit Worten nicht richtig beschreiben kann*, eine Atmosphäre der Intimität und Behaglichkeit. Sie ist daher zu einer Tätigkeit, die in der Perspektive der Männer zur Zeit eine öffentliche Abwertung erfährt, in besonderer Weise berufen: zur Hüterin des Hauses.

Em: Ich freu mich wenn ich abends nach Hause geh (.) so das alles is doch ne Sache (.) man nennt das so unter Schlagwort Gemütlichkeit nech wer schafft das denn (?)
Y1: hm
Em: das schafft doch die Frau doch kein andrer oder (?)

Für die Männer dieser Gruppen beruht das Funktionieren des familiären Gefüges ebenso wie das Ansehen in der ortsgesellschaftlichen Öffentlichkeit auf einer rigorosen Sphärentrennung. Die gesellschaftliche Positionierung der Familie wurde arbeitsteilig geschaffen: durch das berufliche Engagement des Mannes und die repräsentativen Pflichten der Frau. Die Erwerbsarbeit der Frau - einige Ehefrauen sind vollzeit- oder teilzeitbeschäftigt - ist in bezug auf dieses Ansehen marginal bzw. kontraproduktiv. In der Perspektive der Männer repräsentiert die Ehefrau, unabhängig davon, ob sie einer Erwerbsarbeit nachgeht oder nicht, die Sphäre des Hauses. Neben den eigentlichen hauswirtschaftlichen Arbeiten ist sie zuständig für ein gepflegtes Ambiente, ästhetisch ansprechende Arrangements im Haushalt, das Wachen über geschmacklich sichere Kleidung des Ehemannes u.v.m. Der Mann wiederum repräsentiert neben Vernunft und Weitblick die materielle Welt, den Gelderwerb, das Gewinnstreben. Dieser strikten Gegenüberstellung entspricht ein weitreichendes Fremderleben der Frau, auch in langjährigen und eingespielten Partnerschaften. Die Frau ist den Männern in mancher Hinsicht ein Rätsel. So werden beispielsweise Arrangements, die die Frau im Rahmen ihrer Tätigkeit im Haushalt vornimmt, als *Eitelkeiten* oder *Empfindlichkeiten* gedeutet. Von der Frau aufgestellte häusliche Regeln und Ordnungsprinzipien sind den Männern oftmals unverständlich und gelten als weiterer Hinweis auf die grundlegende Unterschiedlichkeit der Geschlechter. Es erfolgt keine Perspektivenübernahme, die es ermöglichen würde, den Interpretationsrahmen der Frau zu verstehen: Die monierten *Empfindlichkeiten* etwa wären dann auch als Wunsch nach effizienter Haushaltsführung und Vermeidung von Mehrarbeit zu verstehen. Charakteristischerweise werden die unterschiedlichen Interpretationsrahmen der Ehegatten nicht thematisiert, sie geraten allerdings auch nicht zu einem grundsätzlichen Problem, da das Fremderleben in der Ehe mit der Idee der unterschiedlichen Geschlechtscharaktere harmoniert. In der Perspektive der Männer sind Mann und Frau eben anders, und sie sollen es auch sein.

Eine mühelose und lockere Kommunikation unter Gleichgesinnten findet anderswo statt: im Binnenraum des Männerclubs. Im Club teile man Interessen und Vorlieben, und es bestehe keinerlei Notwendigkeit, Rücksichten auf unverständliche Befindlichkeiten zu nehmen. Im Club können sich die Männer *so geben wie sie sind*; kurz: der Club ist ein Raum der Entspannung und Authentizität. Die homosoziale Gemeinschaft stellt somit den Ausgleich zu manchen Anstrengungen der gemischtgeschlechtlichen Kommunikation dar. Das Selbstverständnis dieser Männer, ihre habituelle Sicherheit als Mann muß also vor dem Hintergrund einer zweifachen sicheren Einbindung gesehen werden: einerseits in Ehe und Familie und andererseits in die Männergemeinschaft. So wird die Alltagspraxis, in der Mann und Frau ein komplementäres Gegensatzpaar bilden, auch durch manche Ärgernisse in Form von feministischer Politik nicht erschüttert.

2.2 Männer des Arbeitermilieus: Die „Behauptung" der Ernährerrolle

Bei den Männern aus dem Arbeitermilieu, die wir als Vergleichshorizont heranziehen, handelt es sich um zwei Gruppen von Facharbeitern, die sich regelmäßig in der Kneipe bzw. im Vereinslokal zur Stammtischrunde treffen. Die Männer sind verheiratet bzw. getrennt lebend und haben Kinder im erwachsenen Alter.

Auf unsere Einstiegsfrage nach der Bedeutung des Mannseins reagieren die Männer zunächst ähnlich wie ihre Altersgenossen aus der Mittelschicht. Auch hier ist die Geschlechtszugehörigkeit eine Gegebenheit, über die man nicht bestimmen kann; sie ist von der Natur festgelegt. Nach der Feststellung dieser unhintergehbaren Tatsache, trifft die Gruppe, die regelmäßig in der Kneipe zusammenkommt, eine Definition: Der Mann ist der Ernährer und das Familienoberhaupt. Auch die Gruppe von Arbeitern, die ihre Zusammenkünfte im Vereinslokal abhalten, ist sich einig: Einer muß die Familie führen, in ihrer Generation ist der Mann *der Boß*. Beide Gruppen bestimmen den Mann also anhand von Begriffen, die männliche Dominanz implizieren. Diese Definitionen gelten unabhängig von der tatsächlichen familiären Situation. Auch wenn die Frau Allein- oder Hauptverdienerin ist, was heutzutage, wie die Männer erklären, durchaus der Fall sein kann, bleibt der Mann *Oberhaupt und Ernährer* bzw. *Boß*. Diese situationsunabhängige Definitionssicherheit läßt sich auf zwei Ebenen erklären. Zum einen werden die Begriffe Mann und Oberhaupt/Ernährer synonym gebraucht. Der Mann ist, da er ein Mann ist, automatisch das Oberhaupt. Ebensowenig wie dem Mann durch hauswirtschaftliche Tätigkeiten der Geschlechtsstatus abhanden kommt – *ein Mann, der abwäscht ist immer noch ein Mann* – so ist auch der Oberhauptstatus, etwa durch Erwerbslosigkeit, nicht kündbar. Zum anderen beziehen sich die Männer auf die Tradition und die Gewohnheit: Das Familienoberhaupt war in der Vergangenheit – beispielhaft wird die vormoderne bäuerliche Familie angeführt – stets ein Mann. Auch gegenwärtig ist der Mann *der Boß*, weil diese Wahrnehmung in den Partnerschaften der Männer so üblich ist. Diese zweifelsfreie Selbsttitulierung des Mannes ist allerdings nicht umstandslos mit der tatsächlichen Definitionsmacht im Alltag gleichzusetzen. Faktisch scheint die Entscheidungsfindung bei familiären Angelegenheiten weitaus eher ein gemeinschaftlicher Prozeß zu sein. Selbstverständlich frage man die Partnerin bei anstehenden Entscheidungen: „Was meinst du dazu?" Die Selbstcharakterisierung des Mannes in Begriffen der Dominanz besteht also relativ unabhängig von den tatsächlichen Machtverhältnissen in der ehelichen Gemeinschaft.

Hinsichtlich der Aufgabenteilung in der Partnerschaft finden die Arbeiter ebenfalls deutliche Worte: „Wenn ich die Kohle nach Hause bringe, hat die die Hausarbeit zu machen". Hauswirtschaftliche Arbeiten gelten als Angelegenheit der Frau. Eigene Erfahrungen mit Tätigkeiten wie dem Abwasch beschränken sich auf den gemeinsamen Campingurlaub. Die klare Zuweisung dieser Tätigkeiten an die Adresse der Frau wird von den Männern selbst allerdings nicht unbedingt als gerecht eingestuft. Sie erklären freimütig, daß Frauen mehr leisteten als Männer, sofern beide Partner einer Erwerbsarbeit nachgehen. Gelegentliche handwerkliche Arbeiten des Mannes, beispielsweise das Tapezieren der Wohnung, würden die ständige Mehrarbeit der Frau nicht ausgleichen. Daß dieser Erkenntnis keine veränderte Alltagspraxis folgt, erklären die Teilnehmer mit dem Verweis auf die Gewohnheiten der Männer ihrer Generation. Die in ihren Partnerschaften übliche Aufgabenteilung sei *eine eingefahrene Schiene*. Diese Aufgabenteilung steht jedoch ihren eigenen Beobachtungen zufolge mittlerweile zur Disposition. Die nachfolgende Generation von Männern sei, was partnerschaftliche Arrangements betrifft, offener: *Die heutige Jugend ist weiter als wir*. Die Söhne und Schwiegersöhne wüßten sich im Haushalt zu behelfen. Die eigene Untätigkeit im hauswirtschaftlichen Bereich wird also durchaus als ungerecht eingeschätzt, als eine Ungerechtigkeit allerdings, die in der eigenen Ehe bestehen bleiben wird.

Was keineswegs zur Disposition steht, sind physiologische Unterschiede zwischen den Geschlechtern. Diese für die Arbeiter evidente Tatsache hat weitreichende Konsequenzen für berufliche Tätigkeiten und für den geschlechtlichen Habitus. So stellt es für die Männer schlicht eine Idiotie dar, auf einer Baustelle eine Frau für den Geländerbau einzusetzen. Dies ist für sie nicht eine Frage des guten Geschmacks, sondern der Beachtung oder Mißachtung augenfälliger Tatsachen. Der Einsatz von Frauen für den Geländerbau ist in der Perspektive der Arbeiter schlicht dysfunktional, denn „die kriegt das Ding da einfach nicht hoch ... das geht von der Kraft her nicht". Dieses Beispiel verdeutlicht den Blick der Männer auf geschlechtsspezifische Tätigkeiten: Die Arbeit eines Mannes auf dem Bau oder die Arbeit der Frau im Haus stellt für sie die praktikabelste Lösung dar. Der jeweilige geschlechtliche Habitus ist für die Männer ebenfalls nicht vorrangig eine Frage des Geschmacks oder moralischer Gebote, sondern die Folge augenfälliger Tatsachen: Eine Frau *kann* nicht gehen wie John Wayne, versucht sie es dennoch, so ist dies eine Art lächerlicher Travestie.

Obgleich sich die Männer so rigoros zur geschlechtsspezifischen Arbeitsteilung äußern, bleiben sie, explizit nach den Unterschieden zwischen Männern und Frauen gefragt, eine Antwort schuldig. Darauf könne man nicht antworten, denn dies sei von Mensch zu Mensch verschieden. Eigentlich, so erklärt ein Teilnehmer, würde „er so einen gravierenden Unterschied zwischen *männlich* und *weiblich* nicht sehen". Diese Aussagen verblüffen zunächst angesichts der zuvor getroffenen eindeutigen Definitionen. Die scheinbare Widersprüchlichkeit der Aussagen läßt sich aber erklären, wenn man sich folgendes vor Augen hält: Für die Arbeiter dieser Generation existieren, ganz wie für ihre Altersgenossen aus der Mittelschicht, unhintergehbare physiologische Unterschiede. Ferner gelten zur Kennzeichnung der Geschlechter eindeutige, quasi natürliche Definitionen. Was den Arbeitern jedoch im Gegensatz zu den Männern der Mittelschicht weitgehend fremd ist, ist die Zuweisung von Attributen oder dem Geschlecht entsprechenden Charakteren. Anders als bei den Managern und Selbständigen ist hier nicht von der *Besonnenheit des Mannes* oder der *Emotionalität der Frau*, also von *männlich* oder *weiblich* zu nennenden Eigenschaften, die Rede. Eigenschaften sind in der Perspektive der Arbeiter weniger nach Geschlecht, als vielmehr nach individueller Beschaffenheit verteilt. Anders formuliert: Wer per definitionem *der Boß* ist, ist fraglos gegeben, über die jeweiligen Temperamente und Eigenheiten der Ehepartner ist damit jedoch nichts weiter gesagt.

3. Junge Männer: aufgewachsen mit der zweiten Frauenbewegung

Karl Mannheim (1970, 531) unterscheidet „zwei wesentlich verschiedene Typen des *neuartigen Zugangs* zum sozialen Raum und zu dessen Gehalten". Der eine gründet auf „sozialen Verschiebungen", der andere auf einem Generationswechsel. Die jungen Männer, denen wir uns nun zuwenden werden, gehören einer Generation insofern an, als sie ihre primäre und sekundäre Sozialisation zu einer Zeit erfahren haben, die durch gravierende *soziale Verschiebungen* des gesellschaftlichen Ordnungsgefüges charakterisiert ist. Die heute Zwanzig- bis Dreißigjährigen sind in einer Epoche der Transformation der Geschlechterordnung aufgewachsen, gleichsam zeitgleich mit der Etablierung der zweiten Frauenbewegung. Anders als für die Generation ihrer Väter sind für sie berufstätige Mütter nicht die Ausnahme, sondern die Regel, und ihre Schwestern durchlaufen typischerweise die gleichen Institutionen der formalen Bildung wie sie selbst. Als eine neue Generation haben sie einen neuen Zugang zum akkumulierten Kulturgut, das selbst wiederum in Folge einer Verschiebung im Ordnungsgefüge der Geschlechter auf das Heftigste in Bewegung geraten ist. In welcher Weise sich das in der Habitualisierung von Männlichkeit niederschlägt, soll im folgenden wie zuvor differenziert nach der Zugehörigkeit zum bürgerlichen bzw. zum Milieu der Facharbeiter dargestellt werden.

3.1 Studenten: gefährdete Habitualisierungen

Die Ausführungen dieses Abschnitts beziehen sich auf zwei studentische Gruppen. Eine dieser Gruppen hat sich über den gemeinsam betriebenen Sport, Football, konstituiert. Die Altersspanne der Mitglieder reicht von Anfang bis Mitte zwanzig. Die Studienrichtung der meisten liegt im naturwissenschaftlich-technologischen Bereich. Die andere Gruppe ist eine studentische Männerwohngemeinschaft. Die Mitglieder sind zwischen 24 und 28 Jahre alt. Sie studieren geistes- und sozialwissenschaftliche Fächer.

Mit dem Begriff der habituellen Sicherheit haben wir darauf verwiesen, daß den älteren, in der Tradition verankerten Männern das geschlechtliche Schicksal im Modus der Fraglosigkeit gegeben ist. Diese Selbstverständlichkeit gelingt den jungen Männern aus bürgerlichem Milieu nicht mehr zur Gänze. Das Fraglose beginnt, Risse zu zeigen, in bestimmten lebensweltlichen Bereichen brüchig zu werden. Freilich, das Geschlecht ist auch ihnen etwas, das reflexiv nicht einholbar ist:

Dm: Ja es gibt Mann und Frau und du bist halt n Mann aber man denkt nicht drüber nach (.) das mein ich
Bm: Ja genau (.)
Em: Ja
Bm: aber du denkst nich drüber nach du nimmst es einfach so hin (.)
Dm: Bist einer und feddich
Bm: und du bist ganz froh drüber
me: (Lachen)

Die Unmöglichkeit, intentional auf den eigenen Geschlechtsstatus einzuwirken, wird keineswegs in einer resignativen Haltung festgestellt, ganz im Gegenteil ist diesen Männern das eigene geschlechtliche Schicksal ein Anlaß positiver Selbstwahrnehmung („bist ganz froh drüber"). Soweit scheint kein Unterschied zu den Orientierungen der älteren Männer vorzuliegen, wie sie in den Gruppen der Manager, Geschäftsführer usw. gegeben sind. Der Fortgang der Diskussion zeigt jedoch, daß die abschließend formulierte Feststellung eher ein Plädoyer für die Beibehaltung des Fraglosen denn ein Dokument einer fraglos gegebenen Geschlechtlichkeit ist. Dem eigenen Geschlecht kann nicht mehr mit der Naivität begegnet werden, wie dies der Generation der Väter dieser Männer noch möglich ist: „Du, ich kann es einfach so hinnehmen, ich brauche mich dafür nicht zu entschuldigen, ich brauche mich dafür nicht zu verstecken." Die Akzeptanz des eigenen Geschlechts erscheint als eine besondere Leistung, und der Hintergrund, der verständlich macht, weshalb diese Leistung zu erbringen ist, wird sogleich nachgereicht: „Jetzt an der Uni, man ist einfach geprägt davon, ja eigentlich es gibt ein schlechtes Männerbild, aber es gibt einfach kein gutes." In dem universitären Milieu, in dem diese jungen Mäner sich bewegen, sind die Männer ihrer Wahrnehmung zufolge Objekte negativer Etikettierungen. Dem pejorativen Gehalt der Zuschreibungen wird jedoch nicht mit dem Bemühen begegnet, auf argumentative Weise Punkt für Punkt darzulegen, daß und weshalb das negative Männerbild eine verzerrte Darstellung der *wirklichen* Gegebenheiten ist, sondern es wird ein – geschlechtsübergreifend formuliertes – apodiktisches Leitmotiv der Lebensführung entgegengestellt:

„Ich sage mal einfach, Menschen, die sich schämen, das zu sein, was sie sind, tun mir leid. Mehr kann ich dazu nicht sagen. Also ein Mann, der nicht dazu stehen kann, daß er ein Mann ist, er ist halt keiner."

Die Geschlechtszugehörigkeit kann nicht anders denn als eine unhintergehbare Selbstverständlichkeit gesehen werden. Das gilt für beide Geschlechter, also auch für den Mann. Insofern ist die eigene Geschlechtlichkeit dieser Männer nicht problematisiert, nicht reflexiv gebrochen. Allerdings sehen diese jungen Männer, daß eine solche, habituelle Sicherheit ermöglichende Haltung heutzutage in einer gewissen, für die gegenwärtige biographische Phase aber höchst relevanten Öffentlichkeit gegen Angriffe verteidigt und gegenüber einem Meinungsdruck, der den Mann zum Gegenstand der Kritik macht, durchgesetzt werden muß.

Diejenigen, die diesen Druck initiieren, werden im Fortgang der Diskussion genauer identifiziert. Es sind Kommilitoninnen, die – frauenbewegt oder zumindest feministisch informiert – sie im universitären Alltag *hautnah* mit der feministischen Kritik des Mannes konfrontieren. Das erzeugt Abwehrreaktionen, die weitaus heftiger sind als diejenigen der älteren Männer, welche den Feminismus allenfalls medial vermittelt erfahren. „Emanzen sind Dreck", sind sich die Mitglieder des Footballteams einig. Die Abwehr richtet sich freilich nicht unbedingt gegen selbstbewußte und selbständige Frauen. Von solchen im Unterschied zu den feministischen *Emanzen* als *emanzipiert* bezeichneten Frauen geht keine Verunsicherung aus. Als bedrohlich wird vielmehr eine Politisierung des Geschlechterverhältnisses erfahren, welche die Männer als kollektiven Akteur definiert und ihnen eine kollektive Schuld zuweist, die durch keine wie auch immer geartete individuelle Aktion getilgt werden kann. Sie wehren sich gegen eine Behandlung, die jeden einzelnen Mann als Mitglied einer sozialen Kategorie und nicht wegen individuell zurechenbarer Handlungen attackiert. Mit dieser Abwehr versuchen sie, die eigene Geschlechtszugehörigkeit irrelevant zu halten, das Fraglose gegenüber den von außen kommenden Bemühungen, es fragwürdig zu machen, zu verteidigen. Freilich, das gelingt nicht überall gleich gut: im universitären Milieu weniger als im Schutzraum der homosozialen Männergemeinschaft. Diese dient als Refugium, in dem der feministische Diskurs lächerlich gemacht werden darf (und muß), in dem ein „scheißfrauenfeindlicher Spruch" erlaubt ist. Aber bei alledem weiß man, was man tut. Man kennt die Perspektive der Frauen, weiß, daß diese das eigene Verhalten mißbilligen würden. Nur ist im Unterschied zur Universität der feministische Interpretationsrahmen als Verhaltensregulativ suspendiert. Die Regeln sind andere, erlauben und verlangen eine *sexistisch auffallende Art*. So ist die Welt dieser jungen Männer zweigeteilt. Immer dann, wenn sie ohne den Rückhalt der Männergemeinschaft mit Frauen interagieren, ist Vorsicht geboten und strategisches Handeln notwendig. In der geschützten Welt der homosozialen Männergemeinschaft können sie hingegen in einer Weise kommunizieren, die außerhalb dieser Welt den von feministisch orientierten Frauen errichteten rhetorischen Verbotstafeln zum Opfer fallen würde. Dort werden die andernorts erfahrenen Irritationen aufgefangen. „Insofern als diesen Männern ein authentisch gestaltetes Leben und Handeln nur innerhalb *frauenfreier Zonen* möglich ist, ist ihre geschlechtliche habituelle Sicherheit prekär zu nennen. Das Selbstbewußtsein, das den in der Tradition verankerten Männern gerade auch gegenüber Frauen zu eigen ist, fehlt diesen jungen Männern. Sie selbst sind sich ihrer Männlichkeit gewiß, sie haben aber erhebliche Zweifel, ob die Frauen, mit denen sie zu tun haben, sie in genau dieser Männlichkeit vorbehaltlos akzeptieren." (Meuser 1996, 238)

Die Unsicherheit in der von der Gruppe nicht mehr geschützten Interaktion mit Frauen dokumentiert sich in stark widersprüchlichen Darstellungen des eigenen Verhaltens. Das reicht von einer völligen Zurücknahme der eigenen Person – man verzichtet ganz darauf, in einer Discothek eine Frau anzusprechen – bis zu einer hypermaskulin stilisierten Hegemonie: Von Zeit zu Zeit brauche man es einfach, einer Frau etwas *Hartes* zu sagen, z.B. „Halt's Maul". Da diese Männer bis auf eine Ausnahme nicht mit einer Frau in einer häuslichen Gemeinschaft leben, können sie wenig über den Beziehungsalltag berichten. In einer Diskussion darüber, wer in der Beziehung des einen Gruppenmitgliedes *die Hosen anhat*, der Mann oder die Frau, wird deutlich, daß entgegen einer offensichtlich egalitären Konstellation vehement ein männlicher Hegemonieanspruch verteidigt wird. Die Diskrepanz zwischen Anspruch und Wirklichkeit verweist aber darauf, daß diese Männer keineswegs im Modus einer ungefährdeten habituellen Sicherheit leben.

3.2 Junge Facharbeiter: pragmatisch motivierter Egalitarismus

Die Sinnwelt der jungen Facharbeiter werden wir am Beispiel einer Gruppe von Zeitsoldaten und eines weiteren Footballteams darstellen. Die Zeitsoldaten sind zwischen 22 und 28 Jahre alt und haben niedrige bis mittlere Bildungsabschlüsse. Sie kommen aus proletarischem Milieu. Sie sind entweder verheiratet oder leben in einer langjährigen festen Partnerschaft. Alle Partnerinnen sind berufstätig. Die Mitglieder des Footballteams sind zwischen 24 und 29 Jahre alt. Sie haben mittlere Bildungsabschlüsse und arbeiten in handwerklich-technischen Berufen. Alle haben eine feste Freundin, und bis auf einen leben sie mit dieser zusammen.[6]

Die Diskussion über einen Wandel von Männlichkeit ist, wie Connell (1995, 93) zu Recht bemerkt, in hohem Maße mittelschichtfixiert. Das Arbeitermilieu gilt als konservativ, wenn nicht als reaktionär. Die Gruppendiskussionen mit jungen Facharbeitern zeigen hingegen, daß eine Orientierung an egalitären Beziehungskonstellationen eher in diesem Milieu zu finden ist als etwa unter den gleichaltrigen Studenten. Die egalitäre Einstellung der jungen Facharbeiter ist durch und durch pragmatisch motiviert. Sie abstrahiert völlig von der Geschlechterdifferenz. Deren Irrelevanz wird auf gleichsam *sprachphilosophischer* Ebene begründet:

> „Mann ist ein Ausdruck, genauso könnte man uns auch Frau nennen ... und die Frauen Männer. ... Also von daher ist das irgendwo der Ausdruck wie zum Beispiel das Haus oder der Stuhl, in meinen Augen, mehr ist das nicht. Aber es kommt auf den Menschen an."

Frau und Mann erscheinen als beliebige Etiketten, Signifikanten, die wie Haus oder Stuhl in keiner notwendigen Beziehung zu den Signifikaten stehen. Den unterschiedlichen Bezeichnungen liegt in dieser Sicht keine systematische Differenz in den Handlungen derjenigen Personen zugrunde, die so bezeichnet werden. Entscheidend ist, was der individuelle Mensch tut. Das ist durchaus so strikt gemeint, wie es formuliert ist. Auch an die unterschiedliche Physiologie der Geschlechter läßt sich eine soziale Bedeutung nicht zwingend anschließen. Der Penis gilt diesen Männern als ein *körperliches Anhängsel*, hat also als solches keine in das Soziale hineinreichende Bedeutung, kann mithin nicht als legitimatorische Basis einer geschlechtskategorisierenden Behandlung von Menschen bemüht werden. In der Perspektive dieser Männer handeln nicht Angehörige unterschiedlicher Geschlechtskategorien miteinander, sondern Individuen, deren Geschlechtszugehörigkeit

6 Diese Gruppe ist für eine vergleichende Analyse insofern von besonderem Interesse, als sie nicht nur der gleichen Generation angehört wie eine der studentischen Gruppen, sondern ebenfalls einen Sport betreibt, der gemeinhin als Prototyp einer männlichen Sportart gilt.

ohne Einfluß auf ihr Handeln ist. Das heißt nicht, daß diese Männer bestehende Ungleichheiten zwischen Männern und Frauen leugnen; sie sehen sie durchaus und kritisieren sie moralisch engagiert. Die Empörung darüber, daß Frauen für die gleiche Arbeit weniger Lohn als Männer erhalten, wird aber nicht geschlechterpolitisch gerahmt, sondern gilt dem Verstoß gegen das Postulat der Irrelevanz der Geschlechterdifferenz. Zwei Individuen, die das Gleiche leisten, steht eine gleiche Entlohnung zu. Frauen, die sich gegen eine Ungleichbehandlung wehren, finden Verständnis und Unterstützung; aber: „Das hat nichts mit Emanzipation zu tun, das ist ganz normal". Normal ist ein solcher Protest, weil jeder Mensch, gleich welchen Geschlechts, sich gegen eine ungerechte Behandlung wehrt. Eine emanzipatorische Rahmung des Unmuts hingegen wird zurückgewiesen; denn in diesem Fall wäre die Geschlechtszugehörigkeit das Kriterium, nicht aber die individuelle Leistung.

Leistung wird gegen Emanzipation *ausgespielt*; das fordert das Irrelevanzpostulat. Wenn eine Frau eine hohe Position im Management eines Unternehmens erreicht (*Vizepräsidentin* einer *Riesen-Versicherung*), dann sei der Grund nicht, daß sie emanzipiert ist, sondern daß sie es *drauf* hat: „Es kommt nur darauf an, was du selber erreichen willst." Und das gilt unabhängig vom Geschlecht. Hier dokumentiert sich eine Leistungsethik, die sich mit einer gezielten Frauenförderung nicht verträgt. Der Umstand, daß Frauen und Männer nicht primär geschlechtskategorisiert wahrgenommen werden, impliziert aber auch, daß diese Männer vorgesetzte Frauen nicht als eine Bedrohung erleben. Gemäß dem Irrelevanzpostulat sehen sie sich nicht in ihrem Geschlechtsstatus affiziert. Ihrer Wahrnehmung zufolge interagieren in dem Verhältnis von Chefin und Angestellter nicht eine Frau und ein Mann, sondern zwei Menschen mit individuell zurechenbaren Kompetenzen.

Die individualistische Begründung der egalitären Haltung hat eine deutliche Abgrenzung zum Feminismus zur Folge. Denn dieser macht aus Individuen, die *zufällig* dem einen oder dem anderen Geschlecht angehören, Mitglieder einer Geschlechtskategorie. Die Männer sehen sich pauschal stigmatisiert, der Chance beraubt, in ihren individuellen, von jedem selbst zu verantwortenden Besonderheiten wahrgenommen zu werden. Frauen, die wie Alice Schwarzer die Männer als „die Schweine schlechthin" darstellten, hätten „geistig schon abgeschaltet". Positiver Gegenhorizont ist eine Welt des pragmatischen Individualismus:

> „Wenn du geistig oder körperlich gut drauf bist, dann brauchst du nicht zu sagen, ich bin eine Emanze oder so, ich bügele jetzt nicht, sondern ich suche mir jetzt einen Job, wo ich anfassen kann, sondern du tust es einfach, du redest nicht, du machst es einfach für dich und nicht für die Gesellschaft."

Die Welt dieser Männer ist eine der Praxis, des *Anpackens* und *Erledigens*, ohne viel Worte darüber zu verlieren. Das pragmatische Motiv, das in der Kritik am Feminismus deutlich wird, fundiert auch die egalitäre Haltung dieser Männer. Sie leben mit Frauen zusammen, die in gleichem Maße berufstätig sind wie sie selbst. Und diese Frauen fordern offensichtlich eine hohe Beteiligung der Männer an allen im Haushalt anfallenden Arbeiten ein. Dies wird akzeptiert, weil die Frauen im Beruf gleiches leisten wie die Männer. Auch hier macht sich die individualistische Leistungsethik geltend. Individuelle Leistungen und Ansprüche werden miteinander verrechnet. Eines tun die Frauen offenbar nicht: ihre Forderungen an die Männer feministisch-geschlechterpolitisch rahmen. Ihr Handeln ist in gleicher Weise pragmatisch motiviert wie das der Männer. Das akzeptieren die Männer, eine politische Begründung der Forderungen hingegen würde eine massive Abwehr provozieren. Denn in diesem Fall sähen sich die Männer *als Mann heruntergesetzt.* Das Ansinnen, ihre Beteiligung an der Hausarbeit geschlechtlich zu konnotieren, wäre ihnen nicht einsichtig. Wie bereits Simmel (1985, 200ff.) dargelegt hat, ist die Desexuierung des eigenen Handelns eine höchst effektive Herrschaftsstrategie. Männliches wird zum Allgemein-Menschlichen hypostasiert; nur das Handeln der Frauen gilt als durch ihr Geschlecht bestimmt. Die Desexuierung, die mit dem von den jungen Facharbeitern gesetzten Irrelevanzpostulat betrieben wird, ist eine andere. Sie betrifft beide Geschlechter, weigert sich, sowohl den Mann als auch die Frau stets geschlechtskategorisiert wahrzunehmen. Nur daraus kann eine egalitäre Haltung resultieren.

4. Schlußbemerkungen

Die vorgestellten empirischen Befunde legen es nahe, einige modernisierungstheoretische Annahmen über den Wandel des Geschlechterverhältnisses zu modifizieren. Von einer weitreichenden Verunsicherung hinsichtlich des eigenen Geschlechtsstatus kann bei den weitaus meisten Männern, allen öffentlichen Problematisierungen zum Trotz, nicht gesprochen werden. Sich der eigenen Geschlechtszugehörigkeit reflexiv zuzuwenden ist - unter Männern - nicht die Regel, sondern die Ausnahme. Für die Mehrheit der von uns untersuchten Männer kann das Mannsein weiterhin als eine selbstverständliche Gegebenheit gelten. Das bedeutet freilich nicht, daß allen Männern ihr Geschlechtsstatus in gleicher Weise gegeben ist. Die Habitualisierung von Männlichkeit variiert je nach Generations- und Milieuzugehörigkeit. Durch die Generationsfolge kommt es zwangsläufig zu einigen Friktionen und Brüchen. Allgemein kann gesagt werden, daß jede Generation vor der Aufgabe steht, das Verhältnis von Handlungspraxis und kulturellen Leitbildern neu zu bestimmen. Das Ergebnis erfährt die nachfolgende Generation als institutionalisiertes Geschlechterverhältnis, demgegenüber sie eine eigene Praxis entwickeln muß. Die Männer, die zeitgleich mit der zweiten Frauenbewegung aufgewachsen sind, setzen sich mit der bestehenden Geschlechterordnung anders auseinander als die Generation ihrer Väter. So sind den jungen Männern Gleichstellungspolitik und feministische Forderungen sozusagen *von Kindesbeinen an* bekannt. Sowohl die Studenten als auch die jungen Facharbeiter sind in ihrem Alltagsleben mit jungen Frauen konfrontiert, die egalitäre Beziehungen einfordern. Während sich die Männer der Vätergeneration noch mit großer Selbstverständlichkeit als Familienoberhaupt oder als Träger einer übergeordneten Verantwortung bezeichnen, sind den jungen Männern solche Selbststilisierungen männlicher Dominanz weitgehend fremd. Allerdings sehen sich Studenten und junge Facharbeiter in unterschiedlicher Weise Forderungen und Geboten von weiblicher Seite ausgesetzt. Diese Unterschiede verweisen auf die Relevanzsysteme der jeweiligen Herkunftsmilieus. Die Studenten nehmen, ganz wie die Vätergeneration im Milieu der Mittelschicht, vorwiegend die gesellschaftlich-politische Dimen-sion des Geschlechterverhältnisses wahr. Sie sehen sich durch feministisch inspirierte Frauen des universitären Milieus pauschal vorverurteilt. Als Angehörige der sozialen Kategorie *Mann* würde ihnen automatisch eine Art Kollektivschuld zugeschrieben. Dies führt zu Verunsicherungstendenzen und zu extremen Distanzierungen: „Emanzen sind Dreck." Die älteren Männer aus der Mittelschicht sehen den Frieden zwischen den Geschlechtern durch weibliche Emanzipationsbestrebungen und durch Gleichstellungspolitik gefährdet: „Frauen können töten."

Für die Facharbeiter der jungen wie der alten Generation ist die gesellschaftlich-politische Dimension des Geschlechterverhältnisses hingegen marginal. Das dominante Orientierungsmuster in diesem Milieu ist ein pragmatisches. Bei den jungen Facharbeitern hat dies konkrete Auswirkungen auf die partnerschaftlichen Arrangements. Anders als noch in der Vätergeneration ist eine geschlechtsspezifische Aufgabenverteilung nicht mehr zu rechtfertigen. Das Zusammenleben in festen Partnerschaften, in denen die Frauen ebenfalls erwerbstätig sind, macht eine *gerechte* Arbeitsverteilung unmittelbar einsichtig. Bei den jungen Facharbeitern steht eine habituelle Sicherheit einer egalitären Orientierung nicht entgegen. Dies liegt in der vergleichsweise geringen Bedeutung begründet, die hier der Geschlechtskategorisierung beigemessen wird. Vor dem Hintergrund des Milieuvergleichs erweisen sich modernisie-rungstheoretische Prognosen, denen zufolge bei der Veränderung der Geschlechterordnung der gebildeten Mittelschicht die führende Rolle zukomme, als revisionsbedürftig – zumindest dann, wenn man die männliche Seite der Relation fokussiert. Die individualistisch-pragmatische Haltung der jungen Arbeiter scheint für die Realisierung egalitärer Partnerschaften eine weitaus günstigere Basis zu sein als explizite geschlechterpolitische Bemühungen.[7] Diejenigen Männer, die sich in dieser Richtung engagieren, kommen, wie wir an anderer Stelle dargelegt haben, gewöhnlich „über das Reden nicht hinaus" (vgl. Behnke/Loos/Meuser 1995).

7 Zur Unterscheidung von pragmatischer und moralischer Ordnung als Grundlage für die Aushandlung einer Geschlechterordnung vgl. Loos 1998.

Literatur

Beck, U./Beck-Gernsheim, E. (1990): Das ganz normale Chaos der Liebe. Frankfurt am Main

Behnke, C. (1997): „Frauen sind wie andere Planeten". Das Geschlechterverhältnis aus männlicher Sicht. Eine empirische Analyse von Gruppendiskussionen mit Männern. Phil. Diss. Universität Bremen

Behnke, C./Loos, P./Meuser, M. (1995): „Wir kommen über das Reden nicht hinaus". Selbstreflexion und Handlungspraxis in Männergruppen. In: Widersprüche. Heft 56/57; 19-127

Behnke, C./Meuser, M. (1996): Ausdiskutieren oder Ausschwitzen. Männergruppen zwischen institutionalisierter Dauerreflexion und neuer Wildheit. In: Knoblauch, H. (Hrsg.): Kommunikative Lebenswelten. Konstanz; 31-51

Berger, P. L./Berger, B./Kellner, H. (1987): Das Unbehagen in der Modernität. Frankfurt am Main

Bohnsack, R. (1989): Generation, Milieu und Geschlecht. Opladen

Bohnsack, Ralf (1991): Rekonstruktive Sozialforschung. Einführung in Methodologie und Praxis qualitativer Forschung. Opladen

Bohnsack, Ralf (1997): Dokumentarische Methode. In: Hitzler, R./Honer, A. (Hrsg.): Sozialwissenschaftliche Hermeneutik, Opladen

Connell, R.W. (1995): Masculinities. Cambridge, Oxford

Goffman, E. (1994): Das Arrangement der Geschlechter. In: Ders.: Interaktion und Geschlecht. Frankfurt am Main; 105-158

Hagemann-White, C. (1988): Wir werden nicht zweigeschlechtlich geboren ... In: Dies./Rerrich, M. S.: FrauenMännerBilder. Männer und Männlichkeit in der feministischen Diskussion. Bielefeld; 224-235

Hirschauer, S. (1993): Die soziale Konstruktion der Transsexualität. Über die Medizin und den Geschlechtswechsel. Frankfurt am Main

Hollstein, W. (1992): Die Männer – Vorwärts oder zurück? München

Kessler, S. J./McKenna, W. (1978): Gender: An Ethnomethodological Approach. New York

Lindemann, G. (1993): Das paradoxe Geschlecht. Transsexualität im Spannungsfeld von Körper, Leib und Gefühl. Frankfurt am Main

Loos, P. (1996): Zwischen pragmatischer und moralischer Ordnung. Der männliche Blick auf das Geschlechterverhältnis im Milieuvergleich. Phil. Diss. Universität Bremen

Mangold, W. (1960), Gegenstand und Methode des Gruppendiskussionsverfahrens, Frankfurt am Main

Mannheim, K. (1980): Strukturen des Denkens. Frankfurt am Main

Mannheim, K. (1970): Wissenssoziologie. 2. Auflage. Neuwied, Berlin

Meuser, M. (1996): Geschlecht und Männlichkeit. Soziologische Theorie und kulturelle Deutungsmuster. Habilitationsschrift. Universität Bremen

Simmel, G. (1985): Schriften zur Philosophie und Soziologie der Geschlechter. Frankfurt am Main

Jürgen Straub und Hartmut Seitz

Metaphernanalyse in der kulturpsychologischen Biographieforschung – Theoretische Überlegungen und empirische Analysen am Beispiel des „Zusammenschlusses" von Staaten

1. Theoretischer Rahmen und Thema

1.1 Kulturpsychologie und Biographieforschung

Kultur kann als Produkt der kollektiven Praxis begriffen werden. Sie besitzt in Handlungsobjektivationen aller Art eine materielle Gestalt und ist in Institutionen mehr oder minder fixiert. Zugleich aber ist Kultur in den Vollzug der Praxis gleichsam eingelassen, und zwar in Form von handlungsbestimmenden Ideen und Vorstellungen, speziell von *Zielen*, *Regeln* und *Geschichten*, die das Handeln der Angehörigen einer Kultur strukturieren und leiten (vgl. Straub 1994). Kultur besitzt den Status und die Funktion eines transindividuellen Reservoirs von Erfahrungen, Erwartungen und Orientierungen. Als solches ist Kultur ein Wissens-, Zeichen- und Symbolsystem, kurz: ein kollektives Sinnsystem, das den Raum, die Zeit sowie valorativ-normative Bezugssysteme strukturiert, innerhalb dieser raum-zeitlichen und valorativ-normativen Ordnungen verschiedene Handlungsbereiche umreißt (z.B. Familie, Beruf, Sport, Religion, Kunst; vgl. Boesch 1983, 22) und schließlich das konkrete Tun und Lassen von Subjekten in solchen Bereichen bestimmt. Dabei müssen kulturspezifische Sinnsysteme häufig als nicht ohne weiteres explizierbares *tacit knowledge* begriffen werden.

Kulturelle Wissens-, Zeichen- und Symbolsysteme bestimmen bereits, in welcher Weise Menschen einzelne Ereignisse, Handlungen, Dinge und andere Gegebenheiten, die in Selbst- und Weltthematisierungen eine Rolle spielen mögen, *auffassen*. Die Kultur und, was im vorliegenden Zusammenhang besonders interessieren wird, mithin die Sprache hält Ausdrucksformen und -mittel bereit, die zunächst einmal als Fundamente der Selbst- und Welt*auffassung* betrachtet werden können. Etwas *als etwas Bestimmtes* identifizieren und qualifizieren zu können, hängt nicht zuletzt von den sprachlichen Mitteln ab, die eine Kultur ihren Angehörigen zur Verfügung stellt, die sie ihnen vielleicht nahelegt, vorschreibt oder oktroyiert. Die *Macht* der Sprache ist freilich an ihren Gebrauch gekoppelt. Die Prägung des Daseins durch sprachliche Auffassungsweisen, Unterscheidungen und Typisierungen verliert sich, sobald bestimmte Wörter, Unterscheidungen und Typisierungen keine Verwendung mehr finden. Zumindest läßt sich sagen: *Welche* Auffassungsweisen den Charakter von impliziten, der Sprache und dem Sprechen innewohnenden *Vorschriften* besitzen, hängt letztlich vom Handeln der an einer Praxis partizipierenden Subjekte ab, einer Praxis, die auch im Hinblick auf die Wahl der geläufigen und die Erfindung neuer Wörter stets Spielräume offenläßt. So sind es letztlich immer auch die Handelnden selbst, die, wäh-rend sie in ihrem Tun und Lassen kulturell bestimmt sind, ihrerseits festle-gen, reproduzieren oder transformieren, was als kulturelles Sinnsystem auch fortan verbindlich ist, Orientierung und Identität stiftet. Was Handelnde zum Ausdruck bringen und wie sie dies tun (und wie sie dementsprechend ihr weiteres Handeln anlegen und vollziehen), ist damit ebenso kulturell begründet, wie es umgekehrt die Kultur prägt. Zwischen Kultur und Handlung besteht ein wechselseitiges Konstitutions- und Bestimmungsverhältnis (vgl. Boesch 1988, 1991; Eckensberger 1990, 1996, 171ff; Krewer 1993; Straub 1994, 352ff; Thomas 1996, 109f). Der hier verbindliche theoretische Rahmen faßt den Kulturbegriff dabei so, daß damit nicht bloß Kulturen in den Blick geraten können, für die starke zeitliche und räumliche Kontinuitätsannahmen gemacht werden müssen und können (wie zum Beispiel für die *abendländisch-christliche Kultur*). Der hier verwendete Kulturbegriff bezieht sich vielmehr ebenfalls auf die verbindende Kraft von *partialen*, *regionalen* oder *lokalen*, *sozial begrenzten* und nicht zuletzt *flüchtigeren* kulturellen (oder subkulturellen) Lebenszusammenhängen (vgl. Straub 1994, 387ff).

Im folgenden werden wir uns einem ganz besonderen sprachlichen Ausdrucks- und Auffassungsmittel widmen, nämlich der metaphorischen Rede. Dabei betrachten wir ein spezielles Ereignis, das so gut wie immer metaphorisch konzeptualisiert wird. Bei diesem Ereignis handelt es sich um den im Titel unseres Beitrags angesprochenen Zusammenschluß von Staaten. Auf dieses Thema stießen wir im Rahmen eines empirischen Forschungsprojektes, in dem ungefähr einhundert narrative Interviews und Gruppendiskussionen mit Zeitzeugen der dreißiger und vierziger Jahre geführt wurden. Alle Gesprächspartner besaßen (und besitzen) die deutsche Staatsangehörigkeit und lebten bereits damals hierzulande. Im Mittelpunkt der sehr *offen* gehaltenen Gespräche standen Erfahrungen, Erwartungen und Orientierungen zur Zeit des Nationalsozialismus und des Zweiten Weltkrieges. Im vorliegenden Beitrag greifen wir lediglich einen Aspekt unserer bisherigen Analysen des Textmaterials heraus und lösen ihn von den übergreifenden Fragestellungen des Projektes weitgehend ab. Die auffällige metaphorische Konzeptualisierung des Zusammenschlusses zweier Staaten in den Interviews und Gruppendiskussionen – zunächst einmal geht es in unserem empirischen Material um das *Dritte Reich* und Österreich – bot den Anlaß für die hier vorgenommene Themenstellung. Ein Ereignis aus dem Jahr 1938, das mehrere unserer Gesprächspartner zumindest en passant erwähnten, dabei jedoch auf unterschiedliche Weise in eine figurative Sprache kleideten, lieferte den Ausgangspunkt für Überlegungen, die auf eine *vergleichende Typik der metaphorischen Konzeptualisierung von Staatenzusammenschlüssen* abzielen. Dieses Ziel wird hier aus Platzgründen nicht erreicht werden können. Wir begnügen uns mit der Vorstellung von Ansatzpunkten und ersten Schritten.

Natürlich ist bei alledem der Gedanke leitend, daß unterschiedliche metaphorische Ereigniskonzeptualisierungen psychologisch bedeutsam sind. Interessant erscheint uns eine solche Typik keineswegs nur für eine individual-psychologisch angelegte Biographieforschung, die das Individuum – etwa im methodischen Rahmen von Einzelfallstudien – als einzigartige Persönlichkeit in den Mittelpunkt rückt, sondern gerade auch für eine Sozial- und Kulturpsychologie, die – auf dem Weg interpretativer, komparativer Analysen lebensgeschichtlicher Erzählungen und anderer biographischer Materialien – das sinn- und bedeutungsstrukturierte Denken, Fühlen, Wollen und Handeln von Kollektiven untersucht. Viele Metaphern werden, schon bald nach ihrer Prägung, Gemeingut. Sie werden als scheinbar selbstverständliche Redeweisen gehandhabt, sind den Angehörigen einer Kultur geläufig und vertraut, ohne besondere Fragen aufzuwerfen oder gar den Fluß alltäglichen Handelns in der gemeinsamen Praxis zu stören. Sie gehören zum Inventar des kollektiven Gedächtnisses und prägen, was auf welche Weise erinnert wird (zu den ihrerseits metaphorischen Begriffen des kollektiven Gedächtnisses und der kollektiven Erinnerung vgl. Straub 1992, 1993). Als Bestandteil der Praxis kommunikativer Verständigung prägen sie das Denken und Handeln vielleicht aber in einem weitaus tieferen und folgenreicheren Sinne, als es uns in der Regel bewußt ist. Dies ist umso mehr so, als die Sinn- und Bedeutungsgehalte von Metaphern nicht auf den ersten Blick ausgemacht werden können und auch auf den zweiten nicht eindeutig zu identifizieren sind.

Wer metaphorisch spricht, faßt das Objekt der metaphorischen Bezeichnung als etwas allenfalls vage Bestimmtes auf, ohne sich über die damit assoziierten Sinn- und Bedeutungsgehalte genau im klaren zu sein. Gleichwohl sind metaphorische Sprechweisen weder beliebig noch folgenlos. Metaphern bahnen dem weiteren Denken, Fühlen, Wollen, Sprechen und Handeln den Weg. An eine Metapher lassen sich gewisse Gedanken und Handlungen anschließen, ohne Kohärenzprinzipien zu verletzen, andere nicht. Im Guten wie im Bösen mag speziell das praxische Handeln (vgl. Boesch 1991) als eine Art sinnkohärente Fortführung des Denkens und Sprechens begriffen werden. Ein zu trauriger Berühmheit gelangtes Beispiel ist die metaphorische Gleichsetzung von Menschen mit *Ungeziefer* oder ähnlichem. Den Juden widerfuhr dies in der Zeit des Nationalsozialismus bekanntlich zuhauf. Die metaphorische Prädikation geriet dabei bald schon zur bloßen Vorhut brachialer

Gewalt- und Mordtaten. Der Mund kündigte nicht zuletzt in den metaphorischen Redeweisen an, was die Hand sodann vollstrecken sollte. Worte, Deutungen, Interpretationen und Auffassungen von Geschehnissen, Dingen und Menschen ziehen bisweilen die dazu passenden Handlungen nach sich (vgl. auch Young 1992).

Wer sich im Rahmen der psychologischen Biographieforschung von lebensgeschichtlichen Erfahrungen und Entwicklungen erzählen läßt, trifft unentwegt auf kulturelle Aspekte unserer Orientierungs-, Handlungs- und Lebenspraxis. Dies gilt besonders für eine biographische Forschung, die sich für das lebensgeschichtliche Bewußtsein der Forschungspartner ebenso interessiert wie für deren Geschichtsbewußtsein, für biographische Selbstthematisierungen ebenso sehr wie für alltagsweltlich-historische Konstruktionen, durch die sich Subjekte streckenweise ihre eigene Lebensgeschichte plausibilisieren. Biographieforschung und Kulturanalyse sind nicht nur enge Verwandte, weil biographische Selbst- und Fremdthematisierungen bekanntlich kulturspezifische Formen und Praktiken darstellen, sondern auch aus dem soeben angezeigten Grund. Die in Abschnitt 2 des Beitrags exemplarisch angeführten und analysierten Metaphern illustrieren, wie Subjekte (im Kontext biographischer Erzählungen) politische und gesellschaftliche Ereignisse konzeptualisieren und dabei eine Ordnung für das weitere Denken und Handeln abstecken. Sind solche metaphorischen Ereigniskonzeptualisierungen sozio-kulturell verbreitet und die damit verwobenen Ordnungen verbindlich, haben wir es nicht nur mit dem Ausdruck der biographisch konstituierten Identität des Subjektes, sondern auch mit einem soziokulturellen Topos, mit einer Art Kulturstandard (Thomas 1996, 112f) zu tun.

1.2 Metaphernanalyse[1]

Polyvalenz ist ein unumgängliches Charakteristikum unserer Praxis. Die Mehrdeutigkeit *jeder* sprachlichen und sonstigen Handlung und Handlungsobjektivation hat nicht zuletzt mit der *Nachträglichkeit der Erfahrungskonstitution* zu tun. Erfahrungsbildung hängt vom Standpunkt und der Perspektive des Sprechers ab, von dessen Vokabular und dem jeweiligen Kontext. Kontexte, Standpunkte, Perspektiven und Vokabulare verändern sich synchron und diachron. Neue Erfahrungen verändern die früheren.

Nun, auch wer diese allgemeine Polyvalenz der Praxis und ihrer Objektivationen zugesteht, muß die Besonderheit metaphorischer Redeweisen nicht verkennen: Diese besteht in der gleichsam notorischen Vieldeutigkeit, in einer Auffälligkeit, die damit zu tun hat, daß Metaphern sich einem auf lexikalische Bedeutungen setzenden Verstehen vollständig verweigern (vgl.

1 Manche der folgenden Überlegungen wurden im Gespräch mit Ralph Sichler entwickelt (vgl. Straub/Sichler 1989; wir übernehmen die eine oder andere Formulierung).

zum Metaphernbegriff, zur Metapherntheorie und zu einschlägiger Literatur Buchholz 1996, insbesondere 13-70; Schmitt 1996 sowie Straub, Sichler 1989)[2]. Metaphern sperren sich ganz offenkundig gegen jeden Versuch unmittelbaren und eindeutigen Verstehens. Und dennoch sprechen wir unentwegt metaphorisch, als *wüßten* wir genau, was wir jeweils zu verstehen geben. Es ist im Alltag nicht die Regel, daß miteinander Sprechende innehalten, um genauer nach dem impliziten Sinn metaphorischer Ausdrücke zu fragen. Genau dies ist die Aufgabe der Metaphernanalyse. Wer diese Aufgabe übernimmt, bedarf zunächst eines theoretischen Begriffs metaphorischer Rede.

Wer metaphorisch spricht, schafft Bedeutung, indem er vom wörtlichen Sinn der verwendeten Ausdrücke abweicht. In Anlehnung an Aristoteles' berühmte Definition wird noch heute vom *übertragenen Sinn*, den die Metapher erzeugt, gesprochen. Die aktuellen Metapherntheorien weichen allerdings in unterschiedlicher und vielfacher Weise von der Aristotelischen Begriffsbestimmung ab, unter anderem in einer wichtigen Hinsicht: Eine Metapher läßt sich nicht auf der Ebene des Nomens bestimmen, sondern allein auf derjenigen der Rede. Metaphorische Ausdrücke sind sinnvoll im Kontext *zumindest* eines Satzes, sie sind Prädikationen, deren Sinn- und Bedeutungsgehalt häufig erst dann erschließbar ist, wenn der weitere pragmatische und textuelle Kontext, einschließlich intertextueller Verweisungszusammenhänge, berücksichtigt wird.

Metaphorische Sprechweisen übertragen Bedeutung durch Analogiebildung, eine Relationierung und Verbindung des Heterogenen. Sie fügen zusammen, was ansonsten getrennt ist. Ricœur (1988, 8) schreibt: „Die schöpferische Einbildungskraft, die im metaphorischen Prozeß am Werk ist, ist somit die Kompetenz, neue logische Gattungen durch prädikative Assimilierung hervorzubringen und sich dabei über den Widerstand der gewöhnlichen Kategorisierungen der Sprache hinwegzusetzen." Metaphern sind vor allem dort anzutreffen, wo die direkte Referenz der Sprache auf einen Gegenstand nicht möglich ist. Sie artikulieren, was der deskriptiven Sprache nicht unmittelbar zugänglich ist, sie *schaffen* somit gewissermaßen erst, was sie in einzigartiger Weise bezeichnen und erschließen, indem sie Analogien bilden und dabei Wörter ins Spiel bringen, deren wörtlichen Sinn sie suspendieren. Gerade für die Psychologie sind metaphorische Prädikationen von größtem Interesse. Metaphern beherrschen nicht zufällig die sinnlichen Erfahrungsbereiche, die Welt der Bedürfnisse und Begehren, der Beweggründe und Strebungen, der Gefühle, Stimmungen und Affekte, der ästhetischen Erfahrung, aber auch der Moral.

Bei alledem muß man sich davor hüten, Metaphern – wie es Aristoteles noch sah – als Abweichungen von der normalen Sprache aufzufassen, als

2 Auf Schmitts Rezeption unserer früheren Überlegungen wird an anderer Stelle eingegangen (Straub 1997).

schmückendes Beiwerk oder vernebelnde Zutat, als rhetorisches Mittel der Überredung gar. Metaphern sind Bestandteile der *ordinary language*, so normal wie der argumentative Schluß und logische Beweis. Sie sind ein gewissermaßen *unumgänglicher*, *unersetzbarer* und *unübersetzbarer* Bestandteil der alltagsweltlichen (und im übrigen auch der wissenschaftlichen) Sprachen, Selbst- und Weltauffassungen. Jede *Übersetzung* ist eine Veränderung, Verschiebung des Sinnes. Erläutern lassen sich Metaphern, gewiß, und zu solchen Deutungen oder Interpretationen sind wir natürlich gezwungen, sobald wir zu verstehen suchen. Erläutern lassen sich Metaphern durch andere Sprechweisen und – durch andere Metaphern. In keinem Fall dürfen solche Erläuterungen umstandslos so verstanden werden, als würde mit ihnen *dasselbe* wie mit der in Frage stehenden Metapher gesagt, nur anders. Gerade dies würde letztlich unterstellen, was wir als unmöglich betrachten, nämlich: Metaphern zu vermeiden, zu ersetzen, zu übersetzen, und all dies *ohne jeden Verlust* an Sinn und Bedeutung. Bisweilen schafft eben lediglich die geregelte Verletzung des Sinns geläufiger Wörter und Ausdrücke eine Wirklichkeit und zugleich den Zugang zu einer Welt, die ansonsten stumm und verschlossen bliebe. Allein die metaphorische Rede und die Analyse der konnotativen Sinn- und Bedeutungsgehalte von Metaphern öffnen bisweilen die Pforten in Welten der Sinne, der Gefühle und Willensregungen, der moralischen und ästhetischen Empfindungen, Normen und Werte etc. Dort warten die *Dinge* und deren Sinn- und Bedeutungsstrukturen gewiß nicht bloß auf logische Analysen und eine Semiotik oder Hermeneutik, die allein auf wörtlichen, denotativen Sinn setzt.

Zumal psychologische Metaphernanalysen sind, wie man mit einem Ausdruck Boeschs sagen könnte, *Konnotations*analysen. Psychologische Metaphernanalysen arbeiten sich gleichsam an dem *Bedeutungsüberschuß* ab, den jede Metapher schafft und bewahrt, ohne daß dieser jemals gänzlich durch *wörtliche Redeweisen* eingeholt werden könnte. Dies wird etwa in Blacks Interaktionstheorie oder auch in Weinrichs Konterdeterminationstheorie hervorgehoben. Nach der *Interaktionstheorie*, die eine plausible Erläuterung der Funktionsweise der Metapher liefert, „findet bei einem metaphorischen Ausdruck zwischen dessen wörtlich gebrauchtem Teil (*metaphorischer Rahmen*) und dem metaphorisch verwendeten (*metaphorischer Brennpunkt*) eine semantische Interaktion statt (...)“ (Koppe 1984, 868). Black (1954, 78) spricht in diesem Zusammenhang von einem *System assoziierter Implikationen*, durch das eine Verbindung zwischen den soeben genannten Bestandteilen der metaphorischen Äußerung hergestellt wird. Dieses System besteht aus kulturell tradierten *Allgemeinplätzen*, zum Beispiel: daß der Mensch, der ein *Fuchs* ist, *schlau* ist, hat seine Grundlage im Volksmund, der eben sagt, daß Füchse schlau sind. Neben solchen Allgemeinplätzen kann das System assoziierter Implikationen aber auch subjektive Elemente enthalten – idiosynkratische Aspekte – und damit Ausdruck nicht der Kulturalität oder

Sozialität, sondern der Individualität der betreffenden Person sein. Die Metaphernanalyse entfaltet solche assoziativen Komplexe. Dabei werden in der psychologischen Biographieforschung meistens nicht bloß einzelne metaphorische Prädikationen analysiert. Diese werden darüber hinaus in umfassendere Kontexte gestellt und von daher verstanden, vor allem natürlich in jene Kontexte, welche einerseits durch den Text, dem die Metapher entstammt, andererseits durch mögliche Vergleichstexte gebildet werden.

Die Metapher *schafft Ähnlichkeit* zwischen Erfahrungen, Ereignissen, Vorgängen, Objekten etc., die in der Sprache und im Bewußtsein vormals unverbunden nebeneinander standen, ja fernab voneinander lagen. Lebendige, innovative Metaphern sind Produkte schöpferischer Imagination. Es ist die sprachliche Phantasie und Einbildungskraft, die in diesem Fall auf einzigartige Weise Heterogenes einander annähert, verknüpft, in einer *Fiktion des Als-ob* zusammenschließt. Natürlich ist nicht jede Metapher semantisch innovativ; es gibt eingeschliffene und sogar *tote* Metaphern.

Die psychologische Forschung interessiert sich sicherlich nicht nur für besonders auffällige, bislang ungehörte und unerhörte Metaphern, die, wie Ricœur sagt, eine neue semantische Pertinenz erzeugen. Im Prinzip können *alle* metaphorischen Redeweisen psychologisch interessant sein, zumal dann, wenn sie des Scheins des Selbstverständlichen, den sie als eingespielte Ausdrucksweisen vielleicht längst besitzen, beraubt werden. Wir können jede, auch eine noch so vertraute Metapher mit Aussicht auf frische Einsichten in vermeintlich naiver Einstellung auf ihren Sinn- und Bedeutungsgehalt hin befragen. In jedem Fall ist die Intention *restloser* Aufklärung der Sinn- und Bedeutungsgehalte einer Metapher aus den genannten Gründen verfehlt und vergeblich. Freilich ist eine solche Absicht immer zweifelhaft, sobald Sinn und Bedeutung nicht strikt an die betreffenden Worte gekoppelt werden, sondern abhängig gemacht werden von ihrem Gebrauch in einem bestimmten Kontext sowie den praktischen und epistemischen Voraussetzungen des um Verständnis bemühten Subjektes. Dieses ist nicht zuletzt auf seine Einbildungskraft und Phantasie, sein Vermögen zu assoziieren und zu *konnotieren*, angewiesen: „Gerade weil die metaphorische Prädikation meist nicht ohne weiteres Sinn macht wie nichtmetaphorische Prädikationen, aktualisieren wir auf der Suche nach Sinn nicht nur lexikalische Bedeutungen des Ausdrucks, sondern auch einen diffusen, daher suggestiven Komplex von implizierten Vorstellungen, Ansichten, Wertungen und affektiven Besetzungen“ (Kurz 1982, 22). Metaphernanalysen sind unter Umständen an *extensive* Interpretationsleistungen gebunden. Die mit einer metaphorischen Äußerung assoziierten Implikationen sind dem Sprecher und Hörer/Leser ja sehr häufig *gar nicht bewußt* und bisweilen selbst auf Anfrage hin nicht so einfach explizierbar. Metaphern schaffen latenten Sinn, verborgene Bedeutungen.

Der Interpret bestimmt letztendlich nicht nur, was eine bestimmte Metapher, nach eingehender interpretativer Analyse, denn nun besagen und bedeuten mag, sondern vorab schon, *welche* Metapher denn überhaupt einer solchen Analyse unterzogen werden soll. Geht man mit Black davon aus, daß es die sogenannten *resonanten* Metaphern sind, die „ein hohes Maß an implikativer Elaboration gestatten" (Black 1979, 29) und deswegen der Auslegung besonders bedürfen, so legt der Interpret also fest, welche Metaphern als besonders reichhaltig oder resonant gelten können oder sollen. Obschon die eingeschliffenen und abgegriffenen, womöglich schon *toten* Metaphern keineswegs uninteressant sind für die kulturpsychologische Biographieforschung, so liegt die Vermutung auf der Hand, daß gerade die irritierenden, innovativen Metaphern mit im Zentrum der Aufmerksamkeit stehen. Dies muß so sein, da gerade solche lebendigen Metaphern Herausforderungen an das Verstehen verkörpern, verletzen sie doch auf geregelte Weise Regeln eingespielter sprachlicher Verständigung. Irritationen und Unstimmigkeiten doch Sinn und Bedeutung abzugewinnen: dies also ist das erste Ziel der psychologischen Metaphernanalyse. Damit bewegt sich dieses Unternehmen in durchaus traditionellen Bahnen. Denn was könnte der Psychologie vertrauter vorkommen als der im Unstimmigen verborgene Sinn, was läge ihr näher als die Ordnung von Bedeutungen, die daraus hervorgehen, daß Ordnungen verletzt, überkreuzt, verschoben werden?

Im folgenden setzen wir an einer resonanten Metapher an, die, wie angekündigt, den Zusammenschluß zweier Staaten figuriert. Es handelt sich um eine Metapher, die wir als *Ereignismetapher* bezeichnen und von anderen für die Biographieforschung wichtigen Typen - der Daseinsmetapher, Phasenmetapher, Bereichsmetapher, Interaktions-, Handlungs- und Verhaltensmetapher, der Metaphorisierung psychologischer Funktionen, der Personenmetapher, Raummetapher und schließlich der Objektmetapher - unterscheiden (vgl. Straub 1997).

2. Empirische Exempla und Ansatzpunkte für eine Typik

Den Ausgangspunkt unserer Untersuchungen bildet eine Passage aus einem biographisch-narrativen Interview mit Frau Seidel (Name geändert). Der Wohnort der Interviewpartnerin war seit jeher Dresden (und ist es noch). Dies macht die im abgedruckten Interviewausschnitt gemachte Anspielung auf die sogenannte deutsch-deutsche Wiedervereinigung verständlich. Das Gespräch fand Ende 1990 statt. Die Textpassage lautet:

Und dann war die erste Krise, wohl 1938, als äh na, Österreicheinverleibung, das ging noch ziemlich - also friedlich wollen mir mal sagen. Obwohl ich wollte zu der Zeit nach Italien, in Innsbruck da haben uns quasi die Österreicher, als wir zum Zug rausguckten, die Hände geküßt, und ich dachte, na, die werden sich vielleicht auch nochmal wundern, und dann unterhielt ich mich mal mit einem Österreicher und der sagte, ja, wir sind auf einen fahrenden D-Zug aufgesprungen, um in ihr Großdeutschland zu kommen, so ungefähr wie wir jetzt, wenn wir an die Bundesrepublik angegliedert werden. So etwa.

Bei der Thematisierung des *Anschlusses* von Österreich an das nationalsozialistische *Großdeutschland* verwendet Frau Seidel zwei Metaphern, die die Ereignisse aus unterschiedlichen Perspektiven thematisieren und auch inhaltlich in einem deutlichen Spannungsverhältnis zueinander stehen. Wir werden zunächst die Metapher der *Einverleibung* interpretieren und sodann auf die alternative metaphorische Rede vom *fahrenden D-Zug* zu sprechen kommen.

2.1 Die Metapher der Einverleibung

Mit der Metapher der *Österreicheinverleibung* bringt die Zeitzeugin die politisch-historischen Geschehnisse aus ihrer Sicht auf den Begriff und verleiht ihnen so eine spezifische Bedeutung. Das zugrundeliegende Bild stellt einen Bezug zum körperlichen Vorgang der Nahrungsaufnahme her. Dabei wird das kleine Österreich von dem wesentlich größeren Nazideutschland *geschluckt* und in dessen Staatsgebiet integriert. Die Deutschen treten in der Rolle des *Fressers* auf, die Österreicher sind die *Gefressenen*. Neben den inhaltlichen Anspielungen der Metapher, denen wir uns gleich zuwenden werden, ist die *Einverleibung* bereits auf der formalen Sprachebene identifizierbar: Anstatt von der *Einverleibung Österreichs* zu sprechen, werden die beiden Wörter gleichsam zur sprachlichen Monstrosität der *Österreicheinverleibung* zusammengesetzt; schon die Worte scheinen übereinander herzufallen.

Denken wir die biologischen Konnotationen der Metapher weiter, so wird der einverleibte Staat *verdaut*, das heißt in seine einzelnen Bestandteile zerlegt und in den *Organismus* Großdeutschland eingebaut. Die bisherige *Form*, die gewohnten alltäglichen Lebensbezüge einschließlich der Identität der in Österreich lebenden Bevölkerung werden aufgelöst bzw. zersetzt und entsprechend den *Bedürfnissen* des Großdeutschen Reiches transformiert. Der einverleibte Staat spendet dem Reich wichtige *Ressourcen* in materialer (gemeint sind etwa Rohstoffe) sowie personaler Hinsicht; die Verwendung dieser Ressourcen *regelt* der einverleibende Organismus. Das Resultat ist einerseits Wachstum, andererseits ein Mehr an Energie bzw. Kraft, im übertragenen Sinne also ein politischer und militärischer Machtzuwachs. Und eine weitere Konsequenz deutet sich in der Metapher der Einverleibung ebenfalls an: Am Ende des Stoffwechselprozesses stehen nicht nur Ressourcen, sondern auch *Abfallprodukte*, die schließlich ausgeschieden werden, wenn die *Verdauungstätigkeit* beendet ist. Schließlich sei noch ein letzter Aspekt hervorgehoben: Nicht alles, was einverleibt worden ist, kann auch verdaut werden. Für den *Abbau* von *Schadstoffen* steht einem Organismus ein komplexes *Immunabwehrsystem* zur Verfügung, das sich um solche Dinge kümmert. Die Parallelen zu Aufbau und Organisation des NS-Staates sind so leicht zu ziehen, daß wir nicht näher darauf eingehen müssen.

Ganz klar kommt in diesem Bild also die Machtstruktur bzw. Hierarchie zum Ausdruck, die zwischen den beiden ehemals politisch gleichberechtigten und souveränen Nationen besteht. Großdeutschland *schluckt*, Österreich wird *einverleibt* und *verdaut*. Das Deutsche Reich *wächst*, Österreich liefert die dafür notwendigen *Ressourcen*, *Abfallprodukte* werden *ausgeschieden* usw. Die Metapher bringt in kaum zu überbietender Deutlichkeit und sinnlicher Anschaulichkeit zum Ausdruck, daß österreichische Belange und Interessen für das besagte Ereignis überhaupt nicht von Bedeutung sind und für diese Seite auch keinerlei Handlungsspielraum oder Gestaltungspotential vorhanden ist. Es wird auf mechanische Weise einverleibt und nicht etwa auf gesellschaftlicher, politischer oder kommunikativer Ebene ein gleichberechtigter Zusammenschluß oder ein Kompromiß angestrebt.

Die interessierende Metapher besitzt nicht nur eine deskriptive Funktion. Ihr kritisches Potential ist offenkundig. Beim *Annektion* Österreichs wurden natürlich neben einem Territorium auch die dort lebenden Menschen *einverleibt*, was geradezu einen Eindruck von *Kannibalismus* heraufbeschwört. Die beteiligten Deutschen werden durch die metaphorische Prädikation implizit zu gewissenlosen *Fressern* und *Kannibalen*; sie werden zu Barbaren abgestempelt. Daß sich für viele Zeitgenossinnen und -genossen unserer Informantin der *Anschluß* Österreichs in der Tat zum schicksalhaften und nicht selten tödlichen Verhängnis entwickelte, macht klar, daß die durch die Metapher freigesetzte assoziative Anspielung auf Gemeinsamkeiten zwischen Nazis und Kannibalen durchaus einen realistischen Kern besitzt. Eine wesentliche, nicht sogleich erkennbare Funktion der Metapher ist zweifellos darin zu sehen, daß die Ereignisse von 1938 in einer machtkritischen Perspektive thematisiert werden. Die metaphorische Prädikation enthält, wie die interpretative Analyse ihres assoziativen Komplexes zeigt, ein machtkritisches Urteil.

Bislang haben wir uns ausschließlich mit der Einverleibungs-Metapher beschäftigt. Im folgenden soll es noch kurz darum gehen, was für einen Eindruck bzw. was für eine Wirkung diese Metapher im Rahmen des vorliegenden Interviewausschnitts entfaltet. Zunächst werden die Ereignisse von 1938 als *die erste Krise* eingeführt und später mit den Worten: „das ging noch ziemlich – also friedlich wollen wir mal sagen“ kommentiert. Bereits der Begriff der *Krise* scheint dem starken Bild der Einverleibung einiges von seiner Radikalität und Kompromißlosigkeit zu nehmen. Freilich ist eine Krise eine ernsthafte Sache, aber sie birgt neben Risiken bekanntermaßen ja auch Chancen, sie ist eine Herausforderung, die bewältigt werden muß usw. Ein ganz anderer Sinngehalt kam dagegen im Bild der Einverleibung zum Ausdruck: das zwangsläufige Ende der österreichischen Souveränität und Identität und für manche Menschen auch lebensbedrohliche Zustände. Eine Krise kann also vornehmlich für das *Dritte Reich* und in dem Sinne vorliegen, daß die angestrebte Einverleibung mißlingt bzw. verhindert wird. Noch deutlicher artikuliert sich die angeführte Sinndifferenz im Kommentar von Frau Seidel: Danach ging alles „noch ziemlich - also friedlich" vonstatten. Zwischen dem „noch ziemlich - also friedlich(en)" Verlauf von Ereignissen und einer *Einverleibung* spannt sich eine Diskrepanz auf, die nicht mehr ohne Irritationen hingenommen werden kann. Die metaphorische und die wörtliche Prädikation können nicht mehr miteinander in Einklang gebracht werden.

Auch dieser Widerspruch belegt den Wert der Metaphernanalyse, denn der eher gemäßigte Tonfall der sonstigen Erzählung wird durch die Metapher radikal in Frage gestellt. Wir müssen also davon ausgehen, daß Frau Seidel den Ereignissen ein beträchtliches Maß an Ambivalenz entgegenbringt. Es scheint zwei Versionen der historischen Ereignisse um 1938 zu geben, die mehr oder weniger unverbunden nebeneinander stehen. Betrachten wir wieder die Textstelle, so verwendet die Zeitzeugin im Zusammenhang mit der friedlichen Version ja auch die Worte „wollen wir mal sagen". Kommt hier zum Ausdruck, daß es für die Erlebnisse aus Frau Seidels Vergangenheit eine *Wir-Version* gibt, die sich von einer *Ich-Version* unterscheidet? Zur Beantwortung einer solchen Frage wäre der Rekurs auf weitere Textstellen notwendig, worauf hier aus Platzgründen verzichtet wird.

Mit den Worten „Obwohl, ich wollte zu der Zeit nach Italien" wird die Erzählung fortgesetzt und gipfelt zunächst in der Beschreibung der stürmischen Begeisterung, mit der die Deutschen, unter ihnen die Zeitzeugin, in Innsbruck am Bahnhof empfangen wurden. Überraschend ist dabei der Gebrauch des Wortes „obwohl", mit dem normalerweise ein Tatbestand relativiert wird. Dabei wird die narrative Ausgangssituation gewöhnlich mit einer Komplikation konfrontiert, die die beim Zuhörer geschaffene Erwartung relativieren bzw. in ihr Gegenteil verkehren soll, zum Beispiel: „Obwohl das Essen gelungen war, brachten wir keinen Bissen herunter". Das Wort „obwohl" funktioniert also wie eine grammatikalische bzw. psychologische Brücke zwischen zwei disparaten Sachverhalten. In unserer Textstelle wird jedoch der friedliche Charakter der Ereignisse keineswegs relativiert, sondern im Gegenteil die Begeisterung der Österreicher beschrieben, die Frau Seidel „quasi die Hände geküßt" haben. Auf den ersten Blick wird hier also keine Relativierung zweier Sachverhalte vorgenommen, sondern eher ein Bruch in der Sinnstruktur des vorliegenden Satzes produziert, denn der weitere Verlauf hätte *sinngemäß* bzw. *grammatikalisch richtig* etwa heißen müssen: „Das ging noch ziemlich friedlich - und als ich nach Italien wollte, haben uns die Österreicher in Innsbruck am Bahnhof *sogar* die Hände geküßt". Statt der durch das Wort „obwohl" suggerierten relativierenden Komplikation im Hinblick auf die „ziemlich - also friedliche" Ausgangssituation läßt sich der Inhalt der darauf folgenden Worte von Frau Seidel eher als eine Art Klimax verstehen. Natürlich hat die Zeitzeugin hier keinen *falschen* Sinn oder gar *Unsinn* produziert, doch bleibt eine weitere spezifische Bedeutung dieser Textstelle ohne eine ausführliche Interpretation zunächst unklar. Gehen wir jedoch vom latenten Sinngehalt der Metapher aus, der durch die vorangehenden Ausführungen ein Stück weit expliziert wurde, dann wird auch in der fraglichen Satzverbindung ein latenter Sinn manifest. Denn die angesprochene Relativierung durch das Wort „obwohl" läßt sich auf das Bild von der Einverleibung beziehen, und erst bei Berücksichtigung des assoziativen oder konnotativen Komplexes, den diese Metapher impliziert, wird der spezifische Sinngehalt der Textstelle deutlich: „Obwohl die Österreicher von uns einverleibt wurden, küßten sie uns Deutschen am Bahnhof von Innsbruck die Hände." Die Spannweite und Polyvalenz der Bedeutungen dieser Interviewpassage wird erst dann sichtbar, wenn wir der Metapher eine zentrale Stellung innerhalb dieses Sinnkomplexes zugestehen. Bei Berücksichtigung des latenten Sinngehaltes der Metapher scheint es also zwei Versionen der Geschichte zu geben, die gleichsam *ineinandergeschoben* oder miteinander verschränkt sind.

2.2 Auf einen fahrenden D-Zug aufspringen

Österreich im Jahr 1938

Einen weiteren Eindruck vom besagten Ereignis, wenn auch aus einer ganz anderen Perspektive, vermittelt die Metapher, derer sich in Frau Seidels Erzählung ein Österreicher bedient: „wir sind auf einen fahrenden D-Zug aufgesprungen". Diesmal wird die Annektion Österreichs als der Beginn einer Reise dargestellt, wobei natürlich ins Auge fällt, daß es die Österreicher sind, die sich auf den Weg machen, um „in ihr Großdeutschland zu kommen". Diese Bewegung mutet paradox an, waren es doch – historisch gesehen – deutsche Truppen, die in Österreich einmarschierten. Das Bild vom fahrenden D-Zug, auf den Menschen aufspringen, kann, neben einigen Berührungspunkten, die ebenfalls zur Sprache kommen werden, in mancherlei Hinsicht auch als maximaler Kontrast zur Metapher der Einverleibung aufgefaßt werden.

Wenden wir uns den Konnotationen der Metapher zu, so können wir zunächst ganz allgemein sagen, daß eine Reise immer einen Beginn, einen Verlauf und gewöhnlich auch ein Ziel hat. Der Schwerpunkt der Metapher liegt zweifellos auf dem Reiseantritt. Zur Sprache kommen die Bedingungen, unter denen dieser vollzogen wird. Offensichtlich handelt es sich um einen kollektiven Schritt: Ein nicht näher bezeichnetes „wir" (österreichische Staatsbürger) macht sich auf die Reise, eine Menge einzelner Individuen ist darum bemüht, auf den fahrenden Zug zu kommen. Gelingt ihnen dies, so sind sie zunächst *Trittbrettfahrer* auf dem Weg ins *Dritte Reich*; falls genug

Platz im Zug vorhanden ist, können sie auch ordentliche *Fahrgäste* bzw. *Passagiere* werden. Neben den *Reisenden* verweist das Bild implizit noch auf weitere Personen sowie Institutionen: Es gibt das Bahnpersonal, den Schaffner, den Zugführer, eine Eisenbahngesellschaft, eine Bahnstrecke etc. Dem spontanen, ungeordneten, gleichermaßen chaotischen Akt des kollektiven „Auf-den-Zug-Springens" steht also auch ein Aspekt der *Verwaltung* bzw. *Organisation* gegenüber. Denken wir diese Interpretationslinie weiter, so wäre nach dem ungeordneten Reiseantritt allmählich eine Normalisierung, ein *ordnungsgemäßer* Verlauf der Reise zu erwarten. Schließlich bedeutet eine Reise in vielen Fällen auch, Ungewißheiten, Unwägbarkeiten und Überraschungen in Kauf nehmen zu müssen. Vorab sind deshalb auch einige Dinge zu überlegen, wie etwa: Wann und wo werde ich ankommen? Was sind die *Kosten* der Reise?

In der nicht gerade ungefährlichen Aktion des „Auf-den-Zug-Springens" drückt sich auch eine gewisse Risikobereitschaft aus. Der Zeitdruck, der in diesem Bild herrscht, kann einerseits von einer *Verspätung* herrühren; in diesem Sinne hätten die Österreicher beinahe ihren *historischen Moment* verpaßt. Andererseits kann hier aber auch eine anfängliche Unentschlossenheit darüber zum Ausdruck kommen, ob überhaupt eine Reise bzw. ob gerade mit diesem Zug eine Reise angetreten werden soll. Erst als der Zug anfährt, überwiegt die Angst, eine *historische Chance* zu verpassen. Die Menschen setzen sich über ihre Zweifel hinweg und springen auf. Blicken wir auf die Hektik, mit der die Reise beginnt, so entsteht zweifellos der Eindruck, daß für die Österreicher nicht genug Zeit vorhanden war, sich ausführlich mit Fragen wie den oben erwähnten zu beschäftigen. Unterstrichen wird dieser Eindruck noch durch das Detail, daß es sich bei dem Zug um einen D-Zug, also einen schnellen Zug, handelt, der nur an wenigen Orten hält. Hier den Anschluß zu verpassen, hätte im Sinne unserer Metapher vermutlich eine Fülle von Problemen, Komplikationen und weiteren *historischen Versäumnissen* zur Folge gehabt.

Während die *Einverleibung* sich in erster Linie auf ein einzelnes historisches Ereignis bezieht, wird im Bild der angetretenen Reise ein etwas größerer historischer Zeitraum thematisiert: Die Metapher des „Auf-den-Zug-Springens" bietet neben einer Deutung der jüngsten Vergangenheit (dem Reiseantritt) auch die Nennung des Reiseziels und damit Anhaltspunkte für den Weg in die Zukunft. Als Ziel des Österreichers, den Frau Seidel in ihrer Erzählung zu Wort kommen läßt, wird von der Zeitzeugin angegeben, dieser wollte „in ihr Großdeutschland" kommen. Damit wird auch so etwas wie eine *Entwicklungsverzögerung* Österreichs eingestanden. Auf der Reise soll (mit hoher Geschwindigkeit) der Vorsprung Deutschlands aufgeholt werden. Die Formulierung deutet auch an, daß bis zum Ende der Reise die Übernahme einer anderen, nämlich *großdeutschen* Identität zu erwarten ist, denn es geht nicht in ein gemeinsam geplantes *Großdeutsches Reich*, sondern in ein solches, wie es damals bereits von den Deutschen geschaffen war. Das Ziel der Reise ist also von den Deutschen längst festgelegt, es ist die jeweilige Gegenwart des *Dritten Reiches*. Damit steht die Reise auch für eine grundlegende kollektive Metamorphose: Die Österreicher springen auf den fahrenden Zug auf und werden bei ihrer Ankunft als Mitglieder des nationalsozialistischen Deutschland aussteigen.

Festzuhalten ist: Die *Rolle*, die die Österreicher im Rahmen dieser Ereignisse spielen, könnte in den beiden Metaphern kaum unterschiedlicher sein, sind sie im einen Fall passive Objekte, die rücksichtslos einverleibt werden können, so bemühen sie sich im zweiten Bild hektisch darum, nicht den *Anschluß* zu verpassen und springen auf den bereits fahrenden Zug auf. Die Österreicher werden in der ersten Metapher *geschluckt*, in der anderen gehen sie auf Reisen. Die angetretene Fahrt führt dabei just dorthin, wo die in der ersten Metapher formulierte Bedrohung herstammt. Auch tauchen die Österreicher in der ersten Metapher im Grunde genommen gar nicht als Personen oder Handlungssubjekte auf; sie sind Nahrungsmittel, *Futter*, eine *anonyme Masse*. Bei der Reiseantrittsmetapher können wir uns hingegen schon eine Menge einzelner Personen vorstellen, die darum bemüht sind, noch auf den fahrenden Zug zu kommen. Sie haben die Entscheidung getroffen, mitzufahren, besitzen Erwartungen und Hoffnungen, was das Ziel der Reise angeht. Wir haben es in dieser Metapher also mit Individuen zu tun, die eine gewisse Handlungsfreiheit sowie einen Handlungsspielraum besitzen und eine Entscheidung zu treffen haben.

Während durch das kritische Potential der Einverleibungsmetapher eine distanzierte Haltung gegenüber der Annektion Österreichs zum Ausdruck kommt, vermittelt die Reiseantrittsmetapher einen Eindruck von der damaligen Stimmung in Teilen der österreichischen Bevölkerung. Was Frau Seidel zunächst schlicht als *Einverleibung* titulierte, birgt offenbar für manche Personen, die unter dem Eindruck der Ereignisse stehen, eine gewisse Faszination, weckt Begeisterung und Hoffnungen. In bezug auf die gesamte Interviewpassage kann die Reiseantrittsmetapher als eine weitere *Stufe* der bereits angedeuteten Klimax verstanden werden. Etwas pointiert können wir diesen Zusammenhang folgendermaßen paraphrasieren: Obwohl die Österreicher von uns einverleibt werden, küssen sie uns quasi die Hände und stürzen sich auch noch freiwillig dem *Dritten Reich* entgegen. Die Reisemetapher fungiert in dieser Hinsicht also auch als ein Gegenhorizont zur Einverleibungsmetapher: Auch der Aspekt der Reise ist für das Verständnis der Ereignisse wesentlich, ergänzt er doch die *Einverleibungsperspektive* mit der keineswegs selbstverständlichen *Binnensicht* damals Betroffener und Handelnder.

Neben diesen Differenzen werden aber auch einzelne Berührungspunkte der beiden Metaphern erkennbar: Auch bei der *Reise* geht es nicht um Ansprüche oder Interessen Österreichs als souveräne Nation, sondern vor allem darum, zu *Großdeutschland* dazuzugehören, eine deutsche Identität zu erlangen. Nennenswerte Einflußmöglichkeiten sind den Österreichern in beiden Metaphern nicht gegeben. Wie auch in der Einverleibungsmetapher entspannt sich kein Dialog zwischen den beiden Nationen. Ganz im Sinne des totalitären *Führerprinzips* stehen die Österreicher wie bei der Metapher der Einverleibung für die Ziele der herrschenden Deutschen zur Disposition. Ein zwischenstaatlicher Konsens wird nicht ausgehandelt. Die *Reise* ist wie bei der *Einverleibung* bedingungslos von den Entwicklungen und Zielen des Deutschen Reiches abhängig.

Damit stoßen wir auf den Gegensatz, daß die Österreicher einerseits bei Beginn ihrer Reise einen individuellen Handlungs- und Entscheidungsspielraum zu besitzen scheinen und andererseits nach Antritt der kollektiven Reise den Deutschen ausgeliefert sind. (Ausgeschlossen bleiben dabei diejenigen, die Vorbehalte und Zweifel hegen, die gegenüber Nazi-Deutschland eine kritische oder ablehnende Haltung einnehmen. Ebenfalls unthematisiert bleibt der politische Druck, unter den die Nazis Österreich setzten.) Die *freiwillige* Entscheidung (die die Mehrheit dann in der Volksabstimmung bekundete), auf den Zug aufzuspringen, markiert also in gewisser Weise gerade das Ende der bisherigen Handlungs- und Entscheidungsfreiheit; die Verantwortung für die Zukunft wird an die Nazis abgetreten. Ab diesem Zeitpunkt muß jeder auf den Zug aufspringen, der nicht von ihm überrollt werden will. Die Metapher stiftet eine Verbindung zwischen *reisewilligen* Österreichern und *führertreuen Volksgenossen* im *Dritten Reich*. Alle kritischen Stimmen im Zusammenhang mit der Annektion bzw. die Gefahren und Bedrohungen, die für manche Menschen daraus resultierten, werden erst nach umfangreichen Interpretationsbemühungen in der latenten Sinnstruktur der Metapher faßbar. Während mit der *Einverleibung* eine eindeutig ablehnende Haltung gegenüber den Ereignissen zum Ausdruck kommt, besitzt die Metapher des *Reiseantritts* eine gewisse Ambivalenz. Unsere Interpretation vermochte jedoch hinter der *vorgeschobenen* Begeisterung auch einige recht nachdenkliche Konnotationen und Fragen auszumachen.

3. Schlußbemerkung

Wir müssen unsere Ausführungen hier abbrechen. Die ansatzweise analysierten Metaphern sind zwei Beispiele für die figurative Konzeptualisierung des *Zusammenschlusses* von Staatsgebilden bzw. von Angehörigen zuvor souveräner Staaten. Die exemplarischen Analysen sollten nicht nur den möglichen Wert einer Metaphernanalyse für die Interpretation einer einzelnen Erzählung zumindest angedeutet haben, sondern auch erste Ansatzpunkte für die Konstruktion einer Typik metaphorischen Sprechens über Zusammenschlüsse von Staaten. Nach der machtkritischen Einverleibungsmetapher und der Metapher des Reisebeginns, die die Binnensicht der Handelnden und Beteiligten hervorhebt, wäre der nächste Kandidat für diese Typik die technomorphe Metapher der *Angliederung* eines Staates an einen anderen. Frau Seidel bedient sich dieses Ausdrucks und rückt dabei den Zusammenschluß der beiden deutschen Staaten im Jahr 1989 in die Nähe der Ereignisse aus dem Jahr 1938, als Österreicher „auf einen fahrenden Zug aufgesprungen sind". Dies ist nicht zuletzt wegen der politischen und sozialen Differenzen dieser beiden historischen Ereignisse eine bemerkenswerte, jedenfalls interpretationsbedürftige Angleichung. Es liegt auf der Hand, diese Auffassungsweise sodann mit der metaphorischen Rede von der *Wiedervereinigung* in Beziehung zu setzen, eines Ausdrucks, der 1938 übrigens ebenso gebräuchlich war wie 1989 und die Jahre danach (vgl. hierzu Seitz & Straub 1998). Daß hier mit den Wortbestandteilen *Wieder* und *Vereinigung* vor allem Harmonisierungsaspekte im Vordergrund stehen, soll hier lediglich noch erwähnt werden. Eine genauere, auch historisch differenzierende Analyse der assoziativen Implikation dieser damals wie heute geläufigen, Sinn, Orientierung und Identität stiftenden Metapher muß gänzlich unterbleiben. Es dürfte jedoch bereits durch die bisherigen Ausführungen deutlich geworden sein, daß es bei der alltäglichen Verwendung von Metaphern und deren interpretativer Analyse um Sachverhalte gehen kann, die unsere Vergangenheit ebenso (mit) konstituieren wie unsere Gegenwart und daß all dies biographisch möglicherweise ebenso bedeutsam ist wie kulturell.

Literatur

Black, M. (1954): Metaphor. In: Proceedings of the Aristotelian Society. No. 55; 273-294

Black, M. (1979): More about Metaphor. In: Ortony, A. (Hrsg.): Metaphor and Thought. Cambridge, London, New York, Melbourne; 19-43

Boesch, E. E. (1983): Von der Handlungstheorie zur Kulturpsychologie. Abschiedsvorlesung vor der Philosophischen Fakultät der Universität des Saarlandes. Gehalten am 28. Juni 1982. Saarbrücken

Boesch, E. E. (1988): Handlungstheorie und Kulturpsychologie. In: Psychologische Beiträge. Nr. 30; 233-247

Boesch, E. E. (1991): Symbolic Action Theory and Cultural Psychology. Berlin, Heidelberg, New York

Buchholz, M. B. (1996): Metaphern der ‚Kur'. Eine qualitative Studie zum psychotherapeutischen Prozeß. Opladen

Eckensberger, L. H. (1990): On the Necessity of the Cultural Concept in Psychology: A View from Cross-Cultural Psychology. In: van de Vijver, F. J.R./Hutschemaekers, G. J.M. (Hrsg.): The Investigation of Culture. Current Issues in Cultural Psychology. Tilburg; 153-184

Eckensberger, L. H. (1996): Auf der Suche nach den (verlorenen?) Universalien hinter den Kulturstandards. In: Thomas, A. (Hrsg.): Psychologie interkulturellen Handelns. Göttingen, Bern, Toronto, Seattle; 165-197

Koppe, F. (1984): Metapher. In: Mittelstraß, J. (Hrsg.): Enzyklopädie, Philosophie und Wissenschaftstheorie. Bd. II. Mannheim, Wien, Zürich

Krewer, B. (1993): Théorie d'Action et Psychologie Culturelle. In: Schweizerische Zeitschrift für Psychologie. Nr. 52/2; 82-92

Kurz, G. (1982): Metapher, Allegorie, Symbol. Göttingen

Ricœur, P. (1988): Zeit und Erzählung. Band I: Zeit und historische Erzählung. Aus dem Französischen von Rainer Rochlitz. München

Schwemmer, O. (1987): Handlung und Struktur. Zur Wissenschaftstheorie der Kulturwissenschaften. Frankfurt am Main

Schmitt, R. (1996): Metaphernanalyse und die Repräsentation biographischer Konstrukte. In: Journal für Psychologie. Nr. 3/4, 4/5; 47-62

Seitz, H./Straub, J. (1998): Zwischen „Einverleibung" und „Wiedervereinigung": Die Integration politischer Gemeinschaften aus metaphernanalytischer Perspektive (Drucklegung in Vorbereitung)

Straub, J. (1992): Kultureller Wandel als konstruktive Transformation des kollektiven Gedächtnisses. Zur Theorie der Kulturpsychologie. In: Allesch, Ch./Billmann-Mahecha, E./Lang, A. (Hrsg.): Psychologische Aspekte des kulturellen Wandels. Wien; 42-55

Straub, J. (1993): Collective Memory and Collective Past as Constituents of Culture: An Action-Theoretical and Culture-Psychological Perspective. In: Schweizerische Zeitschrift für Psychologie. 1993. No. 52/2; 114-121

Straub, J. (1994): Handlung, Interpretation, Kritik. Grundzüge einer textwissenschaftlichen Handlungs- und Kulturpsychologie. Erlangen, Habilitationsschrift (Erscheint 1997 überarbeitet: Berlin, New York)

Straub, J. (1997): Biographieforschung als Metaphernanalyse (Manuskript zur Veröffentlichung eingereicht)

Straub, J./Sichler, R. (1989): Metaphorische Sprechweisen als Modi der interpretativen Repräsentation biographischer Erfahrungen. In: Alheit, P./Hoerning, E. M. (Hrsg.): Biographisches Wissen. Beiträge zu einer Theorie lebensgeschichtlicher Erfahrung. Frankfurt am Main; 221-237

Thomas, A. (1996): Analyse der Handlungswirksamkeit von Kulturstandards. In: ders. (Hrsg.): Psychologie interkulturellen Handelns. Göttingen, Bern, Toronto, Seattle; 107-135

Young, J. (1992): Beschreiben des Holocaust. Darstellung und Folgen der Interpretation. Frankfurt am Main

Ralf Bohnsack und Arnd-Michael Nohl

Adoleszenz und Migration – Empirische Zugänge einer praxeologisch fundierten Wissenssoziologie

Obschon das öffentliche Interesse und die wissenschaftliche Forschung sich in jüngster Zeit verstärkt den Jugendlichen ausländischer Herkunft zugewandt haben, ist der Zusammenhang von Migration und Adoleszenz bisher kaum systematisch untersucht worden[1]. Auf der Basis erster Ergebnisse eines Forschungsprojekts[2] über auffällige Jugendliche türkischer Herkunft sollen methodologisch komplexe empirische Zugänge aufgezeigt werden. Gerade in diesem Forschungsfeld stellt die Kultur- und Milieuanalyse erhöhte Anforderungen an das (methodisch kontrollierte) Fremdverstehen. Hierauf werden wir zunächst eingehen (1). Nach einer Diskussion des Migrations- und des Adoleszenzbegriffs (2 u. 3) werden Probleme der Migrationslagerung in unterschiedlichen Milieus von Jugendlichen typenhaft skizziert (4). Dabei gehen wir insbesondere der Frage nach, inwieweit Problemen und Risiken der Adoleszenzentwicklung, die von uns bisher bei deutschen Jugendlichen analysiert worden sind (Bohnsack 1989; Bohnsack u.a. 1995), bei jungen Einwanderern durch Erfahrungen der Migration modifiziert oder verschärft werden.

1. Zur Rekonstruktion von Kultur und Milieu

Ein relativ enges Verständnis von Kultur ist oft auch in solchen Begriffen impliziert, die die Vielfalt kultureller Phänomene hervorzuheben suchen. Dies zeigt sich z.B. am populären Begriff der *multikulturellen Gesellschaft*.

---

1 Dies wird auch von Auernheimer (1990) und, für den Bereich der Jugendgewalt, von Heitmeyer et al. (1995) beklagt. Die Forschungsgruppe um Heitmeyer hat allerdings für ihre (spätere) empirische Analyse von Jugendlichen türkischer Herkunft hieraus keine Konsequenzen gezogen, kritisieren sie doch die empirische Berücksichtigung der Adoleszenzphase dahingehend, auf diese Weise würden alle Phänomene einer „jugendspezifischen Verkürzung" (Heitmeyer et al. 1997, 144) unterzogen.

2 In dem von der DFG geförderten Projekt geht es um die Frage, ob und wie sich Handlungspraxis und Biographie kriminalisierter von nicht-kriminalisierten Heranwachsenden türkischer Herkunft unterscheiden. An diesem Projekt arbeiten – neben den Autoren – auch Aglaja Przyborski und Peter Loos sowie von studentischer Seite Yvonne Gaffer, Ayse Tetik und Monika Wagner.

Indem dieser Begriff fast ausschließlich an Phänomene der Migration gebunden wird, ist hierin die Vorstellung einer Kultur impliziert, die *ohne* die Migration eine - wie auch immer geartete - Geschlossenheit und Homogenität aufweisen würde.

Von soziologischer und ethnologischer Seite ist der für die Migrations- wie auch die Jugendforschung zentrale Grundbegriff der „*Kultur* in seiner gegenwärtig dominanten Verwendungsweise hinsichtlich fehlender Offenheit und Dynamik[3] kritisiert (vgl. u. a. Elwert 1996) und - im Bereich der Migrationsforschung - gar als „Zwangsjacke" empfunden worden (Caglar 1990).

Im folgenden soll es nicht darum gehen, einen Beitrag zu dieser theoretischen Diskussion zu leisten. Vielmehr soll hier ein Weg der empirischen Kultur- und Milieuanalyse skizziert werden, mit dem, erstens, die Dynamik und *Neubildung* kultureller Lebensformen und, zweitens, deren vorbewußte oder *atheoretische* Ebene Berücksichtigung finden sollen. Auf jene Ebene des atheoretischen, des fraglos gegebenen oder stillschweigenden Wissens wird hier mit dem Begriff „Milieu" Bezug genommen. Darüber hinaus soll, drittens, der *Mehrdimensionalität* kultureller Lebensformen und, viertens, deren Fundierung in der *Handlungspraxis* Rechnung getragen werden.

In gegenwärtigen soziologischen Diagnosen zeigt sich die fehlende Dynamik des Kulturkonzepts in der Vernachlässigung von kreativen Potentialen der Veränderung im kulturellen oder milieuspezifischen Gefüge der Gesellschaft: *Neubildungen* von Lebensformen und Milieus geraten nur schwer in den Blick. Vielmehr zeigt sich überwiegend die Tendenz, „eine *Auflösungsperspektive* einzunehmen, und die Aufmerksamkeit auf sozio-kulturelle Zersetzungs- und Individualisierungserscheinungen zu richten" (Hradil 1992, 18). Derart gelagerte Kulturanalysen erscheinen mit einer „Verfallsrhetorik" oder „Verfallssemantik" behaftet (vgl. Neckel 1993).

Zwar hat, wie obiges Zitat dokumentiert, die Lebensstilforschung im Bereich der Soziologie der sozialen Ungleichheit dagegenzuhalten versucht (vgl. u.a. Hradil 1992; Müller 1995); aber hier zeigen sich nun wiederum andere Grenzen, da dieser Lebensstilforschung überwiegend lediglich jene Phänomene in den Blick geraten, die auf dem Wege standardisierter methodischer Zugänge zu erschließen sind. Auf diese Weise gelingt vor allem der Zugang zu jenen kulturellen Orientierungsschemata, wie sie über die öffentliche, in entscheidender Hinsicht auch medial gestützte Kommunikation vermittelt werden. Erfaßt wird jene Kommunikation, die sich über die Grenzen von Wir-Gruppenbeziehungen, Milieus und kulturellen Segmentierungen hinweg oder zwischen diesen vollzieht. So wichtig die Survey-Forschung z.B. für die Analyse politischer Einstellungen und distinktiver Lebensstile Jugendlicher ist[4], so zeigen sich jedoch dort Grenzen, wo Orientierungsmu-

3 Zur Kritik an der „ontologisierten Wesensbestimmung" des Kulturbegriffs s.a. Neidhardt (1986, 10).

4 Wie dies z.B. die Ergebnisse der jüngsten Shell-Studie (1997) oder der Studie von Silbe-

ster[5] erschlossen werden sollen, die zugleich Relevanz für alltagspraktische Entscheidungssituationen besitzen und von biographischer Persistenz sind. Diese entwickeln sich nämlich auf jener Ebene der Verständigung, die sich *innerhalb* von kulturellen Segmentierungen vollzieht, in der milieu*internen* oder *konjunktiven* Verständigung, wie dies bei Karl Mannheim (1980) heißt.

Diese Form der unmittelbaren Verständigung basiert auf Gleichartigkeiten des handlungspraktischen Wissens, des „praktischen Bewußtseins", um es mit einem Begriff von Anthony Giddens (1995) zu fassen. Gemeinsame Weltanschauungen sind in Gleichartigkeiten des handlungspraktischen Wissens fundiert. „Weltanschauungen sind nicht Erzeugnisse des Denken", wie Dilthey (1911, 15) formuliert hat, d.h., sie sind nicht Produkte des reflektierenden, des theoretischen oder „diskursiven" Bewußtseins. Sie sind also auch nicht explizit abfragbar oder Produkte intendierter Selbstpräsentation. Weltanschaungen sind primär im Bereich des „Atheoretischen" angesiedelt (Mannheim 1964a, 99f.). Sie konstituieren sich durch konjunktive Verständigung, durch Zugehörigkeit zu demselben „konjunktiven Erfahrungsraum" (Mannheim 1980). Dabei lassen sich u.a. bildungs-, generations-, geschlechtsspezifische und eben auch migrationsbedingte Erfahrungsräume differenzieren. In diesem Sinne ist – und dies ist entscheidend – das praktische Bewußtsein oder handlungsleitende Wissen des einzelnen immer zugleich durch *unterschiedliche* Erfahrungsräume, d.h. *mehrdimensional* strukturiert[6]. Auf der Basis von „Synkretismen" (vgl. Elwert 1996) zwischen den unterschiedlichen Erfahrungsräumen und kulturellen Mustern bilden sich neue Milieus sowie Gruppen als Träger bzw. Epi-Phänomene derartiger Milieubildungen. Milieus konstituieren sich also durch die Überlagerung unterschiedlicher derartiger Erfahrungsräume, durch „Synkretismen" zwischen diesen. Entscheidend ist es allerdings, „synkretistische" Milieubildung nicht als eine theoretisch-reflexive Leistung (rationalistisch) mißzuverstehen. Milieubildung ist primär ein Phänomen, welches sich in der *Handlungspraxis* vollzieht. Eine derartige praxeologische Sichtweise fügt sich nach Bourdieu nur schwer dem „Ethnozentrismus des Gelehrten, der darin besteht, alles zu ignorieren, was den spezifischen Unterschied zwischen Theorie und Praxis ausmacht" (1993, 370).

Diese handlungspraktische Fundierung gilt zum einen für die *Genese* von Milieubildung. Milieus konstituieren sich auf der Grundlage der Einbindung in eine gemeinsame oder besser: gleichartige Handlungspraxis, in Gleichar-

---

reisen, Vaskovics u. Zinnecker (1996) zeigen, in denen – im Unterschied etwa zur Studie von Heitmeyer et al. (1997) – die Grenzen der Survey-Forschung klar gesehen werden.

5 Vgl. zum Begriff des Orientierungsmusters: Bohnsack 1997b.

6 Bentley (1987, 35) gebraucht den Begriff des „multidimensionalen Habitus". Ethnizität ist demnach nur eine mögliche Dimension des Habitus. Vgl. zu dieser Mehrdimensionalität der Weltanschauung bzw. des praktischen Bewußtseins den Beitrag von Schäffer in diesem Band.

tigkeiten des Schicksals. Milieuzugehörigkeit basiert auf Gleichartigkeiten der Sozialisationsgeschichte, des biographischen Erlebens[7]. Wenn wir Milieus in diesem Sinne verstehen, so sind sie nicht an Bestände *traditionsfesten* Wissens gebunden. Milieubildung und die Neubildung kultureller Lebensformen resultieren ebenso auch aus dem strukturidentischen Erleben biographischer Diskontinuitäten. Karl Mannheim (1964b) hat dies am Beispiel von Generationsgestalten und Generationseinheiten herausgearbeitet.[8]

Zum anderen ist aber auch die *Suche* nach Milieuzugehörigkeit handlungspraktisch fundiert. Zugehörigkeit erweist sich nicht primär in theoretisch-reflexiver, sondern in handlungspraktischer „habitueller Übereinstimmung", wie wir in früheren Untersuchungen empirisch demonstrieren konnten (Bohnsack u.a. 1995; Bohnsack 1997a; Schäffer 1996).

2. Wissenssoziologische Migrationsforschung

Auch im Sinne der Migrationsforschung der *Chicagoer Schule*, die in ihren methodologischen Implikationen bisher kaum rezipiert wurde[9], konstituieren sich die Beziehungen zwischen unterschiedlichen ethnisch-kulturellen Erfahrungsräumen, die „race-relations", also die *ethnischen Beziehungen* (Park 1950a, 82) primär in der Handlungspraxis eines vorreflexiven wechselseitigen Sich-aufeinander-Einstellens. Die hieraus resultierende Erfahrung („experience") „is the result of action rather than reflection" (Park 1950b, 152). Die in diese Erfahrungen eingebundenen (neuen) Lebensformen (*habits*) und (Wert-)Haltungen (*attitudes*) verbleiben (primordial) unterhalb oder jenseits der reflexiven Ebene öffentlicher Kommunikation *über* die ethnischen Beziehungen[10]. Hier zeigen sich Parallelen zur Mannheimschen Unterscheidung von kommunikativ-theoretischer Verständigung einerseits und konjunktivem oder habituellem Erfahrungswissen andererseits. Zur Analyse dieses handlungspraktischen Erfahrungswissens bedarf es der Rekonstruktion der *natural history*, der gruppen- oder individuenspezifischen Sozialisations- und Interaktionsgeschichte auf der Basis von Beschreibungen und Erzählungen und/oder Teilnehmender Beobachung. Die ethnographische Forschung der Chicagoer Schule korrespondiert in ihrer Analyseeinstellung hier – unbe-

---

7 Zu einer derartigen wissenssoziologischen Analyse von Milieu und Habitus siehe auch den Beitrag von Behnke, Loos und Meuser in diesem Band.

8 Vgl. dazu auch den Beitrag von Schäffer in diesem Band.

9 Eine der Ausnahmen bildet die Arbeit von Lal 1990. Im Dissertationsvorhaben von Nohl findet sich in bezug auf die Migrationsforschung eine Diskussion der Chicagoer Schule, die Methodologie, Empirie und Theorie einbezieht.

10 Eine soziologische Analyse, die auf jener reflexiven Ebene ansetzt, hat es mit „opinions", Meinungen im Sinne von Park (1950b, 154) zu tun.

schadet einiger Unterschiede[11] – mit der *soziogenetischen Interpretation* der Mannheimschen Wissenssoziologie, wie sie von ihm unter dem Schlagwort *Dokumentarische Methode* erkenntnistheoretisch begründet und von uns empirisch-methodisch ausgearbeitet wurde[12].

Im Verständnis der Chicagoer Schule wie auch der praxeologisch fundierten Wissenssoziologie[13] erschließt sich gesellschaftliche Realität über die Erfahrungen und Perspektiven derjenigen, die an deren (praktischer) Herstellung beteiligt sind, d.h. über deren gleichartige Handlungspraxis. Dies unterscheidet unsere Methodologie von einem *objektivistischen* Zugang. Dort strukturieren Annahmen über eine gesellschaftliche Realität vorab der empirischen Analyse den Zugang des Forschers zu dieser Realität. Den Erforschten wird somit vorgegeben, *was*, d.h. welche *objektive* Realität für sie überhaupt *subjektiv* erfahrbar sein kann.

Eine derartige *objektivistische* Migrationsforschung setzt sich der Gefahr einer – unkontrollierbaren – Abhängigkeit vom Standort der Forschenden aus. Da die Lebensweise der Migrant(inn)en vor dem zumeist unexplizierten Hintergrund kultureller Selbstverständlichkeiten der *Aufnahmegesellschaft* untersucht wird, zeigen sich Tendenzen einer „Integrationsforschung" – sei es unter Begriffen wie „Akkulturation" (Schrader u.a. 1976) oder „Eingliederung" (Esser u. Friedrichs 1990). Ethnizität und kulturelle Andersartigkeit werden gleichsam verdinglicht und ihres gesellschaftlichen und wissenschaftlichen Herstellungsprozesses entkleidet.

In dieser Hinsicht können wir uns der Kritik an derartigen *objektivistischen* Positionen von seiten der – *konstruktivistischen* – Gegenposition anschließen. Letzterer erscheint dann Ethnizität allerdings lediglich als das Produkt politischer, wissenschaftlicher und öffentlich-diskursiver Konstruktionen sowie organisatorischer Herstellungsprozesse (Dittrich u. Radtke 1990 sowie Bukow u. Llaryora 1988). Ethnisierung hat primär den Charakter der *Fremd*ethnisierung, die von den Betroffenen lediglich als solche erfahren werden kann.

Diese konstruktivistische Perspektive greift zu kurz, denn sie ist nur *zur Hälfte* das, was sie dem Anspruch von Dittrich u. Radtke (1990, 12) nach sein soll: eine Analyse der „Seinsverbundenheit des Denkens", wie die Autoren mit Bezug auf Mannheim formulieren. Denn die (Seins-)Bedingungen der Wissensproduktion werden allein im organisatorischen und öffentlich-diskursiven Bereich analysiert, nicht aber im Kontext der sozialen Lebensweise derjenigen, die von Ethnisierung betroffen sind, d.h. im Kontext der *Migrationslagerung*[14]. Unsere wissenssoziologische Analyse geht demge-

---

11 Vgl. Bohnsack 1998

12 Vgl. Bohnsack 1993 sowie 1997c.

13 Vgl. dazu Bohnsack 1996.

14 Der an Karl Mannheims Ausführungen zur „Generationslagerung" (1964b) angelehnte formale Begriff der „Migrationslagerung" (vgl. Nohl 1996) bezeichnet den Möglichkeits-

genüber der Frage nach, wie Ethnizität, ethnische Zugehörigkeit als *eine unter anderen* – milieu-, generations- und geschlechtsspezifischen – Zugehörigkeiten im Kontext des gesellschaftlichen Seins, d.h. des Erlebens und der *Handlungspraxis* der Migrant(inn)en hergestellt und verarbeitet oder als Fremdkonstruktion erfahren wird.

Der handlungspraktische *Synkretismus* dieser unterschiedlichen Zugehörigkeiten und Erfahrungsräume findet im Zuge der Entfaltung biographisch relevanter Orientierungen einen seiner Höhepunkte während der *Adoleszenzphase*. Hier verbinden sich entwicklungs- und generationsspezifische Erfahrungsräume unter anderem mit solchen der *Migrationslagerung*, und es bilden sich neue Milieus.

Zur empirischen Analyse dieser neuen Milieus wird im folgenden auf der Basis eigener (auch früherer) empirischer Ergebnisse zunächst die Bedeutung der Adoleszenzphase für die Suche nach biographischen Orientierungen herausgearbeitet, um dann erste Ergebnisse zur adoleszenzspezifischen Auseinandersetzung mit Erfahrungen der Migrationslagerung und Fremdethnisierung an ausgewählten Fällen männlicher gewaltbereiter, kriminalisierungsfähiger Jugendlicher türkischer Herkunft darzulegen.[15] Da unsere empirische Analyse am Anfang steht, bleiben diese Ergebnisse aspekthaft, vermögen aber die Richtung unserer Forschungsarbeit zu markieren.

3. Adoleszenzkrise und Re-Orientierung

Am Ende seines Biographischen Interviews blickt Kamil, einer der von uns untersuchten Jugendlichen türkischer Herkunft, auf eine Phase seiner Adoleszenzentwicklung zurück, die für ihn nunmehr zu einem Abschluß gekommen ist und die er als diejenige der *Action* bezeichnet: „Ich habe meine Action gemacht, ich brauche diese Action nicht mehr". Und später heißt es: „Das war's, die Action hat mir nichts gebracht, außer Ärger".

Die Phase der Verstrickung in den Aktionismus körperlicher Gewalt, aber auch z.B. des Drogenkonsums oder des Diebstahls, die hier gemeint ist, markiert den Höhepunkt einer Adoleszenzkrise, wie wir sie – wenn auch nicht immer in so spektakulärer, d.h. kriminalisierungsfähiger Weise – bei ganz unterschiedlichen Jugendlichen aus dem Arbeitermilieu herausarbeiten konnten: sowohl in einer (fränkischen) Kleinstadt und umliegenden Dörfern

---

raum, in dem Eingewanderte in der Erfahrungsdimension der Einwanderungsgesellschaft auf je unterschiedliche Weise Erfahrungen machen, sich sozial orientieren und ihre Kultur transformieren.

15 Auch weibliche Jugendliche türkischer Herkunft werden zu einem späteren Zeitpunkt in die Analyse einbezogen – ebenso wie auch nicht-gewaltbereite, nicht-kriminalisierte männliche Jugendliche.

(Bohnsack 1989) als auch in der Metropole Berlin (Bohnsack u.a. 1995), in der auch Gruppen Jugendlicher türkischer Herkunft untersucht wurden (Nohl 1996). Generell wird diese Entwicklungsphase bei arbeitenden Jugendlichen in ihrer Krisenhaftigkeit ausgelöst durch die erste Konfrontation mit Erfahrungen des Arbeitsalltages in seiner Monotonie und Fremdbestimmung und/oder Erfahrungen einer (vergeblichen) Lehrstellensuche. Damit verbunden sind Sinn- und Orientierungsprobleme, die sich in ihrer biographischen Tragweite nun zum ersten Mal stellen. Diese Ent-Täuschung mündet in eine Phase des Nichts-mehr-wissen-Wollens von der beruflichen Zukunft und schließlich von Zukunft überhaupt: in die *Negationsphase*.

Eine derartige Orientierungs- und Sinnkrise, wie sie in allen von uns bisher untersuchten Gruppen und Milieus von jungen Arbeitern oder Lehrlingen zu beobachten ist, begegnet uns allerdings in je modifizierter Ausprägung und Intensität. In *verschärfter* Form begegnet sie uns dort, wo eine Integration in Gemeinsamkeiten und Selbstverständlichkeiten, d.h. in *habituelle Übereinstimmungen* der milieuspezifischen Alltagspraxis nicht bruchlos gegeben und somit biographische Diskontinuiäten zu beobachten sind, also unter Bedingungen milieuspezifischer Desintegration. Um die Bindung dieser Krise an eine *spezifische Phase* der Biographie in Rechnung stellen zu können, bedarf es eines (empirisch generierten) theoretischen Modells der Adoleszenzentwicklung insbesondere derjenigen, die in der Kriminalstatistik überrepräsentiert sind: der Jugendlichen aus den sogenannten *bildungsfernen Milieus*, zu denen auch die jungen Migrant(inn)en mehrheitlich gehören.[16]

Vor dem Hintergrund dieses bereits in früheren Untersuchungen generierten theoretischen Modells werden nun jene Modifikationen oder auch Verschärfungen untersucht, wie sie mit der Migrationslagerung verbunden sind.

Der soziale Ort einer Auseinandersetzung mit den Sinn- und Orientierungsfragen sowie einer *probehaften Suche* nach habitueller Übereinstimmung, nach milieuspezifischer Zugehörigkeit, ist ganz wesentlich die peergroup, also der Zusammenschluß jener Gleichaltrigen, die in ähnlicher Weise

---

16 Damit ist allerdings noch nicht ausgemacht, welche Bedeutung der in Fremdstereotypisierungen fundierten selektiven Aufmerksamkeit der Kontrollinstanzen für die Überrepräsentation der Milieus von arbeitenden Jugendlichen zukommt. Dies wird in der Kriminologie seit den siebziger Jahren diskutiert. Die vor allem bei den jugendlichen Arbeitern zu beobachtende Episodenhaftigkeit einer erhöhten Kriminalitätsbelastung im Sinne ihrer Begrenzung auf die Jugendphase wird in den offiziellen Statistiken auch für die Jugendlichen ausländischer Staatsangehörigkeit bestätigt (vgl. Schöch u. Gebauer 1991). Darüber hinaus ist bei diesen Jugendlichen eine (im Vergleich zu ihren deutschen Altersgenossen) höhere Kriminalitätsbelastung in den Statistiken aller Organe der Strafrechtspflege – vor allem aber der Polizei – zu beobachten. Diese ist aber nicht so ohne weiteres mit der Migrationslagerung der Jugendlichen in Verbindung zu bringen. Denn die Jugendlichen ausländischer Herkunft weisen im Vergleich zu den deutschen Altersgenossen *gleicher Schichtzugehörigkeit* eine ähnliche, wenn nicht geringere Kriminalitätsbelastung auf (Mansel 1986 u. 1989; Geißler u. Marißen 1990; Albrecht 1990).

von kultur- bzw. milieuspezifischer Desintegration und biographischen Diskontinuitäten betroffen sind.[17] Diese Suche vollzieht sich auf dem Wege kollektiver, also gruppenbezogener Aktionismen. Aus diesen Gründen sind in unserer Analyse der Adoleszenzentwicklung *Gruppen* Jugendlicher die zentralen Untersuchungseinheiten, d.h. die eigentlichen *Fälle* unserer Untersuchung. Das Gruppendiskussionsverfahren ist hier, neben der Teilnehmenden Beobachtung, die adäquate Methode. Um einen Zugang zu (längerfristigen) Prozeßstrukturen des Lebensablaufs zu gewinnen, stützen wir uns auch auf Biographische Interviews, d.h. biographische Großerzählungen ausgewählter Gruppenmitglieder.

Für das *Sample* werden unterschiedliche Gruppen derselben bzw. einer vergleichbaren Phase der Adoleszenzentwicklung ausgewählt, um dann die je gruppen- bzw. milieuspezifisch unterschiedlichen Wege der Bewältigung dieser Phase in *komparativer Analyse* der Gruppen einander gegenüberstellen zu können.

Die Phase der Adoleszenzentwicklung, in der wir die bisher von uns untersuchten Jugendlichen antreffen, ist diejenige, in der sie auf das Stadium des Aktionismus, auf die Negationsphase bereits zurückblicken. An der oben zitierten Äußerung aus dem Biographischen Interview mit Kamil sollte dies veranschaulicht werden. Die *Karriere als Gangster*, wie Kamil selbst diese Phase auch ironisch charakterisiert, ist nunmehr vorüber. Kamil steht am Anfang der Phase der *Re-Orientierung*, wie wir dieses Entwicklungsstadium genannt haben, welches wir ebenfalls auf der Grundlage früherer Studien im Ansatz herausarbeiten konnten (vgl. Bohnsack 1989; Bohnsack u.a. 1995; Nohl 1996; auch: Schäffer 1996). Kamil ist zwar weiterhin in die gemeinsamen Aktivitäten der peer-group eingebunden, aber diese sind nunmehr weitestgehend organisiert und zweckrational verplant: Er verbringt derzeit, wie wir beobachten konnten, ebenso wie die anderen Jugendlichen seiner Clique einen Großteil der Freizeit beim intensiven Training zur Vorbereitung auf eine Europameisterschaft im Breakdance. Die Jugendlichen haben dafür eine Choreographie entwickelt, die Stunde für Stunde intensiv eingeübt wird. Dabei verstehen sich die 18-19jährigen zugleich als Lehrer der Jüngeren, der 15-16jährigen, die sie ins Trainingsprogramm einzubinden versuchen und die auch an der Gruppendiskussion beteiligt sind, in der einer der Älteren auf die Phase des Aktionismus zurückblickt[18]:

Dm: ja, aber das ist jetzt auch normal geworden, zum Beispiel. Jetzt bin ich achtzehn, vor so drei Jahren oder so, vor zwei Jahren, sind wir auch nur also statt in die Schule zu gehen oder nach der Schule oder vor der Schule sind wir auch immer

---

17 Auf die besondere Bedeutung der peer-group für jugendliche Migranten weist bereits 1927 Thrasher (1963, 191ff.) hin.

18 Gruppendiskussion Katze, Passage: Übergang Schule/Beruf, 213-224. Alle folgenden Transkripte stellen stark vereinfachte Versionen genauerer Texte dar, die Grundlage unser Auswertungs- und Interpretationsarbeiten sind.

so, Ku-Damm gefahren oder so (.) reiche Gegenden, wo man so in Autos Handys oder so sieht. Handys geklaut (.) ganz normal (.) Schuhgeschäft gegangen Schuhe geklaut, Sachen, Klamotten geklaut,

Gegenüber den Komplikationen und Verstrickungen, in die sie bisher u. a. auch aufgrund von Diebstählen geraten waren, ist nunmehr einiges *normal geworden*. Auch konflikthafte Auseinandersetzungen am Arbeitsplatz und mit ihm die Probleme des Arbeitsalltages treten in den Hintergrund zugunsten einer instrumentellen Haltung gegenüber der Arbeits- und Berufssphäre[19]:

Dm: es geht mir an dieser Arbeit sehr gut, (.) fünf Stunden bekomm ich tausendvierhundert Mark, da ham wir auch Mädchen und so in der Klasse, aber (.) ich persönlich halte nichts mehr so viel von Mädchen, weil ich weiß nicht, die denken, (.) also die Zeiten ändern sich sehr viel. (.) Und wenn, falls wir ein Mädchen oder so finden sollten, dann auf keinen Fall Liebe oder so, das ham wir alles satt. [...] was wir dann für ne Beziehung ham, das geht dann nur rein sexisches, wenns dir

me: (Lachen)

Dm: gefällt, dann machst dus, wenns nicht dir gefällt, dann gehst du. Damit man auch kein Herz und so bricht, weil nebenbei ham wir auch noch sehr viel anderes zu tun, (.) so zum Beispiel wie Tanzen und so.

Ebenso ist die Beziehung zu den jungen Frauen nunmehr eine nüchterne und distanzierte bzw. instrumentelle: „Auf keinen Fall Liebe oder so“. Die Beziehung ist eine „rein sexische“.

Zwar ist die Phase der aktionistischen Verstrickungen im wesentlichen vorbei, aber über neue Orientierungen und Sinnfindungen von biographischer Relevanz herrscht noch eine gewisse *Verwirrung*: Auf der einen Seite professionalisieren die Jugendlichen ihre subkulturellen Breakdance- aktivitäten, vermarkten ihre Künste und nehmen an wichtigen Wettkämpfen teil. Auf der anderen Seite deuten sich im Diskurs über die berufliche und familiale Biographie der Älteren Aspekte einer Re-Orientierung innerhalb gesellschaftlicher Normalitätserwartungen an. Im Biographischen Interview mit Kamil aus der Gruppe *Katze* heißt es schließlich: „Ich weiß nicht, alles hat sich so verändert. Vielleicht bin ich jetzt an so einem Zeitpunkt so, wo ich einen neuen (.) Weg einschlagen muß, ja? Und ich muß mich selber entscheiden, welches Weg. Deswegen ist so jetzt, bin ich auch so ein bißchen so verwirrt, weißt Du?“.

Indem die Jugendlichen gegenüber den sozialen Bezügen am Arbeitsplatz und vor allem in der heterosexuellen Partnerschaft Distanz wahren, kommt der peer-group auch in der Phase der Re-Orientierung weiterhin eine zentrale Bedeutung für die Orientierungs- und Sinnfindung zu. Die peer-group erweist sich auch hier als der soziale Ort der Artikulation und Verarbeitung gemeinsamer adoleszenzspezifischer Erfahrungen, einer gemeinsamen So-

19 Gruppendiskussion *Katze*, Übergang Schule/Beruf, 141-147 sowie 160-170

zialisationsgeschichte mit ihren Diskontinuitäten, wie sie u. a. durch die Migrationslagerung und ethnische Diskriminierungen geprägt sind. Im folgenden werden zunächst generellere Probleme der Migrationslagerung[20] auf der Basis erster empirischer Ergebnisse skizziert, um dann (4.1-4.3) *milieuspezifisch* differenzierte Typen der Migrationslagerung zu umreißen.

4. Aspekte einer Migrationslagerung: die Beziehung von innerer und äußerer Sphäre

„Bei uns zählt immer Respekt", heißt es mit Bezug auf die eigene Herkunftsfamilie in einer Gruppendiskussion mit jungen Männern, die sich ebenfalls in der Phase der Re-Orientierung befinden[21]. Mit dieser Charakterisierung der eigenen Familiensituation heben sie die Unterschiede zu *den Deutschen* hervor und betonen dann[22]:

Bm: zum Beispiel, wenn mein Vater reinkommt, muß ich Kippe ausmachen und aufstehn. (2)
Am: Is doch korrekt,
Cm: Is heute noch, is halt a vom, is-is Tradition
Bm: mein Bruder auch genauso, er ist siebenunddreißig (.) macht auch genauso.
Cm: Kommt aber auch von in'n. (2) Ich mein, was is das, weil wenn mans so eng sehn will, mit ner Zigarette kann man kein Respekt beweisen. Wie denn? Weil wemma so eng sehn würde, aber is trotzdem. Wenn ick mein Vater sehe, dann muss ich das irgendwie

Der Respekt gegenüber dem Vater gebietet es, in seiner Gegenwart auf das Rauchen, also auf offenen Konsum oder Genuß, zu verzichten. Dieses Tabu gilt, wie im weiteren Diskursverlauf dargelegt wird, auch für die Kommunikation *über* das Rauchen. Es geht hier um die symbolische Reproduktion der familieninternen Hierarchie und nicht primär um eine Verhaltenskontrolle, was sich auch darin zeigt, daß der Vater - nur scheinbar paradox - seinem Sohn z.B. halbleere Zigarettenschachteln für dessen Gebrauch auf dem Tisch liegen läßt.

Auch eine lässige Haltung, unkontrollierte Ausgelassenheit und Spielereien in Gegenwart des Vaters sind tabu. Der Respekt gegenüber dem Vater sowie gegenüber der älteren Generation ganz allgemein gebietet es also, spezi-

20 Im Dissertationsvorhaben von Nohl geht es u.a. darum, die Migrationslagerung generell von anderen Lagerungen abzugrenzen, wie wir sie bei Jugendlichen ohne Migrationserfahrung - bei Einheimischen in Deutschland und der Türkei - finden. Vgl. zu einer ersten Analyse Jugendlicher in Ankara/Türkei: Nohl 1997b.

21 Gruppendiskussion Haus, Eltern, 26

22 Gruppendiskussion *Haus*, Eltern, 38-66

fische Bereiche der individuellen, der persönlichen Identität im Bereich der *inneren*, der familialen Sphäre strikt unter Kontrolle zu halten.[23] Der Respekt resultiert aus der *Tradition*, wie die Jugendlichen selbst bemerken (vgl. dazu obiges Transkript). Er kommt „von innen", wie Cm darlegt. In soziologischer Interpretation heißt dies: Er ist habituell und inkorporiert und nicht eigentlich rational begründet oder mit einer strategischen Absicht verbunden.

In letzterer Hinsicht unterscheidet sich die Haltung der Gruppe *Haus* von derjenigen der Gruppe *Katze*, obschon auch hier der Respekt im Zentrum der Beziehungen zu den Eltern steht. Im Diskurs der Gruppe *Katze* heißt es[24]:

Dm: Ja zu Hause, die die haben von gar nichts ne Ahnung so; die denken so mein
Am: Ja.
Dm: Sohn geht jetz bißchen raus, schnappt sein frische Luft und kommt so (.) eh
me: Lachen
Dm: Reisessen steht wieder vorm Tisch so, würklich jetz; die denken so, die die ham noch so alte Denkweise so

Unbeschadet der Distanz gegenüber der Ahnungslosigkeit der Eltern, wie sie hier dargelegt wird, hat Dm vorher seine Verbundenheit mit der Familie zum Ausdruck gebracht[25]:

Dm: Ich denk immer an die Familie so. Es is nicht so, daß ich so sage (.) lan[26], so Scheiß Familie, oder dies, das das geht mich nichts an oder so. So bei manchen Deutschen ist ja so, weil die von andren Kultur kommen

Der Zusammenhang zwischen der Ahnungslosigkeit der Eltern und dem gleichzeitigen Respekt ihnen gegenüber wird im folgenden deutlich, wenn es heißt[27]:

Am: Das is aber auch *besser* so, (.) daß die Eltern des nich wissen sollen. Weil, wenn
?m: Leider
Dm: Jaa
Am: die Eltern des wissen würden, dann kann man denen nich richtig ins Gesicht gucken

Damit kehrt sich das Verhältnis von Respekt und Informationskontrolle gegenüber demjenigen in der Gruppe *Haus* aber um: Die – gleichfalls habitualisierte – Informationskontrolle gegenüber Vater und Eltern ist nicht mehr primär *Ausdruck* und *Folge* des Respekts, sondern dessen Voraussetzung. Ihr wird dabei intentional eine strategische Funktion beigegeben. In beiden Fällen jedoch – ob nun habituell oder strategisch – führt der Respekt zu einer strikten *Trennung* von *innerer* – familialer – Sphäre einerseits und *äußerer*

23 Ein eklatanter Verstoß gegen solche Regeln des Respekts und seine Folgen sind dokumentiert in Tertilt (1996, S. 156ff.).
24 Gruppendiskussion Katze, Familie, 48-62
25 Gruppendiskussion Katze, Familie, 11-15
26 dt.: ey Mann
27 Gruppendiskussion *Katze*, Familie, 86-93

Sphäre, also vor allem derjenigen der außerfamilialen Institutionen und der öffentlichen Begegnungen, andererseits. Spezifische Bereiche der außerfamilialen Sphäre sind damit von vorneherein aus der innerfamilialen Verständigung ausgeschlossen.

Die von den Jugendlichen in ihren Diskursen fokussierte Beziehung des Respekts erscheint in ihrer Darstellung zunächst als eine reziproke Beziehung, eine zwischen Eltern und Kindern wechselseitig geteilte. Auch die Eltern respektieren im Umgang mit den beruflichen Problemen ihres Sohnes dessen Sphäre[28]:

Am: wenn mein Vater jetzt sagen würde, ach du so, arbeitest sowieso nich, jetz ehh arbeite mal oder mach mal irgendwas. Oder wenn er mich so anmachen würde oder so, dann würd ich auch ausrasten so; (.) das gibs auch bei den also türkischen Eltern gibt's das zum Beispiel nich. Die sind zum Beispiel so, ach mein Sohn der macht schon aus sich was oder der is schon so. Also (.) man übersieht das eigentlich immer so. (.) Also (.) die wissen natürlich auch Arbeitsmarkt is Scheiße und so. (.) Aber man hat auch Respekt, das is sehr wichtig. (.) Wenn das nich wär, dann (1) ohne Respekt oder so, was soll man dann noch also

Der derart charakterisierte Respekt der Eltern den Kindern gegenüber basiert allerdings darauf, daß die Eltern hier (absichtsvoll) etwas *übersehen*, also auf einer Haltung des Ignorierens. Demgegenüber sind die Jugendlichen mit der Perspektive der Eltern vertraut, erkennen deren Grenzen, identifizieren sich aber gleichwohl in hohem Maße mit ihr. Dies kommt sehr deutlich im Biographischen Interview mit Kamil, einem Mitglied der Gruppe *Katze*, zum Ausdruck[29]:

Km: Ich liebe meinen Vater mehr als mich selber. Aber ich habe nie so richtige Hilfe bekommen, verstehst du?

Kamil berichtet darüber, daß der Vater ihn nie dazu angehalten habe, seine Hausaufgaben zu machen. Dies wird von ihm damit in Zusammenhang gebracht, daß der Vater[30]

denkt, das Leben was er im Dorf führt, könne er auch hier weiterführen (1), so denken viele ältere türkische Leute so, viele Eltern. Das is ein Fehler, weil die haben nur gedacht, die wollen hier ein bißchen Geld machen und dann wieder zurück. [...] Er hat keine Macht darüber, verstehst du, er konnte das nicht beeinflussen, weil er is selber Arbeiter [...]. Naja, er dachte, wie er is immer noch im Dorf, so ja. Das denken viele (.) ältere Menschen, Eltern, türkische Eltern so, immer noch. Aber er wußte nicht, daß ich (.) rausgehe, Autos zusammen (1), Autoradios klaue oder dies mache, hier Haschisch rauche.

Indem der *Respekt* es gebietet, daß jene Bereiche der außerfamilialen Sphäre, die mit der Moral der Eltern und der älteren Generation der ethnischen Community nicht vereinbar erscheinen, für eine Verständigung innerhalb dieser

28 Gruppendiskussion Katze, Familie, 148-170
29 Biographisches Interview Kamil, 570f. u. 574f.
30 Biographisches Interview *Kamil*, 585-602

unzugänglich bleiben, bleibt deren Moral unangetastet, kaum veränderbar. Damit ist die Verständigung zwischen Eltern und Kindern bzw. zwischen älterer und jüngerer Generation durch eine unvollständige Reziprozität der Perspektiven gekennzeichnet.

Die Bewältigung der Diskrepanz zwischen innerer und äußerer Sphäre liegt somit in *diesem bisher von uns analysierten Milieu* im wesentlichen bei den Jugendlichen selbst[31]. Die Jugendlichen sind damit auch in dieser Hinsicht auf eine Kommunikation unter denjenigen verwiesen, die aufgrund von Gemeinsamkeiten der Sozialisationsgeschichte mit vergleichbaren Diskrepanzen konfrontiert sind, also auf die peer-group als die Gruppe der generations- und milieuspezifisch Gleichen. Dort konstituiert sich gleichsam eine *dritte Sphäre*, die weder als *deutsch* noch als *türkisch* zu charakterisieren, mit einer ethnisierenden Begrifflichkeit also zureichend nicht zu fassen ist.

Die Beziehungen innerhalb der peer-group werden in der Gruppe *Haus* den innerfamilialen gegenübergestellt und durch einen Modus des *umfassenden Teilens*, der umfassenden Reziprozität charakterisiert. Zugleich grenzen die Jugendlichen diese Art der Reziprozität aber auch von jener ab, welche sie mit dem Begriff des *Borgens* charakterisieren und die sie sowohl den *Deutschen* als auch den *Amerikanern* zuschreiben[32]:

Am: oda *Geld*. Zum Beispiel wenn ick fuffzich Mark habe und mein Kumpl is mit mir zusamm (.) borg ick ihm das Jeld nich sondern ick gebs aus für uns beide.

Cm: heute aber, viele denken nich so; viele, wie amerikanisch, deine Tasche, deine Tasche, meine Tasche, meine Tasche. (.) Auch wenn es Essen anbelangt. (1) Wenn ich sage, wie äh, isch isch geh jetzt en Döner essn dann geh isch au en Döna, essen, wenna mitkommt dann kriegta auch en Döna. Dann gibts nich, bezahlst dein Döna alleine. Gibts nich bei uns. (3)

Am: Das verfestigt auch die Freundschaft, ne. Also äh, man man äh, das entwickelt sich so weit, daß man *könnte* sogar (.) sein Leben opfern für den Freund, das klingt vielleicht irgendwie übertriem, is aber nich (1)

me: mhm

?m: is würklich so.

Das *Borgen* basiert auf einer expliziten, quasi vertragsähnlichen Absprache der *Rück*gabe, während die von den Jugendlichen geschilderte Art der Reziprozität in einen umfassenderen Modus der Zusammengehörigkeit eingelassen ist, dem eher die *Gegengabe* bzw. der *Gabentausch* entspricht[33]. Unter

31 Im weiteren Projektverlauf wird es darum gehen, die komparative Analyse zu erweitern und kontrastive Vergleichshorizonte anderer Milieus einzubeziehen. Vgl. dazu die Gruppen unauffälliger Jugendlicher, die Gegenstand einer früheren Untersuchung (Nohl 1996) waren. Diese Jugendlichen versuchen, zwischen ihren Eltern und der jugendlichen Sphäre kommunikativ zu vermitteln.

32 Gruppendiskussion Haus, Eltern, 217-239

33 Bourdieu (1976, 219) charakterisiert in seiner ethnologischen Studie über die kabylische Gesellschaft den „Gabentausch" derart, „daß, um den Preis einer Beleidigung, die Gegengabe zugleich aufgeschoben und verschieden sein muß". Wenn wir Schiffauer (1983, 70) folgen, so steht diese umfassendere Reziprozität in der Tradition der dörflichen Kultur der

den Bedingungen ethnischer Stereotypisierung und Diskriminierung, auf die wir im nächsten Abschnitt eingehen, und in der Interaktionsdynamik der konflikthaften Auseinandersetzung zwischen den peer-groups, erhält diese Reziprozität allerdings eine ganz neue Funktion und Bedeutung. Die Jugendlichen der Gruppe *Haus* (vgl. das Transkript) betonen, daß diese Reziprozität das gesamte *Leben* umfaßt. Es geht nicht nur darum, etwas zu teilen, sondern sich für den anderen zu *opfern*. Faßt man diese metaphorische Äußerung begrifflich-theoretisch, so ist hiermit der Anspruch verbunden, die persönliche Identität der einzelnen (einschließlich ihrer Basis der körperlichen Unversehrtheit) hinter die Beziehung zu den Freunden und dem kollektiven Handlungszusammenhang zurücktreten zu lassen.[34]

Die Probleme, die sich aus dieser Haltung hinsichtlich der Verstrickung in die kollektiven Aktionismen der peer-group ergeben, werden dort erkennbar, wo *Ahmet* aus der Gruppe *Haus* sich in seinem Biographischen Interview von den früheren Aktionismen distanziert[35]:

Zum Beispiel bin ich jetzt paar seit paar Wochen wieder mit meinen alten, damaligen Freunden zusammen. Aber das is jetzt nich wie früher, weil äh jetzt kann mich, also nichts davon abhalten, (.) für mich wichtig erscheinende Dinge, äh zu vollbringen oder zu- mich halt darum zu *kümmern* ne, weil früher (.) hätt ich für sie alles sausen (.) lassen, heute ist das nich so, also ich hab meine, wie sagt man dazu, äh, *Willenskraft* hat mich, hat sich bei mir gestärkt, ne.

Während Ahmet früher für die Freunde alles hätte sausen lassen, hat sich heute seine Willenskraft gestärkt. In soziologischer Interpretation heißt dies: Er vermag seine individuelle (Ich-)Identität unabhängig von der Gruppe zu entfalten und zu behaupten.

4.1 Sphärentrennung und moralische Distanz

Jenseits der inneren Sphäre der Familie mit ihrer Haltung des Respekts und derjenigen der peer-group mit der Haltung des *umfassenden Teilens* oder des *Gabentausches* zeichnet sich die Rahmenorientierung der Jugendlichen in der öffentlichen Begegnung durch eine moralisch-distanzierte bzw. amoralische Haltung aus. Dies gilt auch für ihr Verhalten gegenüber der Polizei und selbst für das gegenüber Skinheads oder Diskothekenbesitzern, die den Jugendlichen mit offensichtlicher Ausländerfeindlichkeit begegnen. D.h., in den Erzählungen und Beschreibungen finden sich – vor allem in der Phase der Re-

Türkei. „Dauerhafte Beziehungen zwischen Männern außerhalb der Familie“ seien hierdurch charakterisiert.

34 Was das Verhältnis von persönlicher Identität und kollektivem Handlungszusammenhang (in der Situation des körperlichen Aktionismus) anbetrifft, so zeigen sich hier Parallelen zu den Hooligans (vgl. Bohnsack et al. 1995).

35 Biographisches Interview *Ahmet*, 383-397

Orientierung - kaum Schuldzuschreibungen oder moralische Stereotypisierungen. So heißt es in der Gruppe *Katze* auf die Frage danach, ob die Jugendlichen *Erfahrungen mit der Polizei gemacht haben, und die zunächst mit „natürlich Mensch„ beantwortet wird*, schließlich: „Hier, wat soll ja auch die Polizei machen".[36] In der Gruppe *Ghettobrothers* aus einer früheren Untersuchung (vgl. Nohl 1997a), die sich ebenfalls in einer - subkulturell geprägten - Re-Orientierungsphase befindet und sich durch eine ausgeprägte Kriminalitätsbelastung auszeichnet, heißt es: „Polizisten müssen kraß sein, wenn Du so en großes Ding drehst, weeßte, die müssen, egal, wenn Du Deutscher bist oder Türke bist".

Was die Auseinandersetzung mit Situationen der Ausländerfeindlichkeit anbetrifft, so geben die Jugendlichen der Gruppe *Haus* auf Nachfragen Auskunft darüber, daß sie schon *vielmals* derartige Erfahrungen gemacht haben; gleichwohl haben sie, wie sie betonen, *noch* nie *Probleme* gehabt.[37] Die *Erfahrung* mit bzw. das Erleben von bedrohlichen Situationen wird strikt getrennt von dem eigenen Vermögen, *problematische* Verstrickungen, die sich daraus ergeben, geschickt zu vermeiden oder zu minimieren. *Cevdet*, einer der Jugendlichen, erläutert dies anhand einer Erzählung über eine Konfrontation mit drei Skinheads im Ostteil der Stadt auf dem Weg zur Wohnung seiner Freundin.[38] *Cevdet* wird angerempelt und gefragt, ob er *Türke* sei. Er streitet dies entschieden ab, obschon er, wie an anderer Stelle zum Ausdruck kommt[39], sich ausgeprägt mit der *türkischen Mentalität* identifiziert. Er versucht, ohne Akzent zu sprechen. Da er wahrnimmt, daß er nicht glaubwürdig erscheint, kommt er dem Angriff der Skinheads zuvor, schießt einem von ihnen mit der Gaspistole ins Gesicht und versteckt sich anschließend zwei Tage in der Wohnung seiner Freundin. *Cevdets* (Cms) ausgesprochen nüchterne Erzählung, die keinerlei Aggression oder Stereotypisierung erkennen läßt, endet mit folgender Konklusion[40]:

Cm: Weil ick hab richtig Schiß jehabt, so wat von abjesehn. (2) Also im Türkischen gibt es en Sprichwort, ich sag des im Türkischen, weißt du? Erkekligin yüzde doksani kacmaktir (Lachen)
Am: (Lachen) ( ) abhaun.
Cm: Also (.) von der Männlichkeit in der türkischen Sprache gibt es en Sprichwort; von Männlichkeit neunzig Prozent is Abhauen (Lachen) anjesacht.
Am: Niye rezil ettin (bizi)[41]

36 Katze, Polizei, 11-38
37 Haus, Ausländerfeindlichkeit, 01-07
38 Gruppendiskussion Haus, Ausländerfeindlichkeit, 162-217
39 Gruppendiskussion Haus, Eltern, 274
40 Gruppendiskussion Haus, Ausländerfeindlichkeit, 213-227
41 dt.: Warum hast du (uns) fertig gemacht

In der *öffentlichen* Auseinandersetzung - noch dazu mit einem überlegenen und unbekannten Gegner - erweist sich *Männlichkeit* nicht in dem Beharren auf moralischen Prinzipien, sondern im klugen, strategischen Vermeiden von Risiken, in der Fähigkeit, die Kontrolle über die Situation zu behalten, zu der dann auch die Flucht gehört.

Der prekäre Charakter dieser in einem Sprichwort gefaßten Haltung dokumentiert sich in dem begleitenden Lachen (sowohl seinem eigenen wie auch demjenigen von Am) sowie in der Bemerkung von Am, die, wie die Verwendung des Türkischen zeigt, nur an die Gruppe, nicht an die Feldforcher adressiert ist. *Cevdet* distanziert sich von der konventionellen (gleichsam für die innere Sphäre gültigen) *türkischen* Moral. Indem er diese Distanz aber mit einem *türkischen* Sprichwort und in türkischer Sprache begründet, holt er sein Handeln und seine Haltung in diese Sphäre gleichsam zurück. Das ist unter Bedingungen massiver Fremdethnisierung und Diskriminierung der Weg, diese nicht zu *Problemen* werden zu lassen - dies sowohl im Sinne der Vermeidung ernsthafter, lebensbedrohlicher Gefährdungen und struktureller Benachteiligungen als auch im Sinne psychischer Belastungen.

Diese Haltung, die äußere Sphäre nicht moralisch zu beurteilen, wird in bezug auf ganz andere Situationen, nämlich diejenigen mit seiner Freundin, in homologer Weise ausgearbeitet: In den Vorschlag seiner deutschen Freundin, ihn am Abend einzuladen und dann auch den *Champagner* zu zahlen, willigt *Cevdet* nach einer kurzen Kontroverse scheinbar ein, um dann schließlich dennoch die Rechnung zu übernehmen[42]:

Cm: Hab' ich die Flasche Champagner jetrunken, hab aber trotzdem jezahlt. (lacht) Nee, is bei uns so. (2) Ahh find isch gut. Irgendwie, da fängt es schon mit den Mentalitäten an, (.) deutsche Mentalität, türkische Mentalität. Bleibt die Kultur dasselbe, da ändert sich nischt.

Cevdet, und mit ihm auch die jungen Männer der Gruppe *Haus*, orientieren sich an der (diskursiven) Unvermittelbarkeit zweier Sphären oder *Mentalitäten*, die sie als *deutsche* und *türkische* bezeichnen. Sie enthalten sich jedoch - selbst angesichts bedrohlicher Situationen - einer (Meta-) Beurteilung der äußeren Sphäre und ihres Verhältnisses zur inneren. Zugleich distanzieren sie sich auch in ironischer Weise von den moralischen Ansprüchen bzw. vom Habitus einer *Männlichkeit*, wie sie z.B. in der ein wenig jüngeren Gruppe *Spiel* als typisch *türkische* hoch bewertet sind. Während in der Gruppe *Haus* der Umgang mit diskrepanten moralischen Ansprüchen ein pragmatischer, strategischer und z.T. ironisch-spielerischer ist, erscheint in der Gruppe *Spiel* jene Moral, die sie als *deutsche* identifizieren, als negativer Gegenhorizont, vor deren Hintergrund sie die moralisch hochbewertete eigene Haltung entfalten, welche sie für die innere Sphäre in Anspruch nehmen.

---

42 Gruppendiskussion *Haus*, Eltern, 271-276

4.2 Die Exklusivität der inneren Sphäre und ihrer Moral

„In meinen Augen haben deutsche Männer gegenüber Frauen (.) also sind keine Männer für mich".[43] So lautet die Proposition von Am aus der Gruppe *Spiel*. Nachdem er in Interaktion mit anderen aus der Gruppe die Nachgiebigkeit der deutschen Männer gegenüber ihren Frauen, die *fremdgehen* oder sich auch nur mit ihren Kollegen im Restaurant verabreden, kritisiert hat, beschreibt er die eigene Haltung in der Beziehung zu seiner Freundin[44]:

Am: Ich, äh begleite sie ich äh bringe sie morgens zur Schule. Nach der-der Schule bringe ich sie nach Hause. [...] Das muß einfach sein. (.) Und äh wenn *ihr* irgendwas passieren würde, weil *ich* nur ne Arbeit zu schreiben habe in der Schule, und das würd ich niemals irgendwie äh aushalten. Ick würde ausflippen, nur weil ick jetzt nicht dort war und sie wurde nach Hause geschickt allein. Das is einfach so. (.) Sie und ich machen dis schon seit einem Jahr, daß ich sie immer zum X-Bezirk fahre oder dann mit der U-Bahn begleite, nachts um 12.30 nach Hause fahr. (.) Is egal, man nimmt es einfach auf sich, man opfert ne Menge. Anderes gibts nicht.

Der Schutz bzw. die Kontrolle der inneren Sphäre der Beziehung zur Freundin gegenüber dem unbestimmbaren (*irgendwas passieren*) und deshalb umso bedrohlicheren Zugriff seitens der äußeren Sphäre entzieht sich einer Reflektion oder (meta-)kommunikativen Verständigung (*das muß einfach sein*; *anderes gibts nicht*).

Direkt im Anschluß erzählen Cm und Dm über ein Erlebnis mit einem *Italiener* und dessen Schwester. Nachdem der *Italiener* die Freundin von Cm angeschaut (*schief geguckt*) hat, stellt ihn die Freundin von Cm zur Rede, um diese Grenzüberschreitung zu markieren. Schließlich lädt aber, nach einer Auseinandersetzung, ein Freund von Cm alle zu einer Geburtstagsfeier ein. *Der Italiener*, der der Einladung nicht folgen möchte, *vertraut* der Gruppe seine Schwester an[45]:

Cm: Und äh wir ham auch gesagt, ja, wir sind nur Jungs (.) in einer Wohnung. (.) Und äh die Frau hat gesagt, ja komm Bruder, komm mit, ich weiß nicht, ob ich da mit-*nein* nein geh geh, ich vertrau euch meine Schwester (.) an, und bla bla bla. (.)
Am: Na fuck
Cm: Also wenn se das zu jemand anders da gesagt hätten, zum Türken, ja nimm meine Schwester (Kichern), und bring se nachher wieder (Lachen) mh äh. (.) Und sie
me: (Lachen)
Cm: kam auch her (.) und, und sie ging drei Tage später weg.

43 Gruppendiskussion Spiel, Ehre, 454-456
44 Gruppendiskussion Spiel, Ehre, 566-574 u. 600-609
45 Gruppendiskussion *Spiel*, Ehre, 657-675

In dieser Erzählung, die von den Jugendlichen im Zuge der Dramaturgie des Diskurses als Kritik an der moralischen Unzuverlässigkeit nicht-türkischer Männer eingeführt wird, dokumentiert sich ein Mißverständnis, welches von struktureller Bedeutung ist: Während der *Italiener* die demonstrative Grenzziehung seitens der Freundin von Cm als Indikator für eine moralische Zuverlässigkeit im Sinne einer generalisierbaren (universalistischen) Moral interpretiert, die sein Vertrauen in die türkischen Jugendlichen rechtfertigen kann, verstehen diese ihre eigene moralische Haltung als eine *exklusive* oder partikularistische, ausschließlich auf die *innere* Sphäre bezogene. Im letzteren Sinne ist die moralische Grenzziehung nicht eine, die in der Beziehung zu Frauen von *generalisierbarer* Bedeutung ist; gültig ist sie lediglich in bezug auf die zur inneren, eigenen Sphäre zählenden Frauen. Wie der ironisierende Schluß der Erzählung erkennen läßt, respektieren sie diese Grenzziehung in bezug auf die fremde (zur äußeren Sphäre zählende) junge Frau nicht. Sie amüsieren sich sogar über das Vertrauen, welches der *Italiener* in sie setzt.[46]

Diese *Exklusivität der inneren Sphäre und Moral* strukturiert auch die Diskursorganisation dieser Gruppe, indem gruppen*interne* Konflikte soweit möglich dem Blick der zur äußeren Sphäre zählenden Feldforscher(innen) entzogen werden sollen. So versuchen die Jugendlichen z.B. die Frage einer Diskussionsleiterin, mit der sie an die (Teilnehmende) Beobachtung von gruppeninternen Konflikten anknüpft, zu *eliminieren*[47]:

Y2:	Und was war eigentlich da bei-bei dem Freundschaftskampf, (.) das letzte Mal wo wir da waren?
Am:	Freundschaftskampf?
Dm:	Bei dem Freundschaftskampf, ja Can'i diyor ya[48]
?m:	Can,
Dm:	Caktirma[49]

Im Zuge ihrer Reaktion auf die Frage wechseln die Jugendlichen zunächst ins Türkische, um über diese Reaktion exklusiv zu verhandeln. Dm formuliert dann die für die Beantwortung gültige Regel: „Caktirma" („Laß Dir nichts anmerken").

46 Vgl. für ähnliche Fälle partikularistischer Moral bei Jugendlichen türkischer Herkunft Schiffauer (1983) und Nohl (1997a). Ihre Brisanz gewinnen derlei Situationen jedoch durch den interkulturellen Kontext.

47 Gruppendiskussion Spiel, Ehre, 01-13

48 dt.: Er redet eben von Can

49 dt.: Laß dir nichts anmerken

Demgegenüber zeigen sich in der Gruppe *Katze* erste Ansätze dahingehend, unterschiedliche Sphären im Rahmen ihrer jugendspezifischen Handlungspraxis - als einer dritten Sphäre - zu verbinden. Die Gruppe verbringt ihre Zeit, wie geschildert, in der Breakdance- und Hiphop-Szene, zu der Jugendliche unterschiedlicher ethnischer Herkunft gehören. Die Gruppe *Katze* trainiert meistens zusammen mit Jugendlichen arabischer und deutscher Herkunft. Eines Abends wurde sie von Breakdancern aus Japan besucht. Trotz nur rudimentärer sprachlicher Verständigung kam es tendenziell zu einer habituellen Übereinstimmung in der stilistischen Handlungspraxis. Auch in der Gruppendiskussion setzt sich die Gruppe *Katze* mit der Amalgation unterschiedlicher Sphären auseinander, und zwar mit Bezug auf die zukünftige erzieherische Haltung ihren eigenen Kindern gegenüber. Diese Haltung wollen sie als „richtig europäisch" verstanden wissen[50]:

Dm: Also, die jetzt in unserm Alter sind, und die nach so (.) ein Jahr oder nach zehn Jahren Kinder, die heranwachsen, ham, die werden dann ganz anders. Die werden dann richtig so locker, so, (.) laßt sie doch so. Zum Beispiel, wenn die ne Tochter

Km: Richtig europäisch dann

Dm: ham oder so, dann sagen die so, ist doch egal, so, laßt sie doch so; laßt (.) ick weiß nich so. Didie sind dann wirklich viel lockerer, weil-weil die wissen ja schon, was da damals abgegangen ist so.

Vor dem Hintergrund des Erziehungsverhaltens der Elterngeneration der Jugendlichen wird die eigene erzieherische Haltung zunächst lediglich als eine *richtig so lockere* charakterisiert, als eine, in der die unterschiedlichen Perspektiven nicht starr nebeneinander stehen, sondern in einer noch unbestimmbaren Art und Weise vermittelt werden. Dies wird dann etwas bestimmter gefaßt, indem Km von einer *europäischen* Haltung spricht, die dann im folgenden von ihm weiter ausgearbeitet wird. Er grenzt diese *europäische* Haltung von derjenigen einer (einseitigen) Assimilation an die *deutsche* Kultur ab[51]:

Km: Jetz is aber so, die meisten Türken sagen sich so, (.) nicht die meisten nicht diejenigen in dieser Gegend, sondern so Reiche und so weiter, weißt du, die en bißchen so ihr Geschäft hier gemacht ham. Die sagen so, wir sind jetzt in Deutschland, und leben hier, und darauf stellen die auch ihre Kinder ein, so. Und

Dm: Ja Jaa

Km: dann kriegen die von der türkischen Kultur nix mit, weiß du? Was die vom Dorf mitgebracht ham. (1) Und das dann, was soll sie dann machen, dann hat sie deutsche Kultur, deutsches Land so, ist sie wie deutsche Europäer. (.) Und das wars. (.) Aber ich will nicht, daß sowas mir passiert zum Beispiel. Ich möchte überhaupt meinen Kinder so (.) was von unserer Kultur geben und so'n Zeug.

50 Gruppendiskussion Katze, Familie, 204-221
51 Gruppendiskussion *Katze*, Familie, 239-272

Die Jugendlichen wollen ihre Kinder nicht (einseitig) als *deutsche Europäer* erziehen. Diese Haltung ist mit einer Distanz gegenüber jenen Eltern verbunden, die einem anderen Milieu angehören, demjenigen der *Reichen*, denen die Jugendlichen unterstellen, daß sie ihre Kinder einseitig in Anpassung an die deutsche Kultur erziehen. Demgegenüber möchten sie selbst ihren Kindern etwas von der *türkischen Kultur* vermitteln.

Es wird hier ein intergenerationeller Bogen gespannt: zwischen der Generation der eigenen Eltern, welche Elemente der - dörflichen - türkischen Kultur mitgebracht haben und diesen (wie auch im Biographischen Interview mit Kamil deutlich wird) auch verhaftet geblieben sind, zu den eigenen Kindern der Jugendlichen, die einmal zu (transkulturellen) *Europäern* werden sollen. Auf dem Weg zu dieser *europäischen* Haltung sehen sich die Jugendlichen selbst noch nicht so weit fortgeschritten, wie sie das von ihren eigenen Kindern erhoffen. Dies kommt auch in der Charakterisierung dieser Haltung als *locker* zum Ausdruck: Die Haltung ist zwar *flexibel*, zeichnet sich zugleich aber auch durch eine relative Offenheit und *Unbestimmtheit* aus. Innerhalb dieses Generationengefüges verorten sich die Jugendlichen selbst in einer *generationellen Zwischenlagerung*.

5. Ausblick

Die Bewältigung der generationellen Zwischenlagerung ist primär eine handlungspraktische und wird als solche in ihren milieuspezifisch je unterschiedlichen Ausprägungen auf der Grundlage von Erzählungen, Beschreibungen und der Teilnehmenden Beobachtung genauer herauszuarbeiten sein. Erste Ansätze dazu wurden in Abschnitt 4 entfaltet, wobei durch die *milieutypischen* Unterschiede hindurch zugleich aber auch generelle Aspekte und Probleme dieser Migrationslagerung der zweiten Einwanderergeneration rekonstruiert werden konnten: die Probleme der Beziehung zwischen *innerer* und *äußerer Sphäre*. Die Bewältigung dieser *Migrationsgenerationslagerung* findet ihren krisenhaften und mit Risiken der Kriminalisierung verbundenen Höhepunkt *entwicklungstypisch* in einer spezifischen Phase der Adoleszenz (vgl. Abschnitt 3), deren Überwindung (in der Phase der Re-Orientierung) nunmehr neue Möglichkeiten der Suche nach habitueller Sicherheit und Orientierung eröffnet, die es zu erschließen gilt. Dies sind allererste Ansätze einer mehrdimensionalen Typenbildung[52]. Im folgenden wird es darum ge-

52 Auch Thrasher beschreibt mit dem Begriff des „zwischengelagerten Phänomens" („interstitial phenomenon") die mehrdimensionale Erfahrungsbildung in jugendlichen peer-groups: in der „ökonomischen, moralischen und kulturellen" (Thrasher 1963, 23) sowie in der adoleszenzspezifischen Dimension (ebd., 36).

hen, neben den Dimensionen der Adoleszenzentwicklung, der Migration und der Generation auch diejenigen des Geschlechts und der (Aus-)Bildung zu berücksichtigen.

Literatur

Albrecht, P.-A. (1990): Die strafrechtliche Auffälligkeit des „Ausländers“: Kriminologische Verarbeitung und kriminalpolitische Verwendung. In: Strafverteidiger, 10. Jg., Heft 6; 272-279

Auernheimer, G. (1990): Jugendliche türkischer Herkunft in der Bundesrepublik Deutschland – Ethnizität, Marginalität und interethnische Beziehungen. In: Büchner, P./Krüger, H.-H./Chrisholm, L. (Hrsg.): Kindheit und Jugend im interkulturellen Vergleich. Opladen; 229-243

Bentley, G. C. (1987): Ethnicity and Practice. In: Comparative Studies in Society and History 29; 24-55

Bohnsack, R. (1989): Generation, Milieu und Geschlecht – Ergebnisse aus Gruppendiskussionen mit Jugendlichen. Opladen

Ders. (1993): Rekonstruktive Sozialforschung – Einführung in Methodologie und Praxis qualitativer Forschung. Opladen

Ders. (1996): Forschungsprozeß und Interpretation in wissenssoziologischer Perspektive – Umrisse einer praxeologischen Methodologie. Beitrag zur 27. Tagung der DGS, Dresden

Ders. (1997a): Adoleszenz, Aktionismus und die Emergenz von Milieus. Eine Ethnographie von Hooligan-Gruppen und Rockbands. In: Zeitschrift für Sozialisationsforschung und Erziehungssoziologie, 17. Jg., Heft 1. 3-18

Ders. (1997b): „Orientierungsmuster“: Ein Grundbegriff qualitativer Sozialforschung. In: Schmidt, F. (Hrsg.): Methodische Probleme der empirischen Erziehungswissenschaft. Baltmannsweiler; 49-61

Ders. (1997c): Dokumentarische Methode. In: Hitzler, R./Honer, A. (Hrsg.): Sozialwissenschaftliche Hermeneutik. Opladen

Ders. (1998): Soziale Welten und Milieus – zur Analyse kollektiver Lebensverläufe: „The Gang“ von Thrasher – „The Daxi-Dance-Hall“ von Cressey. Erscheint in: Ders./Riemann, G./Schütze, F./Weymann, A. (Hrsg.): Sensibilität und Realitätssinn: Eine kritische Reanalyse des Forschungsstils der Lebenslaufuntersuchungen der Chicago-Soziologie. Opladen

Ders./ Loos, P./Schäffer, B./Städtler, K./Wild, B. (1995): Die Suche nach Gemeinsamkeit und die Gewalt der Gruppe – Hooligans, Musikgruppen und andere Jugendcliquen. Opladen

Bourdieu, P. (1976): Entwurf einer Theorie der Praxis. Frankfurt am Main

Ders. (1993): Narzißtische Reflexivität und wissenschaftliche Reflexivität. In: Berg, E./Fuchs, M. (Hrsg.): Kultur, soziale Praxis, Text. Frankfurt am Main; 365-374

Bukow, W.-D./Llaryora, R. (1988): Mitbürger aus der Fremde – Soziogenese ethnischer Minoritäten. Opladen

Caglar, A. N. (1990): Das Kultur-Konzept als Zwangsjacke in Studien zur Arbeitsmigration. In: Zeitschrift für Türkeistudien, 3. Jg., Heft 1. 93-105
Dilthey, W. (1911): Die Typen der Weltanschauung und ihre Ausbildung in den metaphysischen Systemen. In: Frischeisen-Köhler, M. (Hrsg.): Weltanschauung. Berlin; 3-51
Dittrich, E. J./Radtke, F.-O. (1990): Der Beitrag der Wissenschaften zur Konstruktion ethnischer Minderheiten. In: Dies. (Hrsg.): Ethnizität - Wissenschaft - Minderheiten. Opladen; 11-40
Elwert, G. (1996): Kulturbegriffe und Entwicklungspolitik - über „soziokulturelle Bindungen der Entwicklung". In: Ders./Jensen, J./Kortt, I. R. (Hrsg.): Kulturen und Innovationen. Berlin; 51-87
Esser, H./Friedrichs, J. (1990): Einleitung. In: Dies. (Hrsg.): Generation und Identität. Opladen; 11-23
Geißler, R./Marißen, N. (1990): Kriminalität und Kriminalisierung junger Ausländer, die tickende soziale Zeitbombe - Ein Artefakt der Kriminalistik. In: Kölner Zeitschrift für Soziologie und Sozialpsychologie, 42. Jg., Heft 4; 663-687
Giddens, A. (1995): Die Konstitution der Gesellschaft. Frankfurt a.M. & New York
Heitmeyer, W. u.a. (1995): Gewalt - Schattenseiten der Individualisierung bei Jugendlichen aus unterschiedlichen Milieus. Weinheim u. München
Ders./Müller, J./Schröder, H. (1997): Verlockender Fundamentalismus - Türkische Jugendliche in Deutschland. Frankfurt am Main
Hradil, S. (1992): Einleitung. In: Ders. (Hrsg.): Zwischen Bewußtsein und Sein. Opladen; 9-12
Jugendwerk der Deutschen Shell (1997) (Hrsg.): Jugend '97. Opladen
Lal, B. B. (1990): The Romance Of Culture In An Urban Civilization - Robert E. Park on race and ethnic relations in cities. London & New York
Mannheim, K. (1964a): Beiträge zur Theorie der Weltanschauungs-Interpretation. In: Ders.: Wissenssoziologie. Neuwied: Luchterhand; 91-154
Ders. (1964b): Das Problem der Generationen. In: Ders.: Wissenssoziologie. Neuwied; 509-565
Ders. (1980): Strukturen des Denkens. Frankfurt am Main
Mansel, J. (1986): Die unterschiedliche Selektion von jungen Deutschen, Türken und Italienern auf dem Weg vom polizeilichen Tatverdächtigen zum gerichtlich Verurteilten. In: Monatsschrift für Kriminologie und Strafrechtsreform, 69. Jg., Heft 6; 309-325
Ders. (1989): Die Selektion innerhalb der Organe der Strafrechtspflege - am Beispiel von jungen Deutschen, Türken und Italienern. Frankfurt am Main u.a.
Müller, H.-P. (1995): Lebensstile in Sozial- und Raumstruktur - Einige theoretische Anmerkungen. In: Institut für Regionalentwicklung und Strukturplanung (Hrsg.): Lebensstile und Raumerleben. Berlin; 9-20
Neckel, S. (1993): Die Macht der Unterscheidung - Beutezüge durch den modernen Alltag. Frankfurt am Main
Neidhardt, F. (1986): „Kultur und Gesellschaft". Einige Anmerkungen zum Sonderheft. In: Ders. et al. (Hrsg.): Kultur und Gesellschaft. Sonderheft der Kölner Zeitschrift für Soziologie und Sozialpsychologie. Opladen; 10-18
Nohl, A.-M. (1996): Jugend in der Migration - Türkische Banden und Cliquen in empirischer Analyse. Baltmannsweiler

Ders. (1997a): Interkulturelle Erfahrungen und Stereotype - Eine vergleichende Analyse von kriminalisierten und nichtkriminalisierten Jugendlichen türkischer Herkunft. Erscheint in: Soziale Probleme, Heft 2

Ders. (1997b): Junge Türken in Ankara und Berlin - Kulturvergleichende Fallstudien über Jugendcliquen. Vortrag am Orient-Institut der Deutschen Morgenländischen Gesellschaft, Istanbul 17.09.1997

Park, R. E. (1950a): The Nature Of Race Relations. In: Ders.: The Collected Papers of Robert Ezra Park, Volume I (Race und Culture). Glencoe/Illinois; 81-116

Ders. (1950b): Experience and Race Relations - Opinion Attitudes, and Experience as Types of Human Behavior. In: Ders.: The Collected Papers of Robert Ezra Park, Volume I (Race und Culture). Glencoe/Illinois; 152-157

Schäffer, B. (1996): Die Band - Stil und ästhetische Praxis im Jugendalter. Opladen

Schiffauer, W. (1983): Die Gewalt der Ehre - Erklärungen zu einem türkisch-deutschen Sexualkonflikt. Frankfurt am Main

Schöch, H./Gebauer, M. (1991): Ausländerkriminalität in der Bundesrepublik Deutschland. Baden-Baden

Schrader, A./Nikles, B. W./Griese, H. M. (1976): Die Zweite Generation - Sozialisation und Akkulturation ausländischer Kinder in der Bundesrepublik. Kronberg

Silbereisen, R. K./Vaskovics, L. A./Zinnecker, J. (1996): Jungsein in Deutschland. Opladen

Tertilt, H. (1996): Turkish Power Boys - Ethnographie einer Jugendbande. Frankfurt am Main

Thrasher, F. M. (1963): The Gang - A Study of 1.313 Gangs in Chicago. Chicago (ursprünglich 1927)

Autorinnen und Autoren

Behnke, Cornelia: Dr. phil., Wissenschaftliche Mitarbeiterin; Universität Erlangen; Arbeitsschwerpunkte: Soziologie der Geschlechterverhältnisse, Qualitative Forschungsmethoden, Industriesoziologie.

Behnken, Imbke: Dr. phil., Erziehungswissenschaftlerin; Universität-Gesamthochschule Siegen; Arbeitsschwerpunkte: (historische) Kindheits- und Jugendforschung, Biographieforschung, pädagogische Ethnographie

Bohnsack, Ralf: Prof. Dr. rer. soc., Universitätsprofessor für qualitative Methoden am Institut für Bildungssoziologie der Freien Universität Berlin; Arbeitsschwerpunkte: Rekonstruktive Sozialforschung, Wissenssoziologie, Jugendforschung und abweichendes Verhalten.

Brüdigam, Ulf: Doktorand am Lehrstuhl Allgemeine Pädagogik; Universität Magdeburg; Arbeitsschwerpunkte: Bildungstheorie, Medienforschung.

Ecarius, Jutta: Dr. phil., Hochschulassistentin am Institut für Pädagogik; Universität Halle; Arbeitsschwerpunkte: Allgemeine Erziehungswissenschaft, Bildungsforschung, Familienforschung, Lebenslaufforschung, erziehungswissenschaftliche Biographieforschung.

Hildenbrand, Bruno: Prof. Dr. rer. soc., Universitätsprofessor für Soziologie; Universität Jena; Arbeitsschwerpunkte: Struktur der sozialisatorischen Interaktion, Theorie professionellen Handelns; qualitative Verfahren in den Sozialwissenschaften.

Hitzler, Ronald: Dr. rer. pol., Universitätsprofessor für Allgemeine Soziologie; Universität Dortmund; Arbeitsschwerpunkte: Dramatologische Anthropologie, Lebensweltanalyse, Handeln unter den Bedingungen sozialen Wandels.

Loos, Peter: Dr. phil., wissenschaftlicher Mitarbeiter am Institut für Bildungssoziologie der Freien Universität Berlin; Arbeitsschwerpunkte: Methoden und Methodologien der Rekonstruktiven Sozialforschung, Geschlechterforschung, Jugendsoziologie.

Kade, Jochen: Prof. Dr. phil., Universitätsprofessor am Fachbereich Erziehungswissenschaften; Universität Frankfurt am Main; Arbeitsschwerpunkte: Pädagogische Gegenwartsdiagnose, Theorie der Erwachsenenbildung, Bildungsbiographien, Teilnehmerforschung.

Marotzki, Winfried: Prof. Dr. phil., Universitätsprofessor für Allgemeine Pädagogik; Universität Magdeburg; Arbeitsschwerpunkte: Bildungstheorie, Erziehungswissenschaftliche Biographieforschung, medienvermittelte Kommunikation.

Meuser, Michael: Dr. phil., Privatdozent für Soziologie an der Universität Bremen; Arbeitsschwerpunkte: Soziologie des Geschlechterverhältnisses, Wissenssoziologie, Methoden qualitativer Sozialforschung.

Nohl, Arnd-Michael: M.A.; wissenschaftlicher Mitarbeiter am Institut für Bildungssoziologie der Freien Universität Berlin; Arbeitsschwerpunkte: interkulturelle Erziehung, Rekonstruktive Sozialforschung, Jugend- und Migrationssoziologie.

Pfadenhauer, Michaela: Dipl. pol.; wissenschaftliche Mitarbeiterin am Lehrstuhl für Allgemeine Soziologie der Universität Dortmund; Arbeitsschwerpunkte: Soziologie der Arbeit, Berufe und Professionen, empirische Kultursoziologie.

Reichertz, Jo: Prof. Dr. phil.; Universitätsprofessor für Kommunikationswissenschaft an der Universität Essen; Arbeitsschwerpunkte: qualitative Text- und Bildhermeneutik, Kultur- und Religionssoziologie, Medienanalyse und -nutzung.

Schäffer, Burkhard: Dr. phil.; Hochschulassistent am Lehrstuhl Erwachsenenbildung/Medienpädagogik; Universität Magdeburg; Arbeitsschwerpunkte: Rekonstruktive Sozialforschung (Gruppendiskussion), Medienforschung und -pädagogik, Jugend- und Generationenforschung.

Seitter, Wolfgang: Dr. phil., Mitarbeiter am Fachbereich Erziehungswissenschaften; Universität Frankfurt am Main; Arbeitsschwerpunkte: Vergleichende Erwachsenenbildung, Historische Pädagogik, Theorie der Erwachsenenbildung.

Straub, Jürgen: Priv.-Doz. Dr. phil., Oberassistent und Privatdozent am Institut für Psychologie der Universität Erlangen-Nürnberg; Arbeitsschwerpunkte: Theorie, Methodologie und Methodik interpretativer Forschung, Biographieforschung, Sozial- und Kulturpsychologie, Identitätstheorie, Gedächtnistheorie, Psychologie des Geschichtsbewußtseins.

Wohlrab-Sahr, Monika: Dr. phil., Hochschulassistentin am Institut für Bildungssoziologie; Freie Universität Berlin; Arbeitsschwerpunkte: Religions- und Kultursoziologie, Biographieforschung, Methoden der Rekonstruktiven Sozialforschung, Individualisierungstheorie.

Zinnecker, Jürgen: Prof. Dr. phil., Universitätsprofessor; Universität-Gesamthochschule Siegen; Arbeitsschwerpunkte: Kinder und Jugendliche im öffentlichen Raum, Kinder- und Jugendsurveys, sozialwissenschaftliche Feld- und Biographieforschung, historische Sozialisationsforschung, Sozialisationsprozesse in Schule und Hochschule.